지방행정 거버넌스

지방행정 거버넌스

박응격, 강원택, 곽채기, 김혜정, 만프레드 뢰버,
박희봉, 발터 클리츠, 버나드 로완, 심혜정, 양현모,
에카하르트 쉬뢰터, 원윤희, 윤재선, 정재각, 최근열,
최진혁, 한태식, 한형서, 홍성걸 지음

인간사랑

Die Ausgabe dieses Buches wurde durch die
Friedrich−Naumann Stiftung ermöglicht.

Lokale Selbstverwaltung in Korea

Herausgeber : Prof. Dr. Eung-Kyuk Park

Verlag : Ingansarang, 2009
Seoul, Korea

ISBN : 978−89−7418−289−2 93350

목차

제4편 대도시 거버넌스

제5편 지방자치와 정책

서문

지방자치는 민주주의 모체(母體)이다

전통적으로 중앙집권주의가 강한 한국에서 지난 90년대 이후 지방자치를 지속적으로 실시하여 온 것은 민주주의 발전이다. 우리 국민들은 20세기가 저물기 바로 직전에 빵과 떡, 이른바 경제문제를 해결할 수 있었고, 21세기 문턱에서 풀뿌리 민주주의인 지방자치를 실현하여 명실상부한 선진국 대열에 설 수 있다는 자신감을 가질 수 있게 되었다.

지방자치가 추구하는 가치와 원리는 궁극적으로 민주주의에 있다. 민주주의는 고대 도시국가였던 그리스 아테네에서 최초로 시작하였다. 민주주의는 국민에 의한(by the people), 국민의(of the people), 국민을 위한(for the people)의 기본 철학을 지니고 있다. 이러한 민주주의 기본 철학을 충족시킬 수 있는 제도가 바로 지방자치이다. 지방자치는 국가의 민주주의를 성공시킬 수 있는 실험장이자 묘판(苗板)인 것이다. 고대 그리스 아테네 국가에서 비롯된 민주주의는 바로 인구 30만의 지방자치였다. 시민(demos)의 직접 참여에 의한, 시민 자신들을 위한 자신 스스로의 지배(kratien)인 권력의 행사가 바로 지방자치이다. 이 지방자치는 민주주의를 낳은 어머니인 것이다.

민주주의는 다수의 지배라는 점에서 소수의 지배인 군주정이나 전제주의와 구별된다. 민주주의는 다수의 지배를 원칙으로 하되 소수의 의견도 존중되어야 한다. 이 과정은 다수와 소수 간의 협상을 통해서 진행된다. 그러나 궁극적으로 협상을 통해서 합의점이 도달되지 않을 때는 '민주적인 기본질서'라는 헌법정신이 어긋나지 않는 한 다수의 원칙을 따라야 한다. 이것을 부인하는 것은 대의민주주의를 부인하는 것이 된다.

현대의 대의민주주의가 요구하는 본질 역시 다수의 지배와 소수의 보호 정신이라는 데는 변함이 없다. 따라서 다수의 정당성을 부인하는 것은 민주주의 정신이 아닌 소수지배를 원칙으로 하는 폭력과 억압에 의한 독재나 전제정치에 가까운 것이다. 다수당인 여당이 정책에서 실패하면 다음 선거에서 국민들은 소수당을 지지하여 정권을 바꾸어 버린다. 최근 일본의 총선거에서 60년간 정권을 누린 자민당이 소수당인 민주당에 참패하여 민주당이 집권한 것은 우리에게 타산지석(他山之石)의 교훈을 주고 있다. 지방자치는 바로 이런 민주주의에서 이해되어야 한다. 다수 지배정당이라 해서 국민과 여론을 무시하는 정책을 펼쳐나가면 다음 선거에서 국민들은 지지를 거두어들인다. 반면, 소수정당은 국민의 지지를 얻기 위해서는 장외정치를 그만두고 정책정당으로 의회에서 정책대결을 하며, 집권당과 차별되는 좋은 정책을 국민들에게 제시할 수 있을 때 다음 국회 선거나 대통령 선거에서 유리한 위치에 서게 될 것이다.

지방자치의 성공 없는 민주주의의 성공은 결코 기대할 수 없다. 오늘날 민주주의 하에서 정당은 국민의 여론을 수렴하여 정책을 수립함은 물론 정치지도자의 양성을 도모한다. 시민단체는 정당이 수렴하기 어려운 각 계층들의 공익적 의견을 대변하며, 수많은 이익단체와 노동단체들은 자신들의 이익을 극대화시키기 위하여 정치과정에 참여한다. 이런 다원적인 사회체제와 정치참여에서 지방자치가 어떻게 민주주의 정신을 제도화시키며 발전시켜 나가야 하는가의 고민이 있다.

1991년부터 본격적으로 지방자치를 실시해 오면서 제도에 대한 문제 제기와 개선과제 등이 제기되어 왔다.

- 자치입법권을 위한 조례제정 범위 확대 및 지방의회 운영의 활성화
- 지방분권의 강화를 위한 중앙사무의 지방이양 확대 및 사무구분의 명확화
- 취약한 지방재원 확충을 위한 지방세제의 개편 및 지방 교부금의 확충
- 민주주의의 효율화 측면에서 다층화되어 있는 자치행정 계층 구조의 간소화와 구역통합의 문제
- 주민참여, 통제의 활성화와 공정한 지방선거의 실시
- 대도시 행정의 유기적이며 효율적인 추진을 위한 행정체제의 개선 등이다.

중앙과 지방의 관계는 지방에 사무의 이양뿐만 아니라 지방정부에 정책결정 권한을 이양함으로 권력분산에까지 이르는 협력적인 관계로 발전되어 가야 한다. 또한 시민사회에서는 상호 신뢰하는 다원적 자율체제를 통해 지빙자치단체의 자율성과 책임성이 강화되어야 한다. 지방자치에 대한 국정철학은 원칙적으로 '지원은 하되 간섭하지 않는 데 있다.' 그러나 지방자치의 방만한 재정과 인력운영에 의한 무책임성까지 치외법권으로부터 자유로울 수 없다. 지방자치는 권력이 아닌 권한으로서 거기에는 주민과 중앙정부에 대한 무한책임을 동반한다. 중앙정부의 지방에 대한 권한과 재정의 분권화와 지방이양은 지방정부의 효율성과 그 책임이 전제되어야만 지방자치의 존립가치와 정당성을 국민으로부터 인정받게 되는 것이다.

우리나라는 최근 지방분권화의 노력이 강화되고 있는 가운데 지방행정체제 개편에 대한 요구와 논의가 진행되고 있다. 행정의 효율성에서 접근하는 지방행정체제 개편의 궁극적인 목적은 민주주의 틀 아래서 행정의 효율성을 추구하는 데 있다 하겠다. 지방자치는 결코 효율성을 전제로 민주주의를 추구하는 것은 지방자치의 본질에 일치할 없기 때문이다. 지방자치는 민주주의라는 말(馬)이 효율성이라는 마차를 끌고 가는 것이지 그 반대는 생각할 수 없다.

지방자치의 이념에 있어서 본질적으로 그 목적가치는 민주주의이며, 그 수단가치는 효율성에 해당된다. 이것은 우리 헌법의 기본 이념에도 일치된다. 그러한 의미에서 최근 정치권 일각에서 지방행정 효율성의 명분을 앞세워 주민참여를 통한 민주주의를 어렵게 하는 과도한 지방행정구역 통합 논의는 신중을 기할 필요가 있다.

본서는 1991년 한국의 지방자치가 재실시되며 오늘날에 이르기까지 지방자치의 제도화와 실시에 따른 평가, 당면한 지방자치 문제의 인식과 발전적인 대안을 찾는 데 주안점을 두고 있다. 본서를 계획하고 출판에 이르기까지 1년의 시간이 흘렀다. 본 출판에 공감하여 참여해 주신 국내외 저명하신 교수, 학자, 전문가 여러분께 심심한 사의를 표한다.

한양대와 프리드리히 나우만은 지난 1987년에 지방자치연구소를 설립하고 공동 협력해 오고 있다. 본인은 지난 2000년 3월부터 2009년 2월까지 지방자치연구소의 책임을 맡으면서 한양대 김종량 총장님과 독일 프리드리히 나우만 재단의 전폭적인 지원과 관련 지방자치단체와의 긴밀한 협력 아래 지방자치의 발전을 위한 국내외에서 다양한 연구활동을 펼칠 수 있었다.

본서를 출판함에 있어서 협력과 지원을 해주신 독일 프리드리히 나우만 재단(Friedrich-Naumann-Foundation)의 발터 클리츠(Walter Klitz) 한국대표에 감사를 드린다. 또한 본서가 나오기까지 편집을 주관한 지방자치연구소의 정재각 박사의 노고에 깊은 감사를 드린다. 2006년 『서구 연방주의와 한국』에 이어 이 책의 출판을 맡아준 인간사랑 출판사 측에도 감사를 드린다.

2009년 9월
공동저자 대표 씀
박응격

제1편

지방자치 원리와 발전

1 지방자치의 본질과 현대적 경향

Ⅰ. 고대 로마제국에서 지방자치를 배운다

흔히 우리가 고대 로마제국을 말할 때 제일 먼저 떠오르는 화두는 '로마는 하루아침에 이루어지지 않았다', '모든 길은 로마로 통한다' 또는 '로마에 가면 로마의 관습을 따라야 한다' 등이 있다. 시오노 나나미라는 일본인 작가에 의해서 우리에게 친숙해진 『로마인 이야기』 제8권의 「위기의 극복」편에 보면 로마제국이 벌써 2천 년 전에 제국통치의 원리로서 지방자치를 본토와 광대한 식민지에서 시행하게 된 배경과 내용을 잘 설명하고 있다.

이태리 로마를 찾는 사람이면 누구나 하나의 의문이 생긴다. 2천 년 전의 고대 로마의 유적지와 고대 건물들의 웅장한 모습에 놀라면서도

■ **박응격**(한양대학교 행정학과 교수)

끝내 존재하지 않는 건물이 있기 때문이다. 그것은 드넓은 제국을 통치하는 데 없어서는 안 될 행정관청 건물들이 들어선 관청가가 '세계의 수도' 로마에는 없었다는 점이다. 관청가가 없었다는 것은 곧 독립된 관료조직이 존재하지 않았다는 것이라고 시오노 나나미는 지적한다.

그렇다면 관료조직을 갖지 않고 어떻게 그 넓은 제국을 1천 년 가까이 통치할 수 있었을까? 여기에 대한 정답이 지방자치이다. 고대 로마인은 이태리 반도밖에 영유하지 않았던 기원전 수백 년 동안에도 이미 중앙집권과 지방분권을 병존시켰다. 로마는 그 당시부터 이미 중앙이 해야 할 일과 지방에 맡겨도 되는 일을 분리하였다. 현실적인 로마인들은 지방분권이 되지 않으면 대제국을 통치할 수 없다는 사실을 알았기 때문이다. 즉 중앙은 안전보장과 사회 간접자본 및 세제정비, 화폐 등과 같은 국가적인 사업만 맡고, 그 밖에 지방에서 할 수 있는 사업은 모두 지방에 맡겼다.

당시에 로마제국에는 '무니카피아'라고 부른 지방자치단체(도시 또는 읍)에는 원로원의 축소판이라 할 수 있는 지방의회가 있었고, 지방의원은 선거로 선출되었다. 폼페이 유적에 남아 있는 선거유세 벽보가 보여주듯 선거운동이 지금처럼 활발했다. 그러나 본국의 지방 또는 식민지의 지방들은 일률적으로 지방자치를 인정받은 것이 아니고 일정한 조건 아래서 허용되었다. 무니카피아들이 지방자치권을 행사할 수 있으려면 반드시 재원을 확보하여 재정자립을 이루어야 가능했다.

그렇다면 당시에 로마제국의 지방자치단체들은 어떻게 재원을 마련할 수 있었는가? 당시에는 지방세가 존재하지 않았다. 로마 유적발굴에 의한 비문들의 기록에 의하면 지방의 주된 수입원은 자치단체가 소유하고 있는 토지나 사무실, 점포 등으로부터 나오는 임대료 및 수도료가 주된 것이었다. 그러나 이러한 임대료나 수도료만으로 재정자립을 기대할 수 없었기 때문에 개인의 기부금에 크게 의존했다. 소위 '고귀한 시민의 책무(noblesse oblige)'가 그것이다.

고귀한 로마시민의 책무는 바로 지방자치단체에 대한 기부행위 및 병역의무였다. 자기가 속해 있는 지역공동체를 위해 사재를 내놓는 것은 혜택받은 자의 책무인 동시에 명예로 여겨지고 있었다. 새 도로나 다리를 건설하는 것은 국가의 임무였지만 그것을 유지 · 보수하는 것은 해당 지방자치단체의 임무였다. 이러한 사회간접자본의 유지 및 보수 비용을 위해 해당지역의 로마시민권을 가진 부유한 계층들은 기꺼이 기부행위를 주저하지 않았다.

결국 로마제국은 광대한 식민지역에 지방자치를 통해서 통치되었기 때문에 중앙에서 지방을 통제하기 위한 관료를 파견할 필요가 없었다. 따라서 중앙에는 지방을 통제하기 위한 관료조직을 구비할 필요가 없었다. 심지어 지방에서 국세를 징수하는 데 있어서도 중앙에서 세무공무원을 파견하는 것이 아니라, 이처럼 고대 로마제국은 본국은 물론 광대한 식민지역에서 지방자치와 민간위탁을 통해서 제국의 수도 로마에 관청가를 두지 않고서도 통치를 가능케 했다.

생각건대 고대 로마제국의 지방분관 내지 지방자치는 광대한 로마제국의 통치원리이자 생존논리였다. 즉 그것은 분권하지 않고서는 로마황제들은 통치가 불가능했다. 우리는 지방자치를 3권 분립과 함께 민주주의 근본원리로 인식하고 있다. 그러나 분명한 것은 지방자치는 민주주의 근본원리임과 동시에 국가경영의 기본원리라는 것을 『로마인 이야기』를 통해서 다시 한 번 일깨워 주고 있다.

지금 우리 사회는 대전환기에 처해 있다. 이러한 대전환기는 한편으로는 위기의식으로 받아들여지기도 한다. 국가경영의 원리로서 지방이 능히 할 수 있는 사무를 국가가 중복기능을 담당할 필요가 없다. 국제

경쟁시대에 중앙정부는 대외적인 국익증진에 보다 노력을 집중하고, 지방은 지방의 경쟁에 힘을 쏟아야 할 것이다. 지방의 경쟁력을 강화하려면 분권화가 선행되어야 한다. 특히 경제 · 산업 분야의 권한을 대폭적으로 지방으로 이양하여 지방 스스로 도약할 수 있도록 해야 한다. 이를 뒷받침하기 위해서는 지방정부 스스로 능력의 배양을 위한 관료조직의 부단한 학습활동이 선행되어야 함을 물론이다.

역사에 있어서 오늘은 어제의 결과이며, 오늘은 내일의 결과를 잉태한다. 지방자치제가 본격적으로 실시된 지 14년에 불과하지만 그 가능성이 입증되었다. 그러나 우리의 지방자치 형태는 재정자립을 위한 노력보다는 어떻게 하면 중앙으로부터 재원을 보다 많이 지원받을 수 있는가에 사활을 걸고 있다. 지방자치는 균형발전을 위해서 존재하지 않는다. 정부는 마땅히 명실상부한 지방분권을 조속히 실현시켜 해당 자치단체들이 스스로 재정자립을 도모할 수 있도록 하여 필요한 정책을 일관성 있게 펼쳐나가야 할 것이다.

Ⅱ. 지방자치의 의의

1. 지방자치의 개념

모든 나라의 역사적 전통과 사회 · 문화적 환경이 각기 다르듯이 지방자치는 다양한 형태의 의미를 지니고 있다. 그러나 지방자치가 민주주의와 지방분권주의라는 두 가지 본질적 사상을 포함하고 있다는 데는 일치하고 있다. 즉 지방자치는 주민참여를 바탕으로 하는 민주주의 이상의 표현이며 분권화의 실현이라고 할 수 있다. 이는 곧 지방자치란 '일정한 지역의 주민들이 지방자치단체를 형성하여 그 해당지역의 공동의 문제를 자기 부담과 책임 아래 스스로 또는 대의기관을 통하여 처리하는 활동과정'을 말한다.

지방자치의 본질적인 개념을 파악할 때는 정치적인 의미의 주민자치와 법적인 의미의 단체자치로 구분하여 이해하는 것이 일반적이다. 지방자치는 중앙정부, 지방자치단체, 주민이라는 3자가 맺고 있는 기본관계에 따라 단체자치와 주민자치의 두 가지 유형으로 이루어진다.

2. 단체자치와 주민자치

1) 단체자치

단체자치는 서유럽국가, 주로 독일과 프랑스에서 역사적으로 형성된 것으로 지방분권주의에 의하여 국가로부터 상대적으로 독립된 법인격을 가진 지방자치단체가 지방행정을 수행한다. 이를 법률적 의미의 자치라고 한다. 즉 지방자치단체가 국가로부터 상대적으로 독립된 지위와 권한을 인정받아 지방의 일정한 사무에 대하여 국가의 간섭을 적게 받고 처리하는 것을 의미한다.

이른바 서유럽의 대륙형인 단체자치는 법률적 · 통제적 · 제도적이다. 절대군주의 전제적 전통이 강한 독일과 프랑스에서는 입헌적 개혁을 통하여 통제적 · 제도적 지방자치를 확립하여 중앙정부의 권한을 주정부를 통하여 지방자치단체로 분권화시키는 단체자치를 발전시켰다.

따라서 단체자치란 지방자치를 통치수단의 하나로 간주하고, 지방자치단체를 국가로부터 독립된 법인격이 있는 지방자치단체가 수행하는 자치행위라고 본다.

2) 주민자치

주민자치는 영미국가에서 전통적으로 성립되어 발전돼 왔다. 이는 지방정부가 지방의 사무를 중앙정부로부터 법적으로 위임받아 처리하는 것이 아니라, 고유의 지방 사무로서 주민 스스로의 권리와 책임 아래 처리하는 것을 말한다. 이를 정치적 의미의 자치라고 한다. 이는 직업 공무원이 아닌 일반주민이 행정에 참여함을 주된 특징으로 하기 때문에 보수가 주어지지 않는 명예직 공무원이 일반적이다.

이른바 영미형인 주민자치는 실정법 이전의 자연법적 · 자율적 · 전통적이다. 영국에서는 근대적 입헌국가가 성립되기 이전부터 주민총회가 널리 실시되어 왔다. 이러한 전통적인 주민자치가 근대적인 지방자치로 정비된 것이다. 즉 영국의 지방자치제도는 장기간에 걸친 자치전통과 경험의 축적을 통하여 점진적으로 발전해 왔다. 따라서 영국의 지방자치는 자치권이 주민 고유의 당연한 자연법적 권리라는 사상적 기반 아래 주민자치가 지방자치의 본질이라고 생각하고 주민의 정치참여에 중점을 둔다.

단체자치와 주민자치 간의 차이점은 일반적으로 다음의 표와 같다.[1]

3) 한국의 지방자치 요소

우리의 지방자치제도는 법적인 의미의 단체자치와 정치적인 의미

구별	단체자치	주민자치
발달	독일, 프랑스	영국, 미국
내재적 원리	지방분권주의	민주주의
자치권의 성질	실정법(헌법)으로부터 단체의 권리	자연법으로부터 주민의 권리
자치권의 주체	자치단체의 권리	주민의 권리
민주주의 형태	간접민주주의 (대의민주주의)	직접민주주의
지방세제	부가세주의	독립세주의
국가의 통제	국가의 강한 통제	국가의 약한 통제
지방정부 형태	기관대립주의	기관통합주의

의 주민자치가 결합된 요소를 지니고 있다. 그러나 지방자치는 단체자치와 주민자치와는 서로 대립적인 제도가 아니라 민주주의와 지방분권주의를 상호 보완하는 제도라고 할 수 있다. 우리의 지방자치제도는 단체자치를 기본으로 하여 주민자치적인 성격도 가미되어 있다. 자치행정의 개념은 법적인 의미와 정치적인 의미를 동시에 갖는다. 요컨대 이 양자의 개념은 전체로서 별개로 존재하는 것이 아니라 하나로 결합되어야 할 개념이라 하겠다.

Ⅲ. 지방자치와 민주주의의 상관관계

1. 관계긍정설

19세기 이래 지방자치는 민주주의의 필수적인 요소 중 하나로 서유럽국가에서 옹호되어 왔다. 지방자치는 주민의 권리를 진작시키고 정치교육을 위한 중요한 역할을 한다. 지방대의제도는 다수의 주민들을 민주주의에 적극적 참여하게 하며, 지방자치정부는 주민들에게 그 지역에서 지방여론을 수렴하여 서비스를 제공한다.

지방자치는 일반적으로 일정한 범위의 지역단위 체제로서 법적인 정당성을 지니고 재정과 행정, 입법(조례)에 관한 자치권을 행사한다. 존 스튜어트 밀(John Stuart Mill)에 의하면 "자유는 강력하게 지켜지고, 납세자의 의견이 지방자치에서 반영되어야 하며, 주민들은 거주지역에서 자유롭게 활동할 수 있어야 하며, 자신들의 지역이익을 옹호할 수 있어야 한다"는 것이다. 그는 지방자치를 정치교육장으로서, 또한 박애정신의 구현을 위한 유일한 기구로서 정당화하였다. 이와 같이 지방자치는 민주주의의 본원적인 요소이며, 지방자치가 수행하는 기능에 구애됨이 없이 민주주의의 본질적인 가치이다.

이같은 지방자치에 대한 우선적인 가치는 휴 할렌(Hugh Whalen)과 같은 실용주의자들에 의해 부인되기도 했는데, 중앙정부와 지방정부 간의 권력분립이 원칙의 문제가 아니라는 주장이다. 국회 및 중앙정부의 정치적인 구조와 권력배분에 의해서 지방정부의 역할이 결정되며, 민주사회에 기여한다는 것이다. 그의 실용주의적 결론에 의하면 지방정부는

정치적 전통의 산물이며, 자치정부라기보다는 정부 서비스를 제공하는 방법이라는 것이다.[2]

사실인즉, 실용주의자들은 시민들의 이해관계는 대체로 개인적인 문제나 욕망에서 발생한다고 생각하기 때문에 지방자치는 그 정당성을 찾기 어렵다. 실용적 접근방법은 그래서 지방자치는 지역주민들을 위한 서비스를 제공하고 비인간적인 관료주의로부터 지역주민들을 보호하는 기구로 보자는 것이다. 다시 말하면 중앙정부보다는 지방정부에서 제공하는 서비스가 지역실정에 적합하고 효율성이 높다는 것이다. 윌리암 손힐(William Thornhill)의 견해는 지방민주주의만큼 실용적인 것은 없으며, 전국적인 민주주의는 이것과 비교할 수 없다고 하였다. 그러나 민주주의라는 용어는 대체적으로 국가에 관한 것이며, 지방자치의 실질적 기여는 중앙정부 내에서 국민들이 공유하는 정치적인 제도이다.[3]

지방자치와 민주주의의 관계는 이처럼 19세기 이래 관계긍정설과 관계부정설이 혼재된 상태에서 현대에 이르고 있다. 관계긍정설은 민주주의를 지방자치의 본질적 요소로 간주하면서 양자 간의 상호 보완성을 주장하는 입장이다. 이 견해는 영미국가의 주민자치에 입각한 근거를 두고 있으며, 대표적인 학자로는 앞에서 지적한 바와 같이 제임스 밀(James C. Mill), 팬터-브릭(K. Panter-Brick), 브라이스(J. Bryce), 토크빌(Tocqueville), 라스키(H. J. Laski) 등이 있다.

관계긍정설의 근거는 다음과 같다.[4] 첫째, 지방자치에 의한 국가권력의 제한 원리이다. 중앙집권을 관료체제에 의한 시민의 자유권 구속 또는 제한으로 이해하고, 이러한 관치적인 중앙권력을 견제할 수 있는 제어장치로서 지방자치의 필요성을 강조한다. 둘째, 지방자치는 민주주의 학교이자 훈련장의 역할을 한다. 지방자치는 민주주의의 지속적인 발전을 위하여 필수불가결한 민주시민 양성소 내지는 민주주의 교육의 현장이다. 셋째, 지방자치는 민주주의 실천원리이다. 지방자치는 지역주민들이 자기 책임 아래 스스로 또는 대표자를 통하여 자치사무를 처리하는 것이므로 민주주의의 기초이자 실천원리인 것이다. 넷째, 지방자치는 주민들에게 정치참여의 기회를 제공한다. 민주주의는 주권자인 주민들에게 보다 많은 정치참여의 기회를 제공해 주기 때문에 주민참여를 핵심적 바탕으로 하는 지방자치의 필연의 관계를 가진다.

팬터-브릭에 의하여 밀의 지방자치와 민주주의의 관계긍정설은 옹호되었다. 민주주의는 다수의 원칙, 사회적·경제적 평등, 그리고 통일적인 기준이나 규정이 그대로 적용되는 것은 아니다. 현대 사회가 고도로 중앙집권화와 중앙통제가 강화되고 있다 하더라도 지방자치와 민주주의는 불가피하게 대립할 필요성이 없다. 지방자치는 본질적으로 개개인들에게 욕구의 피력을 허용한다. 팬터-브릭은 시민들이 다른 사람들의 견해를 이해하고 관용하며, 현실정치의 기술을 배우는 지역사회에 있어서 참여는 민주주의의 본질적인 요인이다. 더욱이 한 나라가 민주주의를 요구하는데 국가의 일부분인 지방이 민주적인 형태를 가지고 있지 아니하다면 이것은 사리에 어긋난다. 궁극적으로 지방자치는 나의 권리와 다른 사람의 권리의 정당성과 우선순위가 주어진 상호 경쟁적인 권리들에 대한 선택의 필요성에 대한 이들 두 가지 민주적인 덕목을 제시하고 있다.[5]

2. 관계부정설

그러나 랭그로드(Langrod)는 지방자치가 민주주의 본질에 있어서 직접적인 관련성을 외면한다. 즉 "민주주의는 대체로 다수의 원칙, 평등,

통일성과 함께 국민국가(nation-state)에 관계되는 반면에 지방자치는 지역적이어서 지방의 차이와 분리주의에 관계된다. 민주주의와 지방자치는 본질적으로 상반되는 것으로, 이것은 단지 역사적인 사건으로 19세기에 동시에 발전한 것이다"라고 그는 지적했다. 또한 그는 밀(Mill)이 지적한 '지방자치는 민주주의를 위한 정치교육의 훈련장이다'라는 말도 부정했다. 지방자치는 민주주의에 대한 가치부여보다는 편협한 지역이기주의에 집착하기에 급급하다는 것이다. 때문에 시민들은 지방자치보다는 국가적인 정치와 문제에서 민주주의를 배워야 한다는 것이다. 지역이기주의와 금품유혹을 받기 쉬운 지방자치는 현대 민주주의에 부적합하다는 것이 랭그로드의 견해이다.

지방자치와 민주주의의 관계부정설은 지방자치의 정치적 · 사회적인 부작용을 인식하고, 이의 타파를 위하여 민주적인 중앙정부의 적극적인 역할을 강조한다. 즉 민주화된 정치체제에 있어서 지방자치란 무가치하며, 오히려 능률을 저해한다고 주장한다. 이는 주로 단체자치설에 입각한 대륙국가에서 제기되었다. 랭그로드(G. Langrod), 레오 물린(Leo Moulin), 벤슨(G. Benson), 켈센(K. Kelsen) 등이 대표적인 학자들이다.

관계부정설의 근거는 대체로 다음과 같다. 첫째, 지방자치에 대한 주민들의 낮은 참여이다. 주민참여의 보장이 곧 참여를 의미하는 것은 아니므로 참여기회의 확대가 실질적 의미의 민주주의를 보장하지 않는다. 곧 지방자치와 민주주의는 별개의 문제라는 것이다. 둘째, 지방자치의 소수전제의 가능성이다. 분권화된 참여체제에 있어서 주민참여는 사실상 허구에 그칠 뿐, 지방자치는 지역사회의 소수의 지역 엘리트에 의해 장악되어 소수지배를 가능하게 할 우려가 있다. 셋째, 다수횡포에 따른 불평등이다. 지방의회 구성에 있어서 국회와는 달리 특정 정당에 표쏠림 현상이 극심하여 지방의회의 집행부에 대한 견제기능이 상실된 상태에서 권력분립이 유명무실하게 되면 지방자치는 민주주의에 역행하는 것이다. 넷째, 지역이기주의와 배타주의의 심화이다. 지방자치는 국가 전체의 이익보다는 지역적 이익을 지나치게 중시하기 때문에 자치단체 상호 간의 불필요한 낭비와 비효율을 초래한다. 또한 지나치게 지역 간의 균형개발을 강조한 나머지 중앙정부는 표를 의식한 나머지 국가의 경쟁력을 떨어뜨리는 결과를 초래한다.

3. 지방자치의 책임성

밀은 자치정부가 보다 효율적인 서비스를 보장하는 것은 아니라고 하였다. 그러나 이것은 정치적인 자유를 실현시켜 정부활동에 대한 토론과 권력과 책임성을 공유시킨다. 밀은 자치단체와 그 구성원들은 지적인 면이나 지성적인 면에서 중앙정부에 비하여 밑바닥 여론에 책임성이 적다고 하였다. 그럼에도 불구하고 지방행정과 정치적인 책임이 따르는 교육행정을 수행하는 데는 자치행정이 보다 적합하다.

밀은 자치정부를 시민 자신의 이익을 초월하여 불특정 다수의 정당한 이익을 더욱 소중하게 여기는 정치교육을 위한 단체로 간주했다. 자치정부 내에서 상호 간 권력을 공유함으로써 개개인은 그 결과를 수용하는바, 이것은 실용적·윤리적인 정당성을 지닌다. 국가는 물론 지방수준에서 동일한 원칙이 적용되어 시민들은 국가에 세금을 납부함으로써 공공 문제에 대해서 자기 목소리를 가질 수 있게 해야 한다. 정치교육이 중요한 것은 정치교육이 부재할 경우, 노동자계급의 다수 지배는 계급입법을 초래하여 그들 자신들만의 이익을 추구할 수 있는 위험성을 가지게 될 우려를 배제할 수 없다고 그는 파악했다. 그러므로 자치정부는 동시에 재산에 따른 비례대표제에 의한 참정권이 보장되어 소수 부유층의 권리도 보호할 수 있어야 한다고 생각했다.[6]

19세기 자치정부 개혁가들의 두 가지 목표는 책임성 있는 자치단체의 수립과 동시에 새로운 서비스에 대한 효율적인 행정의 구현에 있었다. 이 개혁운동은 거의 70여 년이 지나서 실현될 수 있었지만 동일하고 포괄적인 행정을 지향하였는바, 지방자치단체들은 최소한의 표준에 도달하는 서비스를 주민들에게 제공하고 이들 모든 서비스를 한 지붕 아래서 해결하였다. 동일한 정치적 행정 책임의 목적들은 간혹 시민들의 갈등과 요구에서 비롯되었다. 그 하나는 밀, 파비안(Fabian) 그리고 초기의 사회주의자들에 의하여 유래된 것으로 중앙과 지방정부 수준에의 민주적 시민정부 이론이다. 또 하나는 공리주의자와 공적 보건개혁가들에 의해서 주창되어 온 것으로 동일한 지방자치단체 단위와 중앙정부에 기초한 효율적인 행정 이론이다.

밀 시대의 자치정부에 관한 이론화는 시민과 정치적인 자유시대와 일치하는 시대이다. 참여정권은 확대되고 동시에 교육과 다른 서비스의 확대는 개인들에게 자유 혜택의 기회를 갖게 되는 것을 가능하게 하였다. 그러나 자유가 광범위한 정부 서비스를 제공하거나 역동적인 지방의회 활동을 보장하는 것은 아니었다. 개개인들이 정부의 지원 없이 자신들의 요구를 스스로 해결하는 것을 강조하는 최소한의 정부가 지배적인 믿음이었다. 그러므로 최소한의 정부는 권리와 의무, 법률의 집행 등을 포함한 준법주의의 신념이었다. 지방수준에서 이것은 법률의 범위를 뛰어넘는 중요한 원칙이었다.

급진주의자인 어네스트 존스(Ernest Jones)는 이에 반대하여 노동자계급에게 합법적으로 정치적 자유와 평등의 기회가 주어져서 실질적인 혜택을 누릴 수 있게 해야 한다고 주장했다. 선거권의 확대는 정부의 관심영역을 넓히는 유일한 방도이다. 그렇게 함으로써 노동계급이 교육을 받을 수 있게 된다. 노동계급이 투표권을 행사할 수 있기 이전에 보다 좋은 교육을 받아서 민주시민으로서 자질을 함양하는 것은 민주주의의 본질이다.

Ⅳ. 지방자치와 지방분권화

1. 지방분권의 유형

일반적으로 민주주의를 통치이념으로 하는 나라에서는 지방자치를 민주정치의 핵심적 구성요소로 하고 있다. 지방자치는 분권화의 원리로서 지역주민의 부분 의사를 국민의 전체 의사 속에 반영시키는 민주주의의 보루인 것이다.[7] 대체적으로 지방분권은 중앙정부로부터 이양되는 권한의 성격에 따라 행정적 분권화(deconcentralization)와 자치적 분권(decentralization)으로 나뉜다.

첫째, 행정적 분권이라 함은 중앙정부가 가지고 있는 권한을 지방행정기관에 위임 또는 이양하여 시행케 하는 것을 말한다. 여기에는 중앙정부가 지방의 소관사무를 처리하기 위해 특별지방행정기관을 설치하고 그 권한과 사무를 위임하여 수행하는 방식과, 별도의 기관을 설치하지 않고 지방자치단체에 그 권한과 사무를 위임하여 수행하는 방식이 있다.

둘째, 자치적 분권이라 함은 중앙정부와 지방자치단체 간의 정치권력의 배분에 관한 것으로 행정적인 것뿐만 아니라 입법기능까지도 포함하는 통치상의 분권방법이다. 지방자치라는 말을 언급하는 경우 이를 의미한다.

2. 지방자치와 균형발전

정부가 지방분권과 지역 간 균형발전을 동시에 추진하고 있는 것은 두 마리 토끼를 한꺼번에 잡으려는 것과 같다. 그러나 엄격한 의미에서 살펴보면 이것은 두 개의 기차가 서로 마주보고 달리는 것과 같다고 할 것이다. 왜냐하면 분권화는 지방자치를 통해서 중앙정부의 영향력을 축소하는 데 있으나 균형발전은 지방 간의 격차를 완화하기 위한 중앙정부의 역할이 강화되어야 하기 때문이다.

지금 이 시점에서 이와 같은 국정의 혼선과 난맥상의 원인을 냉정히 생각해 보면 이는 매우 단순하다 할 것이다. 정부가 국정의 기본 축을 자치적 분권, 즉 지방자치의 육성보다는 행정적 분권 내지 분산에 역점을 두고 있기 때문이다.

일찍이 다산 정약용 선생은 "나라의 정치를 펼침에 있어서 치산(治山, 발전)이 형평(분배)보다 우선해야 한다"고 지적했다. 민주주의의 뿌리는 지방자치이다. 지방자치는 중앙의 간섭과 관치행정으로부터 벗어나 지방 스스로 자립적인 의지로 지방의 발전을 도모하는 것이다. "하늘은 스스로 돕는 자를 돕는다" 하지 않았는가.

그러면 균형발전은 무엇인가? 지방은 중앙에 의존하여 종래의 관치행정을 통하여 균형을 명분으로 더 많은 것의 배분을 기대하는 것이다. 우리는 행정적 분권에 의한 지역 간의 경쟁이 없는 균형발전보다는 조금 불균형한 발전이 되더라도 자치적 분권, 진정한 지방자치의 발전을 통해서 민주주의와 번영의 꽃을 피울 것을 염원한다.

우리는 중국의 막강한 경제력이 어디서 나오는가를 타산지석(他山之石)의 교훈으로 삼아야 한다. 중국은 정치적으로는 중국공산당에 의한 중앙집권이 되어 있지만 경제적으로는 완전히 지방에 권한을 이양하는 자치적 분권을 실현하였다. 바로 이것이 지방의 국제경쟁력을 키우는 초석이 되고 있다. 지금 중국의 각 지방에서는 해외자본과 기술을 유치하는 데 온 힘을 다하고 있다.

다행히 우리나라의 지방자치단체들도 해외자본의 유치와 기술의 도입을 적극적으로 추진하려는 노력이 점차로 확대되고 있다. 그러나 지방자치단체들의 노력에 비해서 성과는 아직은 미흡한 실정이다. 그 이유로는 무엇보다도 경제산업 부문에 관한 권한이 중앙정부에 의하여 행사되고 있기 때문에 필요한 절차를 밟는 데 너무 오랜 기간이 소요되어 중도에서 해외투자자들이 포기하는 예가 비일비재한 실정이다. 하루속히 내실 있는 분권화가 실현되어 지방경제의 경쟁력을 갖출 수 있도록 정부의 노력이 한층 요망된다.

헌팅턴 교수는 "성공적인 기업이 국가성장의 엔진이라고 생각하는 국부는 개별기업의 수준에서 창출되기 때문이다"라고 했다. 이러한 가정은 다음과 같은 3단 논법을 유도한다. ① 국가발전은 경제성장 없이는 불가능하다. ② 경제성장의 엔진은 기업이다. ③ 분권화는 국가발전의 필수조건이다.

이제 지방분권은 국가발전을 위한 불가피한 선택으로 인식하고 지방경제의 활력을 통한 분권형 선진국가의 전략 모색이 필요한 전환기적 시점에 우리는 서 있다. 지역의 창의와 역량에 기초한 지역경쟁력의 강화는 국가경쟁력을 증대시킬 것이다. 또한 분권화를 통한 지역 간 경쟁

과 협력의 증대는 지역 간 균형발전에도 크게 기여할 것이다.[8]

실질적인 분권화 없는 지방자치는 종이호랑이에 불과하다. 실질적인 분권화에 기초한 지방자치는 지방의 자율과 책임성 그리고 창의력을 제고시키고 지방의 경제력을 강화시켜 지방의 재정 자립을 앞당기는 지름길이 될 것이다.

V. 지방자치의 현대적 경향

1. 지방자치의 현대적 재조명

20세기에 접어들어 자본주의가 고도로 발달하고 사회가 복잡화 · 이질화됨에 따라 나타난 노사 간의 대립 격화, 실업자의 격증, 구빈 · 보건위생 행정의 증대 및 인구의 대도시 집중으로 인한 도시문제들은 자치단체만으로는 도저히 해결할 수 없는 상황에 놓이게 되었다. 따라서 경제 · 사회 부문에 걸친 대부분의 중요한 문제들은 전국적 · 종합적 견지에서 통일적 · 능률적으로 처리하지 않을 수 없게 되었다. 한편, 도 · 농 간의 재정적 차이, 자치단체에 대한 국고보조금의 증가 등으로 인하여 지방자치단체의 자치권의 범위가 축소되는 경향을 보이고 있으며, 자치단체의 대국가의존도도 계속 높아지게 되었다. 이에 독일과 프랑스에서는 지방자치의 위기론이 대두되었고 영국과 미국에서는 지방자치의 개편론이 대두되기에 이르렀다.

이들의 특징은 과거에 과도한 지방분권체제를 유지해 온 영미제국에서는 신중앙집권화의 경향을 띠고 있는 반면, 과거 중앙집권체제를 가지고 있었던 프랑스와 독일에서는 신지방분권화로 나아가고 있어서 좋은 대조를 이루고 있다고 하겠다.

1) 지방자치의 위기론

현대에 이르러 논자에 따라서는 지방자치 위기의 시대라고 표현하고 있는데, 그 이유로 다음과 같은 것을 지적하고 있다.[9]

(1) 자치이론의 역사적 기반 상실

군주와 국민의 대립을 전제로 했던 고전적 지방자치 이론의 역사적 기반은 국가와 사회가 동질화된 오늘날의 민주주의 체제 아래에서 그 본래의 의미를 상실하게 되었다.

(2) 자치의식 상실

오늘날 과학기술의 발달과 사회구조의 급격한 변화로 인하여 지방자치의 정신적 기초가 되는 향토애나 공동체의식과 같은 자치의식이 점점 사라지고 있다.

(3) 지방재정의 취약성

진정한 의미의 지방자치는 자주적으로 재원이 조달될 때 이루어지는데, 재방재정의 궁핍으로 국가 관여가 증대하고 있다.

(4) 정당의 무분별한 지방정치 개입

정당의 무분별한 통제로 인하여 지방자치단체가 중앙정부에 예속화되는 결과를 가져오고 있다.

2) 지방의 개편론

최근 들어 영미제국에서 지방자치의 개편론이 대두되고 있는바, 이의 특징을 살펴보면 다음과 같다.

(1) 상급단체로의 정치권력 이동

지방자치의 개편론은 정치권력이 소규모 자치단체로부터 대규모 상급 자치단체나 중앙정부로 이행한다는 것을 의미한다. 이러한 상급 단체로의 권한 이양 추세는 대부분 정책적인 고려에서 비롯된 것이다.

(2) 재정적 중앙 의존의 심화

재정연방주의에 따라 주 및 지방정부가 재정적으로 연방정부에 의존하는 경향이 현저해지고 있다. 연방정부로부터 재정적 지원을 받으려면 지방의 프로젝트나 사업계획의 목표가 국가이익을 반영해야 했으며, 이에 따라 자치단체의 중앙정부에의 의존화와 중앙정부의 통제 강화를 초래하게 되었다.

(3) 복지정책 기능의 상급 단체로의 이양

복지국가 이념을 실현하기 위한 사회복지 기능이 지방정부에서 중앙정부로 이관되는 경향을 나타내고 있다.

2. 신중앙집권화

1) 신중앙집권화의 의의

신중앙집권화는 일단 지방자치가 확고한 뿌리를 내리고 있는 국가에 있어서 복지국가의 건설, 행정의 능률성 확보, 지방자치의 보완을 위하여 중앙정부나 광역자치단체의 역할이 증가되어 가는 현상을 말한다. 즉 신중앙집권화는 중앙정부와 지방정부의 정치적 민주화가 제도적으로 실현되고 있음을 전제로 한 것이며, 다만 사회적 요청에 부응하기 위하여 행정능률의 향상을 위한 집권인 것이다.

따라서 신중앙집권화는 군주국가 시대에 있어서와 같은 권력적 집권이 아니라 기술적 · 지식적 · 협동적 집권을 뜻하며, 지방분권 · 지방자치를 부정하는 별개의 정치원리라기보다는 지방행정의 민주성과 능률성을 동시에 확보하기 위한 정치구조상의 권력 재편성이라고 할 수 있다.

3. 신중앙집권화의 원인

신중앙집권화 경향은 1930년대에서 1970년대 후반에 이르기까지 고도의 지방분권체제를 갖춘 대부분의 선진국에서 기술적 · 정치적 근대화와 관련된 시대적 여건의 변화에 따라 나타난 현상이다. 이러한 신중앙집권화를 촉진하는 주요 원인을 구체적으로 살펴보면 다음과 같다.

첫째, 분권경제로부터 집권경제로의 전환으로 경제력 집중을 수반한 대기업들과 거대 노동조합들에 대한 중앙정부의 지원 및 규제활동이 증대하였다.

둘째, 개발경제로부터 보존경제로의 전환으로 자원의 고갈을 방지하고 공공이익을 옹호하기 위하여 통일적인 중앙정부의 규제가 필요하게 되었다.

셋째, 복지국가의 실현 정책에 따라 국민적 최저수준을 유지하기 위해 중앙정부의 적극적인 관여가 필요하게 되었다.

이 외에도 ① 과학·기술의 발달, ② 교통·통신의 발달, ③ 국민생활권의 확대, ④ 지방재정의 취약성, ⑤ 국제환경의 불안정과 복잡다기성 등은 중앙정부의 권한을 강화시켜 주도성을 발휘하지 않으면 안 되게 하였다.

4. 신중앙집권화의 발현형태

신중앙집권화에서는 다음과 같은 여러 가지 형태가 동시에 복합적으로 발현되고 있다.

첫째, 사무의 상향적 이관이다. 종래의 지방자치단체가 담당하던 기능과 사무가 중앙 또는 광역자치단체로 이관되고 있고, 중앙정부가 자치단체에 대하여 위임하거나 의무적으로 부과하는 사업이 증대하고 있으며, 또한 많은 업무가 중앙정부와 자치단체의 공동사무로 처리되고 있다.

둘째, 특별행정관청의 설치이다. 지방에서 처리를 요하는 행정사무를 지방자치단체에 이양하는 것이 아니라, 중앙정부의 일선기관인 특별행정기관을 설치하여 국가사무를 처리하고 있다. 한편, 지방자치단체에 위임하는 경우에도 일반적으로 기관위임의 형태를 취하여 지방의회의 관여를 배제시키고 있다.

셋째, 중앙통제의 강화이다. 지방자치단체에 대한 중앙정부의 행정적 관여가 강화되고 있다. 그러나 후견적 · 권력적 통제가 아니라 권고와 정보제공, 재정적 지원, 기준설정, 직원의 임면, 정기적인 보고 등의 비권력적 · 협력적 통제형태를 취한다.

넷째, 중앙재정에의 의존이다. 급증하는 행 · 재정 수요로 지방자치단체의 재정자립도가 상대적으로 저하됨에 따라 중앙재정에의 의존현상이 커져 중앙정부의 재정적 지원과 계획기능이 강화되고 있다.

다섯째, 통 · 폐합이다. 규모가 작은 지방자치단체 또는 대도시권에 있는 중심 도시와 주변 도시들 간의 통 · 폐합이 이루어지고 있다.

5. 신중앙집권화의 한계

현대 국가에 있어서 신중앙집권화의 경향은 불가피하지만 여기에는 지방적 특수성을 전연 무시하고 행정을 중앙정부 위주로 획일화시켜 관료제의 비대화를 가중시킬 위험이 내재되어 있다.[10] 그러므로 다음과 같은 한계를 인식하여 지방분권과의 새로운 조화를 모색하여야 한다.

첫째, 국방, 외교, 경제 및 재정정책, 국민복지 등과 같은 전국적 · 통일적 운영이 요청되는 사무는 중앙정부의 책임 하에 수행되는 것이 필요하다. 그러나 교육, 문화, 지역개발 등과 같은 지역실정에 적합한 운영을 요하는 사무는 그 수행에 있어서 지방자치단체의 자주성을 존중해 주어야 한다.

둘째, 중앙집권화는 자치구역의 광역화를 초래하여 지역주민의 자치의식을 희박하게 하며 주민참여를 저해할 위험이 있다. 그러므로 행정구역을 재편성할 때 행정의 능률성뿐만 아니라 지역주민의 자치의식이나 주민참여의 가능성을 고려해야 한다.

셋째, 중앙집권화에서는 일반적으로 국가공무원이 우대되고 지방공무원은 차별은 받는 경우가 많다. 특히 우리나라와 같이 국가공무원과 지방공무원이 자치단체에 동시에 배치되어 있는 경우에는 이러한 차별이 심하다. 따라서 인사행정상의 제도 개선과 지방공부원의 사기진작 방안을 모색하여 전국의 균형 있는 발전과 지장자치의 활성화를 기해야 할 것이다.

넷째, 지방공무원의 자주성을 무시한 중앙정부의 지나친 통제는 지방공무원의 질적 저하를 초래하고 창의성을 무시할 우려가 있다. 지역주민에 의한 민중통제는 중앙정부에 의한 통제보다 지방공무원의 창의성 · 자주성을 잘 보장할 수 있다. 따라서 국가행정의 통일성 확보와 지방공무원의 창의성 존중을 위해 중앙집권은 민중통제와의 조화를 이루도록 해야 할 것이다.

6. 신지방분권화

1) 신지방분권화의 대두배경

1979년 대처 집권 이래 중앙정부의 권한강화를 추구해 온 영국을 제외하고 미국을 위시한 대부분의 국가들은 1970년대 이후 분권화 경향을 가속화시켰으며, 각국의 지방정부는 자율성의 강화와 함께 업무부담의 증대라는 새로운 현실에 직면하게 되었다. 이에 따라 지방정부가 국가에 협력하여 중앙과 지방 사이에 기능을 분담한다는 새로운 관점에서의 신지방분권주의가 등장하였다. 신지방분권이 대두하게 된 배경을 살펴보면 다음과 같다.

첫째, 중앙정부의 계획행정에 의거한 획일적 운영으로 국가행정의 관료화를 초래하게 되었다. 즉 중앙집권화에 따른 행정국가 현상으로 인하여 행정부가 강력한 권한을 행사하게 되어 3권 분립, 헌법의 최고규범성, 간접민주제 등 자유민주주의가 손상되었다.

둘째, 현대 국가는 민주화가 이루어지고 국가와 사회의 동질성이 확보되었기 때문에 지방자치의 존재의의가 상실되었다고 한다. 그러나 국가가 민주화되었다고 하더라도 종래 지방자치의 존재 이유와는 또 다른 각도에서 그 존재가치를 발견할 수 있다.

셋째, 전국적이면서 동시에 지방적 이해를 갖는 공관사무의 처리에 지방적 이해를 반영하려면 지방자치단체를 통할 수밖에 없으며, 또한 그 이해관계가 지방에 한정되는 사무도 여전히 존재하기 때문에 지방자치의 부활을 위한 신지방분권화는 반드시 필요하다.

넷째, 현대에 이르러 인간은 보다 더 작고 인간적인 것을 추구하려는 경향이 있다. 즉 세계가 거대화되면 될수록 작은 것을 희구하는 욕망도 이에 비례하게 되어 많은 사람들은 작은 것, 인간적인 것, 다루기 편리한 것 등을 갈망하게 되며, 가능하면 이것을 얻으려고 한다는 것이다.

다섯째, ① 중앙정부의 재정적자, ② 국제화 · 세계화의 심화에 따른 경쟁환경의 변화, ③ 정보화의 가속화에 따른 포디즘적 축적양식의 붕괴, ④ 경제 블록화 현상, ⑤ 도시화의 진전 등은 신지방분권화를 촉진하는 요인으로 작용하고 있다.

2) 신지방분권화의 성격

신지방분권은 근대의 지방분권과 다르다. 즉 종래의 지방분권은 시민의 자유를 억압하던 중앙집권적 권력을 극복하는 데 그 존재의의가 있었다. 그러나 신지방분권은 중앙정부와 지방자치단체가 모두 국가 통치기구의 일환으로서 국민복지의 증진이라는 공동목표를 위해 기능을 분담하면서 상호 협력하여 행정을 처리하는 데 그 특징이 있다.[11] 따라서 신지방분권은 종래와 같은 절대적 · 항거적 · 배타적 · 소극적인 지방분권이 아니라 상대적 · 참여적 · 협력적 · 적극적인 지방분권이다.

3) 각국의 신지방분권화 경향

신지방분권화의 경향은 제2차 세계대전 이후 패전국이었던 독일, 이탈리아 및 일본의 지방제도 개혁이나 미국의 자치운동과 신연방주의 등에서 찾아볼 수 있으나 가장 현저한 예는 프랑스의 경우라고 할 수 있다.

(1) 프랑스

오랫동안 광도한 중앙집권체제를 존치시켜 왔던 프랑스에서는 지방분권화의 경향이 1981년 미테랑 정부 출범 이후 나타나기 시작했다. 1982년 '시 · 읍 · 면 · 도 및 레종의 권리와 자유에 관한 법률'의 제정을 필두로 대대적인 지방행정 개혁이 단행되었는바, 그 주요 내용은 다음과 같다. ① 지방공무원의 신분규정에 관한 정비, ② 지방재정제도의 개혁, ③ 국가임명 도지사제의 폐지 및 지방의회에서의 집행기관 선출, ④ 중앙정부의 지방자치단체에 대한 감독의 대폭 완화, ⑤ 중앙과 지방 간의 사무 권한의 재배분 등이다.

(2) 미국

1970년대를 전후해 심화된 연방정부의 재정적자로 인해 1980년에 집권한 레이건은 연방정부의 보조금은 줄이고 지방정부의 권한은 늘리는 신연방주의 정책기조를 채택하였다. 그 주된 내용을 보면 ① 연방정부의 지출수준 인하, ② 연방정부와 주 · 자치단체 간의 책임분담의 확립, ③ 총괄(통합)보조금의 설치, ④ 조건부 보조금의 통 · 폐합, ⑤ 연방정부의 무원칙한 개입과 규제의 완화, ⑥ 교육이나 지역개발 프로그램에 대한 집행권의 대폭적 이양 등이다.

(3) 일본

1980년대에 시작된 행정개혁의 흐름 속에서 지방분권에 관한 논의는 본격적으로 시작되었으며, 1991년대에 들어 활발히 되었다. 지방분권추진법의 제정(1995. 5)으로 구성된 지방분권추진위원회는 4차에 걸친 '권고안' 을 제출하였고, 1998년 5월에 내각회의의 의결로 '지방분권추진계획' 을 발표하였다. 그후 2000년 4월 '지방분권 일괄법' 을 시행하여 사무의 지방이양을 확대하고 기관위임사무를 폐지하였다. 즉 국가사무의 일부를 완전히 지방정부 관할로 이양했고, 기관위임사무를 자치사무 또는 법정수탁사무로 전환하여 포괄적인 지휘 · 감독권을 배제했다. 국가나 상급 자치단체의 관여는 법령 또는 이에 따르는 정령에 규정된 사항에 한정하고 상급기관에 의한 감사를 폐지하여 자치단체가 상호 대등한 지위를 갖도록 했다. 국가가 이를 심사하고 위업인 경우 국가에 대해서 필요한 조치를 강구하도록 권고했다.

4) 신지방분권화의 방안

신지방분권은 지방자치단체의 자치권 회복 또는 지방자치의 부활 등으로 표현할 수 있다. 지방자치단체가 완전한 지방분권을 달성하기 위해서는 지방재정의 확충, 지방공무원의 능력개발, 자치구역의 재편성, 지방행정제도의 개선, 주민 자치의식의 제고 등이 요구되지만 여기에는 현실적으로 일정한 한계가 있다. 즉 지방분권을 추구한다고 하지만 어디까지나 중앙정부와의 관계를 염두에 두어야 하기 때문에 완벽하고 절대적인 지방분권을 기대하기란 어렵다. 따라서 행정에 있어서 국민 최저수준과 지역적 타당성을 동시에 확보할 수 있도록 다음과 같은 방법으로 신지방분권을 이룩해야 할 것이다.

첫째, 지방자치단체의 이해와 직접 관계가 있는 국가정책을 결정할 때 자치단체의 참가, 의사진술, 공동결정 등을 보장해 주어야 한다.

둘째, 국가적 이해와 지방적 이해를 동시에 갖는 사업에 대해서는 국가가 기본적인 방향만 정하고 구체적인 것은 지방자치단체가 그 범위 내에서 지역실정에 맞게 결정하고 집행하도록 한다.

셋째, 중앙정부가 지방자치단체에 관여하는 경우에는 기준결정, 조언, 정부제공, 제정지원 등 협력적인 방법을 사용하고 권력적인 방법은 배제되어야 한다.

넷째, 지방자치단체가 국정에 대한 발언권을 강화하고 자치능력을 보강할 수 있도록 자치단체 간의 자주적인 연합체나 협력구조의 결성을 보장해 주어야 한다.

다섯째, 보다 중요한 것은 지방자치단체가 스스로 자치권을 확대하기 위하여 자체적인 개혁작업을 선행하고 새로운 시대적 요청에 부응할 수 있도록 체질개선을 도모해야 한다.

7. 우리나라에서의 신중앙집권 · 신지방분권의 적용가능성

현대 국가에 있어서 신중앙집권화와 신지방분권화는 그 정도의 차이는 있어도 각 국가에 공통하는 피할 수 없는 하나의 흐름이다. 다만 이러한 경향은 고도의 지방분권적 전통이 확립된 서구 선진국들에서 나타난 현상으로서 우리의 현실과는 다르다는 것을 인식해야 한다.

신중앙집권화 경향은 지방자치를 부정하는 것이 아니라 그 가치와 역사적 공헌을 인정하면서 지방자치와 조화되는 범위 내에서 새로운 시대적 요청에 부응하여 능률화를 도모하는 상대적 중앙집권이다. 즉 자치적 분권의 단점인 비능률성 · 비전문성과 권력적 집권의 단점인 비민주성 · 전제성을 동시에 지양하는 새로운 형태의 중앙집권인 것이다.[12]

그러나 우리의 경우 선진국과 달리 지방자치의 역사가 일천하여 실질적 의미의 지방자치적 가치를 향유해 보지도, 지방자치의 제도적 운영을 제대로 경험해 보지도 못하였다. 이러한 우리의 역사적 특수성에 비추어 볼 때 신중앙집권화의 경향을 마치 현대 국가의 보편적 현상인 것처럼 확대 해석하여 신중앙집권주의로의 회귀를 논의하는 것은 논리의 비약이라고 할 수 있다.

한편, 최근에 이르러 미국을 위시한 대부분의 서유럽국가들은 세계화의 심화로 인한 경쟁환경의 변화와 정보화의 가속화에 따라 국가경쟁력을 제고하기 위해서 지방의 자율성을 강화하는 방향으로 나아가고 있다. 우리도 오랜 중앙집권체제에서 지방분권체제로 전환하고 '중앙행정권한의 지방이양촉진 등에 관한 법률' 을 제정(1999. 1. 29)하는 등 지방분권화를 가속화시키고 있다.

다만 신지방분권화 경향이 중앙정부에 대립적이 아니라 상호 의존적 · 협력적인 방향에서 이루어지고 있다는 사실을 주지할 필요가 있다. 따라서 우리도 이러한 시대적 흐름에 발맞추어 중앙과 지방이 동반자적인 관계에서 시민사회와 시장을 뒷받침해 주어 상호 신뢰하는 다원적 자율체제를 추구함으로써 지방자치단체의 자율성과 책임성을 강화함은 물론 주민의 복리증진과 국가경쟁력을 제고해야 할 것이다.

참고문헌

박응격. 2003. 『지방행정론』. 제4판. 신조사.
성경륭 외. 2003. 『지방분권형 국가만들기』. 나남출판.
안용식 외. 2006. 『지방행정론』. 대영문화사.
장태주. 2005. 『행정법개론』. 증보판. 현암사.
홍정선. 2000. 『지방자치법학』. 법영사.
시오노 나나미(김석희 역). 1999. 『로마인 이야기』. 한길사.

Dilys M. Hill. 1974. *Democratic Theory and Local Government*. London : Gerge Allen & Unwin LTD.
Park, Eung Kyuk, Walter Kritz(edt.). 2007. *Good Local Autonomy & Governance*. Center for Local Autonomy. Hanyang University/Friedrich Nauymann Foundation.
Nef, Robert. 2004. *In Praise of Non-centralism*. Berlin : Liberal Verlag GmbH.
Smith, B. C.. 1985. *Decentralization-The Territorial Dimension of the State*. London : Gerge Allen & Unwin.

주

1 홍정선, 『지방자치법학』(서울 : 법영사, 2000), 14쪽 및 장태주, 『행정법개론』(서울 : 현암사, 2005), 903쪽 참조.

2 Hugh Whalen, "Ideology, Democracy and Foundations of Local Self-Government", *The Canadian Journal of Economic and Political Science*, Vol. 26, No. 3, 1960, p. 390에서 재인용.

3 W. Thornhill, *The Growth and Reform of English Local Government*, Weidenfield & Nicholsen, 1971, p. 29에서 재인용.

4 박응격, 『지방행정론』(제4판, 서울 : 신조사, 2003), 27쪽.

5 Keith Panter-Brick, "Local Government and Democracy", *Public Administration*, Vol. 31, 1953, p. 344에서 재인용.

6 Dilys M. Hill, *Democratic Theory and Local Government*, London : Geroge Allen & Unwin LTD, 1974, p. 28.

7 이기우 · 하승수, 『지방자치법』(서울 : 대영문화사, 2007), 24쪽.

8 성경륭 · 박양호 외, 『지방분권형 국가만들기』(서울 : 나남출판, 2003), 160쪽.

9 박응격, 전게서(서울 : 신조사, 2003), 31쪽.

10 안용식 · 강동식 · 원구환, 『지방행정론』, 대영문화사, 2006, 72쪽.

11 박응격, 전게서(서울 : 신조사, 2003), 34쪽.

12 박응격, 전게서(서울 : 신조사, 2003), 36쪽.

2 독일과 미국의 연방주의

분권(Decentralization)은 행정적 가치만을 지니는 것이 아니라 일반시민들에게도 충분한 의미가 있다. 왜냐하면 분권은 시민들이 공공행정을 이해하고 이에 참여할 수 있는 기회를 높여주기 때문이다. 분권은 시민들이 자신의 자유를 누리는 데 더욱 익숙해질 수 있도록 해준다. 그리고 이러한 지방으로부터의 작은 자유가 활발하게 집적이 될 때, 바로 여기에서 중앙정부에 대응해 나갈 수 있는 가장 효과적인 대항세력이 생겨날 수 있다.

알렉시스 토크빌, 『미국이 연방주의』(*De la démocratie en Amérique*, 1835)

진정한 연방주의는 연방과 주(州) 단위 기관의 역할과 권능의 엄격한 분리만을 요구하는 것이 아니라, 연방구성원 간의 상호 경쟁을 통해 국민의 이익을 추구해 나가는 것을 의미한다. 이러한 의미에서 본글에서는 미국과 독일의 연방주의 구조를 비교해 보고자 한다. 양국의 연방주

■ **발터 클리츠**(Walter Klitz, 프리드리히 나우만 재단 한국사무소 대표)

의적 특색의 정도를 이해하고 개혁노력을 알아보기 위해 우선 연방주의라고 하는 정치체제를 자세히 조명해 보도록 하겠다.

I. 중앙집권을 반대하는 이상적 연방주의

"훌륭한 정부는 권력의 강화나 집중을 통해서가 아니라 권력의 분배를 통해 실행된다"(It is not by the consolidation or concentration of powers, but their distribution that good government is effected). 미국 헌법의 정신적 지주인 토마스 제퍼슨이 주장한 정치적 권력의 분립은 연방주의의 기본원칙이다. 그러나 연방주의를 권력분배나 주(州)의 권한 또는 권위적 권한의 양도 정도로 축소시켜 이해하는 것은 올바르지 못하다. 경쟁적 연방주의는 연방에 대한 연방구성원들의 권한강화만을 의미하는 것이 아니다. 진정한 연방주의는 연방의 전체 구성요소 하나하나가 국민의 지지와 기술, 자금과 노동력을 얻기 위해 경쟁하기 때문에 이 과정에서 이들 연방구성원 모두를 경쟁력 있게 단련시킨다.

연방주의에서는 사용자, 노동자 그리고 투자자로서 시민 개개인이 매우 중요하다.[1] 연방주의 고유의 의미에서 보면 시민들은 연방 내 다른 지역으로 이탈(Abwanderung)할 가능성을 가지고 있다. 즉 시민들은 서로 다른 공공 서비스, 세율, 교육 시스템, 경제규정을 갖춘 여러 관할(Jurisdiktionen) 중에서 자유롭게 선택할 수 있는 것이다. 여기에서 연방주의의 본질적 측면이 나타난다. 연방주의는 널리 알려진 경제원칙 하나를 정치차원에서 내포하고 있다. 자유로운 선택 가능성과 자유경쟁이 그것이다.

이 두 가지 원칙이 가져다 주는 긍정적인 효과는 분명하다. 혁신, 다양성, 서비스를 제공하는 국가기관의 규율화(Disziplinierung) 등이 바로 그것이다. 이런 맥락에서 예를 들어 뉴욕이라는 시는 자본의 이탈을 막기 위하여 최소한 며칠만이라도 Tax Free Shoping Day를 도입하는 등의 방안을 강구하게 된다.

또한 각 연방구성원들 간에 자유경쟁이 있으면 국가 역무에 소요되는 실제 행위비용(Transaktionskosten)이 공개가 된다. 하지만 이와 반대로 연방정부가 추진하는 프로그램의 비용은 공개되지 않는다. 왜냐하면 이 비용은 다수의 납세자에 영향을 미치기 때문이다. 마찬가지로 경쟁이 없는 체제 하에서는 시민이 요구하고 싶지도 않고 요구할 수도 없는 서비스를 두고 시민들에게 비용지불을 강요하는 일이 일어난다.

알렉시스 토크빌이나 막스 베버가 말했듯이 민주주의 체제는 보이지 않는 중앙집권적 성격을 내재하고 있다. 이는 필연적으로 입헌적 연방주의 구조의 와해를 가져올 뿐만 아니라 연방구성원 간의 경쟁을 붕괴시키는 결과를 가져온다. 그러나 기회주의적 이유에서 경쟁적 연방주의의 와해를 감수하는 것이 오히려 연방의 구성원들인 경우가 종종 있다.

1. 미국과 독일 연방체계 비교

1) 미국 연방주의의 발전, 특징적 형태와 구조적 문제

1774년부터 1781년까지 미국은 비록 형식상의 통치권한을 부여받지 않은 상태이긴 했지만 대륙회의(Continental Congress)가 통치했다. 1777

년 11월 이 의회는 각 주정부에 미국연합규약(Articles of Confederation)을 제출하고 비준을 요청했다(최종 비준은 1781년 3월). 이 미국연합규약은 실제 헌법은 아니었지만 1774년까지 현실에 존재했던 실제를 제도화한 것이었다. 1781년에는 주와 중앙정부 간에 정식 조약(Vertrag)이 아닌 우호조약(Compact of Friendship)을 통해 주와 정부 간 관계를 명시했다. 각 주(州)정부는 고유의 자치권을 보유하였다. 실제로 완벽한 형식과 능력을 갖춘 중앙정부는 아직 만들어지지 않은 상태였다.

기본적으로 연방정부의 권한은 외교분야에 국한되어 있었고, 국민이 아닌 주정부가 중앙정부에 권한을 부여해 줌으로써 중앙정부는 그 합법성을 인정받았다. 대륙회의는 조세고권이 없어 징세권을 갖지 못했기 때문에 각 주정부로부터 예산을 승인받아야 했다. 또한 대륙회의는 대외무역을 조정할 수 있는 권한도 갖지 못했다. 즉 대륙회의는 조약의 내용을 분석해 볼 때 대외정책과 관련한 권한은 무의미한 것이었다. 주연합(Staatenverbund)의 구성원들, 즉 주정부는 내부적으로는 자치적 성격을 띠고 있어서 다른 주에서 반입되는 물품에 대해 따로 관세와 수입세를 부과했다.

1780년에는 비생산적인 경제정책에 대한 반발로 미국연합규약 헌법(Articles of Confederation)에 대한 주정부들의 시위가 일어났다. 시위 주동자는 제임스 메디슨(버지니아)과 알렉산더 헤밀턴(뉴욕)이었다. 1787년 대륙회의는 회의를 소집하여 국가체제의 정치적 현실을 조사하도록 하였다. 1787년 이들은 미국연합규약 헌법조문 하나하나에 대한 수정 이상을 뛰어넘는 완전히 새로운 정치체제를 창조해냈다.

이들은 The Federalist Paper[2]와 The Anti-Federalist Paper[3]에서 보다시피 서로 다른 두 개의 노선을 두고 논쟁을 벌였다. 연방주의자들은 대륙회의 시절보다 근본적으로 더 결정적 권한을 가진 상대적으로 강력한 중앙정부의 수립을 요구했다. 과거에는 절대 포기할 수 없다고 본 자치권의 근본적 부분들을 주정부는 국가 전체의 이득을 위해 포기해야 했다. 반연방주의자들은 메디슨이나 다른 이들이 요구한 강력한 중앙정부를 거부했다. 왜냐하면 이들은 힘겹게 싸워 얻어낸 개인의 자유권이나 주정부의 권한 약화를 두려워했기 때문이다. 특히 반연방주의자들의 반감은 일종의 왕을 대신하는(Ersatzkoenig), 거의 총체적인 권한을 소유한 대통령직에서 극에 달했다. 자신을 연방주의자나 반연방주의자로 보지 않고 공화주의자(Republikaner)로 생각했던 토마스 제퍼슨은 처음 초안된 헌법에 개인의 자유권 보장장치로 기본권 목록을 추가할 것을 요구했다. 제퍼슨은 이 기본권 목록 추가가 중앙정부 권력의 남용을 막을 수 있는 유일한 방법이라고 생각했다. 기본권 목록은 중앙정부에 대항할 수 있는 개인의 방어권(Individuelle Abwehrrechte)을 담고 있을 뿐만 아니라, 주정부의 자유영역(Handlungsfreiheit)까지 내용으로 하고 있다. 즉 제퍼슨은 중앙정부가 정확히 명시된 몇몇 권한만을 소유하는 강력하고 경쟁적인 연방주의를 요구한 것이다.

1789년 자주적인(Souveraen) 주정부들이 모여 채택한 연방헌법은 제퍼슨이나 메디슨이 요구한 기본법 목록을 포함하고 있지 않았다. 이들 기본권 조항은 1791년 12월 헌법에서 10개의 헌법 수정조항의 형태로 채택되었다. 그러나 1791년의 연방헌법은 국가단위 기관 및 주정부 기관의 엄격한 권력배분을 명시하고 있다. 헌법 1조는 미국 의회의 능력과 권한을 내용으로 하고, 2조는 대통령의 권한, 3조는 사법권의 구조와 권한을 다루고 있다. 헌법은 정치체계 간 영역을 명시함으로써 입법, 사법, 행정의 영향권역을 분명히 하고 있다. 이로써 이들 정치권역 하나하나는 중앙정부의 규정적인 간섭으로부터 벗어날 수 있다. 주정부의 권리는 1조와 2조, 헌법의 또 다른 핵심 문구인 수정조항 10조에서 보여주듯 중앙정부의 열거적인(enumerative) 권력관계에서 나온다. 미국 연방헌법에는 이렇게 쓰여 있다. "본 헌법에 의하여 미국 연방에 위임되지 아니하였거나 각 주에게 금지되지 아니한 권한은 각 주나 인민이 보유한다"(The powers not delegated to the United States by the Constitution, nor prohibited by it to the States, are reserved to the States respectively, or to the people). 헌법 이론상 중앙정부는 헌법에 명백하게 부여된 권한만을 갖는다. 권한의 확대는 5조에 따라 헌법 개정이 필요하다. 미국 연방헌법은 이론상으로는 중앙기관의 열거적 권한을 제시해 주고 있는 헌법일 뿐이다. 중앙정부의 책임은 헌법상의 요구에 따르면 헌법이 분명하게 연방정부의 권한으로 명시한 분야에 한해서만 발생한다.

독일 기본법 91a와 b조항에서 규정하고 있는 연방과 주의 공동과제나 영향권역의 혼합은 미국 헌법에서 언급하고 있지도 않고 또한 도출할 수도 없다.

그렇다면 미국의 헌법 현실은 실상 어떤 모습을 가지고 있나? 미 연방헌법이 연방과 주 권한의 분명한 분리를 명시하고 있고 실험적 연방주의(laboratory federalism)[4]에 모든 개발의 가능성을 열어두고 있지만, 미국에서도 베버나 토크빌의 관찰이 진실임이 판명되었다. 즉 1930년대 초부터 미 중앙정부는 연방주의적 구조를 약화시켜 중앙정부의 권력을 강화시킬 수 있는 방법을 모색했다. 이런 과정은 특히 재정적 비용부담 측면에서 보았을 때, 국민의 희생과 미국 헌법이 의도한 경쟁적 연방주의의 희생으로 이루어졌다.

중앙정부와 주정부 간 엄격한 관력분리가 와해되기 시작한 것은 1930년대이다. 뉴딜정책과 관련해서 제한권력 정부(Limited government)와 열거적 연방권한(Enumerated federal power)이라는 헌법 개념은 점차 중앙집권적 경향으로 대체되어 갔다. 이러한 발전은 지난 60년간 중앙집권적 입법을 통해서 일관되게 이행된 것은 아니다. 연방과 주정부 간 권력분립을 둘러싼 미국 대법원 판결 역시 이 기간에는 비교할 만한 모습을 보여준다. 1937년 대법원(Supreme Court)을 경우에 따라서는 사람으로 채우(besetzen)겠다고 하는 루즈벨트 대통령의 위협—그의 중앙집권적 노력을 잘 보여준다—은 오랜 기간 동안 효과를 지속했다. 국민과 정치적 결정권자의 정치적 의지 없이는 연방과 주 권한의 분리라는 헌법 기본원칙을 관철시킬 수 없다라는 것이 대법원에 제시되었다. 루즈벨트 대통령이 찬성하여 당시 의회가 통과시킨 중앙정부의 권한 확대—이들 대부분은 오늘날에도 그대로 유지되고 있다—는 미국 헌법 초안자들이 마련한 열거적 권한(enumerated power)의 범위를 뛰어넘는 것들이었다.

"수정헌법이 연방정부에 위임한 권한은 매우 적고 또한 한정적이다. 그러나 주정부의 권한으로 남겨둔 권한은 매우 많고 또 무한적이다" (The powers delegated by the proposed Constitution to the federal government are few and defined. Those which are to remain in the State governments are numerous and indefinite).[5] 1937년 시작된 헌법독단(dogmatic)의 붕괴를 통해 미국에서는 큰 헌법 위험이 일어났다. 독일의 경우에는 연방과 주 사이의 분리 약화가 이미 오래 전 기본법에서부터 생겨났다. 즉 주정부는 중앙집권적 입법의 한 도구로 전락하여 중앙정부의 하부 행정단위로 퇴화했다. 이것은 곧 미국 헌법의 연방주의적 요구(Imperativ)와의 궁극적 작별(Verabschiedung)이 되었다.

1930년대 말 뉴딜정책을 시작으로 무역조항(Artikel II Sec.8)은 중앙집권적 노력의 하이라이트였다. 입법부는 1937년 대법원의 힘을 빌려 미 의회의 권한을 국가의 대외교역뿐 아니라 주정부 간의 교역에 대해 조정할 수 있게끔 조문을 확대해석했다. 미국 대법원은 ALA Schechter Poultry Corp 대 미국 판결[6]에서 의회는 어느 뉴욕 소재 회사에 임금 및 근로권 기준에 대한 회사규칙을 만들라고 할 권한이 없다고 판결했었지만, 이러한 상황은 1937년 이후에는 변하게 되었다. 무역조항의 애매한 해석과 미 의회가 묵시적 권한을 가지고 있다—왜냐하면 의회가 국가 입법부이기 때문에—라고 하는 생각은 연방과 주정부 간 분립의 붕괴에 큰 문을 열어주게 되었다. 이후 수십 년의 세월 동안 이 원칙을 바탕으로 사회안전, 단일화된 노동 및 환경규칙, 국가 전체에 통용되는 최저임금, 국가 전체 단위에서 수립하는 학교 시스템 등이 도입되었다. 관련 예는 무수히 많다. 중앙정부가 통과시킨 이런 수많은 규정에 대한 합법적 근거는 헌법 내 어디에서도 찾아볼 수 없다. 경쟁적 연방주의의 힘을 신뢰하는 것이 아니라 One-Size-fits-all이라는 의미에서 지역의 여러 상이한 관심사는 무시되고 말았다. 대법원의 토마스 판사는 이러한 맥락에서 다음과 같은 매우 적절한 언급을 하였다. "포스트 뉴딜 케이스 법안은 헌법이 특별히 금지하지 않은 모든 권력을 미 연방정부가 보유한다고 해석하고 있다"(The post-New Deal case law could be read to reserve to the United States all powers not expressly prohibited by the Constitution).[7]

이러한 측면에서 1995년 대법원의 미국 대 로페즈 사건 판결은 하나의 전환점을 보여준다. 공공학교 근처에서의 권총 소유를 금지하는 것은 연방의회와 무역조항의 영역이 아니라고 판결했다. 이는 고전적인 형사법 케이스로, 해당 주의 관할에 속하는 사항이지 국가정부 규제권 밖의 문제라는 것이다. 여기서 경쟁적 연방주의 원칙에 대한 재고가 장기적으로 도출될 수 있는지는 알 수 없다. 이 결정은 연방주의적 경쟁에 관한 문제제기에서 벗어나 연방주의를 주의 자치권 이해관계(Souveraen Interesse) 문제로 축소시켰다. 그럼에도 불구하고 미국 대 로페즈 사건과 토마스 판사의 판결에서 한 가지 사실을 도출해낼 수 있다. 헌법을 엄격하게 해석할 때—특히 연방과 주의 명백한 분리에 대한 조항—여러 연방법은 무효로 판결날 수 있다. 1930년대와 1960년대 사회복지 법안이 그렇고, 공민권법(公民權法 : Civil Rights Act)을 빌미로 한 민간경제 분야로의 간섭이 그러하다.

경쟁적 연방주의 구조의 와해는 직접적인 입법분야에서만 한정된 것이 아니었다. 독일의 원칙법(Rahmengesetzgebung : 다수의 법을 총괄하는 원칙적 입법)처럼 미국에서도 원칙법을 통해서도 각각의 연방 주들은 특정 방향으로 압력을 받는다. 왜냐하면 연방이 각각의 프로그램 재정을 도맡고 있고 구체적인 결과를 내놓아야 하기 때문이다. 이를 통해서 연방 주들은 강요 아래에 놓이게 된다. 연방이 요구한 목표를 이루지 못할 경우 예산은 삭감된다. 주(州)가 선택할 수 있는 가능성은 물론 남아 있지만 매우 제한을 받으며 특정 방향으로 조정된다(연방의 조정기능). 또한 과제와 비용을 연방에서 주(州)로 전가하려는 위험성이 남는다. 소위 항목교부금(block grants)은 균등화를 관철시키기 위한 재정수단이다. 이는 실질적인 경쟁적 연방주의의 모델과는 거리가 있다. 헌법이 규정하고 있는 분명한 업무분장이 꼭 필요하다. 독일에서처럼 헌법에서 도출되는 책임 여부에 따라 재정의무가 계산된다.

경쟁적 연방주의의 기본요소는 눈에 띄지 않는 중앙집권적 요소에도 불구하고 미국 내에 여전히 존재한다. 사형 등을 포함한 형법은 중앙정부가 아닌 주정부 소관으로 남아 있다. 소득세 부문을 제외한 세법 부문 역시 모든 주에 일관화된 세법은 없다. 주 세목을 도입하거나 유류세를 얼마로 책정할 것인지는 주정부의 결정사항이다. 판매세, 자동차세 역시 마찬가지이다. 또한 주가 과세한 세금은 해당 주에 머물러 있지, 독일에서처럼 주의 경계를 넘나들며 지불(Transferzahlung)하는 일은 이뤄지지 않는다. 상이함과 다양성이 남아 있어서 시민들은 다양한 가격과 서비스 패키지 중에서 선택할 수 있다. 몇몇 분야에서의 중앙집권적 경향에도 불구하고 오늘날까지 미국은 경쟁적 연방주의 요소를 간직할 수 있었다. 이는 역사적으로 미국에서 연방과 주의 구분이 최소한 1937년 이전까지는 명백하게 지워졌기 때문이다. 주정부는 전체로서의 국민이 아니라 연방이라는 개념을 더욱 확고히 해준다. 다른 한편, 미국에서는 Big Government라는 개념이 독일에서보다 매우 부정적인 의미를 갖는다 (그래서 사람들은 I love my country, but I fear my government라고들 말한다). 미 연방 주들은 국가권력이나 간섭 그리고 감독에 대한 건전한 불신을 유지할 수 있었다.[8] 연방과 주 차원의 엄격한 분리를 갖춘 진정한 연방주의로의 회귀는 국민의 상응한 의지가 있을 때에만 중장기적으로 가능하다. 1995년 이후 대법원의 시험적인 결정과 "Leave us Alone" 의식의 지속적 자리잡음은 여기서 매우 시사적이라고 할 수 있다.

2) 독일 연방주의의 발전, 특징적 형태와 구조적 문제

독일연방공화국의 기본법은 미국 헌법에서처럼 일차적인 책임은 주정부가 가지고 있음을 명시하고 있고, 분명한 권한위임이 있는 경우에만 연방이 책임을 갖는다고 밝히고 있다. 그럼에도 불구하고 독일의 연방주의는 기본법에서 언급하고 있는 과제분야와 영향권역(Einflussbereich)의 혼재를 통해 많은 부분 그 성격이 약화되었다. 이는 미국의 경우 1937년 이후 헌법현실로 실제 나타나고 있는 현상이지만 원초적인 미국 헌법에서는 개념상 예상하지 않은 현상이라 할 수 있다.

75조에서 언급하고 있는 연방의 원칙입법(Rahmengesetzgebung)과 72조와 74GG에서 규정하고 있는 경쟁적 입법을 확대 사용함으로써 이는 경쟁적 연방주의 구조의 와해를 부추기는 주된 요인으로 작용하고 있다. 연방의 경쟁적 입법권한은 72조 Abs. 2 GG에 따라 74조에서 명시된 영

독일 연방주 간 재정조정

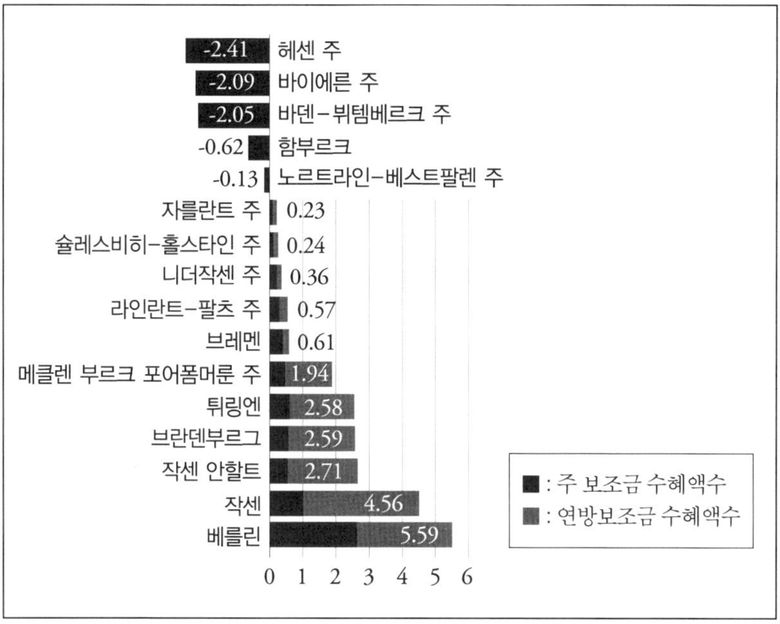

자료 : 연방재무부, 단위 10억 유로(− 수탁, + 수혜)

역을 추가로 제시함으로써 다음을 전제한다. 즉 ① 전체연방의 균등한 생활수준의 생산과 ② 국익차원에서 법적·경제적 단체의 보존이 연방차원의 규정을 요구할 경우 연방은 이러한 분야에서 입법권을 갖는다라는 것. 여기서 주의 입법권한을 연방으로 이양하는 것을 어렵게 만드는 제한적 사실 구성의 특징(Tatbestandsmerkmal)을 이야기한다 해도, 이 문구는 독일 내 균등한 삶의 수준을 만드는 것을 궁극적 목표치로 고양시키고 있다. 물론 이는 경쟁적 연방주의 원칙에는 벗어나는 내용이다.

기본법상의 중앙집권적·통제경제적 일환의 하나로 연방과 주의 공동 과제가 있다(91a 조, 91b GG). 이 공동 과제는 연방법을 주가 이행하고 금융법, 재정지원과 세금연맹을 내용으로 한다.

독일에서는 연방에서 주로 문제를 미루는 경향이 더 심한 것을 관찰할 수 있다. 신설 유치원의 수, 연방과 주를 위한 영업세 부과금(Gewerbesteuerumlage) 인상은 연방이 주에 과제를 분배하거나 주의 재정부담 능력을 확인하지 않은 채 주의 수입을 건드리는 예이다. 문제는 이들 주정부가 중앙정부의 지도를 필요로 하는가에 문제가 있는 것이 아니라, 현재의 헌법 및 법제체제에서 주가 자신의 과제를 해결하기 위한 독자적인 재정적 여유를 가지느냐 하는 것이다. 주(州) 재정균형(Laenderfinzausgleich) 차원에서 다른 주의 재정보유고를 빼내는 것은 문제양산에 일정 부분 기여한다고 볼 수 있다.[9]

Ⅱ. 독일 연방주의의 개혁

독일의 연방주의를 강화하고자 하는 법안이 2006년 9월 발효되면서 연방과 주의 관계는 새로이 재정립되어 가고 있다. 이 법안의 핵심은 과제수행에 합당한 재정능력의 강화와 영역법인(Gebietskoerperschaft) 자치의 확대를 들 수 있다. 점점 경쟁적 체제가 아닌 협력적 체제로 발전해 나가고 있는, 부정적인 현 태세에 대응해 나가자는 것이 이 법안의 목표이다. 주와 지방정부의 권한과 기회(Gestaltungsmoeglichkeiten)가 더욱 강화되어야 하고, 정치적 책임이 분명하게 규정되어야 한다. 이러한 첫 개혁 시도로 다시 소생된 강력한 연방주의 속에서 연방과 주의 결정권한이 장기적으로 크게 개선되어야 한다.

두 번째 단계로는 연방과 주의 민감한 재무관계가 개선되어야 한다. 여기서는 무엇보다 재무상 위험의 방지, 현 예산위기의 해결, 재정 건전화 계획안, 자치확대 계획, 탈권위주의, 주와 주정부 책임의 강화 등을 그 예로 들 수 있다. 2006년 12월 15일에는 연방과 주의 재무관계 근대화를 위한 연방 주 공동위원회가 결성되었다.

개혁노력의 핵심은 채무한계에 대한 합의이다. 개혁의 목표는 연방과 주의 안정적인 재정을 이룩하고 장기적으로 보장하여 채무에 대해 장기적·효과적으로 대처하는 것이다. 여기서는 주와 지자체의 조세자치를 확대해 주는 방안이 강구되고 있다. 우선 소득세와 법인세에 대한 가산과 할인 권한, 그리고 둘째로 토지세와 토지구입세, 영업세의 입법권한을 양도하는 방안들이 논의되고 있다. 위원회는 분권이 국가의 간섭을 제한하고 경쟁에 기반한 체제의 효율을 증대시킬 것으로 확신하고 있다.[10]

그러나 언제 두 번째 연방주의 개혁 논의가 의회에서 통과하여 효력이 발생할지는 아직 알 수 없고, 현재로서는 국제금융위기 해결 논의에 진행 여부가 많이 달려 있다고 본다.

전체적으로 독일의 두 가지 개혁방안에도 불구하고 기본법을 비판적으로 분석하자면 다음의 결과를 가져온다. 즉 독일의 정치체제는 진정한 연방주의를 만들어내지 못했다는 것, 왜냐하면 기본적으로 평등주의와 획일성, 균등성에 초점이 맞춰져 있기 때문이다. 예를 들어서 연방과 주는 주에 대한 재정적 영향 가능성 때문에 특별과제의 공동 수행을 포기하되 이 과제를 주로 이양하는 데 합의를 보지 못할 것으로 생각하고 있다. 지난 수십 년간 주와 연방은 맡은 과제 간에 얽힘이 너무 복잡해서 권한의 명백한 분리가 불가능했다. 주가 우선적으로 자신의 이익을 생각하기 때문에 2019년까지는 취약한 구조의 주가 튼실한 주나 연방으로부터 도움을 받는 주(州)의 재정균형(Laenderfinanzausgleich)에는 기본적 변화가 없을 것이다.

주를 대표하는 상원(Bundesrat)이 거의 모든 입법과정에 동참하고 있기는 하지만 독일에서는 여전히 행정적 연방주의(Verwaltungsfoederalismus)가 우세하다는 사실을 부인할 수는 없다. 독일의 단일연방체계는 서로 다른 역무와 규정을 가진 관할(Jurisdiktion) 사이에서 선택할 수 있는 선택권을 국민들에게 차단하고 있다. 현재 독일에서는 국민이 개인으로서, 투자자로서, 또는 노동자로서 어떤 주에 거주하고 있는지가 중요하지 않다. 왜냐하면 주정부가 제공하는 역무혜택이나 세제상의 부담이 국가 전반에 걸쳐 단일조정되어 거의 유사한 모습을 띠는, 말 그대로 One-Size-fits-all인 상태이기 때문이다. 이로써 작은 하위단위로부터 시작하는 다양한 혁신 가능성, 보충성 원칙, 국민들의 실질적 재무부담에 대한 투명성 같은 연방주의의 기본특성은 잃어버리게 된다.

연방주의를 둘러싼 독일과 미국의 기본적 인식—이중적 연방주의와 정치와 서로 엉켜 있는 연방주의(Dualer Foederalismus und Politikverflechtung)—에는 오히려 큰 차이가 없다. 오히려 양국 헌법의 정치 이론상의 요구가 더 큰 차이를 내재하고 있다. 미국 헌법은 권역별 분명한 분리를 요구하는 공화적인 주형태만을 구체화하고 있는 것이 아니라 개인과 개인의 자유권 보호를 중시하고 있다. 이 권리를 유지·실현하는 것이 헌법의 최고목표이다. 집단권적인 접근법은 미국 헌법에서는 아주 제한적으로만 발견할 수 있다. 물론 이들 접근법 중 몇몇은 1937년 이후로 너무 지나치게 사용된 경향이 있다.

기본법 20GG조가 독일의 국가 및 정부형태를 명백히 하고 있고 기본권 조항을 통해 국민의 자유권을 보호하고 있지만 이로써 기본법은 여러 정치분야에 대한 확대·발전을 요구하고 있다. 이는 연방주의 차원에서 불분명하고 중첩적인 권한구조를 유발하고 또한 다른 정치분야에서의 개혁노력을 방해한다.

미국 연방주의 구조가 1937년 이후로 분명한 책임구조를 지닌 이상적 연방주의 체제에서 많이 벗어나 있기는 하지만, 무늬만 연방주의의 모습을 지닌 협력적 연방주의적인 독일의 경우보다는 훨씬 그 이상적 체제에 근접해 있다고 할 수 있다.

주

1 Tiebout Modell, siehe hierzu : Charles Tiebout, A Pure Theory of Local Expenditure, 64 J. Pol. Econ, 416(1956).

2 페더럴리스트 페이퍼(Federalist Papers)는 알렉산더 헤밀턴, 제임스 메디슨, 존 제이가 기초했고 미독립선언문과 미국헌법과 더불어 미국에서 가장 중요한 정치문서로 이해되고 있다. 원래는 Publius라는 필명으로 뉴욕 일간지에 편지 시리즈 형식으로 출간되었으며, 1787년부터 1789년까지 있었던 미연방헌법의 비준을 둘러싼 논쟁의 한 부분이었다. 페더럴리스트들은 기존에 없었던 새로운 연방헌법의 수립을 지지한 사람들이었으며, 오늘날의 연방주의자라는 개념과는 구분이 필요하다.

3 안티 페더럴리스트 페이퍼(Anti-Federalist Papers)란 독립선언서를 통해 영국으로부터 막 얻어낸 새로운 권리와 자유를 해칠 수 있다는 이유로 연방헌법의 비준에 반대한 모든 서한을 말한다. 안티 페더럴리스트 페이퍼는 페더럴리스트 페이퍼에서처럼 대부분 필명을 사용해 서로 다른 형태의 글로 주장을 핀 여러 주장자들의 글의 총체를 뜻한다.

4 Siehe hierzu Wallace E. Oates, "An Essay on Fiscal Federalism", *Journal of Economic Literature*, Volume XXXVIII, 1999, pp. 1120-1149.

5 James Madison, *The Federalist Papers*, No. 45, p. 292.

6 A. L. A. Schechter Poultry Corp v. United States, 295 U.S. 495(1935).

7 United States v. Lopez, 514 U.S. 549, 589(1995) (Thomas, J., concurring).

8 이에 대한 예로 낙오학생방지법(No Child Left Behind Act)을 계기로 비판을 제기한 유타 주를 들 수 있다.

9 독일의 주 재정균형체제는 다음과 같은 과제를 가지고 있다. 즉 세금의 분배 과정에서 생겨난 주들 간의 재정능력의 차이를 균등하게끔 조정해 모든 주

가 공히 주에 할당된 과제를 수행할 수 있도록 한다는 것이다.

10 Siehe hierzu auch B. R. Weingast, "The Economic Role of Political Institutions, Market–Preserving Federalism and Economic Development", *Journal of Law, Economics and Organisation*, 11, 1995, pp. 1–31.

3 독일 지방자치

제도와 발전

독일연방공화국은 지리적으로 동과 서, 그리고 남과 북을 잇는 유럽의 중앙에 위치해 있다. 독일은 9개의 국가와 국경을 접하고 있으며, 영토는 35만 7,022 평방km로 남한보다 3.6배 크다. 인구는 1990년의 통일 후 약 8,260만 명으로 유럽에서 가장 많으며, 다양한 문화와 풍요로운 지역성, 문화적인 특성을 가지고 있다.

독일 정치체계는 16개 주로 구성된 연방주의 원리에 근거하고 있다. 연방과 연방주 간의 기능관계에서 주요 입법권과 정책결정권은 연방정부에 속한다. 연방정부는 헌법에서 부여한 관세, 군대, 연방국경경찰 등과 같은 제한된 영역에서 자신의 연방 산하 관청을 가질 수 있다. 이는 미국이 연방수준에서 원하면 얼마든지 자신의 지역기관을 세울 수 있는 것과는 차이가 난다.

연방주는 독자적인 헌법을 가지기 때문에 국가로서의 특성을 갖는

■ **정재각**(한양대학교 지방자치연구소 연구부장)

다. 즉 연방주는 상위의 어떤 기관의 동의를 구하지 않고 자신의 결정을 할 수 있다. 주는 의회와 정부를 구성한다. 주정부는 연방상원(Bundesrat)을 통하여 연방의 정책결정 과정에 관여한다.[1] 이런 독일연방정치체계에서 주요 입법과 정책결정은 연방수준에서 이루어지는 반면에 그 집행과 행정적 기능은 주정부에 속한다.

지방자치단체는 헌법적으로 보면 연방과 주와 같이 독자적인 한 계층을 구성하지 않으며, 주의 관할에 속한다. 그러나 헌법은 지방자치를 보장하고 있다(헌법 28조).[2] 지방자치단체는 자신이 속한 각 연방주가 정하는 지방자치헌법에 근거하여 의회를 구성하며, 위임사무 및 고유행정사무를 담당한다. 연방주의 전통에서 정책의 집행과 행정의 상당부분은 주정부에서 다시 지방정부에 위임되어 처리된다. 이는 주 안에서도 주정부의 기관이 매우 제한적으로 설치되고 있음을 말해준다.[3]

지방자치단체에 행정과 집행기능의 부여는 연방, 주 그리고 지방정부 수준에 고용된 공무원의 수를 통해 볼 수 있다. 독일 전체 공무원에서 8%는 연방정부에, 55%는 주정부에, 그리고 35%는 지방정부에 속해 있다. 지방정부의 공무원의 고용수준은 다른 국가들, 가령 미국의 경우에는 지방정부에 61%, 영국의 경우는 52%, 스웨덴의 경우는 58%가 속해 있는 것과 비교해 볼 때 차이가 있지만(Pollitt/Bouckaert 2000, 44), 영국이나 스웨덴의 경우 지방정부의 고용은 사회복지 부문에 집중되어 있다는 점을 고려해야 된다. 즉 독일의 경우 사회복지 부문에서 비정부 비이익단체(non-public-non-profit welfare organization)가 사회복지 서비스 대부분을 제공한다. 또한 독일의 공공투자의 60-80%는 게마인데 수준에서 이루어지며, 게마인데에 의해서 집행되고 있다.

본글은 독일 지방자치제도의 특성을 살피고 통일 이후 독일에서 일어난 변화를 보고자 한다.

I. 독일 지방자치와 특징들

1. 슈타인과 지방자치체도

독일의 지방자치에는 오랜 전통이 있다. 독일의 역사에서 보면 지방자치는 시민의 자유를 표출한 것이며, 이는 사람들을 봉건적인 농노의 신분에서 해방시킨 중세 자유도시의 특권인 도시 시민법에까지 거슬러 올라간다. 이 때문에 독일에는 "도시의 공기는 사람을 자유롭게 한다"는 표현이 있었다.

근대 사회에 들어가면서 지방자치는 프로이센의 개혁가 슈타인(Karl Freiherr vom und zum Stein, 1757–1831)이 주도한 1808년 도시법에 의거하고 있다. 슈타인의 개혁의 배경은 계몽주의 사상과 나폴레옹이 이끈 프랑스에 의한 프로이센의 패배를 배경으로 하고 있다. 프로이센은 엘베상 서부와 폴란드에서 얻은 지역을 프랑스에 내주게 되어 인구는 절반으로 줄어들었다. 슈타인은 그 패배의 원인을 프로이센이 발전하지 못하였기 때문이라고 보았다. 따라서 프로이센은 새롭게 근대화하며 발전해야 된다고 보았다. 시민들은 또한 국가와 연계성을 더 가져야만 하며, 전쟁의 부담을 나누어져야 한다고 보았다.

도시법(1808년)은 광범한 행정개혁의 일부이며, 그 개혁의 일부가 구체화되었다. 각 도시는 중앙정부가 조세징수권을 포기하고 중앙정부에 세금을 납부하지 않는 대신에 재정문제는 스스로 책임을 져야 했다. 도시법에 따라 시민은 영업을 할 권리, 토지 소유 권리를 갖게 되었다. 지방의회의원은 자유 대표로서 의사결정에 참여하며, 자신의 결정에 대해 스스로 책임을 지도록 하였다.

이런 도시법에서 신분이나 출신, 종교에 관계없이 영업을 할 수 있는 권한이 보장된 것은 발전적인 개혁이었다(19조). 1808년도 법은 지방의회 구성을 제도화하였으며, 지방의회가 행정권을 갖는 집행부를 선출하도록 하였다. 이와 같은 제도로 인하여 지방의회가 주민의 대표기관으로서 행정적인 권한과 기능에 깊이 관여하게 되는 배경이 되었다. 또한 슈타인의 도시법 하에서 지방자치는 시민참여적 지방자치(bürgerliche Selbstverwaltung)를 지향하였지만 여전히 민주주의 측면에서는 한계성을 갖고 있었다. 왜냐하면 일정한 재산을 가진 자와 남성들만이 정치참여의 권리가 주어졌기 때문이다. 즉 시민 간의 정치적 권리의 차별은 철폐되고, 시민은 예외적인 경우(대도시 경우 소득이 200 Reichsthalter, 중소도시에는 150 달러가 안 되는 경우는 피선거권이 없음)를 제외하고는 피선거권을 갖도록 한 점이다. 19세기 들어 지속적인 민주화 과정에서 연방수준에서 모든 남성들은 1871년 이후 보통선거권을 갖게 되었으나 프러시아의 도시들은 여전히 참여에서 차별을 갖고 있었다.

2. 자치단체

독일에서 사용되고 있는 게마인데(Gemeinde 자치단체)는 다양한 의미를 갖고 있다. 사회학적인 면에서 게마인데는 일정한 지역에서 상호 커뮤니케이션을 통해서 이루어지는 정체성을 갖으며, 따라서 그 지역주민의 정체성과 연계되어 쓰인다. 가령 이는 지역이나 도시에 속하는 사람들을 의미한다. 이런 사회학적인 의미에서 쓰이는 자치단체는 수없이 많다. 다음으로 게마인데는 각 주에서 행정단위로서 쓰인다. 행정단위에서 보면 현재 독일에는 12,633개의 게마인데가 있으며, 이 중 구서독지역에 8,503개, 구동독지역에 4,130개가 있다.

1970년대 초에 각 주정부는 게마인데의 행정의 효율성과 능률성을 고려하여 행정개혁을 실시한 바 있다. 이는 당시 많은 게마인데가 재정력의 결핍으로 자치사무를 독자적으로 처리하는 데 어려움을 갖게 되었기 때문이다. 재정력이 부족한 소규모의 기초자치단체는 대규모 기초자치단체로 흡수 · 통합하는 방법으로 확대 개편되었다. 이 개혁으로 1968-1970년 사이에 기초자치단체의 규모는 24,000개에서 10,000개로 축소되었다.[4]

독일 통일 이후에 재정적 위기가 제기되면서 게마인데의 기능과 역할에 대한 재조명이 강조되고 있다. 기초자치단체 통·폐합의 경우 지역의 고유한 특성과 자연환경을 고려하여 행정의 효율성과 경제성, 자치단체의 재정자립도, 상주 인구의 규모, 지역발전과 개발 등이 우선적으로 고려된다. 또한 게마인데의 인구 감소로 규모가 작은 게마인데는 인근의 게마인데와 공동으로 사업을 펼쳐야할 필요성이 커지고 있다.

3. 연대적 공동체

19세기까지 게마인데의 거주민들은 자신의 게마인데 안에서 살아야 했다. 지역과 지역에 걸쳐서 이동하는 생활은 여전히 매우 제한적이었다. 가령 오늘날 어떤 지역에서 일을 하고, 다른 곳에 가서 쇼핑을 하거나, 다른 지역에 있는 교회에 참석하며, 여가는 또 다른 지역에서 보내는 것과 같은 생활형태는 아직 없었다. 개인생활은 게마인데 안에서 이루어졌으며, 만족하면서 살아야 하였다. 반면 자체 생산되지 않거나 공급이 안 되는 것은 행상인(Hausierer, fahrendes Volk)을 통해 조달되었다. 마찬가지로 가난한 자, 노인, 고아, 병자, 기타 도움을 필요로 하는 자들도 게마인데 안에서 자체적으로 해결되어야 했다. 고아나 노인들의 부양이 문제가 되어 이를 한 가정이 감당할 수 없을 때에는 '지역연대' (oretliches Solidargemeinschaft)를 통해 해결되었다. 따라서 대부분 게마인데가 고아나 과부들의 부양 의무를 갖게 된다. 이는 게마인데의 주민이 아닌 경우에는 이런 사회보장적 권리를 받지 못하는 것을 말한다. 게마인데의 일원이 아닌 경우는 심지어 게마인데 경계 밖으로 버려졌으며, 아무 도움을 받지 못하였다. 당시 게마인데는 이런 배경 하에서 시민권에 대한 권리를 제안하며, 또한 필요로 하는 경우에 부양의 권리를 행사하였다. 마찬가지로 게마인데가 지역주민의 생활에 대해서 제한을 가하는 것도 이와 같은 전통에서 이루어진 것이다.

4. 사회정책

엄격한 게마인데 중심의 생활은 근대화를 거치면서 바뀌기 시작하였다. 근대성에서 그 특징의 하나는 이동에 있다. 독일어에서 '발전' (Forschritt)의 단어는 목적을 앞에 둔 이동을 말할 뿐만 아니라 경제적인 배경도 갖고 있다. 즉 이익을 내는 것은 생산되어야 하며, 생산은 바로 최적으로 생산될 수 있는 곳에서 이루어져야 한다. 이러한 사고는 엄청난 이동의 혁명을 가져왔다. 이런 이동은 그 노동력이 필요한 곳으로의 단기적인 이동, 계절적 이동, 장기적인 이동을 가져왔다.

인구의 이동, 사회의 이동은 오늘날에도 여전히 이루어지고 있으며, 그 범위는 한 지역과 국가를 넘어서 전 세계적으로 일어나고 있다. 일상생활의 문제들은 또한 한 게마인데가 감당하기는 어렵게 되어버렸다. 가령 교통문제, 점증하는 사회부양의 문제, 환자들의 부양, 노인부양, 가난한 자들의 부양 등은 한 자치단체의 능력을 넘어서는 문제가 되었다. 비스마르크의 사회보장정책도 이와 같은 배경 하에서 이루어졌다.[5] 지방정부 수준에서 지방정부는 이런 사회보장을 통해 커버되지 못하는 빈부층에 도움을 주는 책임과 역할을 맡아왔다.

중앙정부에서 정한 사회복지 지원은 지방정부를 통해서 이루어진다. 사회보장제도 외에 지방정부는 유치원, 노인 사회복지 서비스 제공 등과 같은 업무를 맡았다(Bönker and Wollmann 2000). 사회복지는 바로 지방정부의 핵심적인 행정업무가 되었으며, 1970년대에 실업의 증가로 인하여 지방정부의 시회보장 지출이 급격히 증가한 것을 볼 수 있다.

독일에서 볼 때 산업화와 이동의 증가에 따라 게마인데에 새로운 과제가 생겨났는데, 이는 다름 아니라 주거지 건설, 도시계획, 영업지역(산업)의 확충과 공급, 하수도와 쓰레기 처리 문제들이다. 도시화와 산업화에 따른 문제는 자치단체들이 경험해 보지 못한 것이며, 그 사업의 규모도 마찬가지였다. 지방정부는 바로 산업화와 더불어 공공 서비스 부문에도 관여하게 되어 오늘날까지 전기, 교통, 상하수도와 같은 공공 서비스의 일상의 지원(Daseinsvorsorge)을 맡고 있다.

오늘날 독일 지방정부는 넓은 의미에서 보면 사회정책(Gesellschaftspolitik)의 주 역할자가 되었다. 게마인데는 상수도와 에너지를 공급하고, 교통시설과 문제를 처리하며, 통근자에 대한 공공 교통 서비스를 제공하고, 하수와 쓰레기를 처리한다. 유치원과 양로원을 건설하며, 병원을 유지하고 공동묘지도 관리한다. 필요한 체육시설과 문화시설을 만들며 유지·관리한다. 극장, 오케스트라, 박물관, 공공도서관, 수영장을 중심으로 한 체육시설, 성인 시민 사회문화 교육 등도 여전히 지방정부의 주요 정책영역이다. 게마인데는 또한 산업지역을 만들어서 기업이 활동할 수 있도록 해주며, 이주한 기업들이 이익을 낼 수 있도록 지원한다. 이런 방식을 통하여 게마인데는 지역 주민들이 일자리를 찾도록 해주며, 실업문제도 감당한다. 게마인데는 지역 주민들이 동호회를 구성하며, 자신들의 취미생활을 할 수 있도록 시설물과 필요한 것들을 지원한다.

게마인데가 당면하여 처리하는 과제들은 게마인데의 크기나 우선순위의 정책에 따라서 다를 수 있으나 그 본질은 동일하다. 이는 자치단체의 지방정치는 단지 서비스를 제공하는 수준에 머무는 것이 아니라, 여전히 선택하며 결정을 하여야 한다는 정치의 본질을 갖고 있기 때문이다. 선택과 결정은 이해관계, 가치체계, 참여자의 요구, 재원의 가능성, 정당과 시민들의 참여 등을 통한 절충과 합의를 통해서 이루어질 수밖에 없다.[6]

5. 재정의 자율권

자치단체가 위탁받은 업무와 자신의 고유 업무수행을 위해 필요한 재정의 확보와 그 재정의 자율성을 가질 때에 비로소 완전한 지방자치가 이루어진다. 독자적인 세원이 없거나 필요한 재원을 상부기관이나 지원을 통하여 이루어진다면 그 자율성은 확보되기 어렵다. 독일은 1969년 재정법의 개혁을 통해 이전에 각기 분리된 재정체계를 통합시켰으며, 연방, 주, 그리고 지방자치단체가 일정 부분을 갖도록 하였다. 2001년 독일 전체의 세수를 보면 총 4,265억 유로이며, 연방 1,937억 유로, 연방주 1,786억 유로, 게마인데 540억 유로로 배분되어 있다. 비율을 보면 연방 45%, 연방주 42%, 게마인데 13%이다. 다시 게마인데의 재정을 보면 수입의

30%는 연방, 주 및 때로는 유럽연합의 지원(Zuweisung)으로 이루어지며, 이 중 55%는 사용목적에서 자유로운 항목으로 되어 있다.

재정에서 보면 지방자치단체 간에 수입에서 차이가 나며, 게마인데들은 재정적인 어려움을 호소하여 왔다. 이는 특히 통일 이후 더욱 그러하다. 동독지역에의 재정수요가 우선적으로 충당된 것도 일차적인 원인이지만, 지역경제의 침체로 재정수입이 지속적으로 감소되었기 때문이다. 특히 동서독 주 간의 재정력 차이는 구동독지역 산업의 미비로 인하여 자체 수입원이 부족하기 때문이다. 게마인데 수입의 평균 50%는 외부지원으로 충당되고 있다.

게마인데는 기본법뿐만 아니라 연방주 헌법에서 '견련성 원칙'(Konnexitaetsprinzip)을 요구하고 있다. 연방은 주나 또는 게마인데에 업무를 위탁할 때에는 업무수행을 위한 재정적 지원의 의무를 갖는다. 즉 게마인데에 비용을 발생하게 하는 업무를 부과할 때에는 동시에 이 업무수행에 필요한 재정을 지원해야 한다는 것이다. 그 예로 연방은 1995년 산모 및 가족지원법(das Schwangeren-und Familienhilfegesetz)을 통해서 3살 이상의 모든 아동에 유치원의 자리 보장을 하였다. 가족지원법을 통해서 게마인데나 도시는 유치원 자리를 마련해야 하는 의무를 가진 당사자가 되었지만, 그러나 이에 따른 필요한 재정지원은 연방정부로부터 지금까지 이루어지고 있지 않다.

Ⅱ. 게마인데의 유형과 발전

1. 1990년 통일 이전 기관 구성유형

연방주는 지방자치를 주헌법에서 보장하며, 지방자치법(Gemeindeordnung)을 갖고 있다. 각 16개 연방주는 주헌법에 따라 지방자치제도를 결정하며, 그 내용에 있어서는 주민의 권리, 지방의회, 집행부, 재정, 시민참여 등을 공동으로 담고 있다.

1990년 통일 이전까지 독일의 자치제도는 4개의 유형으로 설명되었다. 영국의 영향을 받은 북독일 유형, 미국의 영향을 받은 남독일 유형이다. 두 유형 사이에 이사회 유형과 시장 유형이 있다. 이와 같은 각 주별 서로 다른 유형의 지방자치제도의 차이는 독일의 역사적인 전통과 문화 외에 제2차 세계대전 이후 점령국의 영향에 기인한다. 현재 남독일 유형만이 전 독일에 확산되어 채택되었지만, 4가지 자치단체 유형에 대한 역사적인 고찰과 비교는 여전히 독일의 지방자치제도 개혁을 이해하는데 있어서 분석과 비교점이 되기 때문에 유용하다.

독일의 4가지 게마인데의 유형에서 차이가 나는 점들은 다음과 같은 점에서이다.

① **시장선거 방식** : 시장선거는 주민직선인가 아니면 의회를 통해 이루어지는가?

② **의회의 의장** : 누가 의회를 소집하고, 의회일정을 정하며, 회의를 주관하는가?

③ **집행부의 수장** : 누가 의회의 결정을 집행하며 감독하는가? 자치단체 공무원의 수장은 누구인가?

④ **외부에 단체의 대표** : 외부에 대해 자치단체를 누가 대표하는가? 누가 자치단체의 이름으로 방문객을 영접하는가?

기존의 독일의 게마인데 유형과 특징을 보면 다음과 같다.

1) 북독일의회형

이는 노르트라인-베스트팔렌, 니더작센 및 슐레스비히-홀스타인 주의 일부에서 채택한 제도였다. 북독일 유형(Norddeutsche Ratsverfassung)은 슈타인의 도시법(1808)에 근거하며, 이의 특징은 게마인데의 리더십이 쌍두마차 형식으로 되어 있으며, 주민의 직선으로 구성된 지방의회가 자치단체에서 강력한 위치를 점한다. 의회가 결정한 사항을 집행부가 수행하는 형식이다. 따라서 북독일 의회에서 의회는 행정의 중요한 정책사항을 관장하면서 행정에 실제적인 영향력을 행사하는 지위를 가지고 있었다.

의회를 통해 선출되는 시장은 명예직으로 행정권한이 없었다. 의회를 통해 선출되는 행정집행관이 행정에 대한 책임과 공무원의 수장으로 권한을 가지고 있었다. 행정집행관은 계약직 공무원으로서 모든 행정사무를 집행 · 관리하고 임기는 6년으로 하였다.

그밖에 지방의회와 행정집행관 사이에 제3의 행정기관으로 행정위원회(verwaltungsausschuss)가 있다(니더작센의 경우). 행정위원회는 일종의 소의회(Kleine Rat)로서 행정사무에 대한 논의가 필요할 때 비공식 회의로 진행되고 많은 행정사무를 최종적으로 결정하였다. 또한 행정위원회는 의회의 모든 결정사항을 원활히 수행할 수 있도록 여러 가지 대안을 제시할 수 있었다. 행정위원회의 구성은 시장, 선임된 지방의원, 최고집행관 및 계약직 공무원으로 구성되어 있었다. 시장과 계약직 공무원은 단지 행정심의권만 가지고 있으며, 실제적인 권한은 의회와 행정집행관에 있었다. 이와 같이 행정위원회의 역할은 의회와 최고집행관 사이에 정책갈등을 조정하고 행정집행을 위한 의회의 지지를 얻는 데 많은 영향력을 행사하였다. 이 제도는 자치단체장 직선, 행정집행관제도 폐지 등을 통해 존재하지 않는다.

2) 남독일시장형

남독일시장형(Süddeutsche Buergermeisterverfassung)은 주로 남부지방의 바이에른 주와 바덴-뷔르템베르크 주에서 시행하고 있다. 남독일 유형의 기관구성은 게마인데의 권한과 임무를 시장 한 사람에 집중하며, 시장의 지위와 권한이 강하다는 점에서 북독일 유형과 차이가 난다. 남독일 유형에서 시장은 지역주민에 의해 직접선거로 선출되며, 집행부의 수장이 된다. 시장은 동시에 의회의 의장직을 겸하며 투표권도 갖는다. 또한 모든 주요 위원회의 의장역할을 겸한다. 시장은 외부에 대해 게마인데를 대표하며, 연설한다. 이와 같은 기관구성은 시장을 중심으로 권력과 역할이 집중되어 있는 체제이다.

남독일 제도의 특징은 바로 시장의 지위와 역할에서 두드러진다.

- 시장은 의회의 의장으로서 의결권을 가지며, 모든 위원회의 의장이다.
- 게마인데를 외부에 대표하며 법적인 대표자이다.
- 집행부의 행정수장이다.

주민에 의한 시장의 직접선거는 정치 역학관계에서 중요한 의미를 갖는다. 먼저 의회와의 관계에서 볼 때 시장의 지지기반이 의회가 아닌 시민에 있다. 바덴-뷔르템베르크의 경우에 시장의 권한 강화는 의회 의원의 임기가 5년인 데 반하여, 바이런(Bayern) 주에서 시장의 임기는 8년이라는 점에서도 보인다. 따라서 시장은 얼마든지 자신의 능력에 따라 의회 내 정파구성과 관계없이 독자적으로 임무를 수행할 수 있도록 제도적으로 뒷받침되어 있다. 남독일 모델에서는 정책의 계획 및 수행, 책임의 소재 등이 분명하게 드러난다. 시장의 직접선거를 통해 권력의 중심이 시장으로 이동하였고, 이와 더불어 책임소재와 투명성이 강화되었다.

시장을 주민이 직접 선출하는 권리 또한 시민이 지역의 정치과정에 참여하는 주요한 민주주의 원리이다. 정당과 관련하여 규모가 작은 게마인데에서는 정당과 무관한 무소속 후보들의 당선이 높아졌지만, 대도시 지역에서는 정당의 조직과 후원 없이 선거전을 치르는 데 한계가 있기 때문에 여전히 새로운 후보가 당선되는 데는 한계가 있다.

3) 참사형제도

참사형제도(Magisteratsverfassung)는 헤센 주와 슐레스비히-홀스타인 주의 도시에서 도입되었다. 이 제도의 특징은 전통적인 프로이센의 슈타인 시조례를 많이 답습하고 있는 점이다. 참사형제도의 특징은 시민의 대표인 의회와 집행부로서 행정의 수장인 시장으로 된 권력의 분립이다. 최고의사결정기관은 주민에 의해서 선출된 의회이며, 의회는 의장을 선출한다. 행정은 시장과 행정가인 국장(Beigeordnte)으로 구성되는 참사회(Magistrat)가 담당한다. 여기서 의회는 시장과 참사회를 구성하는 위원 전원을 선출한다. 따라서 지방의회와 참사회가 자치단체의 권력배분을 이원적 체제로 운영하면서 행정사무 처리시 의회와 참사회가 그 기능과 역할을 분담하도록 되어 있다. 행정기구인 참사회는 각 국별로 나뉘어져 국장(Beigeordnete)의 책임 하에 놓인다. 여기서 시장과 국장(Beigeordente) 간에는 어떤 수직적 관계가 아닌 수평적 관계이며 동일한 권한을 갖는다. 따라서 참사회의 결정은 시장이 집행하게 되며, 시장은 설령 그 결정안에 반대해도 결정에 따라야 한다. 참사회 위원은 계약제 공무원으로 임기는 헤센 주가 6년이고 슐레스비히-홀스타인 주는 6-12년으로 되어 있다.

참사회제도에서 나타는 문제점 중의 하나는 시의원으로 선출된 의원이 시장으로 선출되면 의원직을 내놓아야 한다는 점이다. 이는 의회와 행정부직의 분리에 기초한다. 실제 과거 관행을 보면 의회에서 시장으로 선출되는 시장은 종종 참사회의 명예위원으로 선출되었다. 또한 시장과 참사회위원의 임기는 6년이고 의회는 4년이어서 정당이 지배하는 대도시인 경우에(가령 프랑크푸르트) 의회와 참사회 양 기관에 갈등이 이미 잠재해 있다. 이런 배경 하에서 헤센의 경우, 인구 5만이 넘는 게마인데의 경우에 의회구성 6개월 이내에 의회가 다수결을 통해 참사회위원을 면직시킬 권한을 부여하였다. 이는 지방자치에서 의회의 우월성을 지켜주는 조치로 해석된다. 그러나 실제로 이런 혜택을 받는 자치단체는 헤센 전체의 2,8%에 해당된다. 헤센은 이런 참사회제도에 대한 근본적인 변화를 주지 않으면서 시장을 직선(1993년 4월 1일)으로 하는 제도를 도입하였다.

4) 시장제도

시장제도(Bürgermeisterverfassung)는 라인란트-팔츠, 자를란트 와 슐레스비히-홀스타인의 주의 일부에 시행되었다. 시장을 중심으로 한 본 제도는 남독일 의회와 큰 차이가 없었고, 다만 자치단체장인 시장이 주민의 직선이 아니라 지방의회에서 선출되었다는 점에서 차이가 난다. 1990년 이후 시장 직선제를 도입하게 되어 이 제도는 사실상 남독일제도와 동일하게 되었다.

2. 지방자치 유형 개정 논의와 확산

독일의 4개로 분류되던 지방자치의 유형에 서로 간에 매우 닮아가는 현상이 지난 1990년대에 독일 전역에서 일어났다. 이런 유형의 상호 유사성의 주도적인 모델을 해온 것이 남독일 유형이다. 독일에서 지방자치헌법이 서로 동화되는 과정이 일어날 것이라고 실제로 아무도 예견하지 못하였다. 또한 이런 유형이 서로 비슷해지는 데 있어서 그 주도적 역할을 한 모형에 대해서도 마찬가지이다. 이에 대해 "남독일 모델의 승리"(Siegeszug der süddeutschen Ratsverfassung)로 헌법혁명(Verfassungsrevolution)으로 불렸다.

이런 헌법개정이 위로부터의 주도적인 역할에서 일어난 것이 아니라, 아래로부터 일어났다는 것도 또한 주목해야 한다. 아래로부터의 조용한 지방자치헌법의 개정은 "효율성과 민주주의 증가에 대한 논의" 가 있었다(Knemeyer 1998, 108). 여기서 물론 이런 기준을 어떻게 경험적으로 증명해 보는가의 문제는 항상 있다.

이런 개혁에서 주요한 개념은 효과성(Effektivitaet)이었다. 가령 기관구성에서 과연 의회와 집행부의 업무 구별이 효과적인가 대한 논의가 대표적이다. 효과성은 측정하기가 매우 어렵기 때문에 효율성이 논의의 중심에 선다.

독일의 지방자치 모델에 대한 연구는 1980년대에 특히 기존 지방자치헌법의 기능과 성과를 중심으로 집중적으로 일어났다. 여기서 나온 논의가 후에 개혁의 논의와 접목되었다. 이런 논의에서 중심에서는 테제는 가령 밴너(Gerhard Banner)가 제기하였다. 밴너는 노르트라인-베스트팔렌의 지방자치헌법(GO NW)에서 규정하고 있는 쌍두마차 체제(Doppelspitze)는 노르트라인-베스트팔렌의 재정에 비용의 증가를 가져오는 반면, 시민의 직선으로 선출되는 바뎀-뷔르템베르크의 경우는 재정절약을 보장하고 있다고 보았다(Banner 1989). 밴너는 이에 대한 증명으로 노르트라인-베스트팔렌과 바뎀-뷔르템베르크 자치단체 간 게마인데의 재정의 차이를 보여주었다.

게마인데의 효율성 문제가 개혁과정을 주도하였으며, 이는 한편 민주화 요구와 결부되어 나타났다. 따라서 노르트라인-베스트팔렌에서 일어난 것과 같은 개혁과정은 민주화 노력과 한동안 결부되어 있었음을 볼 수 있다. 한편, 라인라트-팔츠에서는 개혁에서 주도적인 것은 시민참여의 확대였다. 시민참여의 확대 또한 효율성의 증가와 확보의 측면에서 논의되었다.

이런 두 개의 논의 축, 즉 정치참여의 극대화와 효율적인 정책(Efiziente Sachpolitik)은 이전의 개혁 논의에서 발견될 수 없었던 것이었다. 콘라드 아네나우어 재단의 지방자치의 새 개혁에 대한 실무협의회(Sachverständigenrat)는 다음과 같이 언급하였다.

"직접민주제 요소를 중심으로 하는 지방자치 권리의 확대를 실무협의회는 제안하지 않는다. 시민들이 관심을 갖고 있는 분야, 가령 계획과 투자 같은 분야는 복잡한 조건들을 고려하여서 비로소 올바른 결정이 내려질 수 있다"(Gabriel 1999, 301). 바뎀-뷔르템베르크 모델을 옹호하는 사람들은 바로 "효율성과 민주적 공동 결정의 결합"(Einheit von Effizienz und demokratischer Mitbestimmung)을 자신들의 신념으로 받아들이고 있다. 따라서 이들에게 있어서 시장의 직선제는 당연히 '민주주의 확대'(Mehr Demokratie)로 당연히 받아들여진다. 직접선거를 통한 직접민주제적인 결정권은 또한 상당한 권한을 갖고 있는 시장에 대한 적절한 견제수단으로 이해되어진다(Wehling 1999). 이런 제도 하에서 정당의 직접적인 역할이 축소되며 주민의 선거를 통한 영향력이 확대된다(Banner 1989, von Arnim 1997).[7]

여기서 주목해 봐야 할 것은 제시한 지방자치 모델을 둘러싼 논의에서, 어떤 제도가 우선적으로 채택되고 있는가이다. 이는 지방자치의 정책결정 또는 정책산출과 연계된 논의를 통해서 볼 수 있다. 정치학적인 논의에 대한 법적인 비판과 주장은 노르트라인-베스트팔렌의 자치제도가 서로 다른 게마인데 크기를 볼 때 완전히 서로 다른 정치구조를 낳았다는 비판이 있다. 즉 루르 지역의 대도시에서 대정당(Fraktion)의 의장이 핵심적인 정치조정자로 올라섰다(Schulenberg 2000, 54). 정치학적인 입장에서 보면 이는 서로 다른 의미에서 게마인데 체계의 도구적인 선택적 이용(eine flexible Handhabung des Instruments Gemeindeordung)으로 볼 수 있다. 따라서 대도시에서 지방정책 과정이 매우 의회주의 내각체계의 모델로 강하게 접근하며, 정당(Fraktion) 의장의 권력의 지위는 상상 외로 클 수밖에 없다는 것이다.

밴너는 서로 다른 지방자치헌법의 평가도구를 "헌법과 게마인데

체계(Gemeindeordnung)에 담겨진 시민의 지방자치의 이념"에서 찾는다. 지방자치의 목적은 게마인데와 주민의 복지이며, 정당이나 정당 fraktion의 이해가 아니다. 이런 평가의 준거 틀은 구성의 첫 원리로서 '결정의 올바름'(Richtigkeit der Entscheidungen)에, 다른 한편에서는 '주민지향'(Buergerorientierung)에 따른다(Banner 1989, 41). 물론 밴너는 노르트라인-베스트팔렌의 자치구조에서 비롯되는 정치의 정당화를 부정적으로 평가하고 있다. 올바른 결정 대 정당정치, 또는 효율성 대 정당정치화의 이중적 대치에서 밴너는 북독일 자치헌법의 구조적 결함을 비판한 것이다.

이런 비판은 또한 아민(Hans Herbert von Arnim)의 독일 연방주의에 대한 공개적인 비판에서도 보여진다(von Arnim 2000). 그는 정당은 게마인데 수준에서 실제적인 역할(genuinne Rolle)을 한다"고 본다. 불명확한 정책결정구조에 대한 민주주주의 이론 편에서 하는 비판은 투명성이 피지배자(Beherrschten)에 대한 정치가의 책임의 전제성이라는 것이다. 이 투명성은 1970년대에 계획단계나 또는 의회 회의에 참여하는 가능성의 확대를 통해, 그리고 지방정치의 전문화를 통해서—가령 역량이 있는 집행부, 또한 정책 중심의 정당—촉진되어야 한다는 것이었다. 정책적인 기능이 정당보다도 사람(Personen)을 통해서 더 달성될 수 있다는 확신은 직접민주제 요소를 가진 시장 중심의 자치 모델 지지자들의 신념체계에 근간을 이루는 또 하나의 요소이다. 반정당적인 효과는 사람 중심의 직접민주적-직접민주제 개혁(personalplebiszitaer-direktdemokratischer Reformen)을 지지한다(von Arnim 2000). 따라서 그는 정당정치의 폐해를 극복하는 대안으로 시장의 직선제를 강력하게 주장하였다. 정당부패(Parteienverdrossenheit)를 주목하여 말하는 것이 지방자치헌법 개정을 주된 정치주제로서 관심을 갖게 만들었다.

서로 다른 지방자치제도 하에서 비교의 기준을 가지고 복잡한 평가의 기준을 통해서 한 능력 비교(Leistungvergleich)는 실제로 아직 없다. 그리고 이러한 시도를 하는 경우에도 지방자치제도와 능력(Performanz) 간에 직접적인 연관성을 갖는 상호관계가 있다는 것은 경험적으로 증명되지 못했다(Buss 2002, 40–52). 남부 유형에 대해 선호하는 것에 대한 지지는 그러므로 정당지배에 대한 갈등정향적인 지방정치에 대한 명목적인 주장으로 뒷받침된다(Bovenschulte/Buss 1996, 76–95). 비효율적인 동반거주(Kohabitionen), 가령 정당정치적인 서로 다른 시장과 의회의 다수당 간의 정당의 차이 또는 여성 정치가에 대한 공공적인 장애물과 같이 여전히 합의를 보지 못하는 예들은 무시되거나 또는 명목적으로 주장되는 것들이다. 결국 노르트라인-베스트팔렌과 바뎀-뷔르템베르크 간의 자치역량의 차이는 양 주의 서로 다른 사회경제적 조건의 차이에서 찾아야 한다고 본다(Kunz/Zapf-Schramm, 1989).

이런 지방자치헌법 개혁의 예로서 3개 연방주의 개정을 보고자 한다. 이 3가지 모델의 개혁은 바로 노르트라인-베스트팔렌, 헤센, 그리고 라인란트-팔츠이다. 헤센에서 개혁은 주장관 월맨(Wallmann)의 주도로 시삭되있다. 반면에 라인란트-팔츠와 노르트라인-베스트팔렌의 개혁은 오랫동안 자신들의 지방자치헌법의 교정에 대한 노력이었다. 이런 개정에 대한 논의를 보면 라인란트-팔츠의 경우에는 비교적 합의를 이루어 갔으나, 노르트라인-베스트팔렌의 경우 주수준에서 정당 간에 갈등이 노출된 것이 특징이다. 3개의 연방주는 서로 다른 지방자치헌법의 전통을 갖고 있기 때문에 개혁 동인은 서로 다른 방향에서 직접민주제적인 시장 모델로 달려갔다. 이의 분석은 전 독일에서 일어난 지방자치의 개정에 대한 표본을 보여준다.

Ⅲ. 3개 연방주의 개혁과정

1. 노르트라인-베스트팔렌 주

새 지방자치법(Gemeindeordnung)은 노르트라인-베스팔렌 주의회가 1994년 5월 17일 의결하였고, 같은 해 10월 17일에 효력을 갖게 되었다. 개혁 이전에 의회가 명예직인 시장뿐만 아니라 집행부의 수장인 행정관(Stadtdirektor)도 선출하였다. 이는 보통 쌍두마차(Zweigleisigkeit)라 불리는 체제이다. 개혁 이후에 시장은 정치적인 대표로서 뿐만 아니라 행정 수장의 기능을 가지며, 시민에 의해서 직선으로 선출된다. 그 외 직접 민주제 요소로 국민발안과 국민투표를 도입하였다.

남부독일형과의 차이는 시장의 임기에서 차이가 난다. 즉 노르트라인-베스트팔렌은 의회의 임기와 더불어 5년으로 연계하고 있다. 또한 시장의 불신임 및 부시장의 임명 등에서 남부독일형보다 시장의 권한이 약하다.

노르트라인-베스트팔렌의 지방자치제 개혁은 매우 주요한 의미를 갖는데, 첫째는 이 주가 독일에서 인구가 가장 많은 주에서 개혁을 담고 있는 점이며, 둘째는 직선제 요소가 마지막 쟁점이었기 때문이다.

영국의 영향을 받은 지자체 모형은 독일 전통과의 차이로 인하여 초기부터 비판을 받아왔다. 개혁에 대한 논의는 공공지원으로 이루어진 개혁에 대한 연구 등에서 잘 나타난다(Schulenburg 1999, Lingk 1999, Andersen/Bovermann 2002). 이와 같은 연구들은 개혁에 대한 필요성과 그 결과를 도출했을 뿐만 아니라, 이들은 한편에서 정책결정 과정에 기여했다.

이런 중요한 결과들과 논의들이 있다(Kleinfeld/Nendza 1996, Schulenburg 2000). 주 내무장관 슈노어(Schnoor)는 광범위한 여론조사를 시행하였다. 조사대상자들은 시장, 공무원, 국장(Beigedordneten), 19,000명 지방의원 등이 포함되었다(Innenminister NRW 1989). 슈노어는 힐데(Hilden) 행정대학(Fachochschule fuer offentliche Verwaltung)에서 "노르트라인-베스트팔렌의 새 지방자치법?"(eine neue Gemeindeverfassung fuer Nordrhein-Westfalen?)이라는 주제로 세미나를 개최하였다. 이 세미나에서 바덴-뷔르템베르크, 헤센, 라인란트-팔츠의 지방자치구조는 변화 없이 지속되었는지에 대한 논의가 있었다.

1991년에는 개혁안이 제시되었고, 이 안에서 시장과 행정관 직을 통합하는 안을 내놓았다. 임기와 시장의 선거방식 같은 문제는 아직 구체적으로 언급되지 않았다. 그러나 이 안에서 이미 바덴-뷔르템베르크 안에 대한 선호도가 드러나 보였다. 이런 안은 SPD가 절대다수로 지배하고 있는 한 실현가능성은 없었다. 특히 루르 지역에서 주도적인 지위에 있는 SPD는 시장의 직선제를 반대하였고, 특히 주요 반대자들은 명예시장들이었다(Kleinfeld 1996, 85). 따라서 주정부는 우선 시민발의 및 시민투표를 포함하는 새 안을 포함하여 외적으로 좀 더 온건한 법안을 준비하였다. 이 시점(1993년 2월)에서 개혁은 분명해졌고, 피할 수 없게 되었다(Derlien 1994).

다음에 이어진 것은 SPD의 매우 급진적인 방향전환이었다. 주의회 SPD는 1993년 중반부터 쌍두마차 체제의 폐지를 원하였고, 시장의 직선제를 도입하고자 하였다. 이러한 전환은 그 이전에 CDU/FDP 야당들이 주의회에서 주민발의를 하여 두 개혁안을 관철하겠다는 계산을 염두에 두고 나온 것이다. CDU/FDP의 시민발의 위협은 실제로 1993년 9월에 성공적이었다. 야당은 이로써 헤센에서 일어나는 일들을 이에 한껏

이용한 것이다. 따라서 NRW-SPD는 독일에서 일어나고 있는 이런 개혁의 변화를 따라가지 못하면 패배를 염두에 두지 않을 수 없는 형편에 놓이게 되는 위기의식을 갖게 되었다.

노르트라인-베스트팔렌은 지방자치법의 개혁에 대해 광범한 여론조사를 수행하여 이에 대한 조사를 하였을 뿐만 아니라, 해당기관에 대한 의견을 물었고, 세미나의 개최와 더불어 또한 지방자치에 대한 연구를 하게 한 유일한 주에 속한다(Schlenburg 2000). 이런 결정과 연계하여 주목할 만한 것은 개혁안에 대해서 어느 정도의 수정만이 가능하고, 과거 옛 체제로의 회귀나 집착은 더 이상 불가능하게 되었다는 점이다. 이는 특히 슐렌버그(Schulenburg)가 언급한 데서 더욱 분명해진다. "지방자치법이 한번 수정되었다. … 모든 지방자치법이 개정되지만, 그러나 반대로 되돌릴 수는 없다. 다만 이를 발전시킬 뿐이다"(Schulenburg 2000, 60).

노르트라인-베스트팔렌의 지방자치법 개정에 대한 논의에서 모든 유형의 지방자치제가 소개되고 논의되었지만, 궁극적으로 생각해 보고 고려해 볼 만한 모델은 점점 남부독일 유형이 유일한 모델로서 제시되며 남게 된 점이다(Schulenburg 2000, 55). 이런 남부독일 모형에 대한 대안으로 거론된 것은 노르트라인-베스트팔렌의 모델을 장점을 고려하여 수정한 것이 헤센과 슐레스비히의 시장형 모델이 있다.

SPD는 10년 전만 해도 이러한 시장유형의 모델을 선호했었다. 마찬가지로 녹색당(GRUENEN)도 1990년대 초만 해도 시장형 모델에 대한 많은 지지자가 있었다. 따라서 다수가 기존의 모델을 유지하는 것을 표명하였다(Freis 1998, 115-119). 심지어 CDU 내에서도 지지자가 있었다. 따라서 정당 간에 선호하는 모델이 두드러지게 나타났으며, 이는 SPD는 현 도시정부 모델을, FDP는 시장유형 모델을, GRUENEN은 참여를 강조하는 자치제를 각각 원하였다. 구동독에서 심각하게 고려하고 있는 모델 두 가지는 바로 남부독일 모델과 참사회제도(Magistratverfassung)였다(Derlien 1994, 55).

당시 독일에 몰아닥친 개혁의 와중에서 SPD도 자신의 모델을 심각하게 고려해 보지 않을 수 없었고, 또한 시민투표의 위협을 직시하지 않을 수 없었다. 이런 개혁의 논의에서 초기에는 의견의 다양성이 분출되었지만 후에는 합의점으로 이르게 된 점도 또한 눈여겨 보아야 한다. 최종 주의회 의결에서 CDU/FDP는 SPD의 안에 반대하였다. 반대한 이유는 새로 도입하는 시장의 지위가 바덴-뷔르템베르크 시장과 비교해서 약하게 되어 있다는 것이다. 가령 CDU는 시장의 임기를 8년을 요구하였다.

여론조사에서 드러난 점은 그루나우(Grunow, 1992, 50f)가 밝힌바와 같이 다양한 이해당사자들의 권력에 대한 이해관계가 그대로 드러나고 있다는 점이다. 이런 점에서 정책결정 과정에 대한 조사는 매우 흥미롭다. 정책 논의에서 생각해 볼 점은 학술 전문지에서 발표한 입장들은 모두가 거의 똑같이 개혁에 따른 기능에서 별반 차이가 없으며, 또한 권력의 이해관계를 보여준다는 점이다. 가령 행정부의 관리들은 개혁의 지지자로 나타난다(Freis 1998, 162). 개혁에 대한 의견개진이나 이런 전문영역에의 참여는 한편에서는 전문성에 따라 달라진다. 정치학은 이런 개혁에서 그다지 주요 관심을 끌지 못했는데, 지방자치법(Gemeindeordnung)의 중요도를 부정하는 것과 다양한 구조개혁의 필요성을 제기하였다. 법과 행학적인 측면에서는 지방자치법의 개정에 대한 다양한 논의를 제공하였고, 분명한 의견을 보여주었다(Freis 1998, 135-149).

이후에 등장하고 있는 지방 거버넌스(local governance)에 대한 논의는 이 시점에서 지방자치의 적절한 조직에 정치학적인 면을 보여주기 때문에 도움이 되었다.

지방자치헌법의 개정과정에서 또 한 가지 특징은 SPD는 개혁에 대한 어떤 분명한 계획안을 갖고 있지 못하였다는 점이다. 따라서 개혁을 점진적으로 이끌어 갔으며, 이 과정에서 다양한 비토그룹들의 요구를 들어주어야 했다. 이는 개혁을 따라가지 않으면 자신들이 권력을 상실할지 모른다는 두려움이 이들에게 있었다.

2. 헤센 주

헤센 주는 1993년 4월에 시장직선제를 지방자치헌법에 도입하였다. 또한 시민발의와 시민투표도 도입하였다(Buss 2002, 172–174 ; Stargardt 1991). 헤센 주에서는 주헌법 개정도 정치과정에 대해 중요했다. 시장의 선거도 주헌법에 명문화되었기 때문에 헤센에서는 주의회에서의 다수결정과 국민투표를 통해서만 주헌법 개정이 가능하기 때문이다(Art. 123 HLV). 따라서 헤센에서는 1991년 1월 20일 주의회 선거와 동시에 시장직선제에 대한 국민투표도 동시에 진행되었다. 이런 결정이 이르기 이전에 소정당들은 시민의 투표 강화를 지지했다. FDP와 Landesverband der Frien Waehergemeinschaften들은 오래 전부터 이를 지지하였고, GRUENen은 1988년에 주정책 프로그램에서 시민투표 강화를 담았으며, 한편에서는 정부의 법안이 “Wahlmonarchentum”의 촉진이라고 비판하였다(Startgardt 1991, 147). 스타가르트(Stargardt)는 주지사 월만(Wallmann) (CDU)에 의해 주도된 ‘Sommerloch–Thema’에 대해서 언급했다. Sommerloch–Thema는 CDU가 이에 대해 의견수렴을 하는 과정을 거치지 않고 매우 짧은 시간에 곧바로 의회에 법안으로 제출되었다(ebd. 146). 직접선거 도입이 민주정치의 문제로서 논의되는 것은 올바른 것이다. 시민들의 의사 결정을 확대하는 데에 대해 주의회에서 녹색당이 반대를 하였는데, 이는 조사위원회에서 정당정치를 위해서 헌법문제를 도구화한다고 비판하였다.

주 헌법개정은 국민투표에서 82%의 찬성을 받아 압도적으로 통과되었다. 동시에 새로 선출된(rot-gruen) 주정부는 직접선거의 결정을 시행하였는데, 이는 지방의 지위나 또는 지방자치헌법에 대한 고려 없이 처리하고자 한 것이었다. 시장의 직선제로서 참사회(Magistrat) 모델에서 벗어나지 않으면서도 남부독일 모델을 도입하려는 것이 전반적인 의회 분위기였다. 이런 가운데서 분명하여진 것은 시민투표 외에 직선제를 '직접민주제 참여' 로 여긴 점이다. 그리고 헌법개정을 사회의 합의로서 확인할 수 있었다는 점이다(Hessischer Landtag, Druchsache 12/123).

1999년 새로 정부가 바뀐 후에 1999년 12월 23일에 시민의 참여와 지방자치를 강화하는 개정이 있었다. 이는 투표방식에서 누적(kummulieren)과 분할(panaschieren)의 도입, 봉쇄조항의 철폐 및 5년간의 임기 개정, 시장 및 시의회 지위 상화 등이다. 이로써 SPD와 Buendinis 90/GRUENEN은 내부위원회와 의회에서 정부의 안에 반대하였다(Landtag Hessen, Druchsache 15/896).

직접선거에 대한 제도적 개혁에 대한 논의에서 점점 양극화가 일어나기 시작하였다. Koch 하의 CDU 정부는 시장과 집행부에 대한 강화와 결말을 보고자 하였다. 그러나 바뎀-뷔르템베르크 모델을 통해 개혁을 주장하는 자들과 같이 참사회(Magistrat) 모델에서 완전히 벗어나고자 하지는 않았다.

참사회(Magisrat) 모델이 북부독일 모델과 비교에서 효과성이 떨어지는 것으로 조사되었지만(Kunz/Zapf-Schramm 1989) 집중적인 비판을 받은 것은 아니었다. 이는 이 모델에 대해 근본적으로 불만족을 표현하는 그룹이 없는 상황에도 기인한다. 실제로 서로 엇비슷한 지위에 있는 행위자들은 서로 간의 협력을 통해서 갈등을 해결할 수 있으므로 경쟁과 갈등에서 오는 소모를 최소화할 수 있기 때문에 주의 정치에서 적절한 모델로서도 받아들여지는 것이다. 헤센 주에서는 조사위원회가 구성되지 않았으며, 또한 지방자치 모델의 개혁을 둘러싼 대대적인 조사도 없었다. 개혁을 둘러싼 정치과정은 권력투쟁으로서 여전히 양분화되어 있는 상태였다. 당시의 상황에 대해 연방헌법재판소 판사를 역임하였으며, 영향력 있는 헌법학자 스타인(Erwin Stein)은 "138조는 헌법개정에서 의도적으로 양극화되어 있다"고 하였다(Stargardt 1991, 150-152).

이런 과정에서 지방선거법이 개정되고 또한 지방자치법의 개정에 따라 필요한 민주적·행정적인 개혁조치는 이루어졌다고 보며, 따라서 반드시 남부 모델로 체제 전환을 할 필요는 없다고 관련자들은 의견을 진술하였다(Mereis/Dressler 2000, Schmidt-De Caluwe 2001). 베링(Hans-Georg Wehling)은 바덴-뷔르템베르크 지방자치헌법에 대한 청문회에서 이는 결국 "의회의 희생에 따른 시장의 주도적인 지위 강화"라는 입장을 표명하였다. 따라서 헤센의 의회주의 지지자들과 기존 제도에 대한 지지자들을 옹호하였다. 그러나 법학자들이 주도적으로 참여하는 논의와 토론에서 헤센의 모델이 남부 모델과 비교를 통해 그 취약점에 대해 점점 비판을 받았다. 특히 명예직으로서 참사회 이사(Magistratsmilieder)의 역할이 집중적으로 비판을 받았다. 마찬가지로 집행부(Magistrat)에서 간접적으로 정당성을 부여받고 있는 국장(Beigeordnten)의 역할도 비판을 받았다(von Arnim 1997, 323f). 여기에 많은 시장들이 현 지방자치제도에 대한 불만을 쏟아냈고, 남부독일 모델을 지지하였다(Buss 2002, 174). 이런 상황에서 다시 구체제로 돌아간다는 것은 어렵게 되었다.

3. 라인란트-팔츠 주

라인라트-팔츠에서는 1988년 3월에 이미 SPD 야당(당수 Sharping)의 제안으로 조사위원회(Enquete-Kommission)가 설치되었다. 조사위원회는 대의제민주제에서 주민의 직접참여와 결정의 가능성을 찾는 것이었다(Mielke/Benzner 2000, 364). 위원회에서 다루게 되는 또 다른 문제는 시장의 직선과 지방수준에서 국민투표 문제를 다루는 것이다. 의회 야당의 주도로 문제가 제기되고 조사위원회가 설치된 것에서 보이듯이 라인란트-팔츠에서 개혁과정에서 정부와 야당이 합의하여 수용할 만한 안을 도출해 나가는 것을 볼 수 있다. 이와 같은 합의는 숙의는 제도의 변화에 대한 지지와 정당성을 준다. 다만 GRUENen만이 시장제도 도입을 반대했다. 녹색당의 견해에 따르면 직접선거를 통해서 선출된 강력한 지위를 가진 시장은 직접민주제의 이념과 부합하는 것이 아니라는 것이다. 이러한 녹색당의 거부에는 녹색당의 직접민주주의(Basisdemokratie)에 대한 선호가 있으며, 이는 녹색당의 직접민주제에 대한 선호와 주장이 배경으로 작용하고 있음을 볼 수 있다. 시장의 적선제와 직접민주제에 대한 논의에서 시장의 직선제도 또한 직접민주제로 보아야 한다.

그러나 다른 정당들은 바뎀-뷔르템베르크 지역의 "강력한, 독립적인, 또한 꾀가 많은 골목대장"의 등장에 별로였다고 보고 있다(Mielke/Benzner 2000, 365). 조사위원회에서 남부 모델에 매우 적극적인 지지를 한 학자들은 밴너(Banner), 베링(Wehling) 등인데, 이들은 임기가 8년인 것에 대해서 회의를 가졌다. 이런 남부 모델에 대한 논의는 결국 집행부와 지방의 의회주의 간의 대립으로 나타났으며, 이는 그대로 CDU와 SPD 간의 의견의 차이였다(Derien 1994). SPD는 시장의 역할 증대와 직접선거에 대해 여전히 의회의 권한의 유지를 옹호하는 반면에, CDU는 이보다는 강력한 집행부를 원했고, 이를 이루어 갔다. 1993년 9월 9일에 주의회는 마침내 임기 8년으로 사장의 직접선거제도를 결정하였다.

여기서 흥미 있는 것은 조사위원회가 시민투표 도입을 여러 번 반대해 온 점이다(Landtag Rheinland-Pfalz Druchsache 11/4707, 5). 1991년 주선거를 통해 SPD와 FDP의 연립정부가 들어서고, 정부의 입법안(93.03.16 Druchsache 12/2796)은 마침내 시민발의와 시민투표제를 포함시켰다. 다른 연방주들과 비교하여 볼 때 라인란트-팔츠에서는 이런 직접민주제인 주민발의와 투표를 쉽게 도구적 수단으로 이용하여 지방자치단체가 통치불능(Unregierbarkeit)에 빠지는 것을 막고자 한 것에서 차이가 난다. 바덴-뷔르템베르크는 직접민주제에 대한 오랜 전통과 경험을 갖고 있기 때문에(바덴-뷔르템베르크에서는 주민발의와 투표에 대한 엄격한 절차로 인하여 쉽게 이용되고 있지 못하다) 마찬가지로 라인란트-팔츠에서 지방정책 결정에서 효율성을 유지하고자 하는 것을 볼 수 있다. 따라서 라인란트-팔츠에서 지방자치제의 개혁에서 이런 직접민주제 요소를 도입하지만 다른 연방주들에 비하여 더 제한을 두고자 노력한 것은 놀랄만한 일이 못 된다(Gabriel 2000, 336). 이에 반하여 놀랍게도 바이런 주에서는 시민의 발의와 투표를 통하여 주민의 발의와 투표가 더 이상 주정부에 의해서 개혁이 조정되지 않는 방식으로 변경하였다.

Ⅳ. 맺는말

독일 지방자치단체는 연방주의 체계에서 독자적인 한 층을 부여받지 못하였지만 이는 연방헌법 28조를 통해 지방자치가 보장되고 있다. 이와 같은 지방자치에 대한 보장은 헌법에서 뿐만 아니라 주 헌법에서 규정하고 있다. 유럽 전역에서도 지방자치 원리는 유럽평의회(Europrat)가 1995년 의결하고 현재 30개국이 비준한 지방자치헌장(Charta der lokalen Selbstverwaltung)에서도 보여준다. 즉 유럽연합 가입국이나 유럽연합 가입 후보자들은 자신들의 민주주의 정치체계에서 바로 지방자치의 보장과 능력을 보여주어야 한다.

자치단체는 행정의 자율권을 갖고 있다. 독일에서 행정의 자율권은 기본법 28조 2항에 보장되어 있다.[8] 모든 주의 헌법은 부가적으로 자치단체의 행정의 자율을 보장하고 있다. 이와 관련하여 자치단체의 행정의 자율성은 주의 입법에 종속(Disposition) 된다고 말하고 있지 않다. 이와 같은 헌법 보장은 지방정부로 하여금 정치와 법의 실제에 있어서 연방정부 또는 주 정부에 대해 헌법재판소에 소송을 하는 근거가 되어 왔다.

정당과 관련하여 지방자치 수준에서 정당정치는 독일 정치체계에서 확고부동한 지위를 점유하게 되었다. 정당이 연방과 주 수준에서 대리인의 역할을 하였지만, 특히 1950년대 이후 지방수준에서 처음에는 도시지역에, 후에는 작은 도시지역에까지 독자적인 활동주체로 등장하였다. 가령 녹색당의 경우 지역에서부터 시민들의 모임과 그룹 활동을 통해서 전국 규모의 정당으로 발전 변모해 갔다. 따라서 독일의 선거와 정치과정에서 정당 간의 경쟁과 각 정당 간의 정책의 차이가 나타나며, 지방정부는 정당 간 정책의 차이, 갈등 및 타협 등을 통해서 구성된다.

독일의 지방자치 모델이 1945년 각 주별로 차이가 났으며, 제2차 세계대전 후에 재도입된 지방정부 모델은 대부분 의회주의 모델로 의회의 권한이 강화된 모델이었다. 이는 1990년대에 들어서면서 직접민주제 도입과 행정부의 강화로 변화가 나타났다. 1990년대에 독일 전역에서 일어난 지방자치헌법의 개정에는 공통적인 것을 찾아볼 수 있다. 대부분의 지방자치 개혁은 CDU와 FDP의 주도로 연방주 수준에서 이루어 진 점이다. 당시에 CDU는 야당의 지위에서, 그리고 FDP는 SPD의 연정파트너로 있었다. 따라서 SPD 정부는 지방자치 개혁에 대한 당시 아래로부터 일고 있는 직접민주주의에 대해 상당한 압박을 받았다. 이런 가운데 SPD는 시장의 직선제 개혁에 대해 주도적이지는 않았지만 그 도입에서는 긍정적인 자세를 보여주었다. 반면에 SPD는 정당대회에서 이런 시장의 직선제에 대해 일차적으로 거부하였다. 이는 CDU와 이념적인 차이를 보여준다. 또한 시장의 직선제에 대한 우호적인 태도는 당시 남독일 유형에 대한 전반적인 우호적인 평가도 기여한 것을 볼 수 있다.

지방자치헌법 개정은 기관구성을 중심으로 하는 제도(polity)와 과정(politics)의 변화를 통해 지역주민들은 그만큼 자신의 문제들에 대해서 스스로 결정할 능력을 받게 된 것이다. 남독일 유형을 갖지 않은 게마인데는 지난 50년간 경험해 온 자치유형에서 벗어나 새로운 자치헌법이 규정하고 있는 정치과정에 익숙해야 한다. 또한 게마인데는 현재 당면한 정책적인 문제들을 해결해야 한다. 이런 정책에 재정의 악화, 실업의 증가, 구동독지역 지원에 대한 재정 부담, 영업 및 소득세의 감소, 투자감소에 따른 미래의 불확실성 등의 문제가 함께 있다. 독일 사회 전체의 인구감소와 노령화에 따른 문제들도 동시에 지역주민과 함께 풀어 나가야 할 과제들이다. 독일은 당면한 문제에 대한 의식과 더불어 해결해 나가는 과정과 역량제고를 위해 시장의 직선제와 주민들의 지방자치에의 참여의 권리와 기회를 강화했다.

참고문헌

박응격 외. 2001.『독일연방정부론』. 벽산자료원.

양현모. 2006.『독일정부론』. 대영문화사.

Andersen, Uwe/Bovermann, Rainer. 2002. (Hrsg.). *Im Westen was Neues. Kommunalwahl 1999 in NRW*, Opladen.

von Arnim, Hans Herbert. 1997. Auf dem Weg zur optimalen Gemeindeverfassung?, in : Lüder, Klaus(Hrsg.). *Staat und Verfassung*. Fünfzig Jahre Hochschule für Verwaltungswissenschaften Speyer, Berlin : 297–339.

von Arnim, Hans Herbert. 2000. *Vom schönen Schein der Demokratie. Politik ohne Verantwortung–am Volk vorbei*, München.

Banner, Gerhard. 1989. Kommunalverfassungen und Selbstverwaltungsleistung, in Schimanke(1989) : 37–61.

Bönker, Frank/Wollmann, Hellmut. 2000. The Rise and Fall of a Social Service Regime. In Wollmann, Hellmut/Schröter, Eckard(eds). *Comparing Public Sector Refrom in Britain and Germany*, Aldershot : Ashgate, 327–350.

Bovenschulte, Andreas/Buss, Annette. 1996. *Plebiszitäre Bürgermeisterverfassungen. Der Umbruch im Kommunalverfassungsrecht*, Baden–Baden.

Buss, Annette. 2002. *Das Machtgefüge in der heutigen Kommunalverfassun. Zur Machtverteilung zwischen Vertretungskoeperschaft und Hauptverwaltungsorgan bei Urwahl der Bürgermeister*, Baden–Baden.

Derien, Hans–Ulrich. 1994. Kommunalverfassungen zwischen Reform and Revolution, in Gabriel, Oscar W./Voigt, Ruedger(Hrsg.). *Kommunalwissenschaftliche Analysen*, Bochum : 47–78.

Freis, Guido. 1998. *Die Reform der Gemeindeverfassung in Nordrhein-Westfalen. Eine "Constituent policy" im kommunalpolitischen Netzwerk*, Frankfurt/Main u.a.

Haus, Michalel. 2000. Vom Schein zum Schein? Zu Hans Herbert von Arnims Föderalismuskritik, in : *Zeitschrift für Politikwissenschaft*, Jg. 10, H.3 : 943-866.

Gabriel, Oscar W. 1999. Das Volk als Gesetzgeber : Bürgerbegehren und Bürgerentscheide in der kommunalpolik aus der Perspektive der empirschen Forschung, in : *Zeitschrift für Gesetgebung*, Jg. 14, Nr. 4 : 299-331.

Gabriel, Oscar W. 2000. Bürgerbegehren und Bürgerentscheide : Neue Formen politsicher Beteiligung? in Scrcinelli, Ulrich/Falter, Jürgen W./Mielke, Gerd/Benzer, Bodo (Hrsg.). *Politische Kultur in Rheinland-Pfalz*, Mainz und Müenchen : 333-360.

Grunow, Dieter. 1992. Constitutional Reform of Local Government in Germany : The Case of North Rhine-Westphalia (NRW), in Batley, Richard/Campbell, Adrian (Hrsg.). *The Political Executive. Politicans and Management in European Local Government*, London : 44-57.

Haus, Michael. 2005. (Hrsg.). *Institutionenwandel lokaler Politik in Deutschland*, Wiesbaden.

Kersting, Norbert/Vetter, Angelika (eds.). 2003. *Reforming Local Government in Europe*, Opladen.

Kleinfeld, Ralf/Nendza, Achim. 1996. Die Reform der deutschen Gemeindeverfassungen unter besonderer Berücksichtigung der Entwicklung in Nordrhein-Westfalen und in den neuen Bundesländern, in Kleinfled, Ralf : *Kommunalpolitik. Eine problemorientierte Einführung*, unter Mitarbeit von R. Heidemann, A. Nendza und F. Treutler, Opladen : 73-156.

Knemeyer, Franz-Ludwig. 1998. Gemeindeverfassungen, in Wollmann, Hellmut/ Roth, Ronland (Hrsg.). *Kimmunalpolitik. Politisches Handeln in den Gemeinden*, Bonn : 104-122.

Kost, Andreas. 2005. *Der Siegeszug der Süddeutschen Ratsverfassung*, Das Parlament, Nr. 01-02/03.01.2005.

Kunz, Volker/Zapf-Schramm, Thomas. 1989. *Ergebnisse der Haushaltentscheidungsprozess in den kreisfreien Stüadten der Bundesrepublik*, in : Schimanke (1989) : 161-189.

Landtag Rheinland-Pfalz : *Druchsache* 11/4707.

Larsen, Helge O. 2002. Directly Elected Mayors-Democratic Renewal or Constitutional Confusion? In : Caulfield, Janice/Larsen, Helge O. (Eds.). *Local Government at the Millenium*, Opladen : 111-133.

Lingk, Anne–Kathrin. 1999. Die Reform der nordrhein–westfälischen Kommunalverfassung, *Stadtforschung aktuell* Bd. 73, Oplden.

Mereis, Rolf/Dressler, Ulrich. 2000. Das Gesetz zur Stärkung der Bürgerbeteiligung und kommunalen Selbstverwaltung vom 23. Dezember 1999, in : *Hessische Städteß und Gemeindezeitung*, Jg. 50, Heft 2 : 47–60.

Mielke, Gerd/Benzner, Bodo. 2000. Kein neuer Wein in alten Schläuchen. Die Urwahlen von Bürgermeistern und Landräten in Rheinland–Pfalz, in Sarcinelli, Ulrich, Ulrich/Falter (Hrsg.). *Politische Kultur in Rheinland–Pfalz*, Mainz–München : 361–384.

Pollitt, Christoph/Bouckaert, Gert. 2000. *Public Management Reform*, Oxford : Oxford University Press.

Schulenburg, Klaus. 2000. Die neue Gemeindeordung in Nordrhein–Westfalen, in : Kleinfeld, Ralf/Schwanholz, Martin/Wortmann, Rolf (Hrsg.). *Kommunale Demokratie im Wandel*, OsnabrückÖ 49–76.

Schmidt–De Caluwe. 2001. Die Novellierung und kommunalrechts in Hessen, in : *Neue Zeitschrift für Verwaltugsrecht*, Jg. 20, Nr. 3 : 270–275.

Startgardt, Hans–Joachim. 1991. Stärkung der Kommunparlamente oder kommunales 'Wahlfürstentum', in : *Verwaltungsrundschau*, Jg. 37, Heft 5 : 146–154.

Wehling, Hans–Georg. 1999. "Besonderheiten der Demokratie auf Gemeindeebene", in : Arnim, Hans Herbert von (Hrsg.). *Demokratie vor neuen Herausforderungen*, Berlin : 91–100.

주

1 독일의 연방상원(Bundesrat)은 참의원으로 번역되기도 하나 본글에서는 상원으로 번역한다. 이는 독일연방상원은 선거를 통해 선출되지 않고 주정부를 대표한다는 점 등 미국의 상원과 차이가 나지만 입법과정에서 보면 상원으로서 역할을 하고 있기 때문이다.

2 제28조[주(州)헌법] ① 각 주(州)의 헌법질서는 이 기본법에서 의미하는 공화적 · 민주적 및 사회적 법치국가의 제원칙에 부합해야 한다. 주(州), 군(Kreis) 및 읍(Gemeinde)의 주민은 보통 · 직접 · 자유 · 평등 및 비밀선거로 선출된 대표기관을 가져야 한다. 읍에서는 대표기관에 대신하는 읍 회의를 도입할 수 있다. 군 및 읍의 선거에서는 유럽공동체 조약의 권리 규정에 따라 유럽공동체 구성국의 국적을 가지는 자도 선거권과 피선거권을 갖는다.

3 이는 프랑스와 매우 대조되는데, 프랑스의 경우는 1980년 시작된 분권화 이후에도 여전히 중앙정부가 지역과 지방수준에서 자신의 산하기관을 가지고 있다.

4 1967년과 1979년 사이에 독일지방자치단체 수의 변화를 본다면 슐레스비히-홀스타인(Schleswig-Holstein)의 경우 1,374개에서 1,126개로, 니더작센(Niedersachsen) 주는 4,206개에서 1,017개로, 노르트라인-베스트팔렌(Nordrhein-Westfalen) 주는 2,297개에서 373개로, 헤센(Hessen) 주는 2,679개에서 416개로, 라인란트-팔츠(Rheinland-Pfalz) 주는 2,903개에서 2,291개로, 자를란트(Saarland) 주는 346개에서 49개로, 바덴-뷔템베르크(Baden-Wuerttemberg) 주는 3,369개에서 1,101개로, 바이에른(Bayern) 주는 7,035개에서 2,028개로 축소 개편되었다.

5 비스마르크가 도입한 사회보장의 원리는 가입자의 보험료 납입원리(contribution principle)에 따르고 있다.

6 자치단체의 대상이 되는 사업에서 여전히 논란이 되는 대표적인 것들은 주택건설, 공공교통에의 참여문제이다. 이는 공공정책에 민간기업이 어느 정도까지 관여를 하거나 또는 민간기업에의 지원을 해주는가 등의 문제이다.

7 여기서 시장의 직선제를 직접민주제의 요소로 볼 것인가의 문제가 있다. 왜냐하면 시민청원과 시민결정이 바로 더 강력한 행정부 통제 수단이 될 수 있다. 그런데 남부 모델에서는 이런 직접민주제 요소가 거의 사용되지 않고 있다.

8 헌법 28조 2항 : "읍은 법률의 범위 내에서 그 지역공동체의 모든 사항을 자기 책임 하에 규율할 권리가 보장되어야 한다. 읍조합도 그 법률상의 임무영역의 범위 내에서 법률의 규정에 따라 자치권을 갖는다. 재정적 자기 책임의 기초 하에 자치권은 보장된다."

4 프랑스 지방자치

제도와 발전

Ⅰ. 서론

프랑스에는 영국과 같은 앵글로-색슨 국가에서 사용하는 지방정부(local government ; le gouvernement local)가 없다. 국가로부터 일정한 법인격을 부여받은 지방자치단체(les collectivités territoriales ; les collectivités locales)가 있을 뿐이다. 이는 프랑스의 전통적인 법적 분석에 근거한 진단으로 볼 수 있다. 요컨대 "정부(국가)의 절대적 원칙처럼 신성시되고 있는 (프랑스적 국가운영의 지침은) 프랑스 공화국은 하나이고, 나뉘어질 수 없으며, 국가주권이다"(la République est une et indivisible et la souveraineté nationale)라는 사실에서 비롯된다. 즉 단일국가체제를 지향하고 있는 것이다. 여기에서 프랑스의 지방행정은 자연히 국가의 정치-행정체계의 연장선상

■ **최진혁**(충남대학교 자치행정학과 교수)

에 놓이게 된다. 즉 지방자치단체(les collectivités territoriales)나 지방권력기관(les autorités locales)은 (국가수준에서) 정부체계의 연장선과 국가 전체의 안테나로서 간주되는 것이다. 그런 배경에서 도지사(préfet)는 국가적 이해를 담당하는 데파르트망(département : 도) 단위에서 국가의 대표(représentant de l'Etat)로서 기능한다. 따라서 엥글로-색슨 국가에서 사용하는 '지방정부'라는 용어 대신에 지방행정을 지명하는 '지방기구'(제도, institutions locales)라는 명칭을 선호한다. 그런데 시간이 지남에 따라 제도와 행위자를 담고 있는 지방체제(le système local)의 존재를 인식하게 되고, 이어 1970년대 사회학자들이 지방을 이해하면서 지방정치-행정체계(le système politico-administratif local)로 발전해 간다. 그리고 꼼뮨(시읍면), 데파르트망(도), 레지옹(지역)자치단체의 권한과 자율을 표명하였던 1980년대 지방분권법(la loi sur la décentralisation)에 의해 지방자치단체에 일련의 자치를 제공해 주려는 노력에서 지방정부로 정당화해 나가려 하고 있고, 지방체제의 제도화(l'institutionnalisation du système local)의 기회를 맞고 있다고 할 수 있다(Mabileau, 1991 : 7-8).

이렇듯 프랑스는 국가주권의 단일성과 불가분성의 기본적 원칙에 따라 국가와 지방을 관리/운영하였다. 프랑스적 단일국가는 1789년 7월 14일 혁명 3주 후에 구체화되었으며, 지방분권의 진행과정은 2세기에 걸쳐 진전되어 왔다. 지방분권은 꼼뮨(commune : 시읍면)이 기초지방행정기관화할 시점인 1789년 12월에 시작하였다. 시읍면의 업무는 국가의 업무와는 구별되었고, 당시 프랑스는 2,500만 주민을 위해 3,800개 꼼뮨으로 나누어 행정 서비스를 제공하였다. 몇 주일 후 프랑스 국토는 83개 데파르트망(département : 도)으로 획정하게 되는데, 시읍면과는 달리 당시 도는 지방자치단체가 아니라 국가의 행정적 분할(행정구역)에 지나지 않았다. 그런데 1800년에 도지사의 창설은 중앙집권으로 회귀하게 하였다. 그런 배경에서 시읍면, 도의 행정은 다시 중앙집권 논리에 맞게 조직화하였는바, 도지사(préfet)는 군수(sous-préfet)의 지원 하에 도 단위수준에서 국가행정을 담당하였다. 이후 20여 년은 프랑스 국가의 단일성과 불가분성의 주요 원칙 하에서 지방분권으로의 의지와 중앙집권의 보존의지가 교차하여 일어나게 된다(후술). 이어 1830년 혁명 이후 7월 군주정은 지방선거를 통해 지방의회의원의 역할을 확대해 나갔으며, 제3공화국 하의 1871년 8월 10일 데파르트망법, 1884년 4월 5일 꼼뮨법의 제정으로 지방민주주의의 기초를 다질 수 있었다.[1] 그러나 진정한 지방분권으로의 개혁은 1982년 3월 2일 미테랑 정권의 삐에르 모루와(Pierre Moroy) 정부에서 입안된 '시읍면, 도, 지역의 권리와 자유에 관한 법률'(la loi no 82-213 relative aux droits et libertés des communes, des départements et des régions)을 기다려야 했다.

이러한 맥락에서 본고는 군주제도와 자코방주의(Jacobinisme)의 유산에서 비롯되는 프랑스 국가의 강력한 중앙집권 방식의 지방행정 수행에서 오늘날 지방분권화를 추구할 수밖에 없었던 근거는 어디에서 비롯되는 것인지에 대한 논의를 전개하면서, 특히 좌파 미테랑(François Mitterand) 정권에서 우파 시라크(Jacques Chirac), 사르코지(Nicolas Sarkozy) 정권으로의 변화에도 불구하고 계속된 분권개혁의 내용은 무엇인지에 대한 고찰을 하고자 한다. 그럼으로써 최근 정권창출에 성공한 우리나라의 우파 이명박 정부의 지방분권 개혁에의 방향설정과 지방자치의 내용에 그 시사점을 제공하고자 한다.

Ⅱ. 프랑스 지방자치 행정의 역사적 고찰

프랑스 지방행정에 큰 영향을 주었던 사건을 중심으로 역사적 · 헌정적 배경에서 기술하고자 한다. 즉 1789년 프랑스 혁명과 1830년 7월 혁명, 제3공화국, 비쉬 정부 이후 드골 장군의 등장과 함께(제4 · 5공화국) 1982년 지방분권화 정책이 채택되는 기간으로 구분하였다(Verpeaux, 1996 : 5 ; 최진혁, 1999a : 193-206).

1. 1789년 이전의 지방분권

중앙집권화된 국가의 건설(la construction d'un Etat centralisé)은 구체제(Ancien Régime)에 있어 필수불가결한 관심사항이었다. 이 관심사항은 혁명시기에도 사라지지 않고 계속되었고, 총통(Consulat)과 제1제정(Premier Empire) 때에는 더욱 번영하였던 과도한 중앙집권 시기였다. 또한 구체제(Ancien Régime)는 무엇보다 다양화의 시기였다. 법규의 다양성, 기능방식의 다양성, 정치/행정적 체계의 상이한 구성요소 간의 권력관계의 다양성이 그것이다. 당시의 지방자치단체의 개념은 봉건영주로부터 일정한 권한을 추구하였던 주민단체(les groupes d'habitants)로서 인식된다.

구체제 하의 지방분권의 역사는 크게 둘로 이분하여 구분할 수 있다. 첫째, 중세권한에 대항해 지방제도가 발달했던 시기로서 12세기에 비롯되었다. 이 시기에는 오늘날 지방제도(institutions locales)의 선조로서 간주되는 제도의 출현(apparition d'institutions)을 보게 된다. 즉 한편으로는 봉건영주로부터 헌장 내에서 양도권을 획득한 주민단체로 형성된 꼼뮨이 나타나게 된다. 이 헌장은 금액의 지불과 가신의 의무에 대한 고마움의 대가로 꼼뮨에게 일련의 권한과 특권을 제공하게 된다. 또 한편으로는 매우 제한된 자치를 부여받은 인접조직의 형태로서 자치도시(les villes franches), 도시공동체(les communautés villageoises)를 들 수 있다. 중간계층으로 프로벵스 주(les états provinciaux)가 나타났고, 이 프로벵스 주는 봉건권한과 왕권 곁에서 존재하였다. 당시 이 수준에서 왕권을 대표하는 자는 경우에 따라 그 역할이 매우 가변적이었던 대법관(baillis), 남프랑스 지방재판관(sénéchaux)이었다. 이러한 지방제도의 확정 시기는 매우 빠르게 완결되었는데, 이는 왕권이 정치행정조직 내에서 제 위치를 명확히 하고자 했던 의지가 강하게 표출되었기 때문이다.

13-14세기부터 왕권은 봉건권한이었건 지방제도 권한이었건 지방권력을 훼손하면서 강화해 나갔다. 이러한 의지는 지방제도의 재정관리의 비효율성 때문에 선호되었다. 행정적 측면에서 이러한 의지의 명확화는 지방제도 권한의 점차적인 감소로 나타나게 되었고, 왕권의 대표역할을 강화하는 것으로 나타났다.

프롱드(la Fronde) 이후에 나타난 지방수장의 제도(l'institution des intendants)는 이러한 사항을 매우 강하게 제도화시켰다. 즉 도지사의 전신이 되는 지방수장(엥땅당 : intendants)은 행정, 사법, 세정적인 부문에서 다양한 권한을 행사하였다. 이렇듯 지방수장의 권한은 발전해 나갔는데, 특히 17-18세기에 봉건권한과 지방권한을 무너뜨리면서 더욱 두드러지게 나타났다.

18세기 말엽에 프랑스는 지방행정 재조직의 시도가 구체화되기 시작하였다. 여기에 기여한 두 가지 칙령이 있었는바, 1764년의 꽁피엔뉴

칙령(édit de Compiègne)이 하나이고, 1765년의 마를리 칙령(édit de Marly)이 다른 하나였다. 이 두 칙령은 모든 꼼뮨에게 획일적으로 적용되는 단일한 사법제도를 조직화하였다. 그러나 이러한 재조직화의 시도는 적은 효과를 보았지만 지방권한의 복원으로 해석되지는 않는다. 요컨대 왕권의 강력한 확립과 지방권한의 명백한 제한은 혁명 시기에 나타난 현상으로 볼 수 있다(Auby, 1990 : 26–27).

2. 1789년과 1830년 사이

혁명 시기에 오늘날 지방자치단체 법규에 결정적으로 영향을 미치는 지방제도의 조직과 기능 영역에 많은 계획안들을 보게 되었다. 그러나 이 시기에 개혁은 국내적 · 국제적으로 혼란한 상황에서 그리 크게 적용되지 못하였다. 프랑스 혁명은 지방분권적 성격을 차용하여 지방행정을 근본적으로 개혁하려는 의지가 강하였다. 그런데 이러한 성격은 1789–1792의 제헌의회(Constituante) 시기에 나타날 뿐이었다. 국민의회(Convention, 1792–1795) 시기와 5집정관 정부(Le Directoire, 1795–1799)시기에는 이미 지방분권에 대한 제동을 거는 시기였다.[2] 프랑스 지방구조의 단일화 조직안은 제헌의회 시기 초반부터 나타났다. 이 계획안은 일련의 법규조문으로 구체화됐는데, 특히 1789년 12월 14일과 22일의 정령이다. 이들 정령은 꼼뮨과 데파르트망으로 구성하는 단일화된 지방구조에 따라 프랑스 지방행정을 조직하였다. 꼼뮨은 기존의 읍(큰 부락 : bourg) 내지는 교구(paroisse) 안에서 구성하였다. 데파르트망(도)은 국토의 과거 획정구역을 기초로 구성되었는데, 그들의 규모는 도를 기하학적 방식으로 조직하는 계획안을 방기한 후 거의 유사하게 나타났다.[3] 꼼뮨과 데파르트망은 지방권의 특징에서 비롯되는 고유한 권한을 보게 되는데, 국가에서 위임한 권한만을 행사하게 되는 것은 아니었다. 그리고 선거의 원칙이 일반화되었는데, 꼼뮨과 데파르트망의 모든 행정관들은 선거의 과정을 거쳐서 등용되었다. 당시의 꼼뮨과 데파르트망은 다음의 세 가지 기관에 의해 관리 · 운영되었다(Auby, 1990 : 28).

- **의결기관**(un organe délibérant) : 꼼뮨은 꼼뮨 지방의회(le conseil général de la commune)였고, 데파르트망은 도지방의회(le conseil général)였다.
- **집행기관**(un organe exécutif) : 꼼뮨은 시읍면장(maire)에 의해 지휘/관리되는 시읍면단(le corps municipal)이었고, 데파르트망은 도의회의장에 의해 지휘받는 도의 집정관(le directoire de département)이었다.
- **왕의 대표기관**(un représentant du roi) : 꼼뮨에는 검사(le procureur), 데파르트망에는 총괄검사(le procureur général)로서 총괄검사장(syndic : 도지사)을 두었다.

요컨대 연방주의를 희망하였던 지롱당(Girondin)과 단일한 중앙집권 국가를 주장하였던 자고방(Jacobin)과의 대결은 자코방 이데올로기의 승리로 프랑스의 행정개혁을 합리성과 단일성의 이름으로 기존의 행정구역을 정리하게 하였던 것이다. 즉 프랑스 지방행정은 프랑스 대혁명을 통해 집권행정에의 요구에 부합하기 위해 단일국가의 원칙에 따라 행정구역의 재편성이 이루어졌다. 이후 공화력 8년헌법(L'an VIII)에 나타난 나폴레옹 제도는 혁명적 시기의 중앙집권화의 기운을 더욱 강화시켜 나갔다. 이 법에 나타난 원칙들은 19-20세기 프랑스 지방행정 전반에 걸

쳐 적용되었다.[4]

3. 지방분권화에의 행보

1830년 혁명 이후 7월 군주정(Monarchie de Juillet)은 선거를 통해 지방의원들의 역할을 강화해 나갔다. 따라서 지방의회 구성원들은 더 이상 정부나 도지사가 임명하는 방식이 아니라 제한선거였긴 하지만 1831년 시읍면의원, 1833년 도의회의원부터 주민들로부터 선출되었다(Villard, 1988 : 111–112). 이는 도청체제로 대변되는 집권주의의 원칙을 훼손하지 않고 지방행정 책임자를 선거로 정하는 방식에 의하여 지방행정체제의 점진적 민주화 운동으로 진행시키는 계기가 되었다. 그러나 지방 고유의 사무를 관리하는 진정한 지방자치단체 구역의 설정과 지방의회에서 집행기관의 장(시장)의 선출을 보기 위해서는 제3공화국에 들어서면서 1871년 8월 10일 법률(데파르트망 개혁)과 1884년 4월 5일 법률(꼼뮨 개혁)을 기다려야만 하였다(Bodineau et Verpeaux, 1993 : 55–58). 이렇듯 프랑스의 지방적 자유는 제2제정(Second Empire) 말기부터 다시 회생되어 갔다. 그런데 이 회생(르네상스) 시기는 매우 길었고, 가끔은 단번에 정지되기도 하였지만 150년 이상의 꾸준한 진보로 현대 지방행정의 제도를 만들어내는 데 기여했다. 이 시기는 대체로 다음의 3가지 국면으로 구분할 수 있을 것이다(Auby, 1990 : 29).

- 지방적 자유의 완만한 회생에서 제2차 세계대전까지
- 제2차 세계대전 이후 해방(la Libération) 시기부터 지방분권에의 갈망 시기

– 1982년 이후의 지방분권운동 본격화 시기

1) 지방 민주주의의 회생

(1) 7월 군주정

– 조직에 대한 법률

– 권한에 대한 법률

7월 군주정 하에서 시작된 지방분권화의 기운은 제2제정 초기의 비판의 시기를 거쳐 제3공화국 하에서 여러 다른 법률에 의해 복원되었는데 지방행정에 큰 획을 긋는 두 가지 법률(후술)을 보게 된다.

(2) 제3공화국

– 1871년 8월 10일 데파르트망 법률

– 1884년 4월 5일 꼼뮨 법률

2) 제2차 세계대전 이후 지방분권

– 1946년 10월 27일 헌법

– 1958년 10월 4일 헌법

– 지역주의의 발전

3) 중앙집권의 폐해에 따른 국가개혁 : 지방분권에의 잠복기

1970년대에 들어서면서 프랑스는 집권화된 국가에 대해 비판을 제기하였다. 〈지방자치단체의 책임성의 발전〉이라는 명제로 지방분권화의 필요성을 지스카르 데스탱(Valéry Giscard d'Estaing) 대통령이 역설하게 된다. 따라서 1982년 프랑스 지방분권은 1974년부터 1981년까지의 잠복기를 거쳐 나타난 것으로 볼 수 있을 것이다. 당시 지방분권 개혁에의 시도가 있었으나 실현되지 못하고 지방세 개혁(Barre 법률)에 만족해야 했다. 1981년 집권에 성공한 미테랑이 지방분권화 정책을 보다 구체적으로 제시하기 시작하면서 전면적 지방분권화의 시대를 열었다. 즉 1970년대 프랑스는 과도한 중앙집권에 관련된 심각한 문제점들을 해결해야만 하는 상황에 처해 있었다. 지스카르 데스탱 대통령 당시 지방분권 정책자문위원인 올리비에 귀샤르(Olivier Guichard)는 이러한 맥락에서 그 비판들을 분석하고 국가의 주요 역할에 맞는 새로운 위상 정립, 지방에서 처리하는 것이 더욱 바람직한 수많은 부수적인 결정들을 국가에서 제거하는 조치를 단행하였다(중앙집권화된 국가에 대한 비판).[5] 뿐만 아니라 지방권한 당사자는 지방재정 확충, 구역조정, 국가감독의 철폐, 행정기술 자치의 요구 등 지방분권정책에 접하여 많은 요구를 하게 되었다(지방권한에의 요구). 게다가 프랑스는 지방분권이란 지역주민이 자기 지역 사무 결정에 참여하는 데 있다고 보고 적극적 시민으로서의 새로운 주민의 창출(기여)을 기대하였으며, 또한 국가 역할의 한계인식(책임과 권한의 분담체계 필요인식)과 함께 지방자치단체가 보다 통합화된 유럽공동체에 진입하여야 하는 데 따른 준비작업으로서의 인식이 그 배경이 되었다(Gontcharoff, 1994 : 123).

(1) 중앙집권화된 국가에 대한 비판

1960–1975년에는 중앙집권화된 국가에 대한 비판이 증대되었다. 특히 지스카르 데스탱 대통령 당시 귀샤르에 의한 보고서와 함께 알랭 페이레피트(Alain Peyreffitte)는 과도한 중앙집권을 "프랑스의 악"으로 묘

사하고 있다. 귀샤르는 국가를 제 위치에 바로 놓아야 한다는 취지에서 나온 수많은 비판을 정리하여 국가의 주요 임무를 정리하고 지방에서 처리하는 것이 타당한 수많은 부차적인 결정을 정리하였다. 그러면서 프랑스라고 하는 나라의 신체의 모든 피가 머리로 집중되고 있는 뇌출혈의 위험으로 벗어나야 한다고 경고하고 있다. 또한 알랭 페이레피트는 "프랑스의 심장은 지방분이 많이 증대되어 그 박동이 갈수록 약화되고 있는 상황이라면서 프랑스의 심장의 기름기를 빨리 제거해야 할 것"이라고 경고하고 있다. 또한 국토개발 주창자들은 파리에 대비한 프랑스의 지방을 사막으로 비유하여 그 사이의 불균형의 증대를 지적하였다(1950년대 말 장-프랑수와 그라비에의 저서). 중앙으로 자원과 자본이 집중되어 국가는 더 이상 관리하기 어려운 지경에까지 이르렀기 때문에 국가와 지방의 새로운 균형을 위해 이차적 발전축의 모색이 필요하게 된 것이다(Gontcharoff, 1994 : 126).

또한 1970-1975년의 자유주의 물결은 국가가 민간부문(시장)에 너무 많이 개입하고 규제하고 있는 국가의 집중현상을 반박하였다. 국가기구는 공무원의 증가와 더불어 너무 많이 팽창하고 있으며, 그의 생산성은 사기업에 비해 너무 열악하다는 비판이 계속되었던 것이다. 따라서 "작은 국가관"에서 국가나 지방의 민영화의 문제가 제기되었다.[6]

요컨대 프랑스 지방분권은 바로 이러한 국가의 위기에서 출발하고 있다. 국가의 기능은 마치 모든 거대한 체계가 감기가 걸려 있는 상태처럼 갈수록 악화되어 가고 있다는 것이다. 국가 리바이어던은 너무 살쪄 있기 때문에 연약한 공룡으로 존재한다는 것이다. 따라서 국가는 그의 기능의 특별한 것에 한정할 때(국가의 특성에 관한 기능) 보다 나아질 것이라고 본다. 즉 그동안 국가가 권력남용으로 차지해 왔던 권한의 일부를 책임 있는 지방기관에 이양할 때 국가의 기능이 보다 활성화될 것이라고 본다. 따라서 지방분산(La déconcentration)은 국가의 외부 서비스(les services extérieurs de l'Etat ; 특별기관 행정 서비스)를 책임져야 할 것이며, 지방분권(La décentralisation)은 지방자치단체를 책임져야 할 것이다. 그럴 경우 파리는 두 배로 가벼워질 것이라는 것이다.

(2) 지방권한의 확대 요구

지방권한의 확대 요구는 지방의원들의 요구에서 비롯되었는데, 다음의 네 가지 측면에서 논의되었다.

- 지방의원의 요구 : 충실한 지방재정에의 요구
- 지방의원의 요구 : 구역개편의 논의
- 지방의원의 요구 : 국가통제의 철폐
- 지방의원의 요구 : 행정적 자치와 기술적 자치

(3) 새로운 주민의 창출

상기한 지방분권의 두 요소(중앙집권화된 국가에 대한 비판, 지방권한에의 요구)는 1981년 이전에 이미 형성되었고, 미테랑 사회당 정부가 들어서면서 지방민주주의(la démocratie locale) 요소를 더욱 강조하기 시작하였다. 즉 지방자치단체와 주민 간의 관계에 중점을 두는 정치적 시각에서의 새로운 주민(의식)의 창출에 두었던 것이다. 왜냐하면 지방분권의 중대한 목적 중 하나는 지방자치단체의 정책결정에 주민의 개입능력을 증대시키기 위해 결정권자인 주민을 가깝게 하는 것으로 보았기 때문이다.

이러한 배경에서 당시 총리인 삐에르 모루와(Pierre Mauroy)는 지방분권에서 나타나는 '새로운 시민'의 이념을 발전시켰다. 이들 시민은 지역 일(지방사무)에 적극적으로 참여하고 지방의원에 대한 통제를 활발히 행사한다는 것이다. 이를 통해 지방분권은 권한의 근접성의 장점에다가 투명성의 장점을 추가할 수 있는 것으로 보았다. 이와 같이 사회 곳곳에서 시민의 주도력으로 자치단체의 '책임성 있는 자치조직'이 만들어지고, 이를 기초로 자연히 상류계층에 '새로운 민주사회'를 건설할 수 있다는 것이다.

(4) 권한 · 책임의 공동분할 요구

이 개혁으로 국가는 그들 행위에 일정한 한계가 있음을 인식하였으므로 모든 것을 국가가 추진해 나갈 수 없으며, 지방자치단체에 부담을 이양해야 한다는 것이었다. 따라서 국가와 지방자치단체 간의 기능(역할)배분이 지방분권정책에 크게 대두되었다(후술).

(5) 유럽공동체의 전개에 대한 대응

1993년 1월 1일부터 통합된 유럽권 내에 진입하기 위해 프랑스 지방자치단체는 특히 경제적 권역으로서의 준비를 해야만 하였다. 따라서 광역자치단체로서의 새로운 계층이 요구되었다. 레지옹(지역) 자치단체는 경제발전, 국토개발의 필요성에 부응하는 것이라 믿어 국가의 행정구역으로서, 공공기관으로서의 기능을 거쳐 마침내 1982년 지방자치단체화 되었고, 1986년 의회의원 선거를 실시하여 지역의회를 구성하였다.

4) 1982년 이후 지방분권운동의 본격화

(1) 좌파 정부(1981-1995)의 지방분권 개혁

프랑수와 미테랑(François Mitterand) 대통령의 삐에르 모루와(Pierre Moroy) 정부 하에 입안된 1982년 3월 2일 법은 지방분권 개혁의 청사진을 제공하였는바, 다음 세 가지 기본변화를 담고 있다. 첫째, 레지옹의 지방자치단체화, 둘째 행정감독의 배제, 셋째 도·지역의원에 집행기관의 기능을 제공하였다는 점이다. 따라서 지방의회의원의 권한은 상대적으로 강화되고 국가대표(도지사)의 그것은 약화되었다. 요컨대 프랑스의 분권화란 정치·행정적 모델에서 바라볼 때 국가의 의사가 직접적 수직적으로 침투하는 비대화된 행정영역을 줄이고 그가 그동안 행사했던 불필요한 권한(특히 국가대표를 통한)을 정치영역에 넘겨주는, 다시 말해 지방의회에 그 비중을 실어주겠다는 의도로 해석된다. 이는 분산화된 행정을 분권화된 행정으로 바꾸려는 노력이라고 할 것이다. 이러한 배경 하에서 다음의 내용을 담고 있는 지방분권법(Loi n°82-213 du 2 mars 1982 relative aux droits et libertés des communes, des départements et des régions)이 탄생하였다(최진혁, 1999a : 204).

• 국가의 지방자치단체에 대한 통제 게임의 시정 : 지방자치단체의 의결내용, 명령, 처분은 그것이 제정 공포되고 국가대표에게 통보됨으로써 바로 집행될 수 있으며, 국가행정기관에 의한 사전 승인 집행의 중지, 무효화 선언 등 모든 사전적 통제는 폐지되었다.

• 따라서 국가대표에 의해 지방자치단체에 행해졌던 통제방식이 사라지고 사법부인 행정재판소(le tribunal administratif)에 그 소를 제기할 수 있는 권한만 인정하는 합법성의 통제(le contrôle de légalité)가 중요하게 부상하게 되었다.

• 국가와 지방자치단체 간의 기능배분에 관한 법률제정은 바로 이러한 배경에서 자연히 나온 것이다(최진혁, 2003 : 71-73).

① 공화국 법체계 내에서 지방자치단체의 자율행정(la libre administration des collectivités territoriales dans le cadre des lois de la République)

보장의 원칙

② 지방자치단체 간의 감독 금지(La non-tutelle d'une collectivité sur l'autre)의 원칙

③ 분야(영역)별 권한의 배분(Une répartition des compétences par 〈domaines〉) 및 총체적 이양(transferts en bloc)의 원칙

④ 권한과 재원의 동시 이양 및 부담경비의 통합적 보상(Un transfert simultané des compétences et des ressources et une compensation intégrale des charges)의 원칙

⑤ 예산적 재원의 이양에 의하여 보완된 세원의 이전에 의한 재정적 분야의 보상(Une compensation en matière financière effectuée par un transfert de ressources fiscales complété par un transfert de ressources budgétaires)의 원칙

⑥ 국가결정으로부터 보장되고 독립적인 지방자치단체 교부금의 변화발전(Une évolution des dotations des collectivités locales garantie et indépendante des décisions de l'Etat)의 원칙

(2) 우파 정부의 지방분권 개혁 : 자크 시라크(1995-2007), 니콜라 사르코지(2007-현재)

자크 시라크(Jacques Chirac) 대통령의 장-피에르 라파랑(Jean-Pierre Raffarin) 정부[7] 하에 입안된 프랑스 공화국의 분권화된 조직에 대한 헌법 개정안(le projet de loi constitutionnelle relatif à l'organisation décentralisée de la République)은 2003년 3월 17일 의회에서 인준되고 3월 19일 헌법위원회에서 공화국의 지방분권화된 조직에 관한 헌법(loi constitutionnelle relative à l'organisation décentralisée de la République)으로 결정되었다(Luchaire, 2003 : 9). 그 주요한 내용은 다음과 같다(최진혁 외, 2005 : 119-121 ; 최진혁, 2008 :

85–88).

• 지방민주주의(자유스러운 지방)를 위한 회합(les Assises des libertés locales)

지방분권의 진작을 준비하기 위해서 우파 정부는 지방민주주의를 위한 회합을 26개 광역자치단체 내에서(2002년 10월 18일부터 2003년 2월 28일까지) 조직하였다. 2003년 2월 19일 국무회의에서 지방민주주의 위임장관인 빠트릭 드브드쟝(Patrick Devedjian)은 지방민주주의(자유스러운 지방) 회합의 단계별 성과를 제시하였다. 이 회합을 통해 공공업무 관리에 있어 매우 강화된 근접성을 요구했고, 권한배분과 실습(학습)에 대한 요구가 제시되었다. 또한 이들 권한행사에 부응한 국가의 재정수입의 이전 필요성이 요구되었다. 그리고 재정조정정책으로 자치단체 간 불평등성을 해결해 줄 것을 요구했다.[8]

• 공화국의 지방분권화된 조직에 관한 헌법내용

① 분권화된 공화국(Une “République décentralisée”)

헌법 제1조 조항에 “공화국의 조직은 지방분권으로 한다”(l’organisation de la République est décentralisée/Son organisation est décentralisée)라는 규정을 보완(삽입)하여 프랑스 공화국의 기본가치를 지방분권화에 설정하고 있음을 만천하에 천명하고 있다.

② 지방자치단체의 책임성의 증대(l’extension des responsabilités des collectivités territoriales)

지방자치단체에 인지된 권한의 증대는 입법권(규제권)과 자치재정권의 강화에서 찾을 수 있다. 지방자치단체의 규제권 강화는 실습권한(droit à l’expérimentation)과 보충성의 원칙(principe de subsidiarité)으로 구체화된다. 재정자치의 강화(le renforcement de l’autonomie financière)는 다음과 같이 세 차례에 걸쳐 조직화되어야 함을 제시하고 있다. 우선 헌법은 지방자치단체가 모든 상황(자연적 실재)에 전체적으로 혹은 부분적으로 과세할 수 있는 권한을 행사할 수 있어야 한다는 것이고, 다음으로 법률이 정하는 한도 내에서 지방자치단체가 스스로 다양한 세원에 대한 세율을 결정할 수 있게 하고 있다. 마지막으로 국가와 지방자치단체 간의 모든 권한배분은 권한을 이전받은 해당 자치단체에 사무를 수행할 수 있는 동등한 자원이 함께 부여되어야 하는 것으로 하고 있다.

③ 직접민주주의의 활성화(Davantage de démocratie directe)

직접민주주의의 강화는 지역주민이 자기 자치단체의 정책결정, 집행에 대해 직접적 표현의 능력을 가질 때 비로소 지방분권이 실현될 수 있다는 사고에서 출발한다. 따라서 지방자치단체는 결정적 주민투표(réferendums décisionnels)를 조직할 수 있어야 하는 것이다. 지방자치단체의 권한에 관계되는 질문에 대해 단지 자문적 성격에 그치는 것이 아니라 확정적 결정을 부여할 수 있는 것으로 발전되어야 한다는 것이다. 또한 유권자는 지방의회의 의사일정에 개입하기 위해 청원권(le droit de pétition)을 가지는데, 지방자치단체는 이 청원을 결정적 가치를 가지는 주민투표로 전환할 수 있는 가능성을 열어놓았다.

④ 해외지역 자치단체의 법규 조정(l'aménagement du statut de l'outre-mer)

해외 자치단체(collectivité d'outre-mer)를 위해 그동안 사용했던 해외지역(territoire d'outre-mer)의 용어가 사라졌다. 뿐만 아니라 해외 도(les départements d'outre-mer)와 해외 자치단체(les collectivités d'outre-mer)를 구분하였다. 이러한 구분은 이들 두 영역을 규정해 온 권한과 법규를 수정하게 하였다. 즉 해외 도는 입법적 동화원칙(le principe d'assimilation législative)(규칙은 일반적으로 적용되는 입법관이나 정부내각이 정한 법규에 의해 적용되는 것을 따름)에 의해 규정하고 해외 자치단체는 입법적 특수성원칙(le principe de spécialité législative)(그 지역의 특수성을 인정하여 스스로 규칙을 정할 수 있도록 함)에 따라 법규를 적용한다.

Ⅲ. 프랑스 지방정치 · 행정구조

1. 지방자치단체의 계층구조

프랑스는 1982년 이래로 5단계의 행정계층(레지옹-데파르트망-아롱디스망-깡똥-꼼뮨), 3단계의 자치계층(레지옹-데파르트망-꼼뮨) 구조를 갖는다(〈그림 1〉 참조). 즉 레지옹, 데파르트망, 꼼뮨은 법인격을 갖는 지방자치단체로 존재하고, 아롱디스망은 도의 하부 행정구역(une circonscription administrative)으로, 깡똥은 선거구역(une circonscription électorale)으로 기능한다. 2008년 통계자료에 의하면 지방자치단체로서 26개의 지역(Région), 100개의 도(Département), 36,783개의 시읍면(Commune)이 행하는 일반행정, 그리고 특별한 주민수요에 따른 새로운 형태의 행정구조라 할 수 있는 지방자치단체 간 협력집합체(les regroupements des collectivités locales)로서의 보조 중간계층 구조를 더 갖는다. 즉 조합(Syndicats), 도시공

〈표 1〉 프랑스 지방자치단체의 종류와 수

	1999년	2008년
시읍면(Communes)	36,779 (프랑스 본토 36,565, 해외영토 114, 기타 100)	36,783 (프랑스 본토 36,569, 해외영토 114, 기타 100)
도(Départements)	100 (프랑스 본토 96, 해외영토 4)	100 (프랑스 본토 96, 해외영토 4)
지역(Région)	26 (프랑스 본토 21, 코르시카 1, 해외영토 4)	26 (프랑스 본토 21, 코르시카 1, 해외영토 4)
해외영토 (Territoires d'outre-mer)	2 (Wallis-et-Futuna, Terres australes et antarctiques fransaises)	2 (Wallis-et-Futuna, Terres australes et antarctiques françaises)
특별법규 적용 지방자치단체 (Collectivités à statut particulier)	4 (Polynésie française, Nouvelle-Calédonie, Mayotte, Saint-Pierre- et-Miquelon)	4 (Polynésie française, Nouvelle-Calédonie, Mayotte, Saint-Pierre- et-Miquelon)

자료 : DGCL, Les collectivités locales en chiffres 2008.

동체(Communautés urbaines), 합병공동체(Communautés d'agglomération), 신합병조합(Syndicat d'agglomération nouvelle), 시읍면공동체(Communautés de communes)와 특별구(Districts)가 그것이다(〈표 1, 2〉 참조). 오늘날 프랑스의 지방행정은 국가기구(정부, 특별행정기관)나 지방자치단체(시읍면, 도, 지역)에 의해 전적으로 보장받지 못한다는 데에 그 한계가 있다. 따라서 행정기능 분권의 형태(특별기구)를 통해 주민에게 서비스를 제공해 주어야 할 필요성이 제기되고 있다. 이러한 배경 하에 자치단체를 위해 특수한 목적을 수행하기 위한 범위 내에서 특별지방자치단체가 성립되고 있다. 지방 공공(영조물)기관(les établissements publics territoriaux)도 이런 서비

〈표 2〉 지방자치단체 간의 협력집합체 종류와 수

	1999년	2008년
조합 (Syndicats)	18,504 (단일업무조합 14,885, 복수업무조합 2,165, 혼합조합 1,454)	16,133 (단일업무조합 11,739, 복수업무조합 1,451, 혼합조합 2,943)
도시공동체 (Communautés urbaines)	12	14
합병공동체 (Communautés d'agglomération)	–	171
신합병조합 (Syndicat d'agglomération nouvelle)	9	5
시읍면공동체(Communautés de communes)와 특별구(Districts)	1,652	2,393

자료 : DGCL, Les collectivités locales en chiffres 2008.

스에 의한 행정분권 형태의 하나로 간주된다.

프랑스의 기초자치단체(36,783개)는 과도하게 세분화되어 있음을 알 수 있다. 이는 프랑스를 제외한 26개 유럽통합 국가[9]의 기초자치단체 수(83,732개)의 거의 절반에 가까운 수치이다. 즉 꼼뮨의 90%가 2,000명 미만이며, 단지 2%만이 10,000명 이상이다. 주민 수 10만 이상의 기초자치단체는 37개(0.1%) 정도이다. 따라서 지방행정 서비스를 효율적으로 제공하기 위하여 프랑스는 주민의 정서에 반하는 자치단체 간의 인위적인 통폐합 방식보다 기능 중심의 실질적 통합효과를 산출할 수 있는 지방자치단체 간의 협력방식을 활용하였다.

2. 지방정치·행정체제 : 정치·행정적 통합 모델

프랑스의 지방정치·행정체제는 국가의 단일성 체계에서 지방자치단체의 다양성을 동시에 추구하려는 이념으로부터 출발한다. 즉 단일국가(Etat unitaire ; unitary state)체제를 기본으로 하여 국가와 지방자치단체의 논리가 동시에 작용하는 이중행정체제를 가지고 있다. 즉 한편으로는 국가가 중심이 되어 지방행정을 수행하려고 하는 방식에서 국가대표자인 도지사제도(le système de Préfet)를 도(Département)와 지역(Région)단위에 두어 분산행정(행정분권 : Administration déconcentrée)의 요체로 활용하고 있으며, 또 한편으로는 지방자치단체가 중심이 되어 지방행정을 수행하려는 방식에서 지방의회가 주체가 되어 자기 지역의 사무를 자율과 책임 하에 처리하려는 분권행정(자치분권 : Administration décentralisée)을 추구하고 있다(〈그림 1〉 참조).

요컨대 프랑스 지방조직은 정치·행정적 통합 모델로 설명될 수 있는바, 수직적 행정분야, 수평적 정치분야, 그리고 국가의 각 분야 사업이 지방에 접목되어 지역적 통합을 이끌어내는 형태로 이해할 수 있다. 즉 프랑스의 지방행정조직은 각 자치단체별로 하나의 집행기관과 하나의 의결기관을 구성하고, 이들 위에 도청권한과 국가의 특별행정기관이 개입하게 된다. 그런데 지방정치공간의 기구 중첩화에 따라 기구조직 계층은 서로 중첩되고 중앙정치행정기구의 지점화로 지방정치·행정의 영역에 자주 연계 침투되는 현상을 보이고 있다(Mabileau, 1985 : 553-597).

3. 지방자치단체 기관구성 형태

프랑스의 지방정치행정체제는 일률적으로 모든 지방자치단체에 통합된 조직(l'organisation intégrée) 내에 의결기관(지방의회), 집행기관(집행위원회와 의장)을 배열하고 있다. 즉 외형상 의원내각제도의 형상에 따라 의결기능과 집행기능을 사실상 한 기관에서 담당하는 기관통합 형태를 채택하며 내용상 두 기능을 대립시키고 있다. 따라서 집행기관의 장(시읍면장)은 지방의회에 의하여 선출되는 간접선거 방식을 취하게 된다.[10] 이 경우 두 권한 사이의 연결고리는 보통 자치단체장의 정치담당부(le Cabinet)에 의해 보장되어 긴밀한 관계를 형성하게 된다.[11] 이 모델은 두 권한을 완전히 분립시키는 것이 아니라 두 기능의 조화된 권한을 이루어 함께 업무를 수행하고자 하는 것이다(통합적 성격). 그러나 또 한편으로는 권력분립의 원칙에 따라 두 권한이 분립되고 있기 때문에(분리적 성격) 총체적인 시각에서 보면 권한의 부드러운 분립(La séparation "souple" du pouvoir)형으로 설명할 수 있다.[12] 이는 시읍면의회(le conseil municipal)가 소수당에 처한 시읍면장(le maire)을 자동적으로 면직시킬 수 없고 시읍면장도 시읍면의회를 해산할 수 없다는 법적 사실에 연유하고 있다(Lachaume, 1994 : 181 ; 최진혁, 2005 : 339).

1) 기초(꼼뮨) 지방의회

시읍면(commune) 지방의회는 6년 임기의 혼합명부 투표(scrutin de liste mixte)로 선출된다(인구 3,500명 이상 commune). 그 이하의 작은 시읍면은 다수명기식 투표(scrutin plurinominal)를 행한다. 의원 수는 인구규모

〈표 3〉 프랑스 기초자치단체의회 의원 수

꼼뮨(시읍면) 인구규모	시읍면 의회의원 수
100명 미만	9
100-499	11
500-1,499	15
1,500-2,499	19
2,500-3,499	23
3,500-4,999	27
5,000-9,999	29
10,000-19,999	33
20,000-29,999	35
30,000-39,999	39
40,000-49,999	43
50,000-59,999	45
60,000-79,999	49
80,000-99,999	53
100,000-149,999	55
150,000-199,999	59
200,000-249,999	61
250,000-299,999	65
300,000명 이상	69

자료 : art. L.2121-1 du CGCT ; art. L.2121-2.

에 따라 9명에서 69명으로 하고 있다(파리 시의회는 163명). 지방의회는 지방의회를 주재하는 시읍면장을 선출한다. 프랑스의 지방의회의원 정수는 기초의회는 시읍면 법규에, 광역의회는 선거법에 다음과 같이 규정하고 있다. 시읍면 의회의원 수는 시읍면 법규(Code des communes) 제L. 121-2조에 규정되어 있다. 주민 100명 미만에서는 9명의 의원에서

〈표 4〉 지역(레지옹)의회 의원정수

지역	지역의회 의원 수
Alsace	47
Aquitaine	85
Auvergne	47
Bourgogne	57
Bretagne	83
Centre	77
Champagne–Ardennes	49
Franche–Comté	43
Guadeloupe	41
Guyane	31
Ile–de–France	209
Languedoc–Roussillon	67
Limousin	43
Lorraine	73
Martinique	41
Midi–Pyrénées	91
Basse–Normandie	47
Haute–Normandie	55
Nord–Pas–de–Calais	113
Pays de Loire	93
Picardie	57
Poitou–Charentes	55
Provence–Alpes–Côte d'Azur	123
Réunion	45
Rhône–Alpes	157
총계	1,829

자료 : Jacques Moreau(1995), pp. 183–184.

〈그림 1〉 프랑스 지방정치 · 행정구조

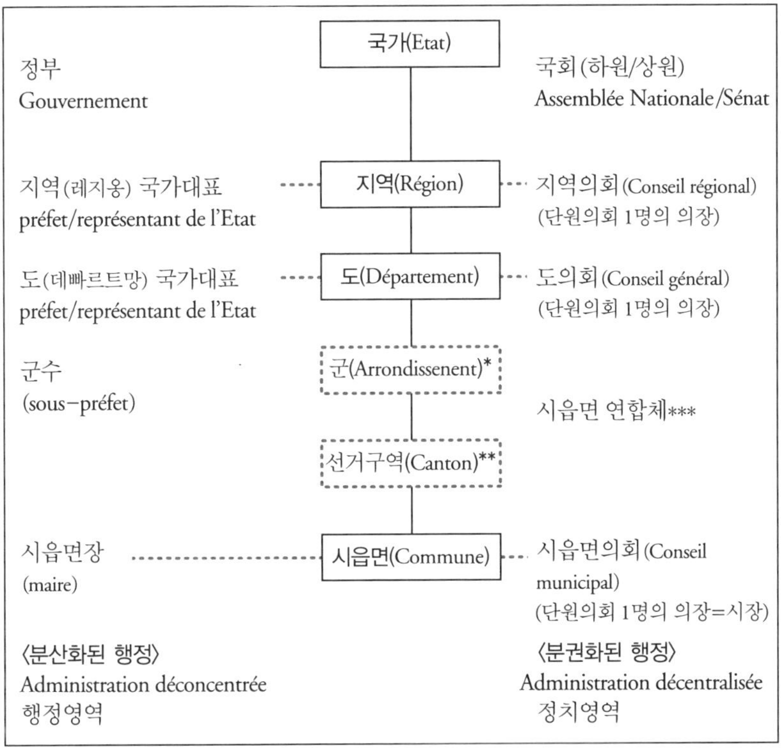

* 단순 일반행정구역
** 난순 선거구역
*** 조합(Syndicats), 도시공동체(Communautés urbaines), 합병공동체(Communautés d'agglomération), 신합병조합(Syndicat d'agglomération nouvelle), 시읍면공동체(Communautés de communes)와 특별구(Districts).

300,000명 이상의 시읍면에서는 69명의 의원 수를 갖도록 하고 있다(〈표 3〉 참조). 파리 시의회 의원 수는 163명, 마르세이유 시의회 의원 수는 101명, 리용 시의회 의원 수는 73명이다. 실제적으로 36,760개의 시읍면에 505,916 시읍면 의원이 활동하고 있다. 거기에 시읍면장은 36,545명이다.

2) 도(데파르트망) 지방의회

도의회(le conseil général/assemblée du département)는 깡똥(canton)단위로 한 명의 의원을 선출하는 2차에 걸친 단기 다수대표제(un scrutin uninominal majoritaire à deux tours)를 채택하고 있다. 즉, 선거법 제191조는 "도의 각 깡똥은 도의회의 1명의 의원을 선출한다"에 의거하여 깡똥의 수가 도의회의원 수가 된다. 2005년 현재 100개의 도에 3,808개의 깡똥이 존재하므로 3,808명이 도의회의원 수가 된다. 도의회의원은 6년 임기로 선출되고(1995년까지는 3년마다 의원의 절반을 개선하였음), 매 개선 이후에 그들 구성원 중에서 집행부(un bureau)와 의장을 선출한다.

3) 지역(레지옹) 지방의회

지역(레지옹)의회 의원은 6년 임기의 도명부투표에 의한 비례대표제를 채택하고 있다. 그 배분방식은 혼합투표, 선호투표 없이 비례대표로 배분하고 남은 의석은 최고평균법에 따라 배분하는(au scrutin de liste départementale à la représentation proportionnelle avec répartition des restes à la plus forte moyenne sans panachage ni vote préférentiel) 방식을 취한다. 지역의회의원 정수와 각 지역의 도 사이에 배분해야 할 의석은 공식적 인구조사 이후 법에 의해 규정되고 의석은 각 명부의 제출순서에 따라 후보자에게 배분된다. 한편 선거인의 유효투표 수 5%를 득표하지 못한 명부는 의석배분을 받을 수 없게 하고 있다. 따라서 지역의회의원 수는 26개 지역의 도 사이(선거법 제337조)에 배분된다. 즉 2001년도 현재 1,829명으로 구성되어 있다(〈표 4〉 참조).

4. 파리 시 자치단체 행정조직

파리 시 행정은 16개 부서(최근 22개 부서)로 조직되어 있으며,[13] 거기에 시행정을 총괄하는 시사무국(le secrétariat général de la mairie), 정치영역과 행정영역을 연계하는 시장의 정치담당부(le Cabinet du mairie), 파리 시의회의 사무국(le secrétariat général du conseil de Paris)으로 구성되어 있다.

1) 시사무국

시사무국장은 시청 행정조직의 책임자이다. 그러므로 그는 파리 시 행정 서비스의 장으로 간주된다. 행정 서비스의 활력을 불어 넣어주고 서비스 활동의 일반적 지침을 보장하며 시의회의 결정과 시장의 지휘방침의 행사를 도모한다.

2) 시장의 정치담당부

시의회의원과 시사무국장의 연계 속에 시장의 정책을 실행화하기 위한 목적이 있는 전략적 기구이다. 파리 시의회로 옮겨질 제안 의견을 제시한다.

3) 파리 시의회의 사무국

의회기능을 보전하며 구청장들과의 연계를 고려하여 설립되었다. 파리 시의회의 회기의 외형적 조직을 담당한다. 파리 시의회의 협의사항의 공개화보증, 파리 시의회의 협의사항의 승인을 파리 시장에게 송부하는 역할을 담당한다.

4) 16개 부서(일반행정) 및 사회부조 서비스

(1) 일반행정 서비스

① 정보와 커뮤니케이션 : 지역신문 발행

② 감사 및 통제 : 지역 서비스에 활동에 대한 연구감사, 조사업무

③ 국제관계 : 파리 시장의 통제 하에 시의 국제적 행위의 조정업무

위의 3개 부서는 파리 시장의 권한 하에 존재한다.

④ 일반행정 : 인사, 재무, 구청장 활동과의 조정업무

⑤ 재정 및 경제사무 : 파리 시의 재정관리

⑥ 보건위생건강 : 파리 시민에 대한 사회복지건강 보증(사회적 재앙 예방)

⑦ 문화사업 : 문화도시로서의 파리를 향상시킴(유럽문화의 중심지, 음악, 연극, 미술, 조형예술, 역사적 유산물 보호관리 등)

⑧ 학교교육 : 파리의 어린이에게 가장 좋은 양질의 학교교육을 받을 기회 제공

⑨ 도시계획 : 토지장악 계획의 검토 및 계획안 작성, 합의된 영역 조성

⑩ 건축 : 건물을 세우고 보수관리(시청, 학교, 탁아소, 수영장, 박물관, 분수, 병사 등)

⑪ 주거 : 도시계획 규정 제작자에 의한 규제조건의 통제, 시회계에서 부동산에 관련된 모든 작용(부동산 매매), 사회 주거시설 건립에 대한 재정보조, 공영주택(HLM : Habitation à loyer modéré) 기관

의 통제 등

⑫ 청소년과 스포츠 : 여가의 질 향상을 위한 계획

⑬ 공원, 녹지대 : 관리보호

⑭ 환경보호 : 관리

⑮ 통신업무 : 프랑스 텔레콤과 연계

⑯ 도로행정 : 교통순환의 향상, 주차관리.

(2) 사회부조 서비스

파리 시의 사회활동본부(Le centre d'action sociale de la ville de Paris)

1995년 5월 6일 정령에 의해 기존의 사회부조사무소(Bureau d'aide sociale de la ville de Paris)를 대체하였다. 이 기관은 다음 사항을 관장하였다.

① 가족 : 수입원, 주거분야, 혜택 카드, 교육, 직업

② 장애인 : 수입원, 주거, 일상생활의 편의 교통

③ 노인 : 수입원, 주거, 일상생활의 편의, 교통, 휴식공간

④ 청소년 : 식사, 일상생활의 편의

⑤ 여러 종류의 부조 : 수입원, 주거, 식당, 직업, 의료

⑥ 수입빈궁자 : 지원 및 관리

5. 파리 시 구청 행정조직

구청장은 구의회를 구성하는 구의회의원 사이에서 당선된다. 그에게 한 명 내지 여러 명의 보좌역(adjoints)을 두게 되는데 구의회 의원 수의 30%를 넘지 못하게 하고 있다. 적어도 이들 보좌역의 한 사람은 파리

시의 의원이어야 한다(나머지는 구의회의원).

구청장의 권한은 크게 두 가지로 구분될 수 있다.

① 국가 이름 하에 행사되는 권한 : 주민등록, 교육사무(유치원, 초등학교 등록), 국가봉사(징집), 선거사무(선거명부 통제검열)

② 꼼뮨 자치단체 이름 하에 행사되는 권한 : 학교급식 주관, 도시계획.

6. 동의회(conseil de quartier)

파리 시는 주민근접성의 행정을 모색한다는 차원에서 구(arrondissement)를 몇 개의 동(quartier)으로 나누어(대체적으로 6개 정도 내외) 거기에 동의회를 구성하였는바, 현재 121개에 이르고 있다. 이는 동구역개발계획과 구역주민의 삶에 관한 모든 사항을 토론하는 정보와 의사교환의 장으로 구청장의 권한사항으로 하고 있다. 구성원은 나이 국적에 관계없이 자원봉사에 기초하여 모든 파리 시민이면 봉사할 수 있도록 하고 있다. 동의회는 구행정과 의원과 주민들 간의 연계역할을 수행하며, 구의원, 연합단체, 유자격인사, 주민의 경우에 따라 구성되므로 각 구마다 다른 조직형태를 보인다.

Ⅳ. 프랑스 지방자치의 특질

프랑스의 국가정치 · 행정과 지방정치 · 행정의 관계는 매우 밀접하다고 할 수 있다. 왜냐하면 국가의 단일성 체계 안에서 강력한 국가 중심의 지방정치 · 행정을 유지해 나가려는 자코방주의(Jacobinisme)와 나폴레옹주의(Napoléonisme)의 오래된 역사성에서 비롯되고 있기 때문이다. 일반적으로 국가와 지방자치단체 간의 연계성 확보 차원에서 프랑스 지방자치의 특징은 다음과 같다(최진혁, 2005 : 341-351).

1. 수평적 관계의 정치영역

지방의회는 수평적 선거영역 안에 존재한다. 왜냐하면 원칙상 서로 다른 지방자치단체 간에 보조금 배분과 같은 재정적 사무를 제외하고 계서적 관계가 성립되지 않기 때문이다. 이는 주민에 의해 선거로 그 정당성을 부여받았기 때문이다. 주민에 의해 선출된 지방의회의원이 자율과 책임으로 그들의 의결에 따라 그 지역의 사무를 처리하게 되는 것이다. 요컨대 지역주민의 의사에 따라 기관선임이 이루어지고, 이들 기관에 의해 자치단체의 이해에 관련된 모든 사무를 자율과 책임으로 수행하게 된다. 따라서 이를 '분권화된 행정'(Administration décentralisée)으로 표현할 수 있다.

이러한 맥락에서 국가의 의사가 정치적 라인에서 어떻게 연계되고 있는가를 살펴보면 국회의 상원(Sénat)의 구성을 보면 알 수 있게 된다.

즉 프랑스 상원은 헌법에 의하여 지방자치단체를 대표하는 기관으로 존재하고 있다(제34조 2항). 상원의 임기는 9년으로 3년마다 1/3씩 개선하고 있는데, 상원의원은 각 도(département)에서 선거인단(collège électoral)에 의해 선출된다. 그런데 선거인단은 국회의원(députés), 지역의회의원(conseillers régionaux), 도의회의원(conseillers généraux), 시의회대표(délégués des conseils municipaux)로 구성된다.[14] 따라서 상원의 의사가 지방과 매우 밀접하게 연계되어 있음을 확인할 수 있다. 또한 하원(Assemblée Nationale)의 경우도 겸임제도(cumul des mandats)에 의해 지방자치단체와 밀접한 연계성을 유지하고 있다. 뿐만 아니라 각각의 지방의회는 각종 시민연합체와 위원회제도를 통하여 광역의회와 기초의회 간, 기초의회 간, 광역의회 간에 연계성이 활성화되어 있다.

2. 수직적 관계의 행정영역

국가의 의사가 직접적으로 전달되는 분산화된 국가 행정 서비스 사이에 구체적 · 계층적 조직과 함께 수직적으로 이루어지는 행정분야이다. 따라서 이를 '분산화된 행정' (Administration déconcentrée)이라 표현할 수 있다. 그런 측면에서 국가의 의사가 지방행정에 어떤 기구를 통하여 어떻게 전달되는가를 살펴보면 도지사제도를 제일의적으로, 다음으로 특별행정기관을 통해 수행하고 있다. 한편, 지방자치단체에 대해 권한 있는 국가기관으로 정부산하에 있는 위원회제도를 활용하여 국가와 지방자치단체와의 연계성을 보완하고 있다.

1) 국가대표 : 도지사제도(le système de Préfet)

프랑스 지방행정 수행방식은 국가의 대표기관으로서 국가권력의 상징이라고 할 수 있는 도지사제도를 통하여 실현되었다. 1982년 지방분권개혁 이전의 도지사는 도단위에서 국가의 대표자이면서 동시에 도·지역의 집행기관으로서의 지위를 향유하였다. 또한 지방자치단체의 행정적 후견인으로서 기능하였으며, 그런 측면에서 행정재판의 기능(재의요구, 사전통제)을 담당하였다. 그러나 지방분권 개혁으로 도·지역의 집행기관으로서의 지위와 행정적 후견인제는 폐지되었고, 따라서 도지사가 행했던 지방자치단체에 대한 강력한 사전통제는 합법성통제를 근간으로 한 사후통제로 전환되었다. 한편, 도지사는 해당지역에서 특별행정기관 서비스를 조정하는 역할은 계속 수행하고 있다(후술). 요컨대 오늘날 도지사는 국가와 지방을 매개하는 기관으로 국가통합, 민주국가, 분산국가, 분권국가의 행정적 틀을 구축하는 핵심적 기구로 간주된다.

2) 특별행정기관

국가의 중앙 서비스는 행정의 욕구를 충족시키기에 충분하지 못하기 때문에 지역적으로 다른 지점의 연계 필요성은 불가피하다. 이러한 목적으로 프랑스의 국가행정은 지역수준에 국가기관을 설치하여 이런 유형의 분산 서비스를 활용하고 있다. 도청과 정부부처를 이용한 분산서비스가 그것이다. 이렇듯 행정분산의 확대는 프랑스 행정의 특징 중 하나이다. 도에 위치한 특별행정 서비스는 도지사가 총괄·지휘한다(지역수준도 같은 상황). 즉 도지사는 도와 지역 내에서 국가 서비스의 활동을 대표하는 것이다. 이러한 맥락에서 지방자치단체의 모든 행위는 합법성의 통제를 근거로 도지사에게 이송되어진다. 일반적으로 분산된 서비스의 형태는 두 가지가 있는데, 정부부처 서비스에 연결된 특수한 분산 서비스가 그 하나이고, 도지사의 계서적 권위에 종속하는 일반적 권한에 해당하는 분산 서비스가 그것이다(Dupuy et Thoenig, 1983 : 23-27).

3. 일률적인 지방정치행정체계 : 기관통합형(권한의 부드러운 분립형)

프랑스 지방자치제도는 모든 지방자치단체가 기관통합형(권한의 부드러운 분립형)의 일률적인 지방정치행정구조 속에 생성 · 운영 · 관리된다. 1982년 지방분권 이전의 경우에는 도, 지역자치단체와 시읍면자치단체가 조금 다른 모습을 보였으나 지방분권정책 이후 도, 지역의 기관구성은 시읍면의 그것에 많이 근접하여 전체적으로 시읍면 모델의 일률적인 정치 · 행정체제를 구축하고 있다. 즉 그동안 국가대표인 도지사가 수행하였던 집행기능을 도의회의장에게 이전함으로써 도의 고유사무는 이제 도의회의장이 시읍면의 장과 같이 그 자치단체의 집행기관의 장으로서 의회와 분립하여 기능을 수행하게 되었다. 이는 의회제도(le parlementarisme)와 대통령제도(le présidentielisme)의 혼합적 성격이 가미된 구조 안에서 지방행정이 이루어지는 형태로 볼 수 있다.

4. 권한 망(조직)의 통합 : 겸직제도(Le cumul des mandats)

프랑스 정치체계의 가장 중요한 특징 현상 중 하나로 역설적으로 권력분립 원칙을 해치면서 권력 형평의 주요 메커니즘으로 자리잡고 있는 겸직제도(le cumul des mandats)가 있다. 기초자치단체의회의원이 광역자치단체의회의원을 겸하여 시의회의원으로 하여금 그 관할구역 내의 구의회의원을 겸하게 함으로써 이들 자치단체 간의 정책조정과 협조를 원할하게 할 뿐만 아니라 경비절약에도 도움을 주고 있다. 그러나 국회의원이 지방의회의원을 겸함으로써 국회활동이 저해받고(국회부재) 국회에서의 자기 지역 문제로 지나친 로비활동이 문제되고 있다.

수평적 겸임(Le cumul horizontal)은 권력분립원칙에 배치되며, 수직적 겸임(Le cumul vertical)은 정치계급의 집중을 초래하여 정치체계 입문에 불균형을 야기한다. 또한 의원들 간의 이해충돌, 정책결정에의 불균형 이득의 문제점이 발생한다.[15] 따라서 자크 시라크과 동거정부를 구성하고 있는 리오넬 조스팽(L. Jospin) 정부는 겸직제도의 새로운 규제제도를 표명했다. 그런데 그 계획안 중에 대규모 도시의 시장과 도의회 의장과 지역의회 의장의 동시 겸임 철회가 큰 난제로 대두되었다. 왜냐하면 정치이해관계 속에 이에 해당하는 중진의원들과 반대당의 정치적 공격이 간단치 않았다는 데 있다[우파의 공격 : 과거 총리를 역임했던 에드워드 발라뒤르(E. Balladur)는 프랑스 정서논리를 펴면서 기능의 중첩은 이득과 보수의 중첩을 야기하는 것으로 이를 제거하는 방향으로 그 정책방향을 돌려야 한다고 주장하고 있다].[16]

현재 겸임제도의 실태를 보면 거의 국회 상하의원의 90% 이상이 지방직(자치단체장, 지방의회의원)을 겸하고 있다. 540명의 하원 국회의원

(député) 중 513명이 지방의원직을 겸하고 있다.

5. 분권행정 속의 분산행정/분산행정 속의 분권행정

지방자치단체를 위하여 정치권력이 갈수록 더 강력한 지방분권화에도 불구하고 국가 편에서는 법률을 유지하려는 노력을 볼 수 있다. 국가중심적 · 원심적 운동은 국가가 지시하지 않는 한 행위하지 못하는 지방공무원을 양산했으며, 이에 따라 법령의 홍수 현상이 나타나게 되었다. 분권정책 이후 지방자치단체는 보다 많은 권한으로 자치행정을 수행하였음에도 여전히 프랑스 지방행정은 국가대표의 영향력 하에서 수행됨을 볼 수 있다. 결국 총체적으로 볼 때 프랑스의 지방정책은 분산정책을 업고 가는 분권정책이라고 할 수 있다.

Ⅴ. 프랑스 지방자치의 발전 : 2003년 헌법개정안 주요 내용

자크 시라크 우파 정부에서 단행된 지방분권 개혁의 내용을 2003년 헌법개정안을 중심으로 살펴보면 다음과 같다(최진혁, 2008 : 88-97).

1. 공화국의 조직

1) 분권화의 기본원칙

개정조항으로 "공화국의 조직은 분권화이다"(son organisation est décentralisée)라는 규정을 두어 분권화의 원칙을 밝힘은 물론 지방분권의 헌법적 보장을 확실히 하였다. 이는 지방자치단체의 자치를 더욱 보장하겠다는 의지로 받아들여진다. 그런 면에서 헌법위원회(Conseil constitutionnel)는 이러한 자치에 해를 가하는 모든 것을 제지하려는 데 노력을 기울인다. 그럼에도 프랑스는 연방제에 반대하는 범위 내에서 단일국가체제에서의 지방분권을 강조한다.[17]

2) 지방자치단체의 지명

모든 헌법적 규정에 동일한 어휘로서의 지방자치단체를 지명하였다. 즉 이전에 헌법 제34조에서 지방자치단체(collectivités locales)를 사용해 왔는데 이제부터는 지방자치단체(collectivités territoriales)로 명기하여 단일화하였다(제34조). 이는 1958년 헌법제정 당시에도 제기되었던 사안으로, 즉 두 용어를 사용함으로써 마치 두 가지 다른 단체의 형태를 생각하게 하는 것을 방지하기 위해 정정되어야 한다는 논리였다(Yves Luchaire & François Luchaire, 2003 : 18). 또한 해외영토에서 고위공직자를 지명하거나 도단위에서 도지사를 지명하였던 제13조의 정부대표(représentant du gouvernement)나 제72조의 정부위임자(délégué du gouvernement)를 국가대표(représentant de l'Etat)로 명기하여 동일한 언어로 하였다.

3) 기존 자치단체의 보완적 열거

개정헌법은 기존에 열거한 지방자치단체를 보완하여 규정하고 있다. 다시 말해 새로운 헌법은 이제부터 제72조에서[18] 모든 종류의 지방자치단체를 열거하게 되었다. 즉 꼼뮨, 데파르트망, 레지옹, 특별법 적용 단체, 해외영토 단체가 그것이다. 게다가 "이들 새로운 자치단체의 창설은 첫 조항에서 언급한 하나 혹은 여럿 자치단체를 대신하는 경우"에 행해질 수 있을 것임을 추가적으로 제시하면서 이전 법규와 마찬가지로 다른 지방자치단체를 창설하는 것을 법률로 허용하였다.

2. 지방자치단체를 위한 새로운 역할

국가와 지방자치단체 간의 권한배분은 우선 개정헌법에 보충성의 원칙을 밝히면서 새로운 시각을 제공하고 있다. 다음으로 어떤 일정한 조건 하에 자치단체의 권한행사를 규정하는 법률이나 규칙에 저촉되는 이들 자치단체의 능력에 대한 헌법적 인식은 실제적 법 단일성(uniformité du droit) 내에 중요한 논의를 전개한다.

1) 보충성의 원칙의 강조

새로운 규정 제72조 2항에 의하면 "지방자치단체는 각 계층에 가장 잘 사용될 수 있는 권한(전체를 위한) 결정을 행사하는 임무를 가진다"는 것이다. 이 보충성의 원칙(le principe de subsidiarité)은 특히 유럽연합과 그 구성원 국가들 간의 권한배분을 위해 채택된 이후 줄곧 주장되어 왔다. 그러나 이 조치는 그것 자체로 운영될 수 없는 한계를 가진다. 즉 이 조치는 헌법적 가치에 목적을 두는 것으로 그 실현은 점진적으로만 이루어질 뿐이며, 아마도 그 실현이 완성될 수 있다고 보지는 않기 때문일 것이다. 왜냐하면 사회는 계속해서 진전 발전되기 때문이다.

이 원칙의 적용범위는 매우 넓다. "권한의 총체"(l'ensemble des compétences)라는 표현을 사용하면서 헌법은 부여된 계층에 가장 잘 사용될 수 있는 모든 권한에 초점을 둔다. 여기에서 중요한 논의는 결정에 있어 효과적인 수준은 어디이며, 또 한편으로는 어느 수준에서 효과적인 집행과 실현을 기대할 수 있느냐의 의문이다.

보충성의 원칙에 의하면 권한은 주민에게 가장 가까운 수준에서 행사되기 쉽고 가장 효과적으로 행사될 수 있는 수준에 배분되어야 한다는 것이다.[19] 이를 위해 중요한 권한배분을 각 자치단체마다 예시하고 있는 것이다. 즉 레지옹 (지역)자치단체는 대학교의 설립, 직업훈련에 관한 수단행사, 철도수송, 지역화가 가능한 숙소에의 도움, 중소기업에 지원하는 권한을 행사하게 하며, 도(데파르트망) 자치단체는 고속도로를 제외한 전체 도로망을 관리하며, 학교건강을 책임진다. 시읍면(꼼뮨) 자치단체는 경제개입, 사회부조, 환경분야에 확장된 권한을 행사하게 하고 있다.[20]

그러나 국가와 지방자치단체 간, 지방자치단체 간의 권한의 중복으로 인한 비효율적 기능배분 현상이 발생하였다. 따라서 이를 해결하기 위해 위원회는 선도지방자치단체(une collectivité chef de fil)를 지명하면서 계약을 사용함으로써 같은 수준에 지방자치단체를 공동으로 계획을 수행하도록 하였다.[21] 이는 여러 지방자치단체가 협력하여 공동으로 처리해야 할 상황에서는 관련 지방자치단체 중 한 지방자치단체가 대표가 되어 선도 지방자치단체로서 다른 지방자치단체와 협력을 구축할 수 있게 하고자 하였던 것이다.

2) 권한행사 방식

지방자치단체의 결정권은 계속 유지·보완되었다. 개정헌법의 제72조는 모든 자치단체에 3가지 법률적 기준을 다음과 같이 제시하고 있다.

① 자유스러운 행정(la libre administration)
② 법률에 규정된 조건에 따른 행정
③ 지방의회의원에 의한 행정

그러나 이들 요소들은 지방자치단체의 권한행사를 위한 규제권한(un pouvoir réglementaire)에 의해 보완되었다. 게다가 새로운 규정 제72조-1항은 진정한 결정적 지방주민투표조직을 허용하면서 선출된 지방의회가 더 이상 결정권한의 독점성을 누리지 못하게 하였다.

3. 보다 역동적(적극적)인 주민의 역할

개정헌법은 시민들에게 청원권과 결정권을 부여하는 새로운 72조-1 규정을 두었다.

1) 청원권(droit de pétition)

"법률은 청원권 행사의 조건들을 제시하고 있다. 그 조건 내에서 각 지방자치단체의 유권자가 청원권 행사에 따라 지방의회 권한에 관계되는 질문을 지방의회 의사일정에 기입(다루게)하게 하는 것을 요구할 수 있다."

2) 직접민주주의의 진전

1992년 2월 6일 공화국 행정에 관한 법률에서 시읍면 자치단체 수준에서만 지방 자문과정을 규정하였다. 당시의 상황은 순전히 자문적 역할에 한했고 결정적인 역할은 부여하지 아니하였다. 개정된 헌법은 결정적인 진정한 지방 주민투표를 설정하였다. 이러한 주민투표에의 의존은 해당 자치단체의 권한행사의 경우에 이제부터 가능하게 되었다. 이 경우 유권자가 결정하게 된다. 게다가 헌법은 다음의 두 가지 상황에서 자치단체의 유권자의 자문에 의존하는 것을 허용한다.

① 특별법규 적용을 받는 자치단체의 창설 혹은 이들 자치단체 조직의 변경
② 지방자치단체의 경계변경

이 두 경우에는 유권자가 그들의 의견을 개진한다.

4. 지방재정

개정헌법이 추구하는 목적 중의 하나는 될 수 있는 한 재정자치의 수단을 넓혀주는 결정을 하는 데 있었다. 자유스러운 행정은 자치단체의 자원을 스스로 결정할 수 있게 해주어야 한다는 논리에서 법률에 조건 지워진 진정한 자치세정을 추구하고자 한 것이다. 그런 배경에서 제72조-2는 다음을 제시하고 있다.

① 법률의 영역 내에서 자원의 자유스러운 처분
② 지방자치단체가 모든 사물에 대해 전체 혹은 부분적으로 세를 부과할 수 있는 가능성을 부여함
③ 세수입과 기타 자체수입이 제시(대표)해야만 하는 결정적 부분
④ 권한과 재원의 동시배분(지금까지는 희생적이었던)
⑤ 법률에 의한 지방 재정조정제도(mécanismes de péréquation) 설치

Ⅵ. 결론 : 대한민국 지방자치에의 시사점

프랑스의 지방분권은 완성된 상태가 아니라 하나의 운동(움직임)으로 단선적 진전이 아니라, 때에 따라서는 갑자기 이루어지기도 하고 움츠러지기도 하는 진전 속에서 여하튼 발전적으로 진행되고 있다. 시읍면 (꼼뮨)조직을 창설했던 1791년 3월 2-17일 정령, 도의회를 위한 1871

년 8월 10일 법률, 꼼뮨의회를 위한 1884년 4월 5일 법률, 1982년, 1983년 지방분권법, 2003년 헌법개정은 프랑스 지방분권의 역사를 가름하는 큰 사건으로 기록되고 있다. 이렇듯 지방분권에의 냉엄한 진전은 어떤 정부에서도 막을 수 없는 것으로, 1982년 좌파의 매우 혁신적인 지방분권정책 이후 14년이 지나 다시 정권창출에 성공한 우파(자크 시라크, 니콜라 사르코지)에서도 헌법개정의 방법으로 지방분권을 발전시키려 하였다. 이는 도달한 것이 아니라 국가발전의 긴 여정의 한 단계로 파악한 것으로 볼 수 있다.

이상의 프랑스의 지방자치제도에서 우리는 다음과 같은 시사점을 얻을 수 있을 것이다.

첫째, 단일한 공화국 체계(단일국가체계) 내에서 국가조직의 지방분권화를 명시하고 있다. 즉 프랑스의 지방분권은 무엇보다도 단일국가체제 내에서 국가의 통일성과 지방자치단체의 다양성을 함께 추구하려는 논리에 맞는 방향에서 추진되고 있다. 이런 맥락에서 2003년 헌법개정을 통한 지방분권 추진은 공화국 체제(단일국가체제)를 보존하면서 국가의 행정조직을 분권화하여 지방자치단체의 자치를 더욱 보장하겠다는 의지를 담고 있다. 이런 배경에서 국가와 지방자치단체 간의 연계성 확보 및 주민참여 효과를 극대화하는 지방자치행정이 실현되고 있는 것이다(근접성과 연계성 '응집성, 조화성'의 요구). 여기에서 주민의 근접성을 강화하는 지방행정이 가능한 기능배분을 추구하고 있다. 각 행정수준에 적합한 임무에 따라 권한의 유사한 단위를 구성하여 배분할 수 있다. 경우에 따라서는 실습적 국면을 거친 후에 권한의 유사한 단위를 형성할 수 있을 것이다.

둘째, 자유스러운 행정(자치행정)구현에 부응하는 지방분권체계를 모색하고 있다. 그런 배경에서 국가와 지방자치단체 간, 광역자치단체와 기초자치단체 간의 기능배분은 자유스러운 행정을 어떻게 하면 구축할 수 있겠는가의 논리에서 여러 가지 원칙을 제시하게 하고 있다. 예를 들면 지방자치단체 간의 감독금지원칙, 총체적 이양의 원칙 등이 제시되는 것이 바로 그것이다. 더 나아가 개정헌법은 지방자치단체는 모든 권한을 결정할 임무를 갖는다고 규정하고 있다.

셋째, 명백하고 확장된 권한을 추구하고자 한다. 여기서 선도지방자치단체을 활용하고 있다. 명백한 기능배분과 확대된 권한을 향유하기 위해서 총체적 이양의 원칙과 권한의 유연한 배분을 시도하고 있다. 즉 국가와 지방자치단체 간, 지방자치단체 간의 계약화를 통해 보완적으로 권한배분의 유연성을 확보하게 하고 있다. 뿐만 아니라 선도지방자치단체를 활용하여 지방자치단체의 권한개입의 중복으로 오는 혼란을 배제하고자 하였다. 국가와 지방자치단체 간의 권한배분에 있어 유사한 권한의 총체적 이양의 목적은 그동안의 경험에서 볼 때 달성하기 어렵다는 것을 알게 되었고, 따라서 입법관은 주민에게 제공하는 서비스를 향상시키기 위해 협력동반체(les partenariats)를 조직하게 되었다. 선도지방자치단체(collectivité "chefs de file")의 지명은 (기존의 자치단체 간의 공동 분할하여 행사되는 권한) 동반권한(compétences partagées) 영역에서 추구된 정책의 연계성(조화성)을 실현시키는 데 유용하게 활용할 수 있을 것이다.

넷째, 지방자치단체 간의 권한배분을 적정하게 맞추기 위해 공공정책의 응집성(연계성)과 근접성의 요구에 따라 권한위임 방식(des délégations de compétences)을 활용할 수 있을 것이다. 권한위임은 권한이전과는 다르게 임시적이며, 자발성과 계약에 기초한다. 권한위임은 주민에게 가장 가까운 수준에서 결정이 이루어지기 위해 국가 혹은 지방자치단체에게 그의 책임성과 통제 하에 하위수준의 단체에게 어떤 활동을 부여하는 것을 허용할 수 있다. 요컨대 권한위임의 실제는 보충성의 원칙을 실행하는데 기여할 수 있을 것이다.

다섯째, 지방자치단체의 권한은 주민의 가장 가까운 수준에서 가장 효과적으로 행사될 수 있는 차원에서 배분되도록 하고 있다. 즉 지방자치단체는 지방자치단체 각 계층에 가장 효율적으로 사용될 수 있는 모든 권한에 대한 결정을 행사할 수 있게 한다. 이 보충성의 원칙(principe de subsidiarité)은 또 한편으로는 주민에게 가장 가까운 수준에서 권한의 유사한 그룹으로 이전하게 한다.

여섯째, 지방자치단체의 실습권한(droit à l'expérimentation)과 지방자치단체의 책임성을 강화하고 있다. 또한 지방자치단체가 법률이 부여한 권한을 행사하거나 법률, 법규에 유리하게 기여할 수 있는 변경사항 등을 스스로 실습할 수 있게 하고 있다. 그러나 실습권한의 영역은 엄격하게 설정된다. 즉 실습은 자치권 행사나 헌법적으로 보장된 권한의 필수불가결한 조건들을 규정하는 규칙을 손상시킬 수 없는 범위 내에서 이루어지도록 한다. 이러한 자치단체의 실습권한의 귀결로서 헌법에서 보충성의 원칙을 제시할 수 있다. 이러한 규정의 배경은 지방자치단체가 그들의 실습권한을 사용할 때 새로운 규칙과 과거의 규칙이 공존하는 기간을 가지게 되는데, 이 경우 가장 적절한 규칙이 다른 것을 대체하게 된다는 사실을 시사하게 한다. 프랑스 헌법 제37조-1은 규제권을 행사하는 데 있어 입법관과 정부내각이 지방자치단체의 권한배분 부문에서 이 실습화를 행사하는 권리가 있음을 밝히고 있다. 이는 권한을 행사하는 적절한 수준을 결정하기 위해서 뿐만 아니라 지방자치단체에 능력을 주기 위해서 마련되었다. 요컨대 새로운 제도를 도입할 경우 구체적인 내용에 따라 지방자치단체에서 충분한 논의와 실습을 거쳐 이를 활용하게 하고 있다. 따라서 지방자치단체마다 단순히 획일적으로 제도를 도입할 것이 아니라, 자치단체에 따라 정책적 실습을 거쳐 선별적으로 채택하는 방안을 강구할 수 있다.

일곱째, 역동적이고 적극적인 주민을 강조하고 있다. 즉 직접민주주의를 강조한다. 이런 배경에서 지방행정을 보다 민주적으로 추구하기 위해 주민투표제를 채택하였다. 기존의 자문형 주민투표제에서 결정형 주민투표제로 변경하여 직접민주주의를 강화한 것이 바로 그것이다.

여덟째, 자치재정력을 강화하고 있다. 이를 위해 자치재정권을 헌법에 보장해야 한다. 즉 과세자 주권, 재정지출의 자주성, 권한과 재원의 동시배분, 지방재정조정제도의 확립을 강화해야 할 것이다.

참고문헌

김철수. 2002. 『헌법학개론』. 박영사.

성낙인. 1995. 『프랑스 헌법학』. 법문사.

임도빈. 2002. 『프랑스의 정치행정체제』. 법문사.

정세욱. 2004. 『자치행정학』. 법문사.

최진혁. 1999a. "프랑스 지방행정의 역사적 헌정적 기원." 『한국사회와 행정연구』 10(1).

_____. 1999b. "프랑스 지방선거체제와 투표방식에 관한 연구." 『한국지방자치학회보』 11(3).

_____. 2003. "프랑스 지방자치단체 재정자치의 논거에 관한 연구." 『한국지방자치학회보』 15(1).

_____. 2005. "프랑스 지방권력구조." 『한국의 권력구조 논쟁 IV』(지방권력구조). 인간사랑.

_____. 2008. "지방분권(개혁)을 위한 헌법개정에 관한 연구 : 프랑스사례를 중심으로." 『한국지방자치학회보』 20(2).

Aubry, Francois-Xavier. 1992. *La décentralisation contre l'Etat*. Paris : L.G.D.J.

Auby, Jean-Bernard et Jean-François. 1990. *Droit des collectivités locales*. Paris : P.U.F.

Bécet, Jean-Marie. 1996. Les compétences de la commune. CNFPT, *Les collectivités locales en France*, Paris : La documentation française.

Becquart-Leclercq, Jeanne. 1983. "Cumul des mandats et culture politique," in Albert Mabileau (sous la direction de), *Les pouvoirs locaux à l'épreuve de la décentralisation*, Lyon : Pedone.

Bodineau, Pierre et Verpeaux, Michel. 1993. *Histoire de la décentralisation*, Paris : P.U.F.

Dubrule, Paul. 2003. *Réformer l'Etat pour réussir la décentralisation*, Paris : le cherche midi.

Fonrojet, Severin. 2004. "L'organisation territoriale : quelle répartition des compétences?," *Cahiers français* n318, Paris : la documentation française.

Georges, Phillipe. 1989. *Droit public*. Paris : Sirey.

Guichard, Olivier. 1976. *Vivre ensemble*, rapport de la commission de développement des responsabilités locales, Paris : La documentation française.

Gicquel, Jean. 1990. *Droit constitutionnel et institutions politiques*, Paris : Montchrestien.

Gontcharoff, Georges. 1994. *connaissance des institutions publiques*, Paris : Harmattan.

Greffe, Xavier. 1992. *La décentralisation*, Paris : La découverte.

Guichard, Olivier. 1976. *Vivre ensemble*, rapport de la commission de développement des responsabilités locales, Paris : La documentation française.

Jin-Hyuk, Choi. 1998. *Assemblées locales et autonomie locale en France et en Corée du Sud*. Thèse pour le Doctorat. Université de Paris I (Panthéon-Sorbonne).

Lachaume, Jean-François. 1994. *L'administration communale*. Paris : L.G.D.J.

Luchaire, Yves et Luchaire, François. 2003. *Décentralisation et Constitution*. Paris : Economica.

Mabileau, Albert. 1991. *Le système local en France*. Paris : Montchrestien.

Mabileau, Albert. 1985. Les institutions locales et les relations centre-périphérie. Grawitz, Madeleine et Leca, Jean. 1985. *Traité de science politique*, vol. 2. Paris : P.U.F.

Moreau, Jacques. 1995. *Administration régionale, départementale et municipale*. Paris : Dalloz.

Quermonne, Jean-Louis. 1991. *L'appareil administratif de l'Etat*. Paris : Editions du Seuil.

Sadran, Pierre. 1992. *Le système administratif français*. Paris : Monchrestien.

Thoenig, Jean-Claude. 1992. "La décentralisation dix ans après," Pouvoirs, no 60. Paris : P.U.F.

Verpeaux, Michel. 1996. Les lois de décentralisation depuis 1982. CNFPT, *Les collectivités locales en France*, Paris : La documentation française.

Verpeaux, Michel. 1996. "Les origines historiques et constitutionnelles," CNFPT, *Les collectivités locales en France*. Paris : La documentation française.

Villard, Pierre. 1988. *histoire des institutions publiques de la France(de 1789 à nos jours)*. Paris : Dalloz.

Constitution de 1958.

D.G.C.L. 2008. *Les collectivités locales en chiffres 2008*. Paris : La documentation française.

D.G.C.L. 2007. *Les collectivités locales en chiffres 2007*. Paris : La documentation française.
Http://www.premier-ministre.gouv.fr(검색일 : 2005. 4. 8 ; 2008. 1. 10 ; 2009. 1. 10).
Http://www.interieur.gouv.fr(검색일 : 2005. 4. 8 ; 2008. 1. 10 ; 2009. 1. 10).
Http://www.paris.fr(검색일 : 2009. 2. 10)
Http://www.interieur.gouv.fr(2005. 2. 7), La répartition des compétences
"Vers une France décentralisée" Entretien de Jean-Claude CASANOVA et Jean-Marie COLOMBANI avec Patrick DEVEDJIAN. "la rumeur du monde" diffusée sur France Culture le 19/07/2003
La décentralisation dans l'histoire de France par Patrick Devedjian.

주

1 1871년부터 6년 임기의 보통직접선거에 의해 선출된 도의회는 그들의 의결로 도 업무를 처리했다. 그런데 그들의 의결은 도지사의 사전승인에 따라야 했다. 이것이 바로 프랑스 지방행정의 가장 중요한 특징 중 하나인 후견인제도(régime de tutelle)였다. 한편 꼼뮨(시읍면)은 1884년 법률에 의해 확인된 지방자치단체의 법규를 보게 된다. 임기 6년의 보통직접선거에 의해 선출된 꼼뮨(시읍면) 지방의회(conseil municipal)는 그들의 의결에 따라 시읍면(commune)의 업무를 처리하게 했다. 꼼뮨 지방의회에서 선출된 꼼뮨의 장(시읍면장)은 지방의회의 의결을 집행하는 역할을 수행했다. 한편 시읍면의 행·재정적 활동은 도의 행·재정사무와 같은 통제를 받게 했다. 그리고 선출된 의원에 의해 시읍면, 도의 자유스러운 행정의 원칙은 1946년 헌법에서 논의되기 시작했으며, 그후 1958년 헌법에 의해 확정되었다. 그리고 1960년 6월 보다 광역적인 구역 모색으로 21개 지역적 활동구역을 보게 되었다. 이는 시읍면과 도와 같은 지방자치단체가 아니라 경제·사회발전, 국토개발 조치를 시행하는 업무를 맡은 국가의 지방구조였다. 21개 지역(région : 권역)이 1972년 7월에 이들 구역을 대체했다. 지역은 지역의 경제·사회적 발전에 기여하는 임무를 수행하는 공영조물기관이었다. 지역의 사무(업무)들은 지방자치단체가 지명하는 지방자치단체의 대표로서 지역의 상·하의원으로 구성되는 지역지방의회의 의결로 처리되었다. 파리를 포함하고 있는 일드프랑스 지역은 1976년 5월에 창설되었다. 이 시기 동안 프랑스의 정치·행정적 조직은 외형상으로는 분권의 모습이었다(D.G.C.L., 2007 : 1-2).

2 (지방)행정의 재중앙집권화는 당시의 정치적 이유로 국민의회 시기부터 시작되었다. 즉 외적의 침입, 시민전쟁(방데전투) 등 혼란한 시기에 법 집행의 필요성에 의한 정치적 이유로 재중앙집권화의 길을 모색했던 것이다(Verpe-

aux, 1996 ; 최진혁, 1999a : 196).

3 투레(Thouret)와 미라보(Mirabeau)의 논쟁이 유명하다. 당시 시에스(Sieyes)의 이념에 고무된 투레는 순전한 지리적 시각에서 지역을 분할하는 계획안을 제시했다. 즉 파리 이외의 80개의 도, 양측으로 9개의 디스트릭트, 9개의 캔톤을 포함하는 18리유(lieues) (18×4Km=72Km)가 그것이다. 반면 미라보는 이 추상적인 안에 반대해 행정이 주민과 사물에 보다 근접해야 한다는 논리에서 기초자치단체 이외의 또 다른 구역의 분할 없이 프랑스를 120개 도로 분할하는 안을 제시했다. 즉 지리적 합리성과 역사적·지정학적 현실을 두고 논쟁이 이루어졌던 것이다(Verpeaux, 1996 ; 최진혁, 1999a : 195).

4 공화력 8년 헌법의 원칙 : 이 원칙은 1799년 12월 13일 헌법(22 frimaire an VIII)과 1800년 2월 17일(28 pluviôse an VIII) 프랑스 국토의 분할과 행정에 관한 법률에 의해 이루어졌다. 헌법 제1조에 "프랑스 공화국은 하나이며 나뉘어질 수 없다"(La République française est une et indivisible)고 명시하고 있다. 그리고 플뤼비오즈 28일 법의 주요한 조치는 정부의 직접적인 유일한 대표로서 도지사의 도청기구 체제를 확인했던 것이다(Verpeaux, 1996 ; 최진혁, 1999a : 197-198).

5 Olivier Guichard, Vivre ensemble, rapport de la commission de développement des responsabilités locales, La documentation française, 1976.

6 같은 시기에 북미에서는 대량산출 시스템에 대한 반발이 제기되었다. 테일러에 의해 제창된 포디즘(Fordism)은 비방적 평가의 대상이 되었다. 계서적 조직인 관료제 내에서 상하 전달되는 정보는 순환되기에 매우 긴 시간을 요하며, 그 메시지를 변형시킬 우려가 있다는 것이다. 따라서 다른 형태의 업무조직을 찾는 과정에서 인간의 동기를 최대화하는 소량단위의 산출을 보게 된다. 대량산출 시스템 파괴 문화와 지방의 발전 도모는 "작은 것이 아름답다"는 슬로건과 함께 진행되었다.

7 2002년 7월 3일 우파 정부의 라파랑 국무총리가 지방분권은 지속적으로 추진되어야 한다는 논리에서 국회에서의 지방분권의 강화 목적 및 그 방안에 대해 제시했다(J. P. Raffarin : la relance de la décentralisation, objectifs et méthode) : 지방민주주의에 새로운 위치를 부여하는 것은 우리나라에서 절대적인 사안으로 등장했다. 지방민주주의는 다름 아닌 지방분권을 더욱 강화해 나가는 것이다. 보다 활성화된 지방분권이다. 모든 주민들의 귀결(바람)이다. 책임성을 이전하는 것과 보다 강화된 책임성이 가장 주민과 가까운 단체에서 보장되는 것이 보다 (합리적인) 바람직한 결정을 이루어낼 것이다. 지방분권은 또한 국가개혁을 이끌어내는 가장 좋은 수단이다. 또한 구조개혁의 좋은 기회와 수단이 된다. 프랑스 국민의 욕구에 부응할 수 있는 능력이 된다. 여기에서 두 가지 중요한 지방분권의 쇄신적 단계를 제안하고자 한다.

① 응집성(연계성, cohérence) : 어떠한 지역이라도 프랑스 국민이 권한의 형평성을 유지하기 위해서 필요하다. 국가나 지방자치단체를 포함한 모든 국가 전체가 법 앞에 모두가 평등함을 간직하면서 조화롭게 운영될 수 있도록 하는 것이다. 지역 간 편차가 오늘날 우리나라에서 크게 나타나고 있다. 따라서 응집성은 균형화된 지역발전을 보장해야만 하고 프랑스 국민 사이에 연대성 기구여야 한다.

② 근접성 : 주민들에게 가장 가까운 곳에서 결정이 이루어지도록 해야 한다. 근접성은 도나 시읍면 자치단체, 그들 간의 연합체의 활동영역이다. 도나 시읍면 자치단체가 서비스를 보장한다. 근접성, 지방발전기구를 활용한다.

8 660시간의 토론을 통해 기능배분과 실험(학습)에 관한 600가지 제안이 제기되었다.

9 2008년 1월 1 이후 유럽통합 국가 수는 27개(독일, 오스트리아, 벨기에, 불가리아, 사이프로스, 덴마크, 스페인, 에스토니아, 핀란드, 프랑스, 그리스, 헝가리, 아일랜드, 이탈리아, 레토니, 리투아니아, 룩셈부르그, 말트, 네덜란드, 폴랜드, 포르투갈, 체코, 루마니아, 영국, 슬로바키아, 슬로베니아, 스웨덴)이다.

10 자세한 내용은 저자의 논문을 참조할 것. 최진혁(1999b), "프랑스 지방선거체제와 투표방식에 관한 연구", 『한국지방자치학회보』, 제11권 3호.

11 국가수준에서 의원내각제의 경우 입법기능과 집행기능 간의 연결고리는 내각의 정치담당국(le Cabinet des Ministres)에 의해 보장받는다. 그는 국가원수(Chef de l'Etat)에 의해 임명되고 내각을 조정하기 때문에 집행권한을 획득하기도 한다. 그러나 그는 입법권에 마찬가지로 종속한다. 왜냐하면 의회에 정치적으로 책임자이기 때문이다. 따라서 다수당이 더 이상 지지를 하지 못하게 될 경우 그는 물러설 수밖에 없다. 의회에 대한 정부각료의 이러한 정치적 책임은 의회제도의 위험성을 설명하는 것이다(Philippe, 1989 : 55).

12 한국은 기초, 광역자치단체를 막론하고 일률적인 지방정치행정체계의 기관분립형 모델(Le type de séparation d'un organe délibérant et d'un organe exécutif)을 채택하고 있다. 즉 권력분립(La séparation du pouvoir)의 원칙에 입각해 지방자치단체의 의결기능과 집행기능을 각각 다른 기관에 분담시켜 기관 간에 견제와 균형(contre-pouvoir : checks & balances)의 논리를 추구하고자 한다. 그런데 집행기관의 구성방법을 기준으로 볼 때 우리의 경우 1995년 이후로는 자치단체장을 주민직선으로 선출했기에 집행기관 직선형인 기관대립 모델이라고 해석할 수 있을 것이다. 이 모델은 두 권한 사이에 원칙적으로 조직화된 연결고리가 없다는 점에서 권한의 경직된 분립(La séparation "rigide" du pouvoir)형으로 설명할 수 있을 것이다(Jin-Hyuk, 1998).

13 22개 부서 : 1) 정보 커뮤니케이션국, 2) 재정국, 3) 인적자원국, 4) 구매 및 운송국, 5) 정보체제와 기술국, 6)사법업무국, 7) 도시계획국, 8) 지방분권과 연합체, 지역과 시민관계국, 9) 주거국, 10) 유산 및 건축국, 11) 도로 및 이동국, 12) 청결(위생) 및 수자원국, 13) 녹색공간과 환경국, 14) 예방 및 보호국, 15) 경제발전국, 16) 사회부조와 어린이와 건강국, 17) 가족과 유아국, 18) 청소년과 스포츠국, 19) 문화사업국, 20) 학교교육국, 21) 사회활동본부, 22) 도시정책과 통합국이 그것이다. www.paris.fr(2009. 2. 16 검색).

14 국회의원(국민의회) 557명, 지역의회의원 1,340명, 도의회의원 3,800명에 비해 시의회대표는 약 110,000명에 이른다. 시의회대표자의 수는 주민 수와 시대표성의 중요도에 비례해 정해진다. 주민 9,000명 미만인 시읍면에서는 1명 내지 15명의 대표를 선출한다. 주민 9,000명에서 30,999명 이하의 시읍면에서는 모든 시의회의원이 선거인단이 된다. 주민 31,000명 이상의 시읍면에서는 시의회의원에 추가해 30,000명에서 1,000명이 넘을 때마다 1명의 추가대표(délégués supplémentaires)를 선출한다. 대표의 선출방식은 주민 9,000명 이하의 시읍면에서는 3회 다수대표제(scrutin majoritaire à trois tours)로 하고 있다. 주민 30,000명 이상의 시읍면에서는 최대잔여식 비례대표제(représentation proportionnelle à la plus forte reste)로 선출된다.

15 Jeanne Becquart–Leclercq, "Cumul des mandats et culture politique", in Albert Mabileau (sous la direction de), *Les pouvoirs locaux à l'épreuve de la décentralisation* (Lyon : Pedone, 1983), pp. 209–232.

16 Le Monde, "MM. Balladur, Bayrou et Debré contestent le projet limitant le cumul des mandats", 1997. 9. 16.

17 참고로 1958년 헌법규정 내용은 다음과 같다.

제1조 : ① 공화국과 자유로운 결정행위에 의해 이 헌법을 채택하는 해외영토의 국민들은 하나의 공동체를 구성한다(La République et les peuples des territoires d'outre–mer qui, par un acte de libre détermination, adoptent la présente Constitution instituent une Communauté). ② 공동체는 이를 구성하는 국민들의 평등과 연대에 기초를 둔다(La Communauté est fondée sur l'égalité et la solidarité des peuples qui la composent).

18 1958년 헌법 제72조 : ① 공화국의 지방자치단체는 시읍면, 도, 해외영토이다. 기타의 모든 지방자치단체는 법률에 의해 창설된다(Les collectivité territoriales de la République sont les communes, les départements, les territoires d'outre–mer. Toute autre collectivité territoriale est créée par la loi). ② 지방자치단체는 선출된 지방의회의원에 의해 법률이 정하는 바에 따라 자유스럽게 관리한다(자치행정을 수행한다) (Ces collectivités s'administrent librement par des conseils élus et dans les conditions prévues par la loi). ③ 도와 해외영토에

있어서 정부의 대표는 국가이익, 행정통제 및 법률을 존중하는 역할을 담당한다(Dans les départements et les territoires, le délégué ou Gouvernement a la charge des intérêts nationaux, du contrôle administratif et du respect des lois).

19 가톨릭 교황청에서 사용했던 논리이다. 즉 국가는 개인이 스스로 행할 수 없을 때에만 책임을 져야 한다는 논리이다. 이것이 주민의 근접성과 능률성을 고려해 권한이 가장 잘 행사될 수 있는 계층에서 권한이 행사되도록 하자는 것으로 발전되었다.

20 헌법개정 이전의 권한배분과의 차이점은 보충성의 원칙의 강조에 따라 주민에 가장 근접하고 효율적인 권한배분을 추구하려는 것이고, 그의 일환으로 헌법개정 이전(12개 분야)보다 많은 분야(21개 분야)에서 자치단체별로 예시하고 있다. 그 주요 원칙과 특징을 비교해 보면 다음 〈표〉와 같다.

〈표〉 헌법개정 이전과 이후의 권한배분의 비교

	헌법개정 이전(1983년 이후)	헌법개정 이후(2003년 이후)
분야	12개 분야 1) 지역기획, 국토계획, 경제발전 2) 직업훈련 및 견습 3) 도시개발계획과 유물 및 유적보호 4) 사회부조 및 위생 5) 운하, 하항 6) 해항 7) 낚시 8) 해양경작지 9) 학교교통(수송) 10) 교육 11) 환경 및 문화활동 12) 농업	21개 분야 1) 안전 2) 사회활동, 건강 3) 교육(건설 및 기능과 관련된 업무) 4) 청소년 5) 스포츠 6) 문화활동 7) 관광 8) 직업훈련 9) 경제개입 10) 도시정책 11) 도시계획 12) 국토개발계획, 농촌개발 13) 주거 14) 환경/유적 15) 쓰레기 16) 상수도 17) 전산통신망 18) 에너지 19) 항구, 수로, 해수연결 20) 학교교통(수송), 공공교통 21) 도로
원칙	1) 지방자치단체 간의 모든 중첩된 감독의 폐지 원칙 2) 총체적 이양(분야별에 따른 권한배분)의 원칙 3) 권한과 재원의 동시이양 및 부담경비의 통합적 보상 원칙 4) 현존하는 지방자치단체 특권의 원칙 5) 권한의 점진적 이양의 원칙	좌동 + 보충성의 원칙
특징	1) 권한의 포괄적 규정주의와 예시적 열거주의의 절충 2) 자유스러운 행정(자치행정) 구현에 부응하는 기능배분	좌동 + 1) 각 자치단체의 고유한 기능적 임무를 활용한 기능배분 2) 명백하고 확장된 권한추구를 도모하는 기능배분(선도 지방자치단체의 활용)

		3) 보충성 원칙 존중 4) 지방분권을 보완하는 차원에서의 기능배분

21 그러나 동시에 위원회는 모든 영역에 개입하는 계약과정의 체계화를 비난한다.

제2편

지방자치와 참여

5 지방선거와 선거문화의 선진화

Ⅰ. 지방선거의 중요성 및 의의

지방선거는 지역주민들을 대신하여 지방자치단체를 책임지고 운영할 자치단체장과 그들을 견제할 지방의회의원을 선출하기 위해 실시하는 선거를 말한다. 지방자치는 특정 지역의 공간적 범위 내에 거주하는 주민들이 자신들이 살고 있는 지역의 공공사무를 스스로 처리하게 하는 제도이다. 지역주민 모두가 직접 지역의 공공사무를 처리할 수는 없으므로 주민들의 대표로 구성되는 지방자치단체라는 기관이 주민들을 대신하여 업무를 처리하게 된다. 지방선거는 이 기관을 책임지고 운영할 주민의 대표를 선출하는 행위이고, 동시에 단체장의 전횡을 막고 집행부를 견제하기 위한 장치로서의 지방의회를 구성할 의원을 선출하는 지방정

■ **홍성걸**(국민대학교 행정학과 교수)

부의 기관 구성을 위한 선거이며 동시에 지방민주주의의 구체화 수단이라고 할 수 있다.

그러나 지방선거의 의의는 단체장과 지방의회의원의 선출에만 국한되지 않는다. 지방선거의 실시 과정에서는 지역사회의 주요 정책의제들이나 문제점들이 나타나게 되고, 이를 해결하기 위한 논쟁이 벌어짐으로써 보다 건설적이고 바람직한 정책대안이 채택될 수 있는 등 긍정적 측면이 있으며, 동시에 지역주민들에게는 자신이 살고 있는 지역의 문제나 주요 사업 등에 대한 관심을 갖게 만드는 효과도 있다(안성호, 1991 : 88). 또 주민에 의해 직접 선출된 공직자들은 과거 중앙정부에 의해 일방적으로 임명된 공직자들에 비해 지역주민의 요구에 민감할 수밖에 없고, 그만큼 지역에 꼭 필요한 사업들이 정책으로 채택되어 지역주민의 삶의 질이 개선될 가능성도 높아질 수 있다. 하지만 지역사회에는 꼭 필요하지만 주민들의 이익에 반하거나 정치적으로 활발한 일부 지역주민들의 이익과 상충되는 사업의 경우에는 오히려 사업으로 추진될 가능성이 떨어지는 등의 부정적 영향도 있을 수 있다.

지방선거는 지역주민들이 직접 정치과정에 참여할 수 있는 기회를 의미한다. 일반적으로 지방선거는 대통령이나 국회의원을 선출하는 전국적 선거에 비해 투표참여율이 낮은 것이 보통이다. 이러한 경향은 지역주민들이 스스로 정치과정에의 참여기회를 포기하는 경향이 높다는 것을 뜻하는데, 지방수준의 민주주의를 발전시키고 주민들에 의한 동네자치를 통해 주민들 스스로 문제를 해결하고 지역발전을 주도하도록 하기 위해서는 정치적 학습기회를 증가시킴과 동시에 이에 대한 참여를 확대하도록 민관이 협력하여 노력해야 할 것이다.

모든 선거가 그러하듯이 지방선거도 책임정치의 구현에 이바지한다. 지방선거는 선출직 공직자들에 대한 신임을 묻는 행위로서 공직자

개인은 물론 그를 후보로 추천한 정당이나 정치세력에 대한 정치적 책임을 주기적으로 물을 수 있는 기능을 한다. 문제는 현실적으로 지방선거가 중앙정치에 의해 영향을 받는 경우가 많아 선출직 공직자 개인에 대한 평가보다는 정당이나 대통령 등 중앙정치에 의해 당락이 좌우될 수도 있다는 사실이다. 이는 궁극적으로 유권자들의 판단에 달려 있는 것으로서 특정 지방선거에서 후보자 개인의 능력이나 실적과 관계없이 중앙정치에 의해 지역주민이 투표권을 행사했다면 그 또한 주민의 의사로서 겸허하게 받아들여야 할 것이다.

지방선거에도 현대 선거의 기본원칙과 이념이 그대로 적용된다. 우선 선거의 4대 원칙인 보통, 평등, 직접, 비밀선거의 원칙은 모든 선거에 적용되는 보편적 원칙이다. 보통선거란 연령이나 성별, 신분, 재산, 인종, 지역 등에 의한 차별이나 제한 없이 일정 나이에 도달한 모든 성인에게 투표권을 인정하는 것을 말한다.[1] 평등선거란 모든 유권자의 투표가치를 평등하게 인정해야 한다는 원칙으로서 오늘날에는 대부분의 국가에서 1인 1표제를 채택하고 있다.[2] 직접선거란 대리인을 통하거나 선거인단을 통해 간접적으로 대표자를 선출하지 않고 직접 대표자를 선출해야 한다는 원칙이며, 비밀선거란 투표자의 의사를 공개하지 못하도록 하는 원칙을 말한다.[3]

Ⅱ. 우리나라의 지방선거제도

우리나라 지방선거의 역사는 그리 길지 않다. 제헌헌법은 지방자치를 명문화하였지만 정부수립 직후에는 지방자치단체장 및 지방의회 의원을 선출할 수 있는 여건이 조성되지 못했었다. 최초의 지방선거는 1952년에 실시되었는데, 이 시기는 6·25 동란기로서 지방자치에 대한 당위성보다는 집권여당인 자유당의 정치적 입장에 따라 지방선거가 전격 실시된 것으로 해석되어야 할 것이다. 당시의 지방선거도 서울, 경기, 강원지역을 제외한 일부 도와 시·읍·면에서 지방의회의원을 선출하는데 그치고, 자치단체장은 중앙정부가 직접 임명함으로써 엄밀한 의미에서의 지방자치라고 할 수는 없다. 이후 4년마다 지방선거가 실시되면서 대상지역도 확대되었고, 1960년에 이르러 비로소 전국의 모든 지역에서 자치단체장과 지방의회의원을 주민이 직접 선출하는 완전한 의미의 지방선거가 이루어졌다. 그러나 1961년 5·16 군사혁명이 일어나면서 지방자치는 전면 중단되었고, 급속한 경제발전기를 거쳐 전면적인 민주화가 이루어진 1991년에 와서야 지방의회의원에 대한 선거를 시작으로 지방자치가 단계적으로 부활되었다(안용식 외, 2004).

1991년 3월 26일은 기초자치단체의회 의원선거가 실시되면서 30여 년 만에 지방선거가 부활된 뜻깊은 날이었다. 이어서 6월 20일에는 서울특별시와 5개 직할시 및 9개 도의 광역자치단체 의원선거가 실시되었다. 1995년부터는 지방자치단체장도 주민의 직접선거에 의해 선출하기 시작하면서 전국동시지방선거가 실시되었다. 1995년 6월 27일 치러진 제1회 전국동시지방선거에서는 광역단체장 15명, 광역의회의원 970명, 기초자치단체장 230명, 기초의원 4,541명 등 총 5,756명이 선출되었다. 1998년 실시된 제2회 전국동시지방선거에서는 광역단체장 16명, 기초단체장 232명, 광역의원 690명, 기초의원 3,490명 등 총 4,428명이 선출되었으며, 광역의원의 여성의원의 경우 비례대표를 제외할 때 14명으로 2.3%, 기초의원 역시 56명으로 1.6%가 당선되어 낮은 수치를 보이고

〈표 1〉 한국의 역대 지방선거(1952-2002)

선거명	선거일	지방자치단체 수 (선거구 수)	선거실시 지방자치단체 수 (선거구 수)	정수
시·읍·면 의회의원선거	1952.04.25(금)	1,542	1,397	17,559
도 의회의원선거	1952.05.10(토)	9	7	306
시·읍·면 의회의원선거	1956.08.08(수)	1,491	1,458	16,961
시·읍·면 의장선거	1956.08.08(수)	1,491	580	1,491
시·도 의회의원선거	1956.08.13(월)	10	10	437
시·도 의회의원선거	1960.12.12(월)	10	10	487
시·읍·면 의회의원선거	1960.12.19(월)	1,518	1,468	16,909
시·읍·면 의장선거	1960.12.26(월)	1,468	1,468	1,468
서울시장선거·도지사선거	1960.12.29(목)	10	10	10
구·시·군 의회의원선거	1991.03.26(화)	3,562	3,562	4,304
시·도 의회의원선거	1991.06.20(목)	866	866	866
제1회 전국 동시지방선거	1995.06.27(화)	4,885	4,885	5,758
제2회 전국 동시지방선거	1998.06.04(목)	4,347	4,347	4,428
제3회 전국 동시지방선거	2002.06.13(목)	4,331	4,331	4,414

자료 : 중앙선거관리위원회, http://www.nec.go.kr

있다(임승빈, 2006).

2002년 6월 13일 치러진 제3회 전국동시지방선거는 우리나라에서 개최된 월드컵 등의 원인으로 전체 투표율이 48.6%에 지나지 않았다. 당시 야당이었던 한나라당이 정당지지율 52.1%로써 여당이었던 새천년민주당 29.1%를 크게 앞질렀다. 당시 지방선거는 2002년 12월 19일에 있은 대통령선거의 전초전으로서 관심을 모았었다. 지방선거에서 새천년민주당을 압도했던 한나라당은 대통령선거까지 정당지지도를 이회창 후보에 대한 지지로 이어가지 못하고 노무현 후보에 패하면서 새천년민주당은 2회 연속 정권을 잡게 되었다.

〈표 2〉 제3회 전국동시지방선거 결과(2002년 6월 13일 실시)

	광역단체장	광역의원	기초단체장	정당점유총수 비율
한나라당	11	467(36)	140	618(66.5%)
민주당	4	143(22)	44	191(20.5%)
자민련	1	33(4)	16	50(5.4%)
민주노동당	0	11(9)	2	13(1.4%)
미래연합	0	2(2)	0	2(0.2%)
무소속	0	26(0)	30	56(6%)
총 수	16	682(73)	232	930(100%)

주 : 괄호 안의 수는 비례대표. 기초의원에 대한 정당공천이 없었기 때문에 기초의원은 제외
자료 : 중앙선거관리위원회, http://www.nec.go.kr

민선 4기 지방선거는 2006년 5월 31일에 있었는데 이때부터 기초의회의원에 대한 정당공천제가 실시되고 기초의회 선거구도 중대선거구로 확대되었다(공직선거법 47조의 개정). 아래에서 설명하는 바와 같이 기초의원에 대한 정당공천제는 책임정치의 구현과 비례대표제의 도입

을 통한 소수자 이익 보호, 그리고 지방 토호세력의 발호를 견제할 수 있다는 장점도 있지만 동시에 공천과정에서의 비리 심화, 정책과 인물중심이 아닌 정당 중심의 투표, 지방정치의 중앙정치화 등 많은 문제점들도 나타나 이의 개선에 대한 논의를 촉발시키는 계기가 되었다.

〈표 3〉 제4회 전국동시지방선거 결과(2006년 5월 31일 실시)

	광역단체장	광역의원	기초단체장	기초의원	정당점유 총수비율
한나라당	12	557(38)	155	1,621(220)	2,345명(60.6%)
열린우리당	1	52(19)	19	630(87)	702명(18.1%)
민주당	2	80(9)	20	276(43)	378명(9.7%)
민주노동당	0	15(10)	0	66(14)	81명(2.0%)
국민중심당	0	15(2)	7	67(11)	89명(2.3%)
무소속	1	14(0)	29	228(0)	272명(7.0%)
총 수	16	733(78)	230	2,888(375)	3,867명(100.0%)

주 : 괄호 안의 수는 비례대표
자료 : 중앙선거관리위원회, http://www.nec.go.kr

Ⅲ. 우리나라 지방선거의 제도적 특징과 절차

1991년 지방의회의원 선거의 부활로 다시 시작된 우리나라 지방선거는 다음과 같은 다양한 제도적 특징을 가지고 있다.

첫째, 지방의회의원선거에서 당선인은 당해 선거구에서 유효투표의 다수를 얻은 자(시군구 의회의 경우 의원정수에 이르는 자)를 당선인으로 결정한다. 즉 우리나라는 당선인의 확정에 있어 단순다수득표제를 실시하고 있다. 만일 최고득표자가 2인 이상일 때에는 연장자 순으로 당선인을 결정한다(공직선거법 제190조 1항). 후보자 등록 마감까지 후보자의 수가 선거구에 할당된 의원 정수를 넘지 않거나 후보자 등록 마감 후 선거일 투표 개시 시각까지 후보자가 사퇴 · 사망하거나 후보 등록이 무효로 되어 후보자의 수가 당해 선거구에서 선출할 의원 정수를 넘지 않을 때에는 투표를 실시하지 않고 선거일 전에 남은 후보자를 당선인으로 결정한다. 다시 말하면 우리 지방선거는 무투표 당선이 인정된다(공직선거법 제190조 제2항).

둘째, 2005년 8월, 공직선거법 개정에 따라 광역의회 및 기초의회 모두 비례대표제를 실시하고 있다. 지방의회의원의 비례대표 의석 배분은 유효투표 총수의 100분의 5 이상을 득표한 정당(이를 의석할당정당이라 한다)을 대상으로 당해 선거에서 얻은 득표비율에 비례대표 지방의회의원 정수를 곱하여 나온 정수 값에 따라 의석을 배분한다. 잔여의석은 단수가 큰 순으로 각 의석할당정당에 1석씩 배분하되 득표수가 같을 때에는 의석할당정당 사이의 추첨에 의해 배분한다. 한 정당이 비례대표의석의 3분의 2 이상을 배분받는 경우에는 이를 먼저 배분하고 잔여의석을 나머지 의석할당정당 간의 득표비율에 따라 배분한다(공직선거법 제190조의 2).

셋째, 지방자치단체의 장, 광역의원, 기초의원 모두의 경우 정당공천이 인정된다(공직선거법 제47조). 정당이 후보자를 추천하는 때에는 민주적 절차에 따라야 한다. 다만 비례대표를 추천하는 경우에는 여성 후보자를 100분의 50 이상 추천하되 순위의 매 홀수 번호에 여성을 추천하도록 의무화시켰다. 이는 여성의 정계진출이 매우 저조한 우리나라의 특수한 상황에 따라 비례대표를 통해 여성비율을 높이고자 하는 의도에서 비롯되었다. 이러한 여성우대 조항은 2005년의 개정에서 더욱 강화되었는데, 지역구 국회의원과 지방의회의원의 후보자 추천에서도 각 정당은 전국 지역구 총수의 3분의 1 이상을 여성 후보로 추천하도록 노력하여야 한다고 규정하고 있다.

그러나 입후보하기 위해 모두 정당공천을 받아야만 하는 것은 아니며, 관할 선거구 내의 선거권자들의 추천을 통해 무소속으로 입후보할 수 있다. 무소속으로 입후보하기 위해서는 일정한 지역주민의 추천을 받아야만 한다. 광역자치단체장으로 입후보하기 위해서는 당해 시도 안의 자치구 · 시 · 군 중 3분의 1 이상의 지역에서 각 50인 이상의 선거권자로 총 1,000인 이상 2,000인 이하의 추천을 받아야 한다. 기초자치단체장으로 입후보하기 위해서는 300인 이상 500인 이하의 추천을 받아야 한다. 또한 광역의회의원으로 입후보하기 위해서는 100인 이상 200인 이하의 추천을 받아야 하며, 기초의원의 경우 50인 이상 100인 이하의 추천을 받아야만 한다. 다만, 기초의회 의원 선거구의 인구가 천 명 미만일 때는 30인 이상 50인 이하의 추천을 받도록 하고 있다(공직선거법 제48조).

넷째, 우리나라는 후보자의 난립을 막기 위해 선거기탁금제도를 운용하고 있다. 지방선거에서 입후보하려면 일정 액수의 기탁금을 관할 지역선거관리위원회에 내야 한다. 기탁금의 액수는 입후보하는 선출직에 따라 각각 다르다. 광역단체장은 5,000만 원, 기초단체장은 1,000만 원, 광역의원은 300만 원, 기초의원은 200만 원을 각각 기탁금으로 내야 한다. 기탁금은 기탁금에서 부담하도록 규정된 비용을 제외하고는 30일 이내에 다음과 같이 반환된다. 후보자가 당선되거나 사망한 경우, 유효투표 총수의 100분의 15 이상을 득표한 경우에는 전액 반환한다. 하지만 100분의 10 이상 100분의 15 미만의 경우에는 50%만 돌려준다. 비례대표의 경우, 후보자 명부 중 당선인이 있을 때에는 전액 반환한다. 반환되지 않은 기탁금은 당해 지방자치단체에 귀속된다(공직선거법 57조).

다섯째, 공직선거법은 사상 유래 없이 선거운동에 관하여 매우 상세한 규정들을 포함하고 있는데, 이는 지방선거에서의 공정성과 투명성을 확보하기 위한 제도적 장치들이다. 이 법의 개정에 주도적 역할을 했던 당시 한나라당 오세훈 의원의 이름을 따 소위 "오세훈 선거법"으로도 불리는 공직선거법은 무엇보다도 선거과정에서 금품을 수수한 사람들에 대한 벌칙을 강화하였는데, 특히 선거와 관련하여 금품이나 향응을 받은 유권자들에게도 그 금액의 50배를 과태료로 물리도록 하고 있고, 이를 제공한 후보자들의 당선무효 요건을 강화함으로써 선거과정에서의 투명성을 크게 향상시켰다고 평가된다.

여섯째, 지방주민으로서 당해 지역의 선거에 참여할 수 있는 권한을 선거권이라 하는데, 우리나라에서는 대한민국 국민으로서 19세 이상이어야 하고, 선거인명부 작성일 현재 해당 자치단체의 관할구역 안에 주소등록이 되어 있어야 선거권을 가질 수 있다(지방자치법 제15-17조). 외국의 경우, 당해 지역 내에 일정 기간을 거주해야 하는 거주기간 요건을 요구하는 경우도 있으나 우리나라는 거주기간을 요구하지는 않는다. 그러나 일반 선거와 마찬가지로 금치산자, 한정치산자나 금고 이상의 형을 받고 집행이 종료되지 않은 자, 선거사범으로 형을 받고 집행이 만료되지 않은 자, 법원의 판결에 의하여 선거권이 정지 또는 상실된 자는 지방선거의 선거권이 부여되지 않는다(지방자치법 제18조). 한편, 피선거권이란 지방선거에 입후보할 수 있는 권리를 의미한다. 현행법상 지방선거의 피선거권은 25세 이상의 대한민국 국민으로서, 선거일 현재 그 자치단체의 구역 안에 계속하여 90일 이상 주민등록이 되어 있어야 한다(지방자치법 제16조, 17조). 그리고 선거권이 없는 자, 금고 이상의 형을 받고 그 형이 실효되지 아니한 자, 법률 또는 법원의 판결에 의하여 피선거권이 정지되거나 상실된 자는 피선거권을 가지지 못하도록 제한하고 있다(지방자치법 第19조).

일곱째, 우리나라의 선거구는 최초의 지방자치법에서 중선구제를 택한 이래 선거제도의 변천과 함께 다양하게 변해왔다. 1998년 공직선거법 개정으로 광역의회의 경우 소선거구제와 대선거구제(비례대표제)를 함께 채택하였고, 기초의회는 소선구제로 바뀌었다. 2006년 5 · 31 지방선거에서는 기초의회에도 정당추천제를 도입하고 동시에 비례대표제를 도입하였다. 이에 따라 광역의회는 선거구당 1인을 선출하는 소선거구제(제26조 제1항)를 적용하고 있다. 그러나 기초의회는 2인 이상 4인 이하의 중대선거구제를 채택하고 있으며, 선거구당 의원정수는 시도의 조례로 정하도록 하고 있다(제26조 제2항).

선거구는 주민의 대표를 선출하는 지역단위이며 선거가 이루어지는 단위로서 선거관리, 운동, 투개표, 당선인의 결정 등 일련의 선거과정이 이루어지는 지역단위를 말한다. 이는 선거과정상의 편의를 위한 것으로서 당선인과 선거인 사이의 법적 위임관계를 설정하는 것은 아니지만, 지역구 국회의원의 경우처럼 지역주민의 이해관계를 정치적으로 대표하는 관계가 성립될 수도 있다. 지방자치단체장은 보다 직접적인 지역적 위임관계를 갖는다고 할 수 있으니 지방의회의원은 자신의 선거구를 대표하기는 하지만 대체로 지방자치단체의 지역적 범위 전체를 포괄적으로 대표하는 성격이 강하고, 따라서 지역주민 전체와 정치적 위임관계를 갖는다고 보아야 할 것이다. 우리나라는 선거구를 획정하기 위한 선거구획정위원회를 구성 · 운영하도록 하고 있는데, 자치구 · 시 · 군의원선거구획정위원회는 11인 이내의 위원으로 구성하되, 학계 · 법조계 · 언론계 · 시민단체와 시 · 도의회 및 시 · 도선거관리위원회가 추천하는 자 중에서 시 · 도지사가 위촉하도록 하고 있다(공직선거법 第24조).

선거구제는 선거결과에 매우 큰 영향을 미친다. 일반적으로는 소선거구제와 대선거구제로 구분하고 그 중간에 중선거구제를 별도로 구분하기도 한다. 소선거구제는 1선거구당 1명의 대표자를 선출하는 제도를 말하는데, 지방선거의 경우 지방자치단체를 여러 개의 작은 선거구로 나누고 각 선거구당 1명의 대표를 선출하는 제도이다. 소선거구제는 지역이 작아 유권자가 후보자들에 대하여 보다 잘 알 수 있고, 후보자와 유권자 간의 직접적인 접촉이 용이하며, 대정당에 유리하여 군소정당의 난립을 막아 정국안정에 유리하다는 장점이 있으나, 단순다수결에 의해 과반수를 획득하지 못한 후보자도 당선될 수 있고, 당선자가 획득한 표 이외의 모든 표가 사표(死標)가 되어 주민의 의사가 무시될 가능성이 있으며, 지역유지나 토호세력의 당선에 유리하다는 문제점도 있다.

대선거구제는 지방자치단체를 큰 지역으로 나누거나 전체를 하나의 선거구로서 2명 이상 다수의 후보자들을 득표순에 따라 당선인으로 결정하는 제도를 말한다. 통상 2-5명의 당선인을 갖는 것이 보통이지만, 지역의 특성이나 인구분포 등에 따라 더 많은 당선인을 확정하는 경우도 있다. 대선거구제는 정치신인이나 새로운 정당의 출현을 쉽게 하고, 득표와 당선자 수의 비례관계가 유지될 수 있으며, 사표를 줄여서 지역주민의 의사를 반영할 수 있는 가능성이 높고, 광역성으로 인해 당선인이 지역적 이해관계로부터 상대적으로 자유로울 수 있다는 장점이 있다. 또 대선거구제는 후보자의 선택범위가 넓고 유권자에 대한 투표매수가 쉽지 않아 공정선거에 유리하다. 그러나 유권자의 관심이 떨어져 정치인과 정당만의 잔치가 될 수 있고, 다수 정당의 진출로 정국 안정이 저해될 수 있다는 점, 지역주민의 의사와 관계없이 정당에의 충성도가 우선되어 지방정치가 실종될 수 있다는 점 등의 문제점도 있다(최봉기, 2006).

Ⅳ. 지방선거와 관련된 주요 이슈들

지방선거는 풀뿌리 민주주의의 실현을 위한 첫 단계로서 주민들의 적극적 투표 참여를 통해 자신들의 이익을 대변할 대표자와 그를 감시 · 감독할 견제기관인 의회구성원들을 선출하는 것을 의미한다. 지방선거가 이러한 목적을 달성하기 위해서는 유권자들의 합리적이고 균형 있는 판단이 전제되어야 하지만 정치과정의 특성상 현실적으로는 바람직하지 못하거나 예상치 못한 문제들이 발생하기도 한다. 여기서는 우리나라의 지방선거와 관련한 주요 이슈들을 간략히 살펴보기로 한다.

1. 지방선거와 정당공천제

정당공천제란 선출직 공무원들에 대하여 정당이 그 후보자들을 공천하는 제도를 의미한다. 정당공천제는 지방 토호세력에 의한 후보 독점을 막고 정당민주주의를 실현하기 위해 도입된 제도이다. 우리나라에서는 지방자치가 부활된 이후 단체장과 광역의회의원 후보들에게는 정당공천제를 실시해 왔으나 기초의회의원 후보들에 대하여는 정당공천제를 인정하지 않았었다. 그러나 책임정치 도입의 필요성이 높아지고 지방토호세력의 발호로 지방행정의 혼란이 심해지자 지난 2006년 5 · 31 지방선거부터 기초의회의원에 대한 중선거구제와 함께 정당공천제 및 비례대표제를 도입 · 실시하고 있다.

그러나 정당공천제가 실시되면서 또 다른 문제들이 발생하고 있다. 무엇보다도 지역구 국회의원들이 단체장이나 지방의원 후보공천에 막대한 영향력을 행사하게 되면서 지방정치의 중앙예속화가 심해지고 있다. 더욱 심각한 것은 단체장이나 의회의원들이 총선과정에서 자신에 대한 공천권을 쥐고 있는 지역구 의원들에게 "잘 보이기" 위한 과도한 줄서기가 이루어지면서 공천헌금이나 학연, 지연 등 비민주적 기준에 의한 공천이 나타나고 있다는 점이다. 이에 따라 정당의 의사(보다 정확하게 말하면 정당의 이름으로 포장된 지역구 국회의견의 의사)가 지역주민의 의사에 우선하는 결과가 나타나고 있다. 지역구 국회의원이나 원내에 진출하지 못한 당원협의회 위원장(구 지구당위원장)의 입장에서는 후보의 자질이나 능력, 정책비전 등보다는 자신의 선거에 얼마나 도움을 준 사람인가를 기준으로 공천할 가능성이 높다. 후보자의 입장에서 보면 지역균열구조의 영향으로 특정 정당의 공천을 받는 것이 당선의 보증수표와 같은 상황이고 보면 공천을 받기 위해 중앙당이나 지구당에 줄서기나 각종 비리, 충성서약 등이 난무할 수밖에 없는 상황이 되고 있다.

"지역구 국회의원의 막대한 영향력에 따른 지방정치의 중앙정치화"

단체장 · 지방의원 줄서기 '눈살', 총선정국에 지방정부와 지방의회가 휘둘리고 있다. … 최근 충북지역 자치단체장과 지방의원들은 특정 총선주자를 지지선언하거나 보이지 않게 각 총선주자 캠프를 직접 방문하거나 친위조직의 직책을 맡는 등 분주한 움직임을 보이고 있다. 자신들의 정치생명을 연장하기 위한 소위 줄서기에 나서고 있는 셈이다. … 상당수의 자치단체장과 지방의원들이 공천권을 쥐고 있는 국회의원들에 대한 눈치보기와 줄서기에 앞다퉈 나서면서 지방정부와 지방의회가 총선전에 휘말리고 있다는 지적도 나온다. 특히 낙선자 쪽에 잘못 줄을 섰다가 차기 지방선거에서 공천을 받지 못하지나 않을까

걱정하고 남은 임기 동안에도 의정활동이 순탄치 않을 것을 염려하는 지방의원들도 적지 않는 등 지방자치가 중앙정치에 휘둘리고 있다는 비판도 적지 않다.

충북일보, 2008년 3월 11일

이같은 문제점에 따라 정당공천제를 폐지하자는 논의가 나타나고 있다. 정당공천제로 인한 장점인 책임정치가 기초의회의 수준에서 이루어진다는 것은 현실적으로 매우 어렵고, 비례대표제의 경우에도 각계각층을 망라하기보다는 정당이나 지역구 국회의원에 대한 충성도를 기준으로 준비되지 않은 후보들이 공천되는 후진적 정당정치가 계속되고 있는 상황에서 정당공천제를 현행대로 유지하는 것은 문제라는 주장이 그것이다. 하지만 기초의원에 대한 정당공천제의 도입이 최근에 이루어졌고, 그에 따른 지방선거를 단 한 차례 치른 것을 바탕으로 또다시 제도의 개편을 주장하는 것은 시기상조이라는 입장에서 시간을 두고 정당공천제의 장점을 극대화하고 단점을 완화시킬 수 있는 제도적 보완을 모색하는 것이 더욱 바람직할 것이다.

2. 지방권력의 과도한 횡포와 지방자치

지방 토호세력이란 지역사회의 산업이나 경제활동을 주도하는 사람들로서 지방정치에 막대한 영향력을 행사할 수 있는 잠재력을 갖고 있는 집단을 말한다. 지방정부는 각종 건설공사 발주를 비롯해 지역사회에서 다양한 경제활동을 하고 있는데, 지방자치가 본격적으로 실시되면서 지방 토호세력이 단체장 혹은 지방의회의원으로 진출하게 되었다. 지방 토호세력이 반드시 부패나 비리의 주범이라고 단정하기는 어렵지만 지방정치에의 과도한 진출에 따라 지방권력에 의한 비리와 부패, 이권 나눠먹기 등이 나타나고 있다.

2007년 경북 청도 군수 재선거에서는 정한태 전군수가 5억 6천여 만 원을 살포한 혐의로 구속된 바 있고, 2008년 5월에는 서울시의회의 김귀환 의장이 시의원 28명에게 돈봉투를 돌린 혐의로 구속되었다. 또 2008년 9월, 김진억 임실 군수는 관내 상수도 확장공사와 관련하여 건설업자로부터 7천만 원을 받은 혐의(특정범죄가중처벌법상 뇌물수수 및 범인도피)로 구속기소되었다(전북일보, 2008년 9월 8일). 지방의원의 부패와 비리를 줄이기 위해 무보수 명예직이었던 의원직에 의정비를 지급하도록 하였으나 지방의 토착비리는 줄기는커녕 갈수록 증가하고 있는 실정이다.

토착비리의 형태도 다양하다. 우선 선거과정에서 지역의 건설업자나 골재업자들이 후보에게 뒷돈을 대준 뒤 당선 후 공사수주와 인허가, 인사청탁 등 압력을 가하는 것은 다반사이고, 이를 거절할 경우 비위사실을 수사기관에 흘려 정치생명을 끊는 것으로 보복하는 경우가 있다. 지역발전을 명분으로 지방 토호세력 소유한 부동산의 용도변경을 해주어 땅값을 크게 올려주는 경우도 있고, 관급공사를 특정 건설사나 집단에 몰아주는 경우도 있다. 인사권을 쥐고 있는 단체장이 직원들의 승진청탁과 뇌물을 받는 경우도 심심치 않게 일어나고 있다. 시장 · 군수들의 친목모임 회비를 예산으로 납부한 뒤 임기 말에 잔액을 수천만 원씩 개인들이 챙기는 일도 있다. 단체장을 감시하고 견제해야 하는 지방의회도 부패와 비리로부터 자유롭지 못하다. 의장선거에 출마하는 동료 의원들로부터 돈을 받거나 동료의원의 이익이 걸려 있는 사업 관련 예산을 통과시켜 주고 감사표시로 돈을 받는 경우도 있다. 자신이 소유한 부동산

〈그림 1〉 지방자치단체장 기소현황

(단위 : 명)

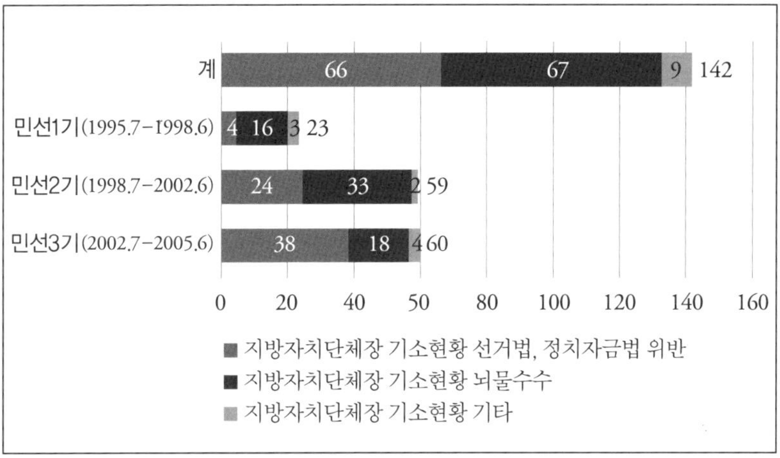

자료 : 한국일보(2005.06.29). 「지자제 10년」 〈4〉 방만한 지방 경영.

〈그림 2〉 지방의원 사법처리 현황

(단위 : 명)

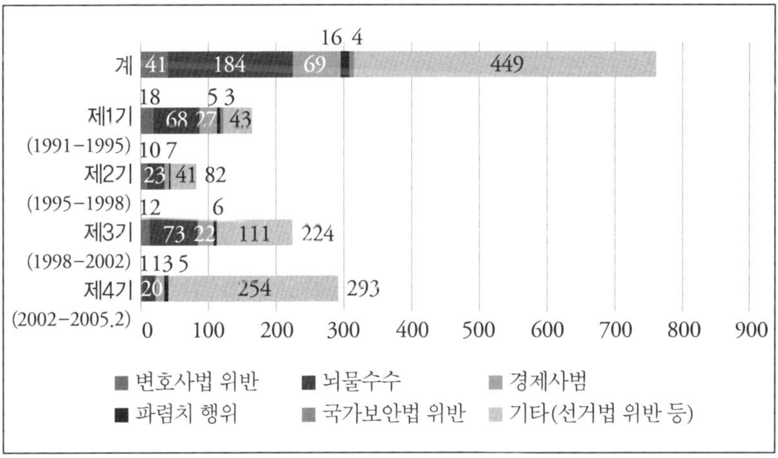

자료 : 한국일보(2005.06.29). 「지자제 10년」 〈4〉 방만한 지방 경영.

을 지방자치단체가 비싼 값에 매수하도록 압력을 가하기도 한다. 이에 따라 1996년부터 2005년까지 10년간 구속된 단체장만 142명에 달하고,

그 중 절반 정도는 뇌물수수 혐의로 구속된 바 있다(한국일보, 2005년 6월 29일).

지역발전을 선도하고 중추적 역할을 해야 할 지역의 핵심 인사들이 오히려 지방발전의 장애요인이 되고 있는 것이다. 지방자치단체 비리의 핵심적 요인으로 지역 토호세력이 지목되고 있는 것은 단체장과 지방의회의원들이 선거과정에서 자금력을 갖춘 지역 토호들의 도움을 받을 수밖에 없고, 당선되면 이들을 배려하지 않을 수 없는 지방선거의 구조적 요인 때문이라고 할 수 있다. 이에 따라 최근 청와대는 민선 지방자치 4기를 맞아 지방권력과 결탁한 토착세력의 고질적 비리가 지방자치는 물론 지역경제를 갈수록 악화시키고 있다는 판단에서 지역사회의 부패고리를 척결하겠다는 의지를 천명하였다(세계일보, 2008년 9월 6일). 자치단체장이나 의회의원은 물론 이들을 감시하고 기소해야 할 검찰이나 경찰 등 사정기관들도 조사의 대상이 될 수 있다는 입장에서 강력한 척결의지를 표명한 것은 바람직하지만 이를 구체적으로 실현할 수 있는 수단은 여전히 미흡한 실정이다. 결국 시간이 가면서 부패와 비리에 연루된 공직자들을 지역주민 스스로 단죄하여 지방정치에서 배제시키는 길만이 궁극적으로 부패와 비리의 연결고리를 끊어내는 방법이라고 할 수 있다. 이를 위해서는 지역주민 스스로 시민의식을 함양하고, 선거과정에서 합리적인 의사결정을 단호하게 보여주지 않으면 안될 것이다.

3. 지방의회의원의 의정비 인상 문제

지방의회의원직은 본래 무보수 명예직으로 출발하였다. 그러나 의원들이 의정활동에 전념하도록 하고 전문성 있는 지역인사들이 의회에 참여하도록 하기 위해 의정비제도를 신설하였다. 이에 따라 의원들은 과거 회기일수에 따라 지급받던 회기수당 대신 월급 성격의 월정수당을 받게 되었고, 그 액수는 지방자치단체의 재정능력 등을 고려하여 단체별로 주민대표로 구성되는 의정비심의위원회를 통해 자율적으로 결정하도록 하였다. 그러나 현행 지방자치법시행령 제15조 1항 3호는 지방의회의원의 월정수당을 의정비심의위원회가 자율적으로 정한다고 규정하고 그 상한선이나 하한선을 정하지 않고 있어 의정비 인상 러시가 이루어지는 사태가 벌어지고 있다.

의정비제도의 도입은 젊고 참신한 전문인력들이 경제력에 구애받지 않고 기초의회에 진출하여 의정활동에 전념할 수 있게 하고 지방 토호세력의 과도한 의회진출을 예방하여 지방수준의 민주주의 실현을 앞당길 수 있을 것이라는 기대에서 출발했다고 볼 수 있다. 그러나 불과 1년여가 지난 2007년, 각 지방의회에서는 의정비 현실화를 빌미로 경쟁적으로 인상하기 시작하였고, 주무부처인 행정안전부가 의정비 인상에 대한 가이드라인을 제시했음에도 불구하고 불과 2년 만에 의정비는 두세 배 인상되었다. 게다가 인천 계양구의회는 자신들이 받는 의정비를 인상하기 위해 주민 여론조사를 조작하는 등 불법도 서슴지 않고 있다(연합뉴스, 2008년 11월 4일). 가뜩이나 주름진 서민경제와 높은 청년실업에 지친 시민들이 이에 분노하는 것은 너무도 당연하다.

의정비와 관련된 문제는 크게 두 가지로 나누어 생각해 볼 수 있다. 첫째는 의정비의 절대적 규모이다. 한 마디로 지방의원들의 업무내용에 비해 의정비 수준이 너무 높다는 것이다. 처음 의정비가 도입될 때, 회기수당에 비해 의정비는 월등히 높은 수준에서 출발했음에도 불구하고 매년 의정비 현실화를 이유로 각 지방의회들이 지속적으로 의정비 인상을 시도하고 있는 것이 문제의 핵심이다. 의정비는 원활한 의정활동을 불가능하게 할 정도로 적어서도 안 되지만 처음에 적게 책정되었다는 이유로 시행 1년 만에 두세 배로 인상하겠다고 나서는 것은 문제이다. 주민대표로 구성된다고는 하지만 자치단체장과 의회가 각각 1/2씩 추천하여 구성한 의정비심의위원회에서의 결정도 주민의 의사를 확인하지 못한다는 한계가 있다. 의정활동의 내용이 그만한 연봉을 줄 만큼 가치가 있는지도 검증되지 않았고, 자치단체의 열악한 재정상태도 연봉 인상에서 고려되지 않았다는 것도 문제이다.

둘째로는 지방의회의원들이 하는 일은 대동소이하지만 지방재정의 건전성에 따라 의정비에 있어 지역 간 편차가 매우 크다는 점이다. 지방의원의 의무나 의정활동의 차이는 거의 없지만 광역의회의 경우 서울은 3,657만 원, 제주는 2,511만 원으로 약 1,000여 만 원의 차이가 있고, 기초의회의 경우 서울 강남구가 3,693만 원의 의정비를 책정하고 있으나 전북 남원시는 1,581만 원으로 무려 2,000여 만 원의 차이가 나고 있는 것이 현실이다(한겨레신문, 2008년 10월 6일).

의정비를 무조건 적게 주는 것은 의정비제도의 도입 취지를 고려할 때 바람직한 대안이 될 수는 없다. 그렇다고 지방의회의원들의 의정비 인상 요구를 그대로 수용하는 것도 재정적 부담을 고려할 때 바람직하다고 볼 수 없다. 의정비는 지방의회의원들의 활동내용과 회기일수, 지방자치단체의 재정능력, 지방의원의 겸업 여부, 물가인상률, 타분야 임금상승률 등을 종합적으로 고려하여 합리적 수준에서 결정되어야 한다. 문제는 세금을 부담하는 주민과 의정비를 받는 의원들과의 사이에 이 합리적 수준에 대한 견해의 차이가 매우 크다는 데 있다. 행정안전부는 전국 지방자치단체의 인구와 재정자립도 등을 고려해 내년도 의정비 기준액수를 통보하고, 각 기초자치단체들이 자체적으로 구성한 의정비 심의위원회에서 기준액의 20% 범위 안에서 의정비를 결정하도록 하고 있다.

이를 고려할 때 앞으로는 의정비의 과도한 인상과 관련한 갈등적 논쟁보다는 지방의원들이 스스로 의정비보다 더 높은 수준의 가치 있는 의정활동을 수행하여 그 혜택을 지역주민들에게 되돌려 줄 수 있도록 노력해야 할 것이다.

4. 주민소환제

주민소환제는 주민들이 투표로 선출한 단체장이나 지방의원들이 위법하거나 부당한 행위를 하는 경우, 혹은 직무유기와 직권남용이 발생한 경우 일정한 요건을 갖추어 그 자리에서 해임할 수 있는 제도이다. 해임의 필요성이 제기된 경우, 청구인은 유권자 일정비율 이상의 찬성서명(광역단체장 주민소환투표 청구권자 총수의 10%, 가초자치단체장 15%, 지방의원 20%)을 통해 주민투표 실시 자격을 취득한 뒤 소화투표에서 유권자의 3분의 1 이상 투표, 투표자 과반수의 찬성이 나오면 해당 단체장이나 지방의원은 그 식위에서 해임된디(주민소환에 관한 법률 제7조).

2007년 처음 도입된 주민소환제는 선출직 공직자들의 비리나 위법 또는 부당행위 등에 대하여 주민들의 직접적인 견제를 가능하게 했다는 점에서 일단 지방민주주의의 수준을 한 단계 높인 것으로 평가된다. 선출직 공직자들이 지역주민들로부터 견제를 받고 있다고 인식하는 것 자체가 지방행정의 윤리성 확보를 위한 장치로서 기능할 수 있다는 점도 장점이라고 할 수 있다. 하지만 주민들의 정치참여에 대한 관심이 낮은 상황에서 소환 청구사유에 대한 명확한 규정이 없어 선출직 공무원이 마음에 들지 않는 일부 정치세력에 의해 주민소환이 남용될 가능성이 있다는 지적도 있다. 또 그로 인해 주민소환제도가 자칫하면 사전

선거운동으로서의 역할을 할 수도 있다는 것도 문제가 된다. 주민소환이 실시될 경우에도 지역주민의 참여가 낮아 무산될 가능성이 높고, 소환절차에 대한 소송을 통해 소환투표가 장기간 지연될 수 있으며, 무엇보다도 소환투표의 비용을 각 지방자치단체가 부담해야 하지만 소환의 청구권자는 비용부담을 하지 않아 주민소환이 남발되면 막대한 추가적 예산이 필요하다는 점 등도 문제가 될 수 있다.

2007년 12월, 하남시에서 실시된 최초의 주민소환투표는 주민소환제와 관련해 많은 교훈을 남겼다. 하남시 주민소환추진위원회는 김황식 시장이 광역화장장 유치결정 과정에서 주민의 의사에 반하여 오만과 독선을 보였다는 이유로 소환을 청구하였다. 이에 대하여 김시장은 누가 시장이 되도 지역발전을 위해 광역화장장의 유치는 필요하다는 주장을 굽히지 않았고, 김시장은 소환추진위원회가 선거관리위원회에 제출한 서명부가 대리서명 등으로 적법요건을 갖추지 않았다는 이유로 관련자를 고발하는 소환절차와 관련된 소송이 발생하여 투표가 지연되었다. '광역화장장 유치' 라는 정책결정이 주민소환의 대상이 될 수 있는가도 문제지만 소환추진 과정에서 찬반양론으로 지역주민의 갈등이 깊어졌고 행정공백이 장기화되는 문제점도 나타났다. 결국 12월 12일, 주민소환투표는 실시되었지만 투표율이 3분의 1에 미달됨에 따라 개표 없이 자동적으로 주민소환 절차는 종료되었고, 약 9억 2천여 만에 달하는 투표비용은 고스란히 하남시가 부담하게 되었다(서울신문, 2007년 12월 13일).

주민소환제는 지방 토호세력과 유착된 지방권력을 견제하고 풀뿌리 민주주의를 활성화시키기 위해 필요한 제도임은 두말할 나위가 없다. 그러나 소환청구의 사유에 제한이 없어 정책결정에 대하여도 소환을 청구할 수 있는 점이나 청구 이후 소환이 이루어질 때까지의 기간제한이 없고 관련자들의 쌍방 소송으로 갈등이 장기화될 수 있는 점, 그리고 소환청구시 청구인의 비용부담이 없어 빈번한 소환이 있을 경우 자치단체의 재정부담이 커질 수 있다는 점 등은 개선되어야 할 것이다. 청구사유를 과도하게 제한해서는 안 되지만 정책적 판단이 다르다는 것을 이유로 주민소환을 청구하는 것은 주민소환의 남용으로 보아야 할 것이다. 또 관련 소송의 기간을 제한하여 지역내 갈등이 장기화되는 것을 막고 청구인의 비용분담을 명시하여 소환이 남용되는 것을 예방할 필요가 있다. 아울러 지방선거에서의 낮은 투표율 등을 감안할 때 3분의 1 이상 유권자의 투표요건을 완화할 필요가 있다는 주장도 있지만, 이를 완화할 경우 소수 유권자의 의사를 지역주민 전체의 의사로 간주한다는 문제점이 있어 완화해서는 안 된다는 입장도 존재한다.

주민소환제는 가장 최근에 도입된 지방선거제도로서 지금까지 단 한 차례 실시되었다.[4] 또 지방정치의 비리와 부패, 지방 토호세력과 지방권력 유착 등이 여전히 심각한 문제가 되고 있는 현실에서 지방권력을 실질적으로 견제할 수 있는 주민소환제는 반드시 필요한 제도라고 할 수 있다. 따라서 이에 대한 근본적 변화를 논의하는 것은 시기상조이며, 문제점이 누적될 경우 제도 개선을 신중하게 검토하여야 할 것이다.

5. 참공약 운동(매니페스토 운동)과 지방선거

선거는 유권자들이 정당에 의해 제시된 후보와 정책공약에 대하여 자신의 정치적 선호를 나타냄으로써 국가나 지역공동체의 의사결정을 위임할 특정 정당과 후보를 선택하는 행위이다. 민주주의 체제에서 국민은 주기적인 선거를 통해 정치를 담당할 대리인을 선출하는데, 선출된 공직자들이 약속을 잘 지키고 공동체를 위해 기여했다고 판단되면 재선을 통해 상을 주고 그렇지 못한 경우에는 낙선시킴으로써 벌을 주게 된다. 그런데 언제부턴가 우리나라에서는 정당의 공약이나 후보의 자질과 같은 합리적 기준보다는 지연이나 학연, 이미지 등 비합리적 기준이나 선거 직전의 사건 · 사고 등 소위 '바람'이 선거결과에 큰 영향을 미쳐왔다. 그러다 보니 정작 선출직 공무원들이 당선되면 시행하겠다고 약속하는 선거공약은 대부분 공약(空約)으로 전락하기 일쑤였고, 선거가 끝나면 별다른 신경을 쓰지 않는 것이 보편화되었다.

과거 16대 총선에서도 특정 후보에 대한 낙천 · 낙선운동이 있었지만 2006년 실시된 5 · 31 지방선거에서는 학계와 시민단체, 중앙선거관리위원회 등을 중심으로 보다 체계적인 노력이 나타났다. 일명 매니페스토 운동 또는 참공약 실천운동이 그것이다. 매니페스토란 "선거공약의 목표치를 구체적이고 확실하게 내세워 실현을 위한 재정적 근거와 로드맵을 구체적으로 제시한 것으로 선거공약에 기간, 목표, 공정, 재원, 나아가 우선순위라는 구체적 계약을 담는 것"을 말한다(이현출, 2006 : 3). 매니페스토는 1834년 영국 보수당의 로버트 필(Robert Peel) 당수가 탬워스(Tamworth) 선거에서 처음 제시했다고 하며, 1906년 노동당이 이를 문서화시켰고, 오늘날과 같은 형태의 매니페스토는 1935년 보수당에 의해 처음 작성되었다고 한다. 매니페스토는 국민에 대한 계약과 같은 의미로서, 당선되면(혹은 집권하면) 이러이러한 정책들을 제시된 우선순위와 기한 내에 수행하고, 구체적 수치로 제시된 목표치에 대한 달성 여부를 평가받겠다는 일종의 공개적 선언이라고 할 수 있다. 따라서 비록 이름은 다르지만 미국이나 독일, 일본 등에서도 발견되고 있으며, 우리나라와 근본적으로 다른 점은 추상적이거나 모호한 내용이 아니라 구체적이고 실현 가능한 목표치의 제시와 그것을 통해 달성하려는 미래 비전을 제시하고, 달성여부를 다음 선거에서 평가받는다는 점이다(홍성걸, 2007).

지방선거는 후보자의 수가 많고 지역별로 중요한 정책 이슈도 다양할 수밖에 없어 정책공약의 비교분석이 쉽지 않은 특징이 있다. 5 · 31 지방선거는 서울시장 선거에서 오세훈 후보와 강금실 후보가 맞붙고 박근혜 한나라당 대표에 대한 테러가 발생하는 등 이미지와 바람에 큰 영향을 받은 선거였다. 그럼에도 불구하고 우수한 정책공약을 제시한 후보들이 대거 당선됨으로써 정책공약의 중요성이 부각된 선거이기도 했다. 구체성(Specificity), 측정가능성(Measurable), 달성가능성(Achievable), 적절성(Relevance), 시간계획성(Timed)의 5개 기준의 머릿글자를 따서 붙인 SMART 평가지표에 따라 16개 광역자치단체 후보자들의 공약을 평가한 결과 평가점수가 높았던 후보들이 95%의 신뢰도에서 통계적으로 높은 당선가능성을 보였다. 또 현직인 후보자의 당선가능성이 일반 후보자들보다 높은 상관관계를 보였다(홍성걸, 2007 : 167-168). 이러한 결과는 우수한 정책공약을 제시한 후보자의 당선가능성이 상대적으로 높다는 것을 의미하는 것으로서 지방선거의 정책선거화의 가능성을 시사하는 것으로 주목된다고 하겠다.

Ⅴ. 민주적 지방선거와 지방자치의 미래

지방선거는 지역주민에 의한 지방수준의 민주주의를 실천하기 위한 첫 단추이다. 바람직한 지방선거는 지역사회의 구성원들이 스스로 자신의 문제를 찾아 이를 해결하여 지역경제를 활성화시키고 지역주민의 삶의 질을 개선하는 데 기여해야 할 것이다. 우리나라는 다양한 제도를 통해 지방선거를 보다 민주적이고 투명하게 실시할 수 있도록 노력하고 있으며, 최근에는 주민소환제를 도입하는 등 지방정부에 대하여 보다 강력한 민주적 통제를 가능하게 하고 있다.

그러나 아무리 좋은 제도를 도입한다고 해도 지역주민들이 이를 제대로 활용하지 못한다면 오히려 없는 것보다 못할 수도 있다. 지역주민들이 지역사회와 국가 전체의 입장에서 볼 때 반드시 해야 할 일들을 좁은 지역이기주의나 님비(NIMBY)적 사고를 고집할 경우, 지역수준의 민주주의는 오히려 국가나 지역사회의 발전에 해가 될 수 있다. 지방자치는 성숙된 시민의식과 민주적 사고를 바탕으로 발전할 수 있다는 것을 명심해야 할 것이다.

참고문헌

서울신문(2007. 12. 13). "님비현상에 발목 잡힌 행정 … 주민소환제 개정 논의일듯."
세계일보(2008. 09. 06). [단독] 청와대, "지방 토착비리 손본다."
안성호. 1991. "地方選擧와 地方民主主義." 『한국지방자치학회』 3(1) : 87–109.
안용식 · 강동식 · 원구환. 2004. 『지방행정론』. 서울 : 대영문화사.
연합뉴스(2008. 11. 04). "'여론 조작' 인천 계양구 의원 3명 집유(인천지법)."
임승빈. 2006. 『지방자치론』. 서울 : 법문사.
이현출. 2006. 『매니페스토와 한국정치 개혁』. 서울 : 건국대학교 출판부.
전북일보(2008. 09. 08). "지방 토호세력의 과도한 진출에 따른 지방권력의 이권나눠먹기."
충북일보(2008. 03. 11). "지역구 국회의원의 막대한 영향력에 따른 지방정치의 중앙정치화."
최봉기. 2006. 『지방자치론』. 서울 : 법문사.
한겨레(2008. 10. 06). "의정비 차별화 지역격차 심화시킬 것."
한국일보(2005. 06. 29). "지자제 10년" 〈4〉 방만한 지방 경영.
홍성걸. 2007. "5 · 31 지방선거에서의 광역단체장 선거공약에 대한 SMART분석." 『한국정책학회보』 16(3) : 147–175.

주

1 보통선거의 원칙은 1920년대를 전후해 보편적 원칙으로 자리잡았지만 민주주의의 초기에는 오히려 차별선거가 원칙이었다. 예컨대 미국의 건국 초기에는 일정한 액수의 재산세를 납부하는 백인 성인 남자에게만 투표권이 인정되었고, 재산으로 취급되었던 노예 5명당 3표를 그 소유주인 백인에게 인정하는 "5분의 3원칙"도 있었다. 스위스는 자타가 공인하는 선진국이지만 1967년에야 비로소 여성들에게 투표권을 인정했다.

2 평등선거의 원칙도 비교적 뒤늦게 수립된 선거의 보편적 원칙이라고 할 수 있다. 초기에는 재산이 많거나 학식이 높은 성인 남자들에게는 더 많은 표를 인정하는 것이 합리적이라고 생각했었다. 오늘날에도 국제기구에서는 평등선거가 오히려 예외적으로 적용되고 있다. UN은 1국가 1표제를 유지하고 있지만 IMF나 World Bank 등 대다수 국제기구에서는 각 회원국이 부담하는 금액에 비례해 의결권을 인정하고 있다.

3 비밀선거의 원칙은 대부분의 민주적 선거나 투표에서 일반적 원칙이지만 국회의원이 국회의 안건에 대해 표결하는 경우는 공개를 원칙으로 하고 있다. 이는 국회의원의 투표는 의원 개인의 의사라기보다는 자신이 대표하는 지역이나 직능을 대신해 투표행위를 하기 때문이다. 다만 국회의원의 신상에 관한 안건의 경우에는 비밀투표를 원칙으로 하고 있다.

4 2009년 6월 현재 김태환 제주지사에 대한 주민소환 절차가 진행 중이어서 두 번째 사례로 기록될 것으로 보인다.

6 지방자치와 시민참여

Ⅰ. 서론

지방자치란 지역주민의 의사에 따라 지방정부의 정책이 결정 · 집행되는 정치제도이다. 시민참여는 지방자치 실시의 근본이고 성공을 위한 필요조건이다. 이런 차원에서 2006년 5월 지역주민이 직접 지방정부 운영의 중요한 부분에 관여할 수 있는 제도적 장치를 마련하여 직접민주주의를 강화했다. 지방자치법에 주민투표(13조의 2), 주민발안(13조의 3), 주민소환(13조의 8) 등 기본적인 직접민주주의 제도를 마련했을 뿐만 아니라 주민감사청구제도(13조의 4)와 주민소송제도(13조의 5) 등까지도 제도화했다.

지방자치제도를 실시해야 한다는 대의명분 중에서 가장 강력한 것

■ **박희봉**(중앙대학교 행정학과 교수)

은 민주주의를 정착하자는 것이다. 이것은 지방자치제가 실시됨으로써 국가의 주권자인 국민이 실질적으로 정책판단의 주인공이 될 수 있는 기회가 제공될 수 있다는 논리에 근거를 두고 있다. 이러한 관점에서 볼 때, 국가의 정책판단과 집행은 당연히 국가의 주권자에 의해 행해져야 하는 것이기 때문에 어떤 한 국가가 그동안 주권자인 국민의 의사가 중앙 및 지방정부의 정책판단과 집행에 반영되기 어려운 제도 아래 있었다면 그 국가는 민주주의를 행하는 국가로 보기 어렵다. 따라서 지방자치제 실시와 주민참여의 확대는 민주주의 제도화의 필연적 요소라고 할 수 있다. 그러면 지방자치제가 실시되어 주권자인 국민의 소리가 정책판단과 집행에 직접적인 영향력을 행사할 수 있는 기회가 많아진다고 해서 민주주의가 완결될 수 있는 것인가? 이러한 주민참여의 확대에 대한 긍정 및 부정론은 지방자치제 실시에 관한 논란이 있을 때부터 지방자치제 실시에 대한 우려와 함께 있어 왔고, 또한 지방자치제 실시를 주창해 온 많은 사람들 역시 지방자치제 실시로 주민참여가 확대된 후의 부작용을 해결할 수 있는 확실한 대안을 갖지 못하고 있는 것이 사실이다.

주민참여가 확대된다는 것 자체는 기본적으로 민주주의를 확대하는 것으로 환영할 일이다. 하지만 어떤 제도도 취지가 좋다고 해서 그 운용도 좋기만 할 것이라고 기대할 수만은 없다. 참여의 과잉 또는 특정인의 과다한 참여로 인해 제도수립의 취지를 훼손할 수도 있기 때문이다. 민주주의를 엘리트 간의 경쟁적인 정치체제로 정의하여 주민참여를 대의민주주의로 흡수하는 것이 보다 현실적인 민주주의를 실현하는 길임을 주장하는 자유민주주의자들은 주민참여 확대를 남용의 가능성을 이유로 위험할 수 있다고 경고하고 있다. 이에 반하여 참여민주주의자들은 대의민주주의가 계층에 따라 주권을 실현하는 데 있어서 공평하지 못하다는 점을 이유로 다소 문제가 발생하더라도 소외 가능성이 있는 계층의 참여를 국가가 적극적으로 보호하고 증진시켜야 한다는 점을 강조하고 있다.

따라서 본글에서는 주민참여 확대에 관한 자유민주주의자와 참여민주주의자 간의 기본적인 논의를 바탕으로 주민참여 확대 실시의 운용과 과제를 살펴보겠다. 참여 확대에 관한 이들의 견해 차이를 통해 참여 확대에 대한 기대와 우려를 살펴봄으로써 주민참여 확대방안을 논의하겠다.

Ⅱ. 이론적 배경

1. 시민참여에 관한 자유민주주의자의 견해

자유주의자들은 민주주의를 경쟁적인 정치체제로 정의하며, 이것을 모든 국민이 국가의 정책결정에 참여할 수 있는 수단으로써 각종의 정치 리더와 정당조직이 대안을 내고 국민들이 그 대안을 선택하게 하는 대의민주주의의 형태로 나타나는 것이라고 설명한다. 달(R. Dahl)의 주장에 따르면 합리적인 시민들은 자신의 의사를 정책에 반영시키기 위해 자신의 뜻에 동조하는 시민들을 규합, 조직을 형성하고, 이 조직의 힘으로 국가의 합의과정에 영향을 주어 마침내 자신의 의사를 관철한다[1]고 한다. 대의민주제 하에서 주권자의 의사는 자발적으로 구성된 조직 또는 정치 리더에 영향를 미침으로써 간접적으로 충분히 반영될 수 있다는 것이다. 실제로 개인이 자유시장에서 경제활동을 하고, 투표에 의하여 정치리더를 선택함으로써 주권자의 의사는 현실에 반영되고, 개인이 원하는 것을 충분히 얻어낼 수 있다는 것이다.

이러한 대의민주제로써 개인의 의사를 정책에 충분히 반영할 수 있다는 자유주의자들의 견해는 주민참여를 확대할 필요가 없다는 것을 의미한다. 사실 자유주의자들의 가정대로 모든 시민들이 살아가는 데 있어서 정책결정 과정을 이해하여 자신의 이익을 충분히 정책결정에 반영할 수 있다면 실질적으로 민주주의는 주민참여의 확대 없이 완성될 수 있을 것이다.

자유주의자들은 이에 반해 참여의 확대가 오히려 민주적 가치를 왜곡시킨다고 비판한다. 즉 대중이란 민주적인 제도와 가치에 대하여 직접적인 공격을 가하는 경우가 있으며, 심지어는 비민주적인 행동으로 그들의 대표를 자극하는 경향이 있기 때문에 민주주의에 본질적인 위협이 된다는 것이다. 또한 공공영역에 있어서 주민참여가 확대되면 편견의 동원(mobilization of bias)[2]이 증폭되어 실질적으로 확산된 주민참여를 줄이게 되는 결과를 가져온다는 것이다. 따라서 민주주의를 수호하기 위해서는 민주적 가치를 깨닫고 있는 엘리트가 지도력을 형성하고 대중의 정치적 활동을 이 엘리트가 대행하여 원칙적으로 대중들이 움직이지 않도록 할 필요가 있다는 것을 주장한다.

더욱이 현실적으로 참여민주주의 체제 하에서는 다수의 참여집단이 형성되어 자기 집단의 이익을 극단적으로 고집하고 이기적인 결정을 하게 됨으로써 통합되어야 할 국가의사가 고도로 분할되고 사회의 방향성을 잃게 된다는 점이 지적되고 있다. 즉 참여민주주의에 대해 비판적 견해를 가진 이들은 대중이 직접적으로 사회를 통치하거나 다수의 노동자들이 기업을 통제할 때, 중요한 의사결정에 있어서 개인의 분화된 이기심과 욕심을 줄여서 화합에 이를 수 있는가에 대해 의문을 제기한다.

따라서 자유주의자들은 대의민주제가 오히려 현실적으로 시민들의 참여를 보장해 주는 제도라고 주장하며, 다음과 같은 이유를 들며 자신의 이론을 정당화 시키고 있다. 첫째, 대의제는 근본적으로 국민투표라는 평등주의의 개념으로부터 출발한다는 것이다. '한 사람, 한 투표'의 원칙이 현실화 될 때 사람들의 의견의 차이가 민주적으로 여과될 수 있다는 것이다. 이 원칙은 본질적으로 정책결정이 다수에게서 이루어지는 것으로써 엘리트가 중심이 아니라 이익을 향유하고 있지 못하는 대중에게 유리한 제도라는 것이다.

둘째, 대의민주주의는 의사결정에 있어서 분권화된 참여형태로부터 생성되는 이기적이고 분파적인 이익들을 효과적으로 여과해 주는 장치라고 한다. 자유주의자들은 대의체제를 대표들이 대립하고 있는 서로 다른 주장들을 합리적으로 타당하고 대중의 신념을 추구할 수 있는 방향으로 해결하기 위하여 특정한 사람의 특정한 이익과 전체의 이익이 상호 타협할 수 있는 필요한 공간을 제공할 수 있을 것이라는 메디슨(J. Madison)의 이론적 제시를 따르고 있다.

셋째, 대의민주체제는 자체 결함이 있기는 하지만 근본적으로 정치적 권위가 선거체제에 의해 부여되기 때문에 개인의 자유와 도덕성을 증진한다고 한다. 즉 경쟁적인 자유선거를 통하여 공직자들의 정직성을 유지함과 동시에 일반시민들의 정신적 독립성을 증신함으로써 민주적 가치를 보호할 수 있다는 것이다.

요약하면, 자유주의자들은 대의민주제를 통하여 모든 시민들의 뜻이 정책에 완전히 구현될 수 없다는 한계를 인정하면서도 참여민주주의에서 나타나는 시민들의 뜻에 대한 왜곡을 최소화할 수 있다는 것과 현실적으로 시민들의 뜻을 모을 수 있는 제도라는 점을 강조하는 것 같다.

2. 시민참여에 관한 참여민주주의자의 견해

대의민주제로 주권자의 의사를 정책에 고르게 반영할 수 있다는 자유주의자들의 가정에 대하여 참여민주주의자들은 대의민주제로는 계층이 낮은 사람들이 정치, 경제 및 사회적 활동에 있어서 참여할 수 있는 기회가 현저히 떨어진다는 것을 지적하고 있다. 또한 계층이 낮은 사람들이 그들의 이익을 보호하기 위하여 정책결정에 참여하려고 한다면 계층이 높은 사람들과 달리 손해를 감수해야 한다는 것이다. 일반적으로 계층이 낮은 사람들은 생계를 유지하기 위해 항상 바쁘기 때문에 자신의 이익과 관련된 문제에 참여하기 위해서는 평소에 하던 자신의 일손을 놓을 수밖에 없으며, 이에 반해 계층이 높은 사람들은 자신의 생업에 대한 영향 없이 국가의 정책결정과 집행에 참여할 수 있는 시간을 할애할 수 있기 때문이다.

현실적으로 대의민주제로는 이러한 계층 간 참여기회의 차이로 인해 주권자의 의사가 고르게 정책에 반영되지 않기 때문에 민주주의의 기본적인 명제에 치명적인 위협이 될 수 있다. 따라서 민주주의를 실질적으로 수행하기 위해서는 대의민주주의에서 발생할 수 있는, 많은 주권자들이 정책결정의 참여과정에서 소외되는 문제를 해결하여야 할 것이다. 그러기 위해서는 모든 국민이 참여할 수 있는 상황이 되도록 국가가 적극적으로 개입하여야 한다. 또한 주민참여를 확대하는 것은 현실적으로 많은 장점을 갖는다고 참여민주주의자들은 강조하고 있다.

밀(J. S. Mill)은 민주적 참여에 관한 그의 이론에서 주민참여의 확대가 개인의 완성된 모습을 가장 잘 가꾸어 주는 역할, 즉 민주주의의 교육을 통해 민주시민으로서의 개인의 발전을 가져올 수 있다는 점을 강조하였다.[3] 맥퍼슨(C. E. Macpherson)은 민주주의란 단순히 정치 리더를 선택하는 메커니즘 또는 정부에 권위를 부여하는 것이 아니라 시민들이 사회를 만들어 가는 것을 보여주어야 하는 것[4]이라고 하면서 민주주의에 있어서 평등의 원칙은 "한 사람 한 표(one man, one vote)를 준수하는 것뿐 아니라 그 사람이 완전한 인간으로 살아갈 수 있도록 한 사람, 하나의 평등하고 효과적인 권리(one man, one equal right)를 충족시켜야 한다"[5]고 주장했다. 따라서 민주적 참여란 참여자가 자신의 실질적인 권리가 무엇인지를 더욱 잘 이해할 수 있도록 하는 것으로써 평등이라는 민주적 가치를 달성할 수 있어야 한다고 하였다. 여기에서의 평등은 도덕적 평등이라는 민주적 신념으로부터 온 것이다.

페이트먼(C. Pateman)도 전통적인 자유주의자들의 민주주의 이론은 시민의 소외문제를 극복 할 수 없다고 비판하면서 민주주의는 대표를 뽑는 것 이외에 민주적 기관을 받아들이고 유지하는 데 필수불가결한 시민들 각 개인의 태도와 심리적 요인이 참여과정에서 발전된다는 것을 지적하였다.[6] 그녀는 대의적 차원 이상으로 민주적 참여를 현실화시키기 위해서는 시민들의 직장에서 민주화를 실현하는 능력을 향상시킴으로써 이루어질 수 있다고 하였다. 따라서 산업에 있어서 노동자의 참여는 정책결정뿐만 아니라 협의까지도 포함하는 것이다. 페이트먼이 위와 같이 민주주의를 실현하기 위하여 국가활동에 대한 참여뿐만 아니라 산업체에 있어서의 노동자 참여를 강조한 까닭은 모든 시민이 모든 영역에서 실질적인 참여가 이루질 수 있어야 비로소 권력의 재분배가 더욱 평등하게 이루어질 수 있고, 이러한 상태에서야말로 모든 정치과정에서의 민주화가 이루어질 수 있기 때문이다.

참여민주주의자들의 궁극적인 목표는 모든 시민들이 국가활동에 참여할 권리가 있다는 선언이나 형식적인 참여의 보장, 또는 참여 자체를 위한 상업현장의 민주화만을 의미하는 것이 아니다. 이들에게 있어서 민주주의의 기본적인 기준은 모든 시민들이 살아가는 데 있어서 자신이 원하는 만큼 충분히 현실적으로 평등한 권리가 제공되고 있는가와 모든 개인이 자신을 위해서 권리를 사용하고 있는가 하는 것이다. 이들은 참여의 확대만이 비로소 일반시민들이 한 인간으로서 자신의 능력을 발전시킬 수 있다. 따라서 궁극적으로는 자신의 삶을 향유할 수 있는 권력관계가 형성될 수 있다고 주장하는 것이다.

대의민주주의제가 주민의 정치참여를 보장할 수 있는 현실적인 제도라는 자유주의자들의 주장에 대해 참여민주주의자들은 진정한 주민참여를 해보지 않았기 때문에 나올 수 있는 이야기라고 반박하며 주민참여의 확대 없이 진정한 민주주의는 실현될 수 없다고 단언하고 있다.

바버(B. Barber)는 인간을 하나의 욕망덩어리(bundle of appetite)로 간주하여 이론을 전개시키고 있는 자유주의 이론의 도덕성의 박약을 비롯하여 자유주의 그 자체에 대해 근본적으로 논박했다. 그는 참여란 과정으로부터 민주성이 보호되는 것을 의미하는 반면에, 책임은 단순한 합의에 의한 결정에 의해 보장되지 않는 것이라고 주장했다. 왜냐하면 합의에 의한 결정에 의하여 궁극적으로 특정한 계층이 주로 이익을 보기 때문이다. 바버는 자신이 선호하는 민주주의는 지속적인 주민참여를 통하여 이루어지는 정책에 의하여 국가가 통치되는 것, 즉 의존적인 개개인이 모두 진정한 의미의 자유시민으로 발전되고 부분적인 개인의 이익이 공공재로 발전되는 것이라고 정의했다.[7] 그가 이야기하는 민주주의 사회란 민주주의의 핵심적 미덕인 참여 및 시민의식, 그리고 자유로운 정치활동 등이 문화 속에 침투되어 있는 사회를 말한다. 따라서 바버는 오늘날 미국 사회의 문제가 참여의 과잉으로부터 비롯된 것이 아니라 참여의 부족에서 야기된 것이라고 주장한다. 자유주의로부터 깊이 쇠뇌당하여 정부의 대표성을 너무 과신하게 됨으로써 현재의 문제가 야기된 것이라는 것이다.

따라서 바버는 오늘날 국가활동에서 벌어지고 있는 문제를 해결하기 위하여 시민들의 직접적인 참여를 대폭 수용할 수 있는 강력한 민주주의(strong democracy)를 제시하였다. 이러한 강력한 민주주의를 실현하기 위해 제도의 개혁이 필요한데, 여기에는 1) 주민회의, TV 토론, 시민교육과 평등한 정보의 접근을 가능하게 하는 시민통신, 시민 대표자 토론, 그리고 제비뽑기에 의한 공무담당 등의 강한 민주적 발언, 2) 주민발안과 정책에 대한 국민투표, 전자식 투표, 바우처(voucher) 및 공공선택에 의한 시장주의의 도입 등의 강한 민주적 의사결정, 그리고 3) 시민봉사제, 직업훈련과 고용기회의 확대, 주민 선택, 작업장 민주주의, 주민의 공동여가 등의 강한 민주적 활동을 들 수 있다.[8] 이와 같은 강한 민주주의는 결국 자유란 혼자만의 사적 활동에 의하여 이루어지는 것이 아니라 남녀노소 모두가 시민으로서 한자리에 모여 시끄럽게 토론하는 가운데 이루어지며, 이렇게 대화하는 가운데 서로가 공동의 인간성을 찾아갈 수 있다고 한다.[9]

이상과 같은 바버의 주장은 효과적인 주민참여에 의하여 올바른 정치적 판단을 도와줄 수 있는 방안이 모색될 수 있다는 점을 전제로 한다. 즉 정치적 판단의 핵심은 시민이 의도하는 바를 어떻게 효과적으로 표출하느냐 하는 것이다. 다시 말해서 바버의 주장은 올바른 시민의식이란 공동체 사회뿐만 아니라 갈등 속에서 잉태되는 것이며, 주민참여로 '나'라는 초점을 떠나 '우리'라는 결론에 이룰 수 있다는 의미를 함축하고 있다.[10]

맥퍼슨도 민주적 참여로 인해 참여자들 스스로가 능력과 힘을 가지고 있음을 인식하게 되고,[11] 이로 인해 개개인의 이익과 집단의 이익에 대해 새로운 개념화를 이룰 수 있게 될 것이라고 말하였다. 그러므로 참여로 인한 부작용은 참여의 확대로 제거될 수 있다고 하는 것이다. 페이트먼은 사회에서 참여에 대한 논의를 증대함으로써 자신이 가지고 있는 참여에 관한 통찰력을 구조화하려는 시도를 하고 있다. 그녀는 대부분의 사람들이 자신이 속해 있는 직장에서 대부분의 시간의 보내고 있으므로 직장에서의 민주적 참여가 보장될 수 있도록 직장 내에서의 의사결정 구조가 재편되어야 한다고 판단한 듯하다.[12] 즉 직장의 의사결정에 있어서 일반인의 참여가 보장되어야 실질적으로 사람들의 삶에 대한 만족도를 증가시킬 수 있기 때문이다.

참여민주주의자들이 주민참여의 확대를 주장하는 가장 중요한 관심은 참여의 과정이나 의사결정의 형태에 있는 것이 아니라 일반시민 개개인의 삶의 질의 향상에 있다. 그들은 민주정치란 단순히 투표과정에 참여하는 것 이외에 주민의 평등한 삶을 보장하기 위하여 소득의 재분배와 시민이 원하는 사회복지의 제공과 개인의 발전을 극대화하기 위한 정치상황을 제공하는 것도 포함한다. 이러한 민주적 목표가 개인의 능력 발전과 자발적인 참여를 통해 이루어지는 것으로, 정치체제가 일반시민들의 내적 능력의 개발뿐만 아니라 현실을 파악하여 자신의 이익을 찾을 수 있도록 만들어져야 하며, 이것은 주민참여의 확대를 통해 교육되고 현실화시킬 수 있다는 것이다. 참여를 통하여 다른 사람들과 권력을 공유한다는 것은 한 개인의 영향력을 증가시키는 것에 그치는 것이 아니라 그 사람이 속해 있는 집단의 영향력 또한 증가시키는 결과를 가져온다.

정치참여의 확대로 인해 집단의 동질성이 길러지며 증가한다는 것과, 반면에 각 개인이 자신의 주체를 자각하는 과정에서 많은 위험이 내재되어 있다는 양면성이 사실 많은 실증분석을 통해 증명되고 있다. 현실적으로 무기력한 다수를 자각하게 하는 방법을 찾는 것은 용이하지 않다. 그러나 분명한 것은 대중이 정책결정 과정에 참여함으로써 참여의 경험을 축적하게 되면 자신의 일상생활 속에서 민주주의의 실질적인 역할을 깨닫게 된다는 것이며, 이것이 민주주의를 실현하는 것이라는 것이다. 즉 참여의 확대는 일반대중이 자신의 힘을 자각하게 됨으로써 자신의 주체를 인식하고 자기 개발을 할 수 있게 되며, 이러한 모든 사람은 자기 개발로 인하여 결국 다른 사람의 존재 역시 인정하게 되고, 그에 따라 주체적인 공동사회를 함께 영위할 수 있게 된다는 것이다. 궁극적으로 대중의 참여가 확대되는 것은 다른 사람의 이익을 손상하는 '제로섬'(zero-sum)이 아니라 전체 인간성의 향상을 가져오는 '섬섬'(sum-sum)이라고 할 수 있다는 것이다.

3. 두 이론의 근본적인 시각차

참여민주주의자들이 자유주의 이론의 도덕성에 대한 비판에 대하여 노직(R. Nozick)은 오히려 참여민주주의 이론이 정의롭지 못하다고 반박하였다. 참여민주주의 이론에서 말하고 있는 정의, 즉 부의 재분배를 추구해야 정의롭다든가 또는 부의 재분배가 반드시 실현되어야 한다는 원칙을 세우게 되면 이러한 기준으로 인해 합법적인 수단으로 축적한 부(富)마저 재분배하게 됨으로써 오히려 개인의 근본적인 자유를 침해하는 결과를 가져온다는 것이다. 그에 따르면 가장 중요한 도덕성의 가치는 다른 사람의 권리를 인정하는 것이고, 또한 한번 합의를 하였으면 그 법률 하에서의 개인의 권리와 행동에는 제한이 있어서는 안 된다는 것이다. 노직과 같이 개인의 자유가 가장 중요한 인간의 가치라고 전

제하게 되면 어느 누구도 인간의 자유와 개인의 부를 침해할 수 없다는 결론에 이르게 된다.[13]

모든 개인이 양도할 수 없는 권리를 지녔다고 하면 국가의 활동 역시 개인의 근본적인 권리를 보호해야 하며, 따라서 국가의 활동은 최소한으로 줄여야 한다는 것을 의미한다.[14] 그러므로 노직은 시장경제가 개인의 자발적인 활동에 의해 이루어지는 것이므로 자유시장에 의해 확립된 질서는 정의로운 것이라고 말하고 있다. 그는 만일 시장이 정의롭지 못하다면 그것은 시장이 자의에 의해 왜곡되었기 때문이라고 말하고 있다. 이러한 노직의 논리는 인위적으로 국가가 참여를 확대한다는 것이 개인의 자유를 침해하는 결과를 가져오는 것으로 해석된다.

이렇게 개인의 자유를 우선시하는 자유주의 이론과 달리, 참여민주주의자들은 인간의 자유보다 개인으로서의 인간이라는 존재 이상의 존엄성에 인간의 근본적인 가치를 두고 있다. 또한 루소(J. J. Rousseau)와 같은 사회계약론자들은 모든 인간의 권리가 개인의 활동이 아니라 집단적 활동에서 기인하고 있다는 논리를 전개한다. 즉 개인의 어떠한 행위도 독립적이지 않고 다른 사람의 권리와 상호 연결된 것으로, 예를 들어 부의 축적에 있어서 한 사람의 개인만이 존재한다면 그 부는 축적될 수 없고, 오직 다른 사람들과의 상호작용 속에서 이루어 질 수 있다는 것이다. 따라서 소외된 자들을 정책결정 과정의 장으로 이끄는 참여의 확대는 그것이 인위적이라 하더라도 정당하며, 인간의 평등한 존엄성 확보를 위하여 행하는 부의 재분배도 정의로운 것이라고 주장하는 것이다.

이상의 참여의 확대를 주장하는 참여주의자들과 참여의 인위적인 확대를 반대하는 자유주의자들의 논쟁은 정치과정 속에서 무엇을 먼저 고려할 것인가 하는 우선권의 문제로 귀착된다. 즉 자유주의와 참여민주주의는 자유와 평등, 개인과 집단, 개인생활의 보호와 인간의 존엄성, 사적 재산의 보호와 집단가치 등의 문제와 직접 연결된다. 현실적으로 대의민주주의는 개인의 사적 활동을 중시하기 때문에 인위적으로 참여폭을 확대하면 현실적으로 정책을 왜곡시키는 결과를 가져오게 된다고 주장하는 것이며, 참여민주주의자들은 대의민주제는 정책결정 과정에서 다수를 소외시키기 때문에 국가가 대중의 참여를 확대함으로써 진정한 민주주의를 실현할 수 있다는 것이다.

Ⅲ. 주민참정제도

1. 주민투표

2004년 제정된 현행 주민투표법은 투표권자는 20세 이상 주민이며, 주민투표 대상은 ① 구 · 읍 · 면 · 동의 명칭 및 구역변경, ② 주요 공공시설의 설치 및 관리, 각종 기금설치, ③ 지방채 발행, 민간투자사업 실시, ④ 기타 주민의 복리 및 안정 등에 중대 영향을 미치는 결정사항 등으로 규정되어 있다. 기본적으로 지방자치단체의 권한에 속하는 것에는 지역주민의 투표에 의해 결정될 수 있음을 규정하는 것이다. 즉 지방자치단체의 권한에 속하는 사항에 관한 주민투표로서, 주민 또는 지방의회의 청구 또는 지방자치단체장의 직권에 의하여 실시되고, 주민투표 결과에 해당 지방자치단체의 장 및 지방의회를 구속하는 것이다.

그러나 주민투표는 지방자치단체의 권한 이외의 사항에 대해서는 구속력이 없다. 국가정책에 관한 사항에 대하여 중앙행정기관이 요구하는 경우 실시되는 주민투표로서, 그 결과에 구속력이 인정되지 않는 것이다. 이것은 지방자치단체의 폐치·분합에 관한 사항이 주민투표 사항이 아니라는 헌법재판소의 판결에 잘 나타나 있다.

주민투표 실시를 청구하는 경우 서명해야 하는 주민의 수는 주민투표청구권자 총수의 20분의 1이며, 주민투표는 발의된 지 20-30일 이내 실시되고 투표권자의 3분의 1 이상 투표와 투표자 과반수 찬성으로 안건이 가결된다. 주민투표에는 외국인의 경우도 투표행사 권리를 인정하고 있다. 단, 외국인의 경우엔 자치단체 간 형평성이나 외국인 투표권의 평등성을 고려, 20세 이상으로서 투표인 명부 작성 기준일 현재 ○○시(市)에 주소를 두고 있고 출입국관리 관계법령 규정에 의해 영주의 체류자격을 갖춘 자로 한정했다.

2. 주민발안

주민발의제도는 지방자치법 제13조 3에 규정되어 있다. 이에 따르면 시·도 및 제161조의 2의 규정에 의한 50만 이상 대도시에 있어서는 19세 이상 주민 총수의 100분의 1 이상 70분의 1 이하, 시·군 및 자치구에 있어서는 19세 이상 주민 총수의 50분의 1 이상 20분의 1 이하의 범위 안에서 당해 지방자치단체의 조례로 정하는 19세 이상의 주민 수 이상의 연서로 당해 지방자치단체의 장에게 조례의 제정이나 개폐를 청구할 수 있다.

2006년의 지방자치법 개정에서는 주민조례청구제도를 신설하였다는 의미로 받아들일 수도 있으나, 기존의 지방자치법에서 지방의회의원이 주도하던 조례청원권을 주민이 직접 발의할 수 있도록 하는 청구권으로 주민의 적극성을 부여하는 것으로 개정되었다는 점으로 받아들 수 있다. 2006년 지방자치법 개정 이전에는 주민이 조례제정을 원하는 경우 지방의회에 청원권을 행사할 수 있었다. 이 방법은 지방의원 1명의 소개만 있으면 행사할 수 있다는 편한 점이 있지만, 별도로 의원발의가 추진되지 않는 이상 의회에서 안건으로도 상정하지 않을 수도 있다는 문제점을 안고 있었다. 하지만 현행 지방자치법에서는 조례개폐에 있어서 주민발의가 편리해졌다는 점과 발의된 조례는 어떤 방식으로든 주민에게 공람되고, 일정한 수 이상의 주민에게 필요성을 인정받은 조례안은 지방의회에서 논의될 기회가 주어진다는 점이다.

개정된 지방자치법의 조례제정 및 개폐 청구에 관한 내용을 구체적으로 살펴보면 첫째, 조례에 관한 청구절차가 용이해졌다. 지방자치법에 의하면 50만 이상 대도시에 있어서는 19세 이상 주민 총수의 100분의 1 이상 70분의 1 이하, 시 · 군 및 자치구에 있어서는 19세 이상 주민 총수의 50분의 1 이상 20분의 1 이하의 범위 안에서 당해 지방자치단체의 조례로 정하는 19세 이상의 주민수 이상의 연서로 당해 지방자치단체의 장에게 조례의 제정이나 개폐를 청구할 수 있다고 규정하고 있다(지방자치법 제13조 ①). 한편, 조례의 제정이나 개폐를 청구하는 때에는 청구인의 대표자를 선정하여 이를 청구인 명부에 기재하여야 하며, 청구인의 대표자는 조례의 제정 및 개폐안을 작성하여 제출하여야 한다(지방자치법 제13조 ②)고 규정하여 조례 청구절차를 간소화하였다.

둘째, 주민으로부터 청구된 조례를 일정 기간 공람하는 것을 의무화함으로써 청구된 조례가 자연스럽게 주민들과 주민대표인 지방의원들에게 인지될 수 있는 장치를 제도화하였다. 즉 지방자치단체의 장은 제1항의 규정에 의한 청구가 있는 때에는 청구를 접수한 날부터 5일 이내에 그 내용을 공표하여야 하며, 청구를 공표한 날부터 10일간 청구인

명부 또는 그 사본을 공개된 장소에 비치하여 열람할 수 있도록 하여야 한다(지방자치법 제13조 ③)고 명문화하였다.

넷째, 청구된 조례에 관한 논의를 촉발시키기 위해 이의신청 및 심의절차를 두고 있다. 즉 청구인 명부의 서명에 관하여 이의가 있는 자는 제3항의 기간 이내에 당해 지방자치단체의 장에게 이의를 신청할 수 있다(지방자치법 제13조 ④)고 하는 동시에, 제4항의 규정에 의한 이의신청이 있는 때에는 지방자치단체의 장은 제3항의 기간이 종료된 날부터 14일 이내에 이를 심사 · 결정하되, 그 신청이 이유 있다고 결정한 때에는 청구인 명부를 수정하고, 이를 이의신청을 한 자와 제2항의 규정에 의한 청구인의 대표자에게 통지하여야 하며, 그 이의신청이 이유 없다고 결정한 때에는 그 뜻을 즉시 이의신청을 한 자에게 통지하여야 한다(지방자치법 제13조 ⑤)고 하고 있다.

다섯째, 청구된 조례에 대해 이의신청 기간 중 하자가 없는 경우 자동적으로 지방의회에 부의되어 심의될 수 있도록 하여 주민의 조례청구권을 강화하였다. 즉 지방자치단체의 장은 제4항의 규정에 의한 이의신청이 없는 경우 또는 동항의 규정에 의하여 행해진 모든 이의신청에 대하여 제5항의 규정에 의한 결정이 완료된 경우 제1항의 규정에 의한 요건을 갖춘 때에는 청구를 수리하고, 그러하지 아니한 때에는 청구를 각하하여 이를 청구인의 대표자에게 통지하여야 한다(지방자치법 제13조 ⑥)고 하고, 지방자치단체의 장은 제6항의 규정에 의하여 청구를 수리한 날부터 60일 이내에 조례의 제정 또는 개폐안을 지방의회에 부의하여야 하며, 그 결과를 청구인의 대표자에게 통지하여야 한다(지방자치법 제13조 ⑧)고 규정하고 있다.

3. 주민소환

지방주민들이 선거를 통하여 지방공직자에게 민주적인 정당성을 부여할 수 있다면 주민의 의사에 반하는 지방정치인은 공직으로부터 해임할 수도 있어야 한다. 이렇게 해서 도입된 주민소환제도는 지방정치인에게는 한번 당선되기만 하면 어떻게든 임기는 보장되는 임기제 하의 도덕적인 해이를 극복하는 자극제가 될 수 있다. 대표자로 선출된 공직자와 공무원으로 구성된 지방정부가 주민들의 기대에 부응하지 못하는 경우가 많다. 더욱이 독단적인 결정 및 집행, 정경유착, 부정부패 및 계층간 차별 등의 문제를 노출시킴으로써 주민들로부터 신뢰를 받지 못하는 경우가 발생한다. 주민참여는 이러한 상황에 대한 비판과 감시의 역할을 수행하게 된다. 주민소환제도란 지방의원, 지방자치단체의 장, 기타 지방자치단체의 공무원을 임기 전에 주민이 직접투표로써 해직을 결정하여 신분을 박탈하는 제도이다. 주민소환은 지방자치단체의 인사문제를 주민이 직접 결정하는 것이다.

주민소환은 시장 · 지사 · 광역의원이 위법 · 부당한 행위를 했거나 직권남용 · 직무 유기를 저질렀을 때 선거인(유권자) 10-20%의 서명을 받아 임기 도중에 직무를 박탈하는 절차를 담았다. 광역단체장인 시장 · 지사는 선거인의 10% 이상, 시 · 도의원은 해당 선거구 선거인의 20% 이상이 연서하면 소환을 결정하고, 80일 안에 소환투표를 실시해 선거인 과반수 투표에 과반수 찬성으로 대상자의 공직을 박탈하게 하였다. 다만, 행정에 주는 부담을 줄이기 위해 취임 뒤 6개월, 소환투표 뒤 6개월, 임기 만료 전 6개월 동안은 소환요구를 못하도록 제한했다. 소환대상은 지방자치단체장, 지방의원, 교육감, 교육위원이며, 비례대표 지방의원과 교육감, 교육위원은 주민소환 대상자로부터 제외하고 있다.

주민소환제도는 긍정적인 측면만 있는 것은 아니고 남용되는 경우에는 부작용도 심각할 수 있다. 정치적인 반대자에 의해서 남용되어 지방정치의 불안정을 초래하고, 극심한 지역사회의 분열을 초래할 우려가 있으며, 주민소환에 따른 비용과 행정적 낭비, 소신행정에 대한 불합리한 제재 등을 위한 수단이 될 수도 있다. 다른 한편으로 주민소환제도가 명목적으로 보장만 되어 있을 뿐, 이를 사용하여 주민이 지방행정이 통제하는 것이 사실상 불가능할 정도로 엄격한 요건을 설정하는 것도 바람직하지 않다.

4. 주민감사청구제도

주민감사청구제도는 그동안 서울시를 포함한 몇몇 자치단체에서 운영하고 있는 '시민감사청구제도'를 모델로 하여 새롭게 도입한 것이다. 이 제도는 2000년부터 전국적으로 시행하여 왔으나 청구인 수의 과잉책정 등으로 제도 도입의 취지를 살릴 수 없다는 학계와 시민사회의 요구를 받아들여 2005년 지방자치법 개정, 제도화한 것이다.

지방자치법 13조 4에 명시된 주민감사청구제도의 취지를 살펴보면 지방자치단체 및 그 장의 사무처리가 법령에 위반되거나 공익을 현저히 저해한다고 인정되는 경우에, 일정한 주민(시 · 도는 500명, 50만 이상 대도시는 300명, 그 밖의 시 · 군 및 자치구는 200명을 초과하지 아니하는 범위) 이상의 연서로써 시 · 도에 있어서는 주무부장관에게, 시 · 군 및 자치구에 있어서는 시 · 도지사에게 감사를 청구할 수 있도록 하고 있다.

주민감사청구제도의 도입으로 그간 지방자치단체에 주어진 감사

권한이 주민과 시민단체에게도 부여됨을 의미하며, 비공개 중심의 감사 관행이 공개감사로 바뀌어 감사과정과 결과처리가 모든 주민에 공개됨으로써 그간 내부감사제도의 한계점을 보완할 수 있고, 행정의 책임성과 투명성이 증대되어 풀뿌리 민주주의 정착에 진일보할 수 있다. 반면, 주민감사청구제도가 지닌 일반적 문제점과 운영과정에서 나타난 문제점으로는 ① 주민감사청구방법과 제한조건, ② 주민감사청구심의위원회의 구성과 운영, ③ 감사대상 업무가 세분화되지 않아 주민 접근의 어려움, ④ 감사결과의 적절한 조치가 미흡 등이 지적되고 있다.

5. 주민소송제도

주민소송제도란 지방자치단체의 위법한 재무행위에 대해 주민이 직접 소송을 제기하여 그러한 행위의 중지나 취소 등 시정조치 및 손해배상이나 부당이득반환 등 낭비예산의 환수를 청구할 수 있도록 하는 제도이다. 지방자치법 제13조 5에 따르면 주민소송제도란 공금의 지출에 관한 사항, 재산의 취득 · 관리 · 처분에 관한 사항, 당해 지방자치단체를 당사자로 하는 매매 · 임차 · 도급 그 밖의 계약의 체결 · 이행에 관한 사항, 또는 지방세 · 사용료 · 수수료 · 과태료 등 공금의 부과 · 징수의 해태에 관한 사항을 주민이 주민감사청구제도를 이용하여 감사청구한 사항에 대하여 위법한 행위나 해태사실이 있을 때 당해 지방자치단체의 장을 상대방으로 소송을 제기하는 것을 말한다.

민선자치 실시 이후에도 각종 이권을 둘러싼 지역 토착세력과의 민관유착으로 자치단체장 등 일부 지방공직자의 부패와 비리가 상존하고, 자치단체장의 선심성 · 행사성 사업 추진과 중복 투자 등에 기인한 방만한 재정운영으로 지방재정의 어려움이 지속되고 있다. 더욱이 각종 감사를 통한 위법 · 부당 사례 적발도 대부분 주의 촉구 수준에 그쳐 동일 사례의 재발방지라는 예방효과를 기대하기 어려운 실정이다. 따라서 효과적 주민통제체제 구축을 통한 심리적 예방효과로 지방재정 운영과정에서 발생하는 부정부패를 사전에 차단하기 위한 목적으로 주민 소송제가 도입되었다(안용식 외, 2006 : 163-164). 단, 현행 지방자치법은 주민소송 전에 반드시 주민감사청구절차를 거치도록 하고 있다.

주민소송제도가 지닌 문제점은 첫째, 주민소송제도에 대한 과도한 기대감은 과잉소송이 우려된다는 점이다. 주민소송의 정치화 등의 문제에 그치지 않고 사법부에 대한 과도한 부담으로 작용할 수 있다는 점이다. 둘째, 주민감사청구전치주의를 취하고 있다는 점이다. 소송의 기간과 절차도 장기간일 가능성이 있을 뿐만 아니라, 주민감사청구를 거치도록 함에 따라 단일 사건에 너무 긴 시간과 인력이 낭비될 수 있다. 셋째, 주민소송의 독자적인 소송절차가 미정립되었다는 점이다. 넷째, 주민소송제기권자가 제한되어 있는 점 등이다.

Ⅳ. 주민참정제도의 긍정적 측면과 한계

기본적으로 시민참여의 확대는 다음과 같은 긍정적 평가를 받고 있다. 첫째, 대표기관의 권력행사가 주민의 의사와 합치되지 않을 때 국민주권을 실현하여 대의제를 보완할 수 있다. 둘째, 공개적인 논의를 통해 합리적인 정책결정과 민주적 정당성을 확보할 수 있다. 셋째, 지방의회에 대한 견제를 통해 의회기능을 활성화할 수 있다. 넷째, 자치단체장과 지방의회의 대립을 중립적 위치에서 해결해 줄 수 있다. 다섯째, 지방정책뿐 아니라 국정책에도 시정의 계기가 마련될 수 있다. 여섯째, 지역의 공적 문제에 대한 관심이 제고되고 정치교육적 효과를 거둘 수 있다.

동시에 시민참여의 확대는 다음과 같은 부정적 측면도 간과할 수 없다. 첫째, 선동적인 소수파가 침묵하는 다수파를 압도하여 지방자치단체의 의사결정이 특정 집단의 영향 아래 놓일 우려가 있다. 둘째, 대표기관의 존재의의를 약화시켜 민주적으로 선출된 대표자의 의사결정을 필요 이상으로 위축시킬 수 있다. 셋째, 대표자는 정치적으로 곤란한 문제에 대한 결정을 회피하고 주민에게 결정토록 할 우려가 크다. 넷째, 지방자치단체의 재정운영을 곤란하게 하고 필요 이상의 부담을 강요할 수 있다. 다섯째, 남용되는 경우 특정 소수 집단이 지방자치단체의 원활한 행정운영을 방해할 우려가 있다. 여섯째, 전문적 지식과 판단능력이 부족한 주민은 합리적인 결정을 저해 할 우려가 있다.

대의민주제로 주권자의 의사를 정책에 고르게 반영할 수 있다는 자유민주주의자들의 가정에 대하여 참여민주주의자들은 대의민주제로는 계층이 낮은 사람들이 정치, 경제 및 사회적 활동에 있어서 참여할 수 있는 기회가 현저히 떨어진다는 것을 지적하고 있다. 계층이 낮은 사람들이 그들의 이익을 보호하기 위하여 정책결정에 참여하려고 한다면 계층이 높은 사람들과 달리 손해를 감수해야 한다는 것이다. 일반적으로 계층이 낮은 사람들은 생계를 유지하기 위해 항상 바쁘기 때문에 자신의 이익과 관련된 문제에 참여하기 위해서는 평소에 하던 자신의 일손을 놓을 수밖에 없으며, 이에 반해 계층이 높은 사람들은 자신의 생업에 대한 영향 없이 국가의 정책결정과 집행에 참여할 수 있는 시간을 할애할 수 있기 때문이다.

현실적으로 대의민주제로는 이러한 계층 간 참여기회의 차이로 인해 주권자의 의사가 고르게 정책에 반영되지 않기 때문에 민주주의의 기본적인 명제에 치명적인 위협이 될 수 있다. 따라서 민주주의를 실질적으로 수행하기 위해서는 대의민주주의에서 발생할 수 있는, 많은 주권자들이 정책결정의 참여과정에서 소외되는 문제를 해결하여야 할 것이다. 그러기 위해서는 모든 국민이 참여할 수 있는 상황이 되도록 국가가 적극적으로 개입하여야 할 필요가 발생한다. 또한 주민참여를 확대하는 것은 사회적 약자의 기본권 보호를 비롯하여 합리적 대안 마련 등 현실적으로 많은 장점을 갖는다고 참여민주주의자들은 강조하고 있다.

이러한 논지에서 현실적으로 한계가 있기는 하지만 주민의 직접참여에 의한 참정권의 확대는 일단 제도적 발전이라고 할 수 있다. 하지만 이 제도를 도입하였다고 해서 자연적으로 주민참여가 활성화될 것으로 기대하는 것은 순진한 생각이다. 시민참여의 실질적인 확대와 효과를 거두기 위해서는 제도적 개선과 더불어 참여문화의 확립이 필요하다. 참여민주주의자들의 주장과 같이 참여확대를 제도화해야 하는 이유가 제도를 수행해 가는 과정에서 주민이 스스로 민주주의 방식을 알아가면서 그들 스스로가 주권자임을 확인하고 참여에 익숙해지도록 하는 민주주의의 학교 역할을 하기 때문이다. 시행착오는 있겠지만 민주적 과정을 통해 합리적인 토론과 대안을 마련할 수도 있을 것이다. 주민 조례 제·개정권은 그 자체만의 의미뿐만 아니라 주민에 의해 직접 조례가 만들어지는 과정을 통해 다른 민주적 참여가 교육되고 실현될 수 있는 좋은 기회가 될 수 있다. 조례 제·개정을 통해 복잡한 민주적 과정을 학습하고 대화와 타협을 통한 주민조직화를 경험할 수 있다. 이러한 과정을 통해 지역사회의 공감대를 형성하고 지방의회와 행정기관을 설득하는 민주적 과정은 다른 수단의 참여방법을 이해하고 시도할 수도 있다.

참여민주주의자로 분류되는 바버는 시민들의 직접적인·참여를 대폭 수용할 수 있는 강력한 민주주의를 제시하였다. 여기에는 1) 주민회의, TV 토론, 시민교육과 평등한 정보의 접근을 가능케 하는 시민통신, 시민 대표자 토론, 그리고 제비뽑기에 의한 공무담당 등의 강한 민주적 발언, 2) 주민발안과 정책에 대한 국민투표, 전자식 투표, 바우처(voucher) 및 공공선택에 의한 시장주의의 도입 등의 강한 민주적 의사결정, 그리고 3) 시민봉사제, 직업훈련과 고용기회의 확대, 주민 선택, 작업장 민주주의, 주민의 공동여가 등의 강한 민주적 활동을 들고 있다. 즉 주민들의 역동적인 참여방법은 다수 존재한다. 바버가 지적하였듯이 민주주의는 시끄럽다. 시끄러운 과정을 통해 무엇이 이슈인지, 누가 무엇을 주장하는지가 주민에게 알려지고 주민들이 생각할 기회를 갖는 것이다.

이 밖에도 정부 또는 제3기관 주도로 주민참여를 증진하는 방법은 선진국에서 많이 개발되어 있다. 시민배심원, 규제교섭, 포커스 그룹, 시나리오 워크숍, 합의회의, 시민자문회의, 주민설문을 통한 숙의민주주의 등 다양한 방법이 개발되고 있고, 다른 나라에서 개발된 방법을 자기 국가에 맞게 변형하여 사용하는 등 더욱 많은 방법이 개발되고 있다. 민주주의는 결국 시민이 주인인 까닭에 시민의 진정한 뜻이 무엇인지를 알기 위함이다.

우리나라 사회에서 시위와 농성이 매우 효과적인 참여방법으로 이용되고 있으나 참여자를 힘들게 하는 이 방법이 얼마나 오래 갈 수 있을지 의문이다. 따라서 이 기회에 보다 적극적으로 주민의 의견을 수렴할 수 있는 방안을 연구하여 지역에 맞는, 이슈에 적합한 주민참여 확대 제도를 도입할 필요가 있다.

아울러 자유민주주의자들의 지적과 같이 대의민주주의를 활성화하는 것이 참여의 확대를 통한 단점을 방지할 수 있는 방안일 수 있다.

성숙하지 못한 정치문화에서 제도의 도입으로 인한 단점은 언제든지 발생할 수 있다. 주민 조례제정권이라는 제도가 건전하게 뿌리내리기 위해서는 그만큼의 시간과 노력이 필요할 수 있다. 시민들의 요구가 있을 때보다 더 많은 참여를 유도할 수 있는 제도를 모색하여 참여문화를 정착시키는 것이 주민참여를 확대하는 데서 오는 단점을 최소화할 수 있을 것이다.

동시에 앞에서 살펴본 바와 같이 주민 참정권의 확대는 수행상에 있어서 다음과 같은 현실적인 한계가 있을 수 있다. 첫째, 주민참정권이 얼마나 활발히 이용될 수 있을 것인가의 문제이다. 일례로 청원권 제도가 1999. 8. 31의 지방자치법 개정을 통해 새로이 도입되었지만 제도의 활용실적은 극히 저조했다. 실제로 2000년에서 2004년까지의 청구 실적이 71건에 불과하다. 더욱이 이 청구실적 중에서 상위법에 위배된 청구, 편법 서명수집, 서명 수집과정에서 지득한 개인정보의 유출 등 제도운영상의 문제점이 나타나고 있다. 청구권은 엄격한 청구요건, 청구대상의 제한, 서명수집의 어려움 등에 따른 제도적 제한이 있었고, 조례제정권은 연서 주민의 수가 하향 조정되고, 청구인 대표자가 제 · 개정 및 폐지안을 작성하여 제출하도록 하고, 제안된 조례를 각하할 경우 제안자에게 의견제출 기회를 주도록 하는 법적 절차를 개선하였다고 한다. 그렇지만 현실적으로 조례 내용을 제안할 수 있는 주민이 얼마나 많을 수 있는가를 생각하면 주민에 의한 조례제정 수가 제한적일 수밖에 없다는 한계가 여전히 남는다.

둘째, 주민참여의 확대에 따른 문제점으로 대의민주주의자들이 지적하는 한계를 생각해 볼 필요가 있다. 일반적으로 계층이 낮은 사람들은 생계를 유지하기 위해 항상 바쁘기 때문에 자신의 이익과 관련된 문제에 참여하기 위해서는 평소에 하던 자신의 일손을 놓을 수밖에 없으며, 이에 반해 계층이 높은 사람들은 자신의 생업에 대한 영향 없이 국가의 정책결정과 집행에 참여할 수 있는 시간을 할애할 수 있다고 한다. 이로 인해 참여의 기회를 확대한다고 해서 모든 사람들에게 기회가 공평하게 주어질 것인가의 문제이다. 또한 주민참여가 확대되면 샤츠슈나이더(E. E. Schattschneider)가 지적한 편견의 동원(mobilization of bias)이 증폭될 수도 있다. 즉 주민이 이해하지 못하고 주민에게 득이 되지 않는 제안에 대해 주도자의 설득에 의해 쉽게 동조하여 실질적으로 주민을 위한 조례가 아닌 특수 계층을 위한 조례가 통과될 수 있다. 이로써 결국 확대된 것 같이 보이는 주민참여로 인해 주민의 복리를 줄이게 되는 결과를 가져온다는 것이다. 대의민주주의의 약화로 인해 의사결정에 있어서 분권화된 참여형태로부터 생성되는 이기적이고 분파적인 이익들이 난립될 가능성이 있을 수 있는 것이다.

셋째, 참정권 제도화로 인해 확대된 주민참여는 자칫 지방정치의 과잉으로 이어질 수 있다. 예를 들어 기존의 조례청구권에 있어서도 조례가 청구되고 심의되는 과정에서 이해당사자들 간에 다소의 정치협상이 있었다. 청원제도는 지방의원 1명의 소개만 있으면 행사할 수 있다는 편한 점은 있지만 의회에서 아예 안건으로도 상정하지 않을 수도 있기 때문에 의원입법이 가능하도록 지방의원들을 조직화 하는 등의 정치적 노력이 필요하였다. 이에 비해 주민에 의한 조례제정은 보다 활성화된 지방정치과정이 요구된다. 우선 조례제정 및 개폐청구가 이루어진 이후에도 조례가 실제로 지방의회를 통과하려면 지방의회 내의 다수가 동의를 해야 한다. 한편, 주민들의 상당수가 적극 찬성을 하여 서명한 조례를 부결시키는 것은 지방의회로서도 상당한 정치적 부담을 안을 수밖에 없기 때문에 조직화 이익집단이 중심이 된 주민에 의해 제안된 조례에 대해서는 지방의회가 부담을 질 수밖에 없고, 주민의 이익을 위해 필요한 조례라고 하더라도 결집되지 않은 제안은 지방의회의 관심에서 밀려날 수밖에 없을 것이다.

Ⅴ. 결론

주민참여의 확대를 주장하는 측에서는 대의민주제 하에서 구조적으로 일부 계층의 의사만이 의사결정과정에 반영될 뿐 다수의 주민들은 실질적인 참여에서 원천적으로 배제되기 때문에 실질적인 주권자로서의 권리를 찾지 못한다는 것이다. 참여민주주의자들은 이러한 대의민주제의 구조적인 문제를 주민참여의 확대로 해결하고자 한다. 즉 주민참여를 확대하여 주민들의 민주주의에 대한 의식수준을 향상시키고 공동사회에서 시민으로서의 역할을 증대하여 결국 자신이 향유하여야 할 평등한 인간으로서의 권리를 회복할 수 있게 하여야 한다는 것이 그들의 주장이다.

이에 반하여 자유주의자들은 주민참여가 확대되면 개인의 이기심이 극단적으로 나타나 의사결정과정에서 의견이 분할되고 사회의 방향성을 잃게 되어 결국에는 민주주의의 목표인 화합되고 발전적인 공동사회를 유지할 수 없게 된다고 한다. 즉 참여민주주의자들의 주장은 이념적으로나 가능한 것으로 대의민주제가 일반대중의 뜻을 모을 수 있는 현실적인 장치인 것이며, 따라서 주민참여가 특별히 확대될 필요가 없다는 것이다.

이러한 논점에 비추어 우리나라 상황에서도 주민참여가 확대되는 데 따른 감론을박을 하고 있다. 실제로 주민참정권 확대로 인해 주민의 정책결정에 대한 참여의 폭은 어떤 방식으로든 확대될 것이 분명하다. 따라서 주민참여의 확대에 따른 장점을 살리고 단점이 있다면 보완할 필요가 있다. 우리나라에 있어서도 주민참여가 확대되면 주민의 자치의식과 민주적 과정에 대한 이해가 넓어지고, 주민들이 정부에 대한 보다 많은 요구로 인해 정부의 대응성도 높아질 것이라는 기대와 동시에 집단 이기주의의 발생과 인기성 정책의 수행 등의 우려가 공존하고 있다.

그러나 여기에서 우리의 현 상황에 위의 두 이론을 적용하기 위해서는 우리의 현실이 이상의 두 이론에서 논의하고 있는 상황과 같은 것인가를 짚어볼 필요가 있다. 우선 우리나라의 정치상황은 자유주의자들이 전제하는 자유주의와는 차이가 있다. 얼마 전까지만 해도 우리나라는 자유민주주의 이론에서 전제로 하고 있는 주민의 대표를 주민의 뜻에 따라 선거한 지 얼마 되지 않았고, 상대적으로 중앙정부의 영향력이 정치, 경제, 사회 등 모든 분야에 크게 미치고 있었다. 즉 우리나라의 정치 상황에서는 대의민주제 하에서 할 수 있는 주민의 간접적 참여마저도 기대하기 힘든 상황이었으므로 건전한 주민참여의 문화가 형성될 수가 없었다.

지금까지 우리나라의 주민참여는 국민의 기본적인 권리 중 하나인 지방자치제가 시행되지 않는 등 제도적인 면에서부터 문제가 있었기에 주민참여는 오히려 시위와 같은 비합법적으로 이루어질 수밖에 없었다. 따라서 현재로서는 대의제의 정착이 시급한 때이며, 대의제의 정착으로 과거보다 국민의 의사를 정책결정 과정에 반영할 수 있을 것이다. 이러한 이유로 지금 당장 주민참여를 인위적으로 확대한다면 참여민주주의자들의 주장하는 바와 같이 주권자들의 권리가 더욱 개선될 수 있을지는 불투명하다.

물론 민주주의 사회에서 공동체를 유지하는 궁극적인 목적은 모든 시민들이 그들의 역할을 충실히 하여 자신의 권리를 향유하는 것이다. 그렇지만 지방자치제를 실시한 지 얼마 되지 않는 이 시점에서 주민참여를 인위적으로 확대함으로써 많은 집단의 이기주의가 팽배해져 국가의 방향성을 상실하고, 소수에 의하여 여론이 왜곡되어 바람직하지 못한 방향으로 국정이 운용될 수가 있으며, 결국에는 이것이 중앙정부의 불필요한 간섭을 증대시킬 수도 있다. 즉 아직 지방자치제 하에서 우리의 시민들이 할 수 있는 만큼 충분히 참여하고 있다고 할 수 없다. 이러한 이유는 그동안 시민들이 참여하고 싶더라도 참여할 수 있는 공간이 마련되지 못했기 때문으로 생각된다. 따라서 현 체제 하에서 시민들 자신이 가지고 있는 영향력을 확인하고 실제로 자신이 가지고 있는 영향력을 행사할 수 있게 되는 실질적 참여의 확대가 필요하다.

참고문헌

안용식 외. 2006. 『지방행정론』. 서울 : 대영문화사.

Bachrach, Peter and Aryeh Botwinick. 1992. *Power and Empowerment : A Radical Theory of Participatory Democracy*. Philadelphi : Temple University Press.

Barber, Benjamin. 1984. *Strong Democracy : Participatory Politics for a New Age*. Berkeley : University of California Press.

Dahl, Robert A. 1961. *Who Governs?* New Haven : Yale University Press, p. 89.

Macpherson, C. E. 1973. *Democratic Theory : Essays in Retrieval*. New York : Oxford University Press.

Nozick, Robert. 1974. *Anarchy, State, and Utopia*. New York : Basic Books, Inc. Publishers.

Pateman, Carole. 1970. *Participation and Democratic Theory*. London : Cambridge University Press.

Schattschneider, E. E. 1960. *The Semi–sovereign People : A Realist's View of Democracy in America*. New York : Holt, Rinehart and Winston.

Ventriss, Curtis. 1985. "Emerging Perspectives on Citizen Participation." *Public Administration Review* Vol. 45(May).

주

1 Robert A. Dahl, *Who Governs?*(New Haven : Yale University Press, 1961).

2 E. E. Schattschneider, *The Semi-sovereign People : A Realist's View of Democracy in America*(New York : Holt, Rinehart and Winston, 1960).

3 Peter Bachrach and Aryeh Botwinick, *Power and Empowerment : A Radical Theory of Participatory Democracy*(Philadelphia : Temple University Press, 1992).

4 C. B. Macpherson, *Democratic Theory : Essays in Retrieval*(New York : Oxford University Press, 1973).

5 Ibid.

6 Carole Pateman, *Participation and Democratic Theory*(London : Cambridge University Press, 1970).

7 Benjamin Barber, *Strong Democracy : Participatory Politics for a New Age*(Berkeley : University of California Press, 1984).

8 Ibid.

9 Ibid.

10 Curtis Ventriss, "Emerging Perspectives on Citizen Participation", *Public Administration Review* Vol. 45 (May 1985).

11 C. B. Macpherson, op. cit.

12 Carole Pateman, op. cit.

13 Robert Nozick, *Anarchy, State, and Utopia*(New York : Basic Books, Inc. Publishers, 1974).

14 Ibid.

7 시민참여와 모델

미국과 한국의 비교

> 시민참여는 자유민주주의를 제대로 이해하는 데 있어 중요한 요소가 되었다. 참여하는 시민이 없는 정치체계를 한번 생각해 보면 이는 분명해지며, 마찬가지로 민주정치체계의 정당성(legitimacy)도 당연히 의문시될 수밖에 없다. 시민의 활동과 참여는 민주과정에 활력을 주며, 비판적 사고를 북돋워 준다. 선거참여는 유권자들에게 필요한 정보를 제공하여 선택의 기회를 준다. 또한 시민참여는 기관들이 갖고 있는 고유기능이 잘 기능하도록 도와주며, 법치주의를 진작시킨다. 참여는 사회적 · 경제적 · 정치적 관계들이 그 고유의 입무와 기능에 충실하도록 해주며, 신뢰를 기초로서 근거하고 있는 인간적 연대감 요소를 확장시켜 준다. 그러나 무엇보다 중요한 것은, 참여는 이익을 표출하고 또한 성취하는 수단이다. 다시 말해 시민참여는 민주주의라는 생명체에서 행동이며, 목소리이며, 충실한 기능의 기초이다.
>
> **허쉬만**(Hirschman, 1970)

■ **버나드 로완**(Bernard Rowan, 시카고 주립대학교 정치학과 교수)

우리는 현재 한국과 미국에서 장차 시민참여가 어떻게 발전되어 갈 것인가 또는 시민참여의 미래에 대해 흥미로운 새로운 전개들을 보고 있다. 현재 이명박 정부에서 일어나고 있는 촛불 시위를 볼 수 있다. 이 촛불 시위는 유명한 시위로 자리를 굳혔다. 여기서 보여주는 시민적 행위는 한국 시민행동에 대한 연구가치를 주고 있다. 한국에서 이런 유사한 시민참여가 반복되어 일어남을 또한 보여준다. 그러나 반면에 이런 시민참여는 많은 사람들에게 불편함을 주는 형태로도 되고 있다.

미국에서 4년마다 열리는 대규모 전당대회를 볼 수 있다. 그런데 정당들은 자신들이 이미 승부를 결정지었다고 보고 있다. 공화당도 여전히 대통령 선거를 향해 집중해 매진하였다. 여기서 시민들 중 특히 젊고 전통에 얽매이지 않는 투표자들은 버락 오바마(Barack Obama)를 활발히 지지하였다. 이는 어떤 면에서 보면 전 노무현 대통령이 후보였을 때와 유사한 점을 갖고 있다. 이런 점에서 한국은 다른 국가의 자유정부에게 시민참여의 새로운 가치를 이미 보여주었다.

본글은 시민참여 부분에 있어 최근 미국의 노력들을 중심으로 살펴보고자 한다. 그리고 더 나아가 시민참여가 행정분야에 어떻게 관련되어 있는가 하는 점들을 보고자 한다. 최근의 문헌들을 조사해 보면 공동생산, 공동 거버넌스, 공동 경영, 숙의민주주의(deliberative democracy), 시민참여 대표, 전자발의(e-initiatives) 등 다양한 참여 개념이 쓰이고 있다. 그러나 시민들은 이런 모든 개념에 익숙하거나 또는 감명을 받지 않고, 다만 몇 개의 개념에만 익숙해 있다.

일반적으로 '신공공경영' 학파는 시장체제, 분권화 그리고 민영화를 정부에 적용하는 수단으로써 그 현재 상태를 유지하는 것으로 보인다. 시민참여의 많은 찬성자들은 계속 이러한 틀 아래 일을 하고 있다. 왜냐하면 상황에 맞게, 훨씬 좋은 일을 할 공간이 존재하고 있기 때문이다.

이와는 다른 논문과 보고서들이 있는데, 가령 이들은 신공공공경영(NPM School) 하의 신자유주의적 기획들에 관한 인과적이거나 보편적인 열정에 대해 의문을 던진다. 바로 이 경우가 시장을 기초로 한 시민참여의 확장(특히 공동 생산, 정부기능들의 민영화)에 대한 무비판적 인식을 우려하며 계층이나 다른 인구적 지표에 의한 서로 다른 영향들을 고려해야 한다고 본다. 예를 들어 전자정부에 대해 무리할 정도로 열정을 가진 나머지 모든 것이 전자정부로 해결해서 되지 않으며, 문제는 여전히 종종 자유주의자들이 필요로 하는 제 전제조건이 스스로 제공되며 해결되지 않는다는 것이다. 즉 전자정부에는 전제조건이 있는데, 시민교육, 컴퓨터 제공, 예산안 접근의 동등한 기회 등이다. 이런 전제조건이 해결되어야 전자정부를 이야기할 수 있다.

또한 시장 경제는 완전한 정보제공과 정보 이동의 자유가 허락되는 조건아래서 최상으로 운영된다. 불행히도 미국의 많은 시민들은 이 두 가지 조건을 충족시키지 못하고 있다. 그러나 이러한 현실은 미국뿐만이 아니다.

우리는 여기서 한 가지 우리 자신들의 추측들을 접어야 하는데, 이는 정부는 공공재 제공을 위한 최고의 구조일 것이라는 생각이다. 특히 국가적 수준에서만 아니라 주나 지방수준의 정부에서도 마찬가지이다. 시장에 대한 단순한 평가는 공공재에 대한 민주주의가 갖는 의무와 공헌을 손상시킬 것이다. 왜냐하면 시장은 확실히 공공재 제공에서도 좋은 것들을 제공하고 있기 때문이다.

지방자치 수준에서 보면 많은 것들이 상황에 의존적이다. 미국과 같은 연방정치체계와 세계의 다른 나라들은, 가령 한국을 포함하는 대부분 중앙집권적 국가들 간에는 차이가 있으며, 이 차이는 매우 중요한 문제이다. 중앙집권 국가는 상당히 큰 기여능력을 가져야 한다. 반면에 연방정치체계는 다층의 합의구조를 가지며, 각 층에서 좋은 정부와 시민참여를 추진하여야 한다.

한국에서의 경험으로 볼 때 한국 지방자치 발전의 전망은 큰 선택의 폭을 갖고 있다. 그러나 어떤 모델을, 가령 연방주의 국가인 미국으로부터 지방자치에 관한 제도들을 단지 기계적으로 도입하여 적용하는 것은 실패할 가능성도 높음을 고려해야 한다.

본론에서는 미국 시민참여의 가장 좋은 사례들을 골라 이에 대한 이론을 먼저 보고자 한다. 더불어 최근의 시민참여에 대한 이론에 대해 간략히 언급하고자 한다. 따라서 이는 한국과 미국에서 시민참여를 비교하는 비교 개념의 요소들로 만들고자 한다.

Ⅰ. 이론적인 조건

자유주의는 적극적인 시민참여를 필요로 한다. 토크빌(Tocqueville)에 따르면 미국인의 두드러진 강점 중 하나는 미국인들이 자발적인 단체를 좋아한다는 것이다. 수많은 이익단체들은 미국의 참여문화를 단적으로 보여준다. 다시 토크빌의 견해를 따른다면 이렇게 많은 단체들이 어떻게 뿌리내릴 수 있었는가에 관심의 초점이 모아지는데, 이는 어느 정도 미국인들이 공유하는 국가의식과 애국심으로 설명될 수도 있다. 그러나 이보다 더 중요한 것은 자신의 이익을 추구하는 오래된 문화이다. 즉 사람들은 자신이 원하는 것을 성취하거나 원하지 않는 것이 일어나지 않도록 막기 위해서 참여를 한다.

이런 미국의 시민참여에 대한 묘사는 어떤 점에서 매우 낭만적으로 보일수도 있다. 왜냐하면 미국 내의(자발적인) 비참여에 대한 우려가 커지는 것이 사실이기 때문이다. 이에 대해서는 푸트남(Robert Putnam)의 'Bowling Alone' (혼자 볼링하기)은 적극적인 참여의 감소에 대해 가장 잘 설명해 주고 있다. 미국인들의 노동시간은 높은 수준에 있기 때문에 그 외의 것들을 위해 내어줄 시간은 부족하다. 즉 점점 많은 사람들이 동료 시민들과 함께 프로젝트를 위해 1시간을 일하면서 보내기보다는 참여의 표시로 수표를 끊어준다. 미국 역사의 초기에 나타난 공동 생산(co-production)의 전통적 관점에서나 또는 '사랑의 집짓기' 구호단체 '해비타트' (Habitat for Humanity)나 아메리코(Americorps) 등의 현대적인 형태의 입장에서도 보면 이런 참여부족과 참여방식의 변화는 모두에게 놀랄 만한 일이다.

1. 시민참여의 유형

미국의 시민참여에는 현재 3가지의 주요 형태가 있는데, 공동 생산(co-production), 공동 경영(co-management), 공동 거버넌스(co-governance)이다.

공동 생산은 정부기능의 일부 또는 전체를 시민단체가 모방하거나 또는 위임받는 것을 포함한다. 정부는 공공 사업에 대해 시민들이 책임을 갖도록 함으로써 비용을 절감할 수 있다. 이러한 형태의 참여에도 문제가 발생할 수 있는데, 이는 가령 인종과 사회계층을 통해서 발생하는 차별적인 결과('서비스 차별')이다. 또한 시민들이 정부가 하던 일을 일부 또는 전부 맡게 됨에 따라 시민들이 변화를 위해 가하던 압력을 그만

두는 일이 발생할 우려가 증가한다. 시민집단이 때로는 조직 내에서 이익집단으로 부상할 우려가 있음도 배제할 수 없다.

공동 거버넌스는 관료, 행정부서의 업무와 기관에 이익을 대표하는 대리인을 넣고자 하는 노력이다. 시민들은 정책결정에 참여하고 공공사업을 감시한다. 사전에 시민들은 이런 일들을 위해서 교육도 받는다. 시민들은 공공 사업의 평가뿐만 아니라 계획과 예산편성에도 직접 또는 기타 방법을 통해 참여한다. 공동 거버넌스는 공무원, 선출직이나 기타 인사, 그리고 시민들 간의 신분 차이를 무너뜨린다. 이는 또한 전문적인 기술, 장기간에 걸친 책임의식과 기능이나 정책에 대한 이해를 공유하는 것을 필요로 하는 협력관계를 만들어낸다.

공동 경영은 정부 관리와 시민들 간의 협동이며, 이는 정책이나 정부기능의 행정에서 비영리 또는 어떤 제3의 단체를 통해 구성한다. 정부는 복지 및 기타 서비스들을 위한 기금과 전문적 기술과 다른 투입요소들을 공급한다. 반면 시민들은 지역단체 또는 다른 협회(이익단체)를 통해 서비스의 제공 또는 조직이나 평가에 참여한다. 공동 경영은 어느 정도까지 공동 거버넌스와 혼용되거나 겹칠 수 있다. 공동 경영은 정부의 역할이 직접 또는 우선적으로 계획에 대한 재정발굴, 또는 조직의 요소를 결정하는 데 직접 관여하고 있다는 점에서 공동 생산과 차별된다.

Ⅱ. 시민참여의 우수 사례

본절에서는 최근에 가장 모범적인 것으로 뽑힌 미국의 행정부와 시민참여의 몇 가지 사례를 보고자 한다. 각각의 사례에 대해 짧은 논평을 하였다.

1. 자치도시 계획에서 E-정부(Evans-Cowley and Conroy, 2006)

전자정부는 시민들에게 정보를 제공하며 참여를 유도하기 위한 수단의 대안이 된다. 에벤스-컬리(Evans-Cowley)와 칸로이(Conroy)는 자치도시계획에서 611개의 작은 도시를 조사함으로써 전자정부를 사용하는지의 여부를 밝히며, 피드백과 상호 의사소통을 강조하였다. 연구의 대상이 된 도시들에서 시민들의 참여를 위한 인터넷 사용이 인기가 있었고, 연구 데이터에 따르면 인터넷 사용자들의 1/3이 인터넷을 통한 정부와의 접촉을 선호하였다. 전자정부에 대한 열정은 다양한 관련 기술들을 필요로 하게 되었다(Brody et.al., 2003). 하지만 현대 사회에서 전자정부가 유일한 참여의 메커니즘일 수는 없다(Coglianese, 2005). 한국은 보편적으로 인터넷 접속이 원활하므로 전자정부의 메커니즘이 튼튼하게 자리 잡을 수 있었다. 미국에서는 누구나 컴퓨터 접속이 가능하지 않기 때문에 시스템의 중복설치와 차별적인 이용의 문제가 발생한다("네티즌"들이 "비네티즌"들 보다 더 효과적으로 참여할 수가 있다). 또한 숙의적인/쌍방향 응답 방식이나 "대화방법론"(dialogue methodologies)과 같은 방식을 통해 전자 메커니즘을 정부와 행정기관의 상황에 특별히 맞추어서 발전시킬 필요가 있다(Noveck, 2005). 결국 1,000여 개의 정부기관들을 전자정부에 포함시키는 것은 시간이 걸릴 것이다. 미국 연방주가 아니라 국가 차원에서 일반대중을 정부, 상업, 또 그 외의 목적을 위한 온라인 세계에 통합시키기 위한 시스템에 투자할 필요가 있다.

2. 예산편성 참여(Barrochi and Lerner, 2007)

보스턴(Boston) 북쪽에 위치하고 있는 메사추세츠 주의 인구 7만의 작은 도시인 로렌스(Lawrence)에서의 "주민들의 예산편성"(People's Budgeting)이 주목을 받고 있다. 이러한 노력에는 예산에 관한 시민교육, 정부 관리들과 일할 예산위원회의 대표를 선출하는 시민단체, 프로젝트 계획에의 주민들의 참여, 어느 프로젝트를 시행할 것인가에 대한 주민투표, 그리고 특정 예산 항목, 특별 자본이 드는 프로젝트에 대한 예산할당 감시 등이 있다.

바로치(Barrochi)와 러너(Lerner)는 대다수 미국 도시들의 현재 도시 인프라를 고려했을 때 이러한 시민참여는 시민들의 시간과 다양성을 경쟁적으로 요하기 때문에 미국 내에서 적용하는 데는 한계가 있을 것임을 암시한다. 이런 시민의 예산참여에 필요한 조건은 한국의 많은 자치구와 소도시에서도 충족되지 못할 것이다. 바로치와 러너는 예산 참여과정을 전략적 사용에 제한하고, 점진적 접근을 하며, 전적으로 공급에만 의지하기보다는 재단/민간투자를 유치하기 위해 노력할 것을 권고한다.

3. 공동 거버넌스 모델

지역 학교위원회(LSCs–local school councils)와 지역 중심 경찰모형(CAPs–community–based policing)을 통해 공동 거버넌스를 활성화시키고자 하는 시카고의 노력은 공동 거버넌스의 주목할만한 사례이다(Ackerman, 2004).

지역 학교위원회의 경우에 시민들은 공립학교를 감시하는 위원회에 선출되어 교장이나 선생의 임명과 학교 정책 등에 참여한다. 지역 중심 경찰모형에서는 시민들이 경찰과 경찰 행정관료들과 함께 주민 모임에서(beat meetings), 경찰에게 지역의 문제들에 대한 정보를 제공하며, 지역안전을 위한 정책 등에서 우선순위들을 결정한다.

두 가지 메커니즘에서 지역 공무원들은 지방단체와 시민참여를 결정하는 데 있어서 내재하는 "공동 전문가"(co-expertise)를 인정해야 할 필요성이 있다. 많은 경우 시민들은 정부 관리자 또는 공무원들이 업무를 효과적으로 수행하는 데 필요한 정보들을 가지고 있다. 다른 경우에 시민들은 행정기관이 결정하는 임명, 해고 또는 정책 우선순위에 자신들도 공동 결정할 권리가 있음을 주장한다. 이런 것들이 시행되는 것은 바로 직접민주주의를 실행하는 방식이다.

4. 공동 거버넌스의 사례

러써포드(Rutherford, 2000)는 농촌의 발전과 활성화를 위한 전략적 계획에 대한 공동 거버넌스의 실행들을 논의한다. 웨스트 버지니아(West Virginia)의 "EZ/EC 프로그램"(Empowerment Zone/Enterprise Community)은 맥더웰(McDowell) 자치구에 500개의 농촌과 빈곤공동체를 갖고 있다. 웨스트 버지니아는 지역 네트워크에 가입하고 3개의 "농촌 발전지역"과 30개의 "농촌사업 공동체"에 지원한다. 이에 10년 전략계획이 수립되었고, 인상적인 성과를 거두었다.(클린턴 대통령의) 연방정부가 자금을 지원한 이 프로젝트는 시민교육, 리더십 훈련, 그리고 프로그램 선택과 프로그램 효과성의 평가를 위한 시민교육 팀을 발전시켰다. 이와 비슷한 시도는 토지사용 계획과 구획을 위한 오하이오 주의 '농지 보존계획 프로그램'이 있다(Koontz, 2005).

"비전 보기"(visioning) 또한 농촌지역을 위한 시행이지만 활성화보다는 경제적 발전에 초점을 맞추었다. 시민들, 주민대표, 제3의 단체/기관, 기업대표와 정부관리들이 도시발전을 위한 계획을 공동으로 개발하기 위해 만난다. 이러한 노력들 중 상당수는 최근 전환기에 집중적으로 몰려 있다. 가장 처음, 그리고 빈번하게 언급되는 사례는 채터누가 테네시 주에서 발족한 Vision 2000이다(http://www.rivercitycompany.com/dtstory/Vision_2000.asp) (Leighninger, 2005).

전미도시연맹(National League of Cities)의 도시 실행 자료(City Practice Resources) (http://www.nlc.org/about_cities/cityknownet.aspx)가 시민참여 학생들과 지방단체에 훌륭한 자료가 될 것이다. 여기에는 시민참여, 특히 공동 정부의 종류에 대한 모범 사례들이 다양하게 포함되어 있다. 또한 정책 관련 협회, 지역계획, 그리고(특히 미국에서 점점 중요해지는) 인종 · 문화적인 이해와 다양성을 증진하는 단체들에 대한 예시들이 담겨 있다. 웹사이트의 데이터베이스에서 6,000개의 도시 실행들을 검색할 수 있다.

많은 사례들 중 언급할 가치가 가장 큰 것은 아리조나의 "전문가 집단토론 과정"(Charretta Process)이다. 여기에서는 도시를 통과하는 국토설계와 개발에 시민들을 참여시킴으로써 토지 수용권 시행에서 발생하는 전형적인 우려들을 사전에 해소할 수 있었다. 이것은 한국의 지역정부와 도시행정구와 주민참여를 위한 모델이 될 수 있을 것이다.

또 하나의 모범 사례로는 시라이니(Sirianni, 2007)가 "공동 정부 문화"(collaborative governance culture)로 언급한 시애틀과 워싱턴의 1994년의 "지역 계획 과정"이 있다. 정부 기금으로 37개의 지역단위의 위원회를 발전시켜 이들이 도시계획을 개선 및 평가하고 프로젝트 및 프로젝트 관리자의 평가를 위한 계획들 만들도록 하였다.

이 프로젝트를 위해서는 시청 내의 "마을부서"(department of neighborhoods)가 존재하고, 시장과 의회 간의 타협, 그리고 계획 지원 시스템에 대한 준비(자금, 전문가, 진행 지원)가 전제조건으로서 필요하다. 도시의 다양한 인구를 고려했을 때 협의과정에서 긍정적인 관계를 형성하는 것도 요구되었다.

타임 달러 청소년법원(The Time-Dollar Youth Court : TDYC)과 크로스 나이 또래 훈련(Cross-Age Peer Training : CAPT)은 공동 생산의 흥미와 관심을 끄는 사례 및 실험이다(Bovaird, 2007). 공동 생산을 증진시키기 위한 유명한 미국의 단체는 타임 달러 협회이다(http://www.timebanks.org/). 에드가 칸(Edgar S. Cahn)의 이론과 업적이 여기에 포함되었다(Cahn and Gray, 2005).

TDYC는 역사에 기록적으로 높은 범죄율을 가진 대표적인 대도시인 워싱턴 D.C.에서 운영되고 있다. 비폭력적인 젊은 초범들은 학생들을 가르쳐야 하고, 나중에 청년 배심원으로 봉사해야 한다(처벌에 대한 대안형태로). 감금되는 대신에 청소년들은 동료 배심원으로 봉사하는 것을 통해 "시간 달러들"(time dollars)을 얻으며, 이를 나중에 중고 컴퓨터를 구입하는 데 사용할 수 있다. CAPT안은 시카고의 황폐한 잉글우드(Englewood) 자치구에서 시작되었다. 초등학생들은 자신들보다 어린 학생들을 가르침으로써 컴퓨터를 구입하기 위한 타임 달러들을 모았다. 이 실험은 매우 성공적이었으며, 학생들에게 도움이 되었다. 전통적인 방법들로는 달성할 수 없었던 결과들이었다. 이것은 타임 뱅크에서 시행되는 수많은 주민발안들에서 2개의 예시만 보여준 것이다(Time Bank Directory at http://www.timebanks.org/directory.htm 참조).

아이오(Iowa)와 주의 시민 주도 수행평가(Citizen-Initiated Performance Assessment : CIPA) 프로젝트는(http://www.iowacipa.org) 시민들을 정부 성과평가와 결과의 공표에 시민들을 완전히 참여시키는 과정을 제공해 주고 있다. 9개의 아이오와 도시들이 시민과 공무원 간의 협력, 시민교육, 시민들의 관심과 우려의 반영과 추천에 대한 평가를 포함하는 '시민 주도 수행평가'를 사용하고 있다.

호(Ho)와 코츠(Coates)는 이런 과정이 이해관계에 따른 영향을 받거나 특정한 이익에 빠질 수 있다고 지적한다. 반면 다른 논평자들은 참여자들 간의 "중립성"이 견지되거나 또는 강화되고 있다고 말할지 모른다. 다양한 또는 계급적 · 복합적인 현장에서 지역 관심이 단일하지 않기 때문에 경쟁하는 이해관계들의 목소리를 걸러내는 과정은 차선의 결과를 만들어내는 수준에 그치거나, 또는 다른 형태로 엘리트가 지배하는 식으로 될지 모른다(Ackerman, 2004). 공무원을 위한 중요한 권고는 시민들을 고객(clients) 또는 선거권자로 만드는 방법에의 참여를 제도화하여 굳히지 말며, 또한 행정가 자신 또는 해당 프로젝트에서 요구하는 중립성을 단순히 다른 수단으로 이용하지 말라는 것이다(Kathi and Cooper, 2005).

Ⅲ. 최상의 방법의 평가

여기서 소개된 사례들은 공동 생산, 공동 거버넌스(co-governance), 그리고 공동 경영 차원의 범주에 속하는데, 그 가운데서도 공동 거버넌스와 공동 경영이 주도적이다. 일반화는 특별히 단편적인 범위를 갖는 연구에서는 위험하지만 문헌을 살펴봄으로써 다수의 주제들을 조사하였다. 여기서 본글은 전문가와 비전문가 간의 간격을 줄이면서 공무원과 시민 간의 입장에서 시민참여의 이해관계를 밝히거나 또는 모델화시키고자 한다.

어떤 이상적인 공동체도 시민참여의 주체나 또는 객체로서 존재하지 않는다(Bowles and Gintis 2002). 다중 요소가 시민참여를 위한 효과적인 여건의 전제로서 고려되어야 한다. 그 예로 점증하는 정부환경(입법부와 행정부 지원), 무임승차 문제들을 지적하는 메커니즘, 평등의 이상을 타협시키는 효과나 차별을 예방하는 것들이다. 가령 참여하는 시민들은 동일투자에 대한 이익에 대해서 동일한 몫을 기대해야 한다. 이는 참여자들이 가령 이웃의 안전, 학교문제 개선 또는 대응적인 정부기관 같은 공공재의 산출을 목표로 할 때는 더 중요하다.

필요한 지원의 몇 가지는 분명하다. 시민들이 이해하는 언어를 사용하는 것인데, 언어는 특정 연령, 계급, 그리고 소수민족 같은 인구적 변수를 고려해야 한다. 참여의 광장을 제공하는 것으로 인터넷, 전통적인 참여방식, 다양한 만남시간, 리더인 중심 그룹 이용 등은 이용에서 선호도가 높다. 잘 정의된 내상을 갖는 것, 모든 관련된 이해당사자와 유권자들의 참여를 목표로 하며 참여를 획득하는 것, 완전한 정보제공, 정책이나 프로젝트와 관련된 이해나 상황에 대한 지식을 촉진시키기 위한 교육 프로그램의 제공 등도 있다(Brody et al. 2003).

액커맨(Ackerman, 2004)은 횡단적 책임(transversal accountability)에 대해 말하는데, 이는 시민들이 지도력과 책임을 함께 공유하는 것이다. 시민들이 행정관에 대해 주도적인 입장이 되는 것은 어떤 면에서는 역설적이며, 다른 사람 보기에는 매우 우스운 일로 보일 수 있다. 그러나 이것은 공공 행정과 지방정부의 문맥에서 보면 참가라는 민주주의 벡터가 전형적인 또는 정상적인 관례와 가정(assumption)을 뒤집기를 요구하는 것이다. 시민참여는 시민참여의 투입, 시민행동의 행정적 전문성의 서비스 요소 또는 지도적인 역량을 부정하는 관계당국과 전문가들의 의례적인 생각이나 또는 자신들의 우월감으로 인해서 위협을 받는다. 액커맨이 언급한 바와 같이 공동 관리계획은 원하는 매개변수에 근거해야 한다. 공립학교나 또는 사회복지기관의 운영 같은 경영기능을 비영리협회에 단순히 이전하는 것은 성공에 대한 보증이 되지 못한다. 이는 지역시민에게 의지하는 것에서도 마찬가지이다. 궁극적으로 공유한 정보, 지식, 전문기술 및 책임의 관계를 발전시키기는 아이디어를 공유하는 민주주의 거버넌스가 중요하다.

가벤타(Gaventa, 2005)는 이런 점에 관심을 가지고 현재 논의되는 조건들에 깊숙히 관여하고 있다. "진보된 민주주의"는 자신들이 원하는 대로 정부를 운영하기 위해서 조직화된 이해관계, 전문가 또는 심지어 정부관료를 잃는 수준에까지, 또는 활동적인 개인의 직업세계와도 연계된 시민을 잃을 각오로 모험을 한다. 가벤타는 취약한 수평적 · 수직적 책임성의 문제와 "할로우 시민권"(hollow citizenship) 외에 점증하는 문제들에 따른 책임성의 부재를 지적한다. 국제적인 민주화에 대해 강조를 너무 많이 하는 것은 '민주적 엘리트주의'가 확장되는 것으로 인하여 고통을 받는다. 사회적 자본의 잠재성을 어떤 시민적 맥락에서 참여의 메커니즘이나 원리로 옮길 것인가에 대한 방법을 반드시 생각해야 한다. 이는 모든 관계에서 동일할 수가 없기 때문이다.

앱돈(Ebdon)과 프랭클린(Franklin, 2006)은 예산편성에 시민참여를 논하며, 문헌적 조사를 통해서 어떤 특정한 정부환경의 유형이 시민참여에 더 유인적이라는 결론에 이르렀다. 이런 환경들은 가령 현재 미국 내의 작은 도시에서 운용되는 '의회 매니저 체계'(council-manager system)를 포함하는데, 이는 선출된 시장의회체계와 반대되는 유형이다. 그리고(주

또는 지역법률에 기초하여 종종 요구하는) 참여에 대한 법적 요구 또는 법안 요구, 그리고 사회갈등에 대한 현저한 선호도 포함한다. 앱돈과 프랭클린은 앞으로의 더 많은 경험적인 연구에 대한 필요성을 언급하였고, 또한 이런 결론들이 스스로 일정한 지속적인 형태를 만들지는 않는다고 말하였다. 다시 말해 소규모의 미국 도시는 대도시의 유형을 따라갈 것이 아니라 전형적인 시경영자(city manager)의 정부형태를 갖는 것이다.

공동 생산 노력은 그 정신 및 운영에서 보면 매우 민주적이다. 어느 정도까지 이들은 민주적 자조(self-help)와 지역사회 행동주의가 오랫동안 실행된 것들이 현대에서 새롭게 탈바꿈하여 구체화된 것들이다. 그럼에도 불구하고 미국과 그 외 다른 곳에서 이런 운용은 주류적 참여에서 벗어난 작은 수준에서 시행되고 있으며, 현지에 일반화되어 시행되지 못하고 다만 소규모의 프로젝트와 연계되고 있다. 그 외에 공동 생산 노력은 종종 정부투자에 대한 대체가 되거나 또는 대체로 보여진다. 이와 같이 이것들은 참여에 대한 메커니즘의 하나로, 그리고 정부 노력에 대한 보완으로서, 좀 더 일반화된 프로그램이나 또는 정부 주도와 협력관계에 대한 실험으로 보일지 모른다.

다양한 연구들은 시민참여를 동기화시켜 주는 수단으로서 민간 공공 협력을 지적한다(Pierce, Lovrich, and Moon, 2002 ; Koontz, 2005). 종종 공공 활동에 시간을 투자하는 시민의 자발심을 증가시키는 방법은 법인의 후원을 통해서이다. 가령 교회나 다른 사회기관 단체에 의해 홍보되는 활동, 도시나 마을 등 간의 협력이 있다. 기업과 리더십 기관들이 사회자본 형성에서 이미 관여되어 있다는 것을 감안해 본다면 미국과 그 외 지역에서 얼마든지 이런 것들이 성장할 여력은 있다. 미국 정부는 성심성의껏 시민참여의 공유자로서 기업, 종교 및 다른 시민기관들을 정책계획에 포함시켜 함께 일해야 한다(Koontz 2005).

Ⅳ. 비교시각에서 시민참여에 영향을 미치는 변수들

미국과 한국의 입장을 고려함으로써 시민참여와 동기의 변수에 영향을 주는 다양한 변수들을 살펴보고자 한다. 이 모형을 소개하는 목적은 바로 위에서 조사하고 고찰하여 본 사례들이 한국의 문맥에서 적용할 수 있는지 또는 할 수 없는지 일반 모델을 찾고자 하는 노력에서 시작된다.

여기서 변수들은 생활속도의 지배, 지역조건에의 지식, 사회적 동질성, 상호 의존의 인정, 전문가 수용 및 참여장소를 위한 장소의 소재이다. 생활속도(pace of life)는 시민참여에 이용한 시간의 양을 나타내거나 확보해 준다. 한국과 미국은 모두 노동에 많은 시간을 투자하여 삶의 여유가 적으며, 시민의 활동을 위한 시간이 제한된다.

둘째로, 지역에 대한 지식여건은 높은 수준에서 낮은 수준에 걸쳐서 그 수준이 다양하다. 한국은 높거나 또는 중간 수준의 지역지식을 갖는다, 반면에 미국에서 이는 이웃에 대한 지식의 결여는 증가하고 있으며, 매우 우려되는 수준에 있다. 다만 인구가 적은 마을(town)에서는 그렇지 않은 경우도 있다. 사회적 동일성과 상호 의존에의 인정은 협력과 갈등에 대한 배경이 되는 기회를 만든다. 이 변수 인덱스는 한국보다 미국에서 낮다. 이는 또한 공유하고 있는 문화를 중심으로 참여를 조직하는 기초를 제공해 준다. 미국에서 보면 합의를 이루는 기초가 매우 다양하다고 말할 수 있으며, 반면 한국에서는 이런 합의에의 기초로서 문화의 통일성이 매우 높게 작용한다.

셋째로, 유교의 학문적 실행 개념에 뿌리를 두고 있는 한국 문화는 자유주의와 같은 다른 정치적 변수들에 의해서 영향을 받지만 상당히 전문가를 높이 평가한다. 반면에 미국의 정치적 전통은 전문가에 회의적이며, 그들의 지위에 비하여 떨어진다고 할 수 있다. 이는 정치제도의 대표성을 낮춘다.

마지막 넷째로, 연방제체제와 국가 크기를 감안하여 행정의 3계층제로 인하여 시민참여는 실제로 수없이 많고 참여의 가능성은 열려 있다. 단일체제에서 지방자치를 갖고 있는 한국은 지역적 그리고 다수의 군과 시의 영역을 고려해 보면 이런 계층제가 결정적인 것은 아니라도 적은 것은 분명하다. 이와 같은 요소들은 다음과 같이 요약할 수 있다.

미국		한국
높음(바쁨)	생활속도	높음(바쁨)
중간 / 낮음	지역에 관한 지식	중간 / 높음
낮음	상호 의존성 결여	높음
낮음	지도력에의 개방성	높음
높음	참가장소	낮음 / 중간

이러한 변수들이 주는 암시는 물론 차후에 경험적인 검증을 모두 요구하는 것이지만 시민참가의 핵심을 보여준다. 미국의 경우에서 시민참가는 의식적으로 그리고 체계적으로 계획된 기회와 제도를 통해서 만들어지며 시행되어야 한다. 이는 바로 문헌에서 왜 계획에 대한 강조, 행정가를 위한 최고 사례들, 그리고 사회조직이 '어떻게'를 강조하는 모든 것들을 이해하게 해준다. 한국에서는 모든 사람들에게 사회자본에 대한 강조가 더 중요하며, 더 큰 사회적 강제도 그리고 넓은 의미에서의 공통적인 국가의 위엄이 중시된다. 이는 미국의 시민참여제도가 완전하다고

말하는 것도, 또는 한국의 시민들이 제도화된 기회와 참여 메커니즘을 필요로 하지 않다고 말하는 것이 아니다. 이는 시민의 동원을 위해서 한국에서는 사회적 자본이 높게 유지되고 있다는 것을 말하는 것이다.

촛불 집회는 조직자들, 불교의 종교적 평가(하향평가), 또는 미국 소고기 수입을 반대하는 시위에 있는 잘못된 정보로 인해 비판되었다. 이런 우려는 우리와 관계가 없는 것이 아니라, 이런 것들을 미국에서 보게 된다면 한국과 같지는 않을 것이라는 것을 말하고자 하는 것이다. 예로 들자면 현재 미국은 이라크와 아프가니스탄의 두 전선에 대해, 허리케인 카트리나에 대한 재난에 대해, 또는 현재 겪고 있는 연료와 식품가격에서 인플레이션 등에 대해 산발적인 시위가 있다. 따라서 한국이 '개발도상국'이라든지 '동양적 국가'라는 등의 말로 폄하하려는 것이 아니다. 이런 중요한 변수에서 시민참여를 개념화하는 과학적 기초가 미국과 한국에서 상당히 다르다는 점을, 그리고 미국적 메커니즘은 이용하려 한다면 이를 그냥 모방해서는 안 되며, 적절하게 응용해야 한다는 점이다.

람(Lam, 1997)이 수년 전에 한국을 포함하는 많은 아시아 국가의 맥락에서 볼 때, 지역관료의 전문성을 인정하며 긍정적으로 합의를 도출하는 것이 중요하며, 자율성과 행동구조 및 모든 관계하는 이해당사자들을 존중하는 것도 마찬가지로 중요하다고 제안하였다. 인간관계에서의 비공식적 관계의 우위성과 한국 문화에서의 유교적 배경막은 값을 헤아릴 수 없는 사회적인 조건이다(이는 결코 없어지지 않을 것이다). 반면 미국에서는 이런 상황은 이미 해체되어 정부관료와 시민 간의 장벽은 무너졌다. 지역 지식의 변수, 지도력에의 개방성, 상호 의존성의 결여 등을 고려해 보면 그렇다. 반면 한국의 상황에서는 이와는 다른 반대조건이 여전히 유효하다. 예를 들어 과학연구의 권고들은 타협되어지거나, 심지어 원래 조사와는 정반대로 평가가 내려지도록 조작될 수도 있다. 여기서 중요한 점은 미국식의 권고 또는 메커니즘의 일대일 대응적 이용(one-to-one use) 이 오용되어지거나 심지어 역기능일 수도 있다는 점이다.

마지막으로 정부, 민간 부문, 제3영역, 그리고 기능하는 시민 간의 협력을 위해, 그리고 지방정부에서 보면 지역적인 비상사태가 없고 또한 급히 선동적인 방식으로 지휘해야 할 상황 등도 없는 것이 대부분이기 때문에 자신의 이해관계라는 동전이 바로 성공에서 중요하다. 관료에 동기부여를 주고, 수익성 기여하며, 3영역 조직의 명백한 목적을 이루는 것 등은 힘든 일일지 모르지만 현재 관행의 외곽에서 다시 그 수요를 채우게 되면 이는 노력들을 부정적으로 더 복잡하게 만들 수 있다. 그러나 다른 방법들은 없다. 반대로 보울즈(Bowles)와 긴티스(Gintis, 2002)는 모든 공유자들에게 똑같이 참여에 대해 생각하는 데 유용한 권고를 제공하고 있다.

아래의 조건들은 효과적인 시민참여를 획득하는 데 필요하다.

- 각 당사자는 성공하기 위해서는 필요성과 자아 이해에 인식을 가져야 한다.
- 자유로운 라이더(비참여 당사자)는 제재되어야 한다. 그러나,
- 먼저 프로젝트를 시작하기에 잎시, 언제니 참어 메커니즘이나 정책을 둘러싼 시민교육이 선행 되어야 한다. 이는 이해, 합의, 약속을 이루기 위해서이다.
- 법 및 정치 구조는 참여를 지원하거나, 또는 지원하도록 발전되어야 한다.
- 동등한 노력에 대한 평등성과 비차별 또는 동등한 참여에 대한 동등한 보상은 최우선권을 가져야 한다.

참고문헌

Ackerman, John. 2004. Co-Governance for Accountability : Beyond "Exit" and "Voice". *World Development*(32 : 3) : 447-463.

Banner, Gerhard. 1989. Kommunalverfassung und Selbstverwaltungsleistung, in : Schimanke, Dieter(Hrsg.) : *Statdirektor oder Bürgermeister. Beiträge zu einer aktuellen Konverse*, Basel, 37-61.

Barrochi, Gianpaolo and Josh Lerner. 2007. Could Participatory Budgeting Work in the United States? *The Good Society*(16 : 1) : 8-13.

Bovaird, Tony. 2007. Beyond Engagement and Participation : User and Community Coproduction of Public Services. *Public Administration Review* ; (67 : 5) : 846-860.

Bowles, Samuel and Herbert Gintis. 2002. Social Capital and Community Governance. *The Economic Journal*(112 : 483), 419-436.

Brody, Samuel D., David R. Godschalk, and Raymond J. Burby. 2003. Mandating Citizen Participation in Plan Making : Six Strategic Planning Choices. *Journal of the American Planning Association*(69 : 3) : 245-264.

Cahn, Edgar S. and Christine Gray. 2005. "Using the Coproduction Principle : No More Throwaway Kids". *New Directions for Youth Development*(106/Summer) : 27-37.

Coglianese, Cary. 2005. The Internet and Citizen Participation in Rulemaking. I/S : *A Journal of Law and Policy*(1 : 1) : 33-57.

Evans-Cowley, Jennifer and Maria Manta Conroy. 2006. The Growth of E-Government in Municipal Planning. *Journal of Urban Technology*(13 : 1) : 81-107.

Gaventa, John. 2005. Triumph, Deficit or Contestation? Deepening the 'Deepening

Democracy' Debate. Paper prepared for the Seminar on Deepening Democracy, Governance and Civil Society Unit, Ford Foundation. Rio De Janeiro, Brazil. December 3, 2004.

Hirschman, Albert O.. 1970. *Exit, Voice, and Loyalty : Responses to Decline in Firms, Organizations, and States*. Cambridge, MA : Harvard University Press.

Ho, Alfred Tat-Kei and Paul Coates. 2002. Citizen Participation : Legitimizing Performance Measurement as a Decision Tool". *Government Finance Review*(April) : 8-10.

Kathi, Pradeep Chandra and Cooper, Terry L.. 2005. Democratizing the Administrative State : Connecting Neighborhood Councils and City Agencies. *Public Administration Review*(65 : 5) : 559-567.

Koontz, Tomas M.. 2005. "We Finished the Plan, So Now What? Impacts of Collaborative Stakeholder Participation on Land Use Policy". *Policy Studies Journal*(33 : 3) : 459-481.

Lam, Wai Fang. 1997. "Institutional Design of Public Agencies and Coproduction : A Study of Irrigation Associations in Taiwan." In *State-Society Synergy : Government and Social Capital in Development*, edited by Peter Evans. University of California Press/University of California International and Area Studies Digital Collection, Vol. 94 : 11-47.

Leighninger, Matt. 2005. "The Recent Evolution of Democracy". *National Civic Review*(94 : 1) : 17-28.

National League of Cities. 2007. Engaging Citizens in Public Work. City Practices Brief. August 2007).

Noveck, Beth Simone. 2005. The Future of Citizen Participation in the Electronic State. I/S *: A Journal of Law and Policy*(1 : 1) : 1-32.

Pierce, John C., Nicholas P. Lovrich, Jr., and C. David Moon. 2002. Social Capital and Government Performance : An Analysis of 20 American Cities. *Public Performance and Management Review*(25 : 4) : 381-397.

Rutherford, Frances Patton. 2000. "Strengthening Citizen Participation in Evaluating Community Development : the Case of the EZ/EC Learning Initiative in McDowell County, West Virginia". In *Learning from change : Issues and Experiences in Participatory Monitoring and Evaluation*, ed. Marisol Estrella(London : ITDG Publishing) : 124-136.

Sirianni, Carmen. 2007. "Neighborhood Planning as Collaborative Democratic Design". *Journal of the American Planning Association*(73 : 4) : 373-387.

제3편

지방자치와 재정

8 지방예산권과 재정책임의 확보

제도 발전과정 및 성과

Ⅰ. 지방예산권의 확대와 재정책임성 확보의 의의

단일형 국가의 중앙·지방정부 간 관계에 있어서 지방자치단체의 자치권은 헌법과 법률에 의해 그 범위가 보장되고 있다. 현재 우리나라에서도 지방자치단체의 자치입법권, 자치조직권, 자치행정권, 자치재정권이 모두 법률 또는 법령에 의해 중앙정부의 통제 하에 놓여 있다. 따라서 지방분권형 행정체제를 구축하기 위해서는 지방자치단체의 역할과 범위(자치사무의 확대), 자율적 의사결정권(자치입법권, 자치조직권)이 확대되어야 하며, 이를 실천적으로 담보할 수 있는 자치재정권의 범위와 수준이 제고되어야 한다.

자치재정권은 지방자치단체의 사무처리에 필요한 재원을 자율적

■ 곽채기(동국대학교 행정학과 교수)

으로 조달 · 사용할 수 있는 권한을 의미한다. 이러한 자치재정권은 재원조달의 자율권(과세자주권, 기채자주권 등), 재원사용의 결정 및 운용상의 자율권, 재산관리권 등으로 구분해 볼 수 있다(배인명, 2003 : 325).[1] '지방예산권' 은 바로 자치재정권의 개념적 구성요소 중의 하나인 재원사용의 결정 및 운용상의 자율권과 관련해 지방자치단체가 행사하는 권한의 범위와 수준을 지칭하는 것이라고 할 수 있다. 여기서는 지방예산권을 (세출)예산의 결정 및 집행을 위한 지방자치단체의 자치권 또는 자율권으로 이해하고자 한다.

지방예산권은 이를 광의의 관점에서 보면 예산편성–심의 · 의결–예산집행–결산 및 회계검사 등의 예산과정을 운용함에 있어 지방의회와 자치단체 집행부가 행사할 수 있는 권한과 자율성을 의미하는 것으로, 그리고 협의의 관점에서는 예산편성에 관한 권한과 자율성을 의미하는 것으로 이해할 수 있다. 그러나 지방예산권을 협의의 관점에서 파악하면 자치재정권의 세 가지 구성요소 중의 하나인 "재원사용의 결정 및 운용상의 자율권"과 관련해 제기되고 있는 문제를 체계적으로 이해하고 설명하는 데 효과적이지 않은 것으로 판단된다. 따라서 여기서는 지방예산권을 일단 광의의 관점에서 파악해 우리나라에 있어 지방자치 실시 이후 지방자치단체가 세출예산의 편성과 결정 및 집행 등을 자율적으로 수행할 수 있는 법적 · 제도적 권한의 범위와 수준이 그동안 어떻게 변해왔고 현재에는 어느 정도로 보장 또는 제약받고 있는가를 분석해 보고자 한다.

한편, 재정분권화를 실현하기 위한 지방예산권의 확대 필요성을 주장하는 이면에는 지방자치단체가 지방재정을 자율적 · 독자적으로 운영하게 되면 지방재정 운용의 민주성과 대응성, 효율성과 생산성 등이 향상될 것이라는 규범적인 가치판단이 전제되어 있다. 그러나 지방자치단체의 재정운용에 참여하는 자치단체장과 공무원, 지역주민과 이해관계자 등의 행동준칙을 염두에 두고 생각해 볼 때 지방예산권의 확대가 반드시 긍정적인 성과의 창출을 보장하는 것은 아니라고 할 수 있다.

우선 자치단체장과 지방의회 의원에 대한 규범적인 역할 모델은 공공 서비스에 대한 수요 표출자와 공급 감독자로서의 역할을 수행할 것으로 기대되고 있으나, 현실적인 행태는 득표극대화, 재선확률 극대화 추구자로 나타나고 있다. 둘째로, 공무원(공공 서비스 공급자)에 대한 규범적인 역할 모델은 효율적인 공공 서비스 공급자로 설정되고 있으나 현실적인 행태는 산출의 극대화 행동(예산규모 극대화, 재량예산 극대화 등)으로 나타나고 있다. 셋째로, 투표자, 공공 서비스 수요자 및 납세자로서의 지역주민은 효용의 극대화를 추구하는 상정하고 있으나 현실적으로 기대의 이중성, 조세환상, 재정(지출)환상 등으로 인해 합리적으로 행동하지 못하고 있다.

이처럼 지방재정 결정에 참여하고 있는 주요 주체들의 현실적인 행동준칙, 납세자로서 지역주민들의 기대 이중성과 조세 및 재정환상, 자치단체장과 지방의원들의 득표(또는 재선확률) 극대화 행태, 공급자인 공무원의 산출 극대화 행태 등이 함께 어우러지면 정부(재정)실패 현상이 초래될 수밖에 없다. 정부(재정)실패의 유형은 공공재의 과다공급(정부성상, 재정팽창), 지방재정 위기(만성적인 초과수요-초과공급, 지방의원과 자치단체장의 선호 충족을 위한 지방채 발행으로 인한 지방재정의 건전성 훼손 또는 과도한 지방부채 누적) 등으로 나타날 수 있다.

따라서 지방재정실패의 발생을 예방하고 통제하기 위해서는 중기재정계획제도, 재정투융자심사제도, 지방채발행승인제도, 지방재정분석 · 평가 및 진단제도 등 효과적인 지방재정관리관리제도를 설계해 운영할 필요가 있다. 이것이 지방예산권의 확대에 따른 지방재정 운영의 책임성 확보 장치라고 할 수 있다.

Ⅱ. 지방자치 실시 이후 지방예산권의 확대과정 및 제약요소

1. 지방자치단체의 예산편성 관련 권한 및 제약요소

1) 지방자치단체 예산편성권의 확대 : 예산편성을 위한 지침과 기준의 재구축

지방자치법 제127조에 의하면 지방자치단체의 예산편성 권한은 지방자치단체장에게 부여되고 있으며, 지방의회가 이를 의결하는 권한을 행사하고 있다. 그런데 지방자치단체가 지방재정을 운영함에 있어서는 수지균형의 원칙에 따라 건전하게 운영해야 하며(지방자치법 제122조), 국가시책을 구현하기 위해 노력해야 한다(지방자치법 제123조). 또한 지방재정법 제3조에서는 국가의 정책에 반하거나 국가 또는 다른 지방자치단체의 재정에 부당한 영향을 미치게 해서는 안 되는 것으로 규정하고 있고, 제5조에서는 지방자치단체장은 지방재정을 운용함에 있어 지출성과의 극대화를 위해 노력해야 하며, 행정안전부장관은 성과 중심의 지방재정 운용을 위해 필요한 사항을 정해 지방자치단체장에게 통보할 수 있는 것으로 규정하고 있다.

이처럼 지방자치단체(장)의 예산편성권은 지방자치법과 지방재정법을 통해 규정하고 있는 관련 규정과 제약조건 하에서 행사되고 있는 것이다. 그런데 '참여정부'가 추진했던 재정분권 구상을 실현하기 위해 2005년 8월 전면 개정된 지방재정법에 의해 '지방자치단체 예산편성기본지침' 제도가 폐지되고, 이를 대신한 '지방자치단체재정운용업무편람과 지방자치단체 예산편성기준' 제도가 새로 도입되기 이전까지 우리나라 지방자치단체의 예산편성에 관한 권한의 범위와 자율성은 '지방자치단체 예산편성기본지침'에 의해 실질적으로 결정되었다.

지방자치단체가 예산을 편성함에 있어서 당시의 내무부가 작성·시달하는 '지방자치단체 예산편성기본지침'에 대한 법적 준수 의무는 1992년 지방재정법시행령의 개정을 통해 처음 도입되었다(지방재정법시행령 제30조 제1항). 그 이후 2005년 6월 전면 개정된 지방재정법을 통해 이 제도가 폐지될 때까지 지방자치단체에게 '지방자치단체 예산편성기본지침'을 준수해야 하는 법적 의무를 부과했다. 예산편성지침은 예산의 낭비적인 요인을 제거하고 국가와 지방의 예산운용상 연계성 및 자치단체 간 재정활동의 균형을 유지하기 위한 차원에서 필요불가결한 지방재정 운영의 지도수단으로 인식되었다.

이 기간 동안 지방자치단체는 법령과 조례가 정한 범위 내에서 합리적인 기준에 의해 예산을 편성하도록 되어 있었고(지방재정법 제30조 제1항), 지방재정법시행령 제30조 제1항에 "법령에 다른 규정이 없는 한 예산편성기본지침에 따라 예산을 편성하도록" 규정되어 있었다. 이 지침의 법적인 효과는 훈령(명령)에 해당했다. 따라서 지방자치단체는 예산을 편성함에 있어 '지방자치단체 예산편성기본지침'에서 제시된 '지방재정건전운용지침'과 '기준경비'에 따라 편성해야 했고, 이를 준수하지 않는 경우는 법령에 위반되었다.

또한 지방자치법 제157조에 지방자치단체가 자치사무에 관한 처분이 법률에 위반되거나 현저히 부당해 공익을 해친다고 인정할 경우 서면으로 시정을 명할 수 있도록 규정되어 있어 예산편성 결과에 대한 사후 지도를 제도화해 예산편성지침이 지켜지지 않은 사항에 대해서는 사유와 타당성을 검증하고 필요시 관계법령상 시정명령이나 집행유보 후 추경시 조정토록 지도함으로써 부적절한 예산편성을 조정해 나가고 그 귀책사유가 관계 공무원에게 있는 경우 관계 공무원의 문책사유가 되었다. 특히, 2001년 12월에 개정된 지방교부세법시행령 제12조 제1항 제3호의 규정에 의해 예산편성기본지침을 위반해 예산을 편성한 경비를 지출한 경우에는 지출한 금액 이내에서 지방교부세를 감액하는 재정 패널티 제도를 도입했고, 이를 2003년도 예산편성시부터 적용했다.

예산편성기본지침의 주요 내용은 건전재정운용원칙, 주요 경비별 예산편성기준, 예산과목, 단위단가 등으로 구성되어 있었다(배용수, 1997 : 23). 우선, 지방재정건전재정운용지침은 지방자치단체가 재정을 운용함에 있어서 기본적으로 준수해야 할 현행 지방재정관계법령 등에 규정한 내용으로 구성되었다. 이것은 투자 우선순위를 소홀히 하거나 형평성을 잃은 선심성 예산편성 등 방만한 재정운용을 사전에 방지해 지방자치단체가 입법취지에 따라 건전하게 재정을 운용토록 함으로써 재정 본연의 기능인 공공성, 효율성, 생산성 등을 제고하기 위한 것이었다.[2] 따라서 지방자치단체는 '지방재정건전운용원칙'을 준수해 예산을 편성하고 집행하도록 요구받았다. 다음으로 주요 경비별 예산편성기준으로는 법정경비와 기준경비에 관한 구체적인 내용을 제시했다. 1995년까지는 예산편성기준의 형식으로 단위단가 등 예산편성 전비목에 대해 경비별 예산편성 요령과 집행지침을 시달했으나, 1996년부터는 단위단가는 참고자료로만 제공함으로써 사업예산은 지방자치단체가 자율적으로 편성할 수 있도록 했다.

그러나 지방자치단체 예산편성기본지침시달제도는 예산편성기준 외에 중앙통제적 내용을 포함하고 있고, 경비별 예산편성기준을 제시함으로써 지역의 특수성을 반영하기 곤란할 뿐만 아니라 지방자치단체 예산편성의 자율성과 재량권을 제약하고 있다는 점에서 폐지의 필요성이 지속적으로 제기되어 왔다. 예산편성기본지침시달제도의 필요성을 강조하고 있는 중앙정부적 시각과는 달리 지방자치단체에서는 예산과목 분류체계가 통제 위주로 지나치게 세분화되어 있어 자치단체가 사업의 특성에 따라 신축적으로 운영하는 데 제약이 크다는 점과, 전국적으로 획일적인 기준이 적용되므로 각 자치단체의 특성이나 실정이 반영되기 어렵다는 점 등에 대한 비판적 시각이 강하게 표출되어 왔다(배용수, 1997 : 24). 특히, 예산편성의 자율성을 침해하고 있다는 자치단체의 반발이 일어나면서 지침을 무시하는 사례가 발생하기도 했으며, 법령에 부담의무가 없는데도 자발적으로 재정수요를 부담하는 경우도 있었다. 또한 지방의회가 예산안 심의과정에서 특정 사업에 대한 문제를 제기하면 집행기관에서는 예산편성기본지침을 근거로 예산을 편성했다고 대응하게 되어 지방의회와 집행기관 간의 마찰요인이 되기도 했다(이재성, 1996 : 29–30 ; 배용수, 1997 : 24).

한편, 이러한 예산편성기본지침에 따른 사업비 예산편성과 관련해서는 국가 기능사업의 지방비 부담에 관한 이슈가 지속적으로 제기되어 왔다. 특히, 경찰 관련 경비부담 문제, 교육재정 관련 경비부담 문제가 주로 제기되었다. 지방자치단체 예산편성기본지침제도가 안고 있는 이러한 문제점에 대한 비판과 폐지 필요성이 지속적으로 제기됨에 따라 이 제도의 운영방식을 개편하기 위한 노력도 계속되어 왔다. 2005년 8월 지방재정법 전면 개정을 통해 지방자치단체 예산편성기본지침제도가 폐지되기까지의 예산편성기본지침제도 운영방식 개편과정을 살펴보면

〈표 1〉 지방자치단체 예산편성기본지침 주요 내용의 개편과정

1994	사업예산과 경상예산 전체에 대한 기준 제시
1997	예산편성지침에서 제시하는 기준경비 이외의 경비에 대한 자율성 확대
1998	지방자치단체의 조직개편 자율권 부여와 연계하여 세출예산과목(항, 세항)에 대해 자치단체가 자율적으로 운영
2004	실 · 국(과), 사업소별 사전예산배분방식(top-down) 시범 도입, 사업별 예산편성제도 시범운영, 부서별 총액 예산편성 적용 비목 확대(3개→5개)
2005	지방자치단체 예산편성지침제도 폐지

자료 : 행정자치부 외(2005 : 220).

〈표 1〉과 같다. 이 표를 통해 확인할 수 있는 바와 같이 예산편성기본지침을 통해 규율되는 지방자치단체 예산편성 권한의 제약이 점진적으로 완화됨으로써 지방자치단체가 예산편성 과정에서 행사할 수 있는 자율성이 계속 확대되어 왔다.

이와 같은 과정을 거쳐 지방자치단체 예산편성기본지침제도가 폐지된 후 이를 대체하기 위해 도입된 지방자치단체 재정운용업무편람 및 예산편성기준제도는 지방재정법 제38조의 관련 규정에 근거하고 있다. 지방재정법 제38조 제1항에 의거해 행정안전부장관은 국가 및 지방재정의 운용여건, 지방재정제도의 개요 등 자치단체의 재정운용에 필요한 정보로 구성된 회계연도별 '지방자치단체재정운용업무편람'을 작성해 지방자치단체에 보급할 수 있다. 또한 지방재정법 제38조 제2항에서는 지방재정의 건전한 운용과 지방자치단체 간 재정운용의 균형을 확보하기 위해 필요한 회계연도별 지방자치단체 예산편성기준은 행정안전부령으로 정하도록 규정하고 있다.

행정안전부는 현재 지방재정법 제38조 제2항의 규정에 의해 지방재정의 건전한 운용과 지방자치단체 간 재정운용의 균형을 확보하기 위

한 회계연도별 지방자치단체 예산편성기준에 관한 사항을 규정하기 위해 '지방자치단체 예산편성 운용에 관한 규칙'을 제정(2006.7.26)해 운용하고 있다. 이 규칙 제7조의 규정에 의하면 "지방자치단체는 경상적 경비 예산은 법령에 따른 경비와 동 규칙 제8조에 따른 기준경비를 제외한 경비에 대해는 그 지방자치단체의 여건과 특성을 고려해 합리적 · 객관적으로 세출예산을 편성해야 한다. 지방자치단체가 예산편성과정에서 적용해야 할 기준경비의 유형을 ① 업무추진비, ② 사회단체보조금, ③ 지방의회 관련 경비 가운데 국외여비, 의정운영 공통업무추진비 및 기관운영업무 추진비, ④ 통 · 리 · 반장 활동 보상금, ⑤ 그 밖에 지방자치단체의 재정여건과 특성을 고려해 행정안전부장관이 필요하다고 인정하는 경비 등으로 제시하고 있다. 지방자치단체가 이들 기준경비의 예산을 편성하는 경우에는 행정안전부장관이 통보한 기준경비의 범위 안에서 세출예산에 계상해야 한다. 기준경비에 관한 구체적인 내용은 '지방자치단체 예산편성 기준경비에 관한 규정'을 통해 매년 정하고 있다.[3] 그리고 투자사업비 예산은 사업의 긴급성, 중요성 및 필요성 등을 고려한 투자 우선순위에 따라 지방재정법에서 정하고 있는 중기지방재정계획과 재정투융자심사 등 관계 절차를 이행한 사업만을 세출예산에 계상토록 규정하고 있다.

한편, 기존의 지방예산편성기본지침에 포함되어 있던 지방자치단체 세입 · 세출예산 과목 구분 및 설정에 관한 사항은 예산의 과목구분에 관한 지방재정법 제41조의 관련 규정에 의거해 '지방자치단체 세입 · 세출 예산과목 구분과 설정 규정'에서 정하고 있다. 이 규정은 원칙적으로 지방자치단체의 일반회계, 특별회계, 기금에 공통적으로 적용되고 있다.

이상에서 설명한 기존의 '지방자치단체 예산편성기본지침제도'와

〈표 2〉 지방자치단체 예산편성기본지침제도와 예산편성기준제도의 비교

지방자치단체 예산편성기본지침제도 (2005 회계연도 이전)	지방자치단체 예산편성기준제도 (2005 회계연도 이후)
• 건전재정운용원칙(예산집행지침) • 주요 경비별 예산편성기준 – 법정경비 : 관계법령에 규정된 경비 – 기준경비 : 국가기준을 적용하는 기준경비, 예산편성기본지침으로 정한 기준 경비 • 예산과목 구분과 설정 • 단위단가 (1996년부터 참고자료로 제시)	• 건전재정운용원칙 폐지. 단, 회계적 통제는 강화(자치단체세출예산집행기준 제정) • 업무추진비의 현금지출 범위, 접대비 집행기준, 외빈초청여비 집행기준, 예비비 집행기준 • 지방자치단체 예산편성 기준경비에 관한 규정(행정자치부령) : 4대 기준경비 제시 • 법정경비 : 관계법령에 규정된 경비 • 자치단체 세입 · 세출예산과목 구분과 설정 규정(행정자치부령)

새로운 '지방자치단체 예산편성기준제도'를 비교해 보면 〈표 2〉와 같다. 지방자치단체 예산편성기본지침제도와 예산편성기준제도가 공히 법적 준수 의무가 보장되고 있다는 점에서 본질적인 차이는 없다고 할 수 있으며, 실질적으로는 주요 경비별 예산편성기준의 적용범위가 축소 조정됨으로써 지방자치단체의 자율적인 예산편성권의 행사범위가 확대되었다고 볼 수 있다.

2) 예산편성을 위한 경비기준 및 단가에 대한 통제 완화

예산편성기본지침을 통해 제시되었던 건전재정운영원칙이 주로 경상예산의 건전한 운영을 담보하기 위한 것이었다는 점에서 예산편성기본지침을 통한 경상예산 편성에 대한 규제목적은 실질적으로 주요 경비별 예산편성기준을 통해 구현된다고 할 수 있다. 예를 들어 예산편성

지침으로 기준을 정한 기준경비는 동결 운영토록 한다거나 선심성 예산 집행 등 방지를 위한 제도개선의 주요 대상으로 부각되었다. 또한 편성기준을 적용하도록 한 경비는 관련과목에 편성하되 경비기준을 반드시 준수해 편성하도록 했다.

과거 예산편성기본지침제도에서는 예산편성을 위한 단위단가를 제시한 바도 있었으나, 이미 언급한 바와 같이 1996년도부터는 단위단가를 참고자료로만 제시했기 때문에 예산편성기본지침제도 하에서도 단위단가를 통한 예산편성통제제도는 폐지되었다. 결국 지방자치단체의 예산편성을 위한 경비 산정에 대한 통제는 법정경비와 기준경비를 통해 이루어졌다. 즉 각종 경비의 예산편성은 법령 및 조례 등이 정한 법정경비와 예산편성지침에서 정한 기준경비 및 단위단가를 참고해 편성되었다.

지방자치단체 예산편성기본지침제도 하에서는 세출예산중 자치단체 간 동일한 행정수요가 유발되고 경비집행의 형평성이 요구되는 경비 및 국가의 예산편성지침상 기준이 제시된 경비는 예산편성의 주관적 판단의 여지를 좁히고 경비절감을 통해 재정운영의 효율성을 확보할 수 있도록 기준경비로 운영했다. 기준경비는 다시 국가기준을 적용하는 경비와 예산편성기본지침으로 정한 기준경비로 구분되었다.

첫째, 법정경비 : 법령 및 조례에 편성기준이 정해진 경비로서 인건비성 경비, 지방의회 관련 경비, 실비보상 등 지방의회 관련 경비(의정활동비, 수당, 여비), 여비 등이 있다.

둘째, 국가기준을 적용하는 기준경비 : 지방자치단체의 사무 중 국가사무와 성격이 유사하거나 기관운영 및 공무원 관련 경비 등 기본업무 수행을 위한 경비로 국가와 지방자치단체가 상호 균형이 유지되도록 할 경비는 국가예산편성기준을 적용해 편성했다. 직책급 업무추진비, 특정 업무수행 활동비, 직급보조비, 부서운영 업무추진비, 정원가산 일반 업무추진비, 복리후생비, 월정여비, 일숙직수당, 교육강사 수당, 대학강사 수당, 시험수당, 위원회 참석수당, 급량비 등이 국가기준을 적용하는 기준경비의 범주에 해당한다.

셋째, 예산편성기본지침으로 정한 기준경비 : 자치단체가 경비집행에 있어 법령 · 조례 등에 지급근거가 마련되어 있고, 구체적인 지급내용에 있어서는 예산편성지침으로 정할 사항에 대해 그 기준을 정하고, 자치단체가 일정한 기준이 없이 경비를 운영할 경우 과다한 지출을 유발해 기준설정이 필요한 경비와 지역 간 · 단체 간 균형을 유지해야 할 경비에 대해 지출상한선을 정해 균형 있고 적정하게 예산을 편성하도록 운영하기 위한 것이다. 기준경비의 범주에 포함되는 경비로는 지방의회 관련 경비, 기관운영 업무추진비, 시책추진 업무추진비, 사회단체에 대한 보조, 통 · 리 · 반장활동 보상금 등이 있다.

이러한 세 가지 범주의 경비산정 기준에 대한 규제완화 및 지방자치단체의 자율적인 경비산정 보장 과정은 〈표 3〉과 같이 제시할 수 있다.

첫째, 법정경비 중에서는 지방의회 관련 경비가 2006년 1월 1일부터 지방자치단체의 조례에서 정한 기준에 의해 자치단체별로 자율적으로 편성할 수 있는 법정경비로 전환되었다. 법정경비 중 하나인 지방의회 관련 경비는 의정활동비, 회기수당, 여비 등의 3가지 비목으로 구성되어 있었는데, 이 중 회기수당을 월정수당으로 전환하고, 그 지급기준은 대통령령이 정하는 바에 따라 당해 지방자치단체의 의정비심의위원회에서 결정하는 범위 안에서 당해 지방자치단체의 조례로 정하도록 했다(행정자치부, 2006 : 211-212). 월정수당의 지급기준은 지역주민의 소득, 지방공무원 보수인상률, 물가상승률 및 지방의회의 의정활동 실적 등을 종합적으로 고려해 당해 자치단체의 조례로 정하고 있다. 또한 여비도

〈표 3〉 경비산정 기준에 대한 규제완화 및 자율성 확대 과정

구 분	경비종류	경비산정 자율화	비 고
법정경비	인건비성 경비, 지방의회 관련 경비, 실비보상 등 여비	지방의회 관련 경비산정 자율화(2006.1.1)	계속 적용
국가 기준을 적용하는 기준경비	직책급 업무추진비, 특정 업무수행 활동비, 직급 보조비, 부서운영 업무추진비, 정원가산일반업무 추진비, 복리후생비, 월정여비, 일숙직 수당, 교육강사 수당, 대학강사 수당, 시험 수당, 위원회 참석 수당, 급량비	– 공무원 일숙직 수당, 교육강사 수당은 2004년부터 자율화 – 대학강사 수당, 시험 수당, 위원회 참석 수당, 특근매식비, 직원 능력개발비 등은 2005년부터 자율화	직책급업무추진비, 특정업무수행 활동비, 부서운영 업무추진비, 정원가산일반업무추진비는 "업무추진비"로 통합
예산편성 기본지침으로 정한 기준경비	지방의회 관련 경비, 기관운영 업무추진비, 시책추진 업무추진비, 사회단체에 대한 보조, 통·리·반장활동 보상금	– 시책추진 업무추진비, 사회단체보조금은 2004년부터 자치단체 여건을 고려한 탄력성 부여	4대 기준경비로 계속 적용

지방지치법시행령의 규정에 의해 정한 범위 안에서 당해 지방자치단체의 재정능력을 감안해 조례로 정하도록 했다. 이 사항은 현재의 지방자치단체 예산편성기준제도 하에서도 그대로 적용되고 있다.

둘째, 국가기준을 적용하는 기준경비 중에서는 경비의 급격한 상승을 수반하지 않거나 자치단체 내부적으로 자율통제가 가능한 경비에 대해서는 편성기준을 폐지해 지방자치단체로 이관해 해당 자치단체가 스스로 결정하도록 했다(행정자치부, 2003 : 17–18). 2004년도 지방자치단체 예산편성기본지침에서는 공무원 일숙직 수당 지급기준과 교육강사 수당 예산편성기준을 자율화했다. 특히, 시도교육원에 대해서는 수입의 범위 내에서 수지분석을 통한 강사 수당의 단가가 결정될 수 있도록 '수

입대체경비 예산편성제도'를 도입해 운영토록 했다. 이어서 2005년도부터는 대학강사 수당, 시험 수당, 위원회 참석 수당, 특근매식비, 직원능력개발비 등의 기준경비 편성기준을 자율화했다. 국가기준을 적용하는 기존의 기준경비 중에서 편성기준이 폐지되지 않은 비목중에서 직책급 업무추진비, 특정업무수행 활동비, 부서운영 업무추진비, 정원가산 일반 업무추진비 등은 2005년도부터 적용된 "지방자치단체 세입 · 세출 예산편성기준"에 의한 4대 기준경비 중 업무추진비에 포함되어 계속적으로 예산편성기준 적용대상 경비로 관리되고 있다.

셋째, 예산편성기본지침으로 정한 기준경비 중에서는 시책추진업무추진비와 사회단체 보조금이 전국 균형유지가 필요한 경비로서 탄력성 부여가 필요한 것으로 인식되어 2004년도 지방자치단체 예산편성기본지침을 통해 산정기준이 수정되었다. 즉 사회적 관심이 크거나 전국적인 균형 유지가 필요한 기준경비는 편성기준을 제시하되 예산규모, 인구수 등 자치단체의 여건을 반영토록 편성기준을 수정했다. 시책추진업무추진비는 보정계수의 적용 등을 통해 자치단체의 여건을 고려한 예외적 추가 증액을 허용하고 있으며, 사회단체 보조금의 경우에는 보조금상한제를 도입하고 대상단체 및 지원금액은 해당 자치단체에서 자율적으로 결정하되 합리적 재원배분을 위해 자치단체별로 '사회단체보조금지원심의위원회'를 구성해 운영토록 했다(행정자치부, 2003 : 23). 이 두 가지 사항도 지방자치단체 예산편성기준에 그대로 수용되어 계속 적용되고 있다.

3) 예산과목구조 운영의 자율성 확대

지방예산의 과목구분 설정은 예산을 기능과 성질 및 조직별로 분류한 것으로, 예산편성의 전국 통일성의 유지와 재정운영상황의 분석 및 재정정책 수립에 있어 가장 기초가 되며 예산편성과 집행의 기본이 되는 것이다. 따라서 지방자치단체의 예산편성시에는 '예산과목 구분과 설정' 에서 정하는 바에 따라 편성해야 한다. 이를 준수하지 않을 경우는 관계 공무원에 대한 행정적 조치와 함께 지방교부세법 제11조에 의한 재정적 조치가 수반된다.

품목별예산제도 하에서 세출예산의 과목구조는 장－관－항－세항－세세항－목－세목 등으로 분류했다. 1996년에 세출예산의 과목구조를 대폭 개선해 종래에 세분화되어 있던 과목구조를 단순화했다. 또한 1997년에는 조직단위 중심의 과목체계인 "세항"(사업목적별 분류기준)을 지방자치단체가 자율적으로 설정하도록 한 데 이어 1998년에는 "항"(행정기관별 분류기준)을 지방자치단체가 자율적으로 설정할 수 있도록 해 지방자치단체 예산편성의 자주성을 제고했다(행정자치부, 1997). 이처럼 종전에 내무부 또는 행정자치부가 결정했던 항과 세항에 대한 예산과목의 결정권한을 지방자치단체에 이양함으로써 지방자치단체 예산편성의 자주성이 일정한 정도로 보상되었나.

한편, 기존의 품목별 예산제도가 2008년도 예산부터 사업예산제도로 전환됨에 따라 예산과목구조도 기존의 "장－관 항－세항－세세항－목－세목" 분류체계에서 "분야－부문－정책사업－단위사업－세부사업－편성목"의 분류체계로 개편되었다. 기존에 지방자치단체가 자율적으로 설정할 수 있는 권한을 보장받았던 "항－세항"의 과목체계가 "정책사업－단위사업"으로 재구축되었고, "세세항"에 해당하는 과목구조가 "세부사업"으로 분류되고 있다. 이러한 사업예산제도 하의 세출예산 과목구분체계를 전제로 지방자치단체는 "정책－단위－세부사업"을 분야－부문의 기능에 맞게 자율적으로 설정해 운영할 수 있게 되었다. 사업예산제도 하에서 지방자치단체의 세출예산 과목설정 및 운영에 대한 자율성이 종전에 비해 보다 세부적인 사업단위로까지 확대되었다.

4) 지방채발행승인제도의 개선 : 지방채 발행의 자율성 제고

지방자치 실시 이후 괄목할 만하게 증대하고 있는 각종 중장기 지역개발 수요들을 고려할 때 건전재정 위주의 소극적인 재정운영으로는 지방재정 수요에 효과적으로 대응하는 것이 어렵다고 할 수 있다. 따라서 지방예산 편성과정에서 지방채의 전략적 활용 필요성이 제기돼 왔다.

그런데 2005년 8월 지방재정법 개정을 통해 지방채발행총액한도제가 도입되기 이전까지 중앙정부는 지방채발행승인제도를 통해 지방자치단체의 지방채 활용에 대한 사전통제기능을 수행해 왔다. 지방예산 편성과정에서 작성되는 지방자치단체의 지방채발행계획은 상위정부와의 협의 및 중앙정부의 승인을 받도록 했다. 지방채발행승인제도 하에서 기채권능은 지방자치단체가 갖고 있으나 재정운영의 건전성을 확보하기 위해 지방자치단체의 지방채발행은 중앙정부로부터 사전통제를 엄격히 받아왔다. 특히, 지방자치단체의 장이 지방채를 발행함에 있어서는 모든 사업에 대해 개별적으로 행정자치부장관의 승인을 받은 범위 안에서 지방의회의 의결을 얻도록 하고 있었다. 이로 인해 지방자치단체의 자율적이고 탄력적인 재정운영을 제약하는 측면이 있었다.

2005년 8월에 개정된 지방재정법에서는 이러한 문제점을 개선하기 위해 지방채발행총액한도제를 도입했다. 예산액의 10% 범위 내에서 행정안전부장관이 한도액을 정하고, 한도액 범위 내에서는 지방의회의 의결을 거쳐 지방채를 발행할 수 있다. 다만, 지방재정의 건전성 유지를 위해 총액한도를 초과하는 지방채, 외채, 자치단체 조합의 지방채 발행은 사업별로 행정자치부장관의 승인을 얻도록 하는 승인제를 유지하고 있다. 이러한 지방채발행총액한도제가 도입됨에 따라 지방자치단체의 환경과 특성을 반영한 탄력적인 재정운영이 가능해질 것으로 기대된다.

2. 사전적 재원분할 및 비재량적 지출의무 부과

지방자치단체는 국가시책을 달성하기 위해 노력해야 하며, 이를 위한 국고보조율과 지방비부담률은 법령으로 정하도록 규정하고 있다(지방자치법 제123조). 이러한 국고보조금제도의 운영에 따른 지방비 부담의무는 지방자치단체의 자율적인 예산결정권한 또는 자치재정권 행사를 제약하는 요소의 하나이다.[4] 또한 관련 법령의 규정을 통해 지방자치단체에게 사전적으로 지출의무를 부과하고 있는 것도 지방자치단체의 자율적인 예산권 행사를 제약하는 중요한 요소의 하나이다. 현재 지방자치단체는 지방교육재정의 분담과 관련해 이러한 사전적 지출통제를 받고 있다.

1) 시방자치단체의 지방교육재정 부담 의무화 및 확대과정

그동안 지방자치제 도입을 준비하는 과정 및 그 이후에 사전적 재원분할 방식을 통한 지방자치단체의 지방교육재정에 대한 법정부담금 제도가 지속적으로 확대되어 왔으며, 그 부담 수준도 증대해 왔다. 그 결과 현재 광역지방자치단체는 지방교육재정교부금법 제11조의 규정에 의해 공립학교의 설치 · 운영 및 교육환경 개선을 위해 ① 지방교육세에 해당하는 금액, ② 담배소비세의 45%에 해당하는 금액, ③ 서울특별시

〈표 4〉 일반지방자치단체의 지방교육재정 부담 의무화 확대과정

부담유형	자치단체의 지방교육재정 부담제도의 변천과정
법정 전입금 (사전적 재원분할)	① 의무교육기관을 제외한 공립의 각급학교 교원의 봉급 부담 – 서울특별시와 부산광역시는 지방교육재정교부금법 제정(1971년) 당시부터 일반회계 전입금으로 충당하도록 규정하였음. 1990년 지방교육재정교부금법 개정을 통해 서울특별시는 봉급의 100%, 부산광역시는 50%에 해당하는 금액을 일반회계에서 교육비특별회계로 전출하도록 의무화 – 2000.1.28 개정된 지방교육재정교부금법을 통해 부산광역시를 제외한 광역시와 경기도의 경우에도 봉급의 10%에 해당하는 금액을 일반회계로부터 교육비특별회계로 전출하도록 의무화 – 2004.12.30에 법을 개정하여 지방자치단체의 교원 봉급전입금제도를 폐지하는 대신에 시 · 도세 전입금 비율을 상향 조정함 ② 시 · 도세의 교육비특별회계 전입금 – 1988.12.31에 지방교육재정교부금법을 개정하여 서울특별시와 광역시는 담배소비세의 30%를 교육비특별회계 전출금으로 계상하도록 의무화함. 1993.12.31에 법 개정을 통해 이를 45%로 상향 조정 – 1999.5.24 개정된 지방교육재정교부금법에 의해 특별시 및 광역시는 특별시세 또는 광역시세(목적세 제외) 총액의 2.6%, 도는 도세(목적세 제외) 총액의 2.6%를 추가적으로 교육비특별회계 전출금으로 계상토록 의무화함. 2000.1.28 개정된 지방교육재정교부금법을 통해 시 · 도세 전입금 비율을 2.6%에서 3.6%로 상향 조정 – 2004.12.30 법 개정을 통해 봉급전입금을 폐지하는 대신에 봉급전입금에 해당하는 금액을 시 · 도세에 반영하여 시 · 도세 전입금 비율을 서울시는 10%, 광역시 및 경기도는 5%로 인상하고 그 밖의 도는 3.6%로 유지함. 당초 이 규정은 2년간 한시규정으로 신설되었으나 2006.12.30 법 개정을 통해 이를 항구적 부담으로 전환하였음 ③ 지방교육세 : 2001년에 신설된 지방교육세 수입 전액을 교육비특별회계 전출금으로 계상

비법정전입금 (재량적 지출)	① 관할구역 안에 있는 고등학교 이하 각급학교 교육 소요경비 보조 – 1995.12.29 법 개정을 통해 시 · 군 · 자치구가 광역자치단체장의 승인을 얻어 관할구역 학교 교육 소요경비의 일부를 보조할 수 있도록 제도화함. 2000.1.28 법 개정을 통해 광역자치단체의 승인을 삭제하였고, 2006.12.30 개정법에서는 시 · 도 광역자치단체도 직접 보조할 수 있는 근거를 마련함. 보조대상도 확대함. ② 2006.12.30 법 개정을 통해 광역자치단체의 법정 전출금 외에 별도의 경비전출 근거 도입

는 특별시세 총액(목적세와 특별시분 재산세에 해당하는 금액 제외)의 10%, 광역시 및 경기도는 광역시세 또는 도세 총액(목적세 제외)의 5%에 해당하는 금액, 그 밖의 도 및 특별자치도는 도세 또는 특별자치도세 총액의 3.6%에 해당하는 금액을 일반 회계예산에 계상해 교육비특별회계로 전출해야 한다.

또한 1995년 12월 29일 지방교육재정교부금법 개정을 통해 기초자치단체가 광역자치단체장의 승인을 얻어 관할구역 안에 있는 고등학교 이하 각급 학교교육에 소요되는 경비의 일부를 보조할 수 있도록 했다. 그 이후 법 개정을 통해 기초자치단체가 광역자치단체장의 승인을 받지 않고 자율적으로 교육경비의 일부를 보조할 수 있도록 했고, 2006년 12월 30일에 개정된 지방교육재정교부금법을 통해서는 광역자치단체로 교육경비를 직접 보조할 수 있는 근거를 마련했으며, 경비보조의 범위도 확대(일부 경비→경비로 확대)했다. 그리고 지방자치단체의 교육에 대한 투자를 활성화하기 위해 광역지방자치단체가 법정 전출금 외에 별도의 경비를 교육비특별회계로 전출할 수 있는 근거를 마련했다.

그런데 이와 같은 일반 지방자치단체의 지방교육재정에 대한 법정 · 비법정전입금제도가 지방자치단체의 자발적 선택이나 의지에 의해 설계된 것이 아니고 중앙정부의 정책적 판단에 의해 결정된 것이라고 할 수 있다. 따라서 일반자치와 교육자치가 구조적으로 분리되어 현재의 여건 하에서 일반 지방자치단체의 지방교육재정 부담이 사전적 재원분할 형태로 법제화 · 의무화되어 있는 것은 지방자치단체의 자율적 세출예산 결정권한을 제약하는 것이라고 할 수 있다.

한편, '학교용지 확보 등에 관한 특례법' (1995년 제정, 2007년 전문개정)에서는 100세대 이상의 주택건설용 토지를 조성개발하거나 공동주택을 건설하는 사업지역에서 시 · 도가 학교용지를 확보하는 데 소요되는 경비는 시 · 도의 일반회계와 교육비특별회계에서 각각 50%씩 부담하도록 규정하고 있다. 이러한 특례규정도 지방자치단체의 자율적 예산결정권한을 실질적으로 제한하는 결과를 초래하고 있다.

2) 지방양여금제도의 도입과 폐지

지방양여금제도는 당초 본격적인 지방자치 실시를 앞두고 지방재정 확충이 필요한 상황에서 일부 국세의 기계적인 지방이양이 초래하는 지역 간 · 자치단체 간 재정력 불균형 심화 문제를 해소하기 위한 새로운 재원이양 장치로 1991년부터 도입되었다.

그러나 지방양여금제도는 당초 도입 취지와는 달리 제도 운영과정에서 점차 국고보조금과 유사한 형태로 변모되어 갔다. 그 결과 독자적인 지방재정조정제도, 특히 재정분권을 확대하기 위한 추가적인 재원이양 장치로로서의 존립근거가 약화되어 갔다. 이러한 문제점이 노출되면서 1990년대 후반 이후부터는 지방양여금을 지방교부세와 통합하거나 포괄보조금으로 개편해야 한다는 주장이 지속적으로 거론되어 왔다. 이러한 배경을 바탕으로 참여정부는 재정분권 확대방안의 하나로 이 제도를 폐지하고, 관련 사업과 재원을 지방교부세와 국고보조금 및 지역균형발전특별회계로 이관하는 조치를 단행했다.

지방양여금제도 폐지 직전인 2004년을 기준으로 지방양여금의 규모는 4조 3,972억 원이었는바, 이 중 절반 이상을 차지하는 도로정비 및 지역개발사업비(2조 6,696억 원)는 지방교부세로 통합했고, 수질오염방지사업(1조 3,419억 원)은 국고보조금으로, 농어촌지역개발사업과 청소년육성사업(3,857억 원)은 국가균형발전특별회계사업으로 전환되었다(기획예산처, 2005). 결국 지방양여금제도의 폐지로 인해 일반재원과 의존재원 중간 정도의 성격을 띠고 있는 것으로 인식되어 왔던 지방양여금 재원의 39.3%에 해당하는 1조 7,276억 원이 재정분권화 요구와는 거리가 있는 국고보조금으로 전환된 것이다.

3) 국고보조금제도의 개편과 분권교부세 및 국가균형발전특별회계의 도입

(1) 국고보조금제도 개편의 필요성

1990년대 들어 지방재정운영의 자율성을 저해하는 국고보조금이 크게 증가해 지방재정조정제도에서 그 비중이 20% 이상을 차지하게 되었다. 국고보조금은 한편으로 지방자치단체의 재정력을 보충하는 반면, 지방자치단체의 재정권을 침해하고 경직화시키는 요인으로도 작용했다. 특히, 중앙정부가 국고보조금제도를 운영하면서 지방비 매칭(matching)방식을 강화함에 따라 국고보조금제도가 실질적으로 지방자치단체의 비재량적 지출의무를 유발하게 되었을 뿐만 아니라, 국고보조에 따르는 과도한 지방비 부담으로 인해 지방재정의 압박요인으로 작용하기도 했다. 결국 국고보조금제도의 지속적 팽창은 지방자치단체의 자율적 예

〈표 5〉 '참여정부'의 국고보조금 사업의 정비 내역

2004년도 예산	국고보조금 사업 (533개, 12.7조 원)		
	⬇		
정비내용	지방이양 (163개, 1.1조 원)	균특사업 이관 (126개, 3.6조 원)	보조사업 유지 (233개, 7.9조 원)
(특징)	강 ←	분권의 정도	→ 약

산편성 및 결정권을 제약하는 요소로 작용하는 문제점을 안고 있었다.

국고보조금제도가 안고 있는 이러한 문제점을 해결하기 위해 지방자치제 실시 이후 세분화된 국고보조사업의 통폐합을 통해 지방자치단체의 사업집행상의 자율성과 신축성을 제고해 왔다. 또한 기준보조율 미준수 또는 과다한 지방비부담사업의 재조정을 통해 지방자치단체의 과다한 지방비 부담을 완화했다. 또한 1995년 4월 행정자치부 주도 하에 재정경제부 등 관계부처와의 협의를 거쳐 국고보조금 관리방법을 개선해 지방자치단체가 국고보조사업을 행정자치부에 일괄신청하면 행정자치부는 기준보조율의 적정 여부, 지방비 부담능력 등을 종합적으로 검토해 관계부처에 통보하는 등의 제도적 장치를 마련함으로써 지방재정 보호와 국고보조금의 경직성을 완화해 지방자치단체의 자율성을 확대했다.

특히, 참여정부는 2004년에 533개 전체 국고보조사업을 대상으로 이를 지방이양사업, 국가균형발전특별회계사업, 보조사업 존치사업 등으로 구분해 전면적인 제도 개편을 단행했다. 그 결과 163개 국고보조사업이 지방자치단체로 이양되었고, 126개 국고보조사업은 국가균형발전특별회계사업으로 이관되었다. 이들 사업을 제외한 나머지 233개 사업만을 계속 국고보조사업으로 존치시키기로 했다.

이러한 국고보조금 개편의 기본방향은 내용적으로 세분화된 보조금을 포괄적으로 묶는다는 것과 절차적으로 지역의 제안권을 강화한다는 것으로 구분된다. 포괄적으로 묶는 과정에서 분권교부세가 도입되었고, 지역의 제안권을 강화하는 과정에서 국가균형발전특별회계가 도입되었다(경기도, 2007).

(2) 포괄보조금제도로서의 분권교부세 도입

중앙정부는 2005년부터 지방자치단체에 이양된 149개 국고보조사업을 수행하는 데 필요한 재원을 지방자치단체에 이양하기 위해 분권교부세제도를 도입했다. 분권교부세는 세분화되어 있던 보조금 사업을 포괄적으로 묶는다는 의미가 있다.

2005년에 분권교부세제도 도입 당시에는 분권교부세 재원이 내국세 수입의 0.83%로 책정되었다. 그 결과 당초 2004년 국고보조금 정비방안 마련시 추계되었던 149개 사업의 예산규모 9,581억 원의 88.24%에 해당하는 8,454억 원을 분권교부세로 지원했으며, 나머지 11.76%에 해당하는 1,127억 원은 2004년의 담배값 인상에 따라 추가로 확보되는 지방자치단체의 담배소비세 수입으로 충당토록 했다.

지방자치단체로 이양된 147개 국고보조사업을 수행하는 데 필요한 재원이양 수단으로 신설된 분권교부세는 당초 이양재원 규모를 2004년도 국고보조금 규모를 기준으로 결정함으로써 지방으로 이양된 해당 사업분야의 미래 재정지출 수요를 고려한 적정 재원배분 규모 산정 노력을 체계적으로 기울이지 못했다. 특히, 전체 지방이양사업건수의 44.9%와 이양금액의 62.2%를 점하고 있는 67개 사회복지사업의 예산(2005년도 사회복지사업 분권교부세 규모는 5,959억 원)에 있어서 이러한 문제가 심각하게 노정되었다.

정부는 이러한 문제를 완화하기 위해 2005년에 지방자치단체에 이양된 사회복지시설에 대해 364억 원을 특별교부세로 추가 지원했고, 2006년부터는 분권교부세율을 0.83%에서 담배소비세분으로 전가한 몫을 중앙정부가 전액 지원한다는 명분 하에 0.11%p 증가시켜 0.94%로 상향조정했다.

(3) 상향적 사업선정 절차의 도입과 국가균형발전특별회계

국가균형발전특별회계는 각 중앙부처가 7개의 회계를 통해 분산 추진하고 있던 균형발전 관련 사업을 하나의 특별회계로 통합한 것이다. 국가균형발전특별회계는 지방자치단체의 지역혁신발전계획과 중앙부처의 부문별 계획을 기초로 5년 단위의 국가균형발전계획을 수립해 단년도 예산편성과 연계하고 있다.

국가균형발전특별회계는 지역개발사업계정과 지역혁신사업계정으로 구성되어 있으며, 각각 재원(세입)과 대상사업(지출수요)을 달리하고 있다. 이 중 지역개발계정은 국고보조금 중 일부 대상사업을 지정하고 포괄화하고, 그 범위 내에 있는 사업에 한해서는 지방자치단체가 우선순위를 정해 배분규모와 사업내용을 정할 수 있도록 한 것으로서 이전재원의 유연성을 확대시키는 데 그 목적이 있다. 따라서 균형발전특별회계의 지역개발계정은 일종의 포괄보조금적 형태의 이전재원이라고 할 수 있다. 이를 통해 지방자치단체의 예산편성에 있어서 비재량적 지출 결정의 범위를 일정 부분 축소된 것으로 평가할 수 있다.

3. 지방분권형 조달행정체제의 구축

1) 지방자치단체의 구매자율화 과정 : 조달행정의 분권화

지방자치 실시 이후 중앙정부와 지방자치단체 간 조달업무의 재배분에 관한 논의가 계속 제기되어 왔다. 특히, 지방자치단체의 자율적 분산구매에 대한 요구가 증폭되어 왔다(강인재, 1995). 중앙의무조달제도는 ① 조달청이 권한만 행사하고 책임은 수요기관이 지는 발주형태로서 분권과 자율의 취지에 부합하지 않고, ② 계약체결 소요기간 장기화로 발주지연이 불가피하며, ③ 현실에 맞지 않는 낮은 가격산정으로 인한 부작용, ④ 조달개방체제에 대비한 조달역량 강화 곤란, ⑤ 지역업체 수주율 하락으로 인한 지역경제 활성화 저해, ⑥ 물품구매의 경우 다양한 종류의 선택권 제약 등의 문제를 안고 있는 것으로 지적되어 왔다. 이 중에서도 특히 수요자로서의 선택권을 지방자치단체에 부여한다는 측면과 지역기업들에게 조달과정에의 실질적인 참여 가능성을 보장함으로써 지역경제 활성화를 도모한다는 측면에서 조달행정의 분권화 · 자율화의 요구가 강하게 제기되어 왔다.

이러한 배경 하에 2004년 정부혁신 · 지방분권위원회에서 지방분권 확대를 위한 조치로 지방자치단체의 물품구매는 2008년까지 자율화하고 시설공사는 2010년까지 자율화하기로 결정했다. 이를 위해 정부는 2004년에 "조달사업에 관한 법률시행령"을 개정해 단계적으로 지방자치단체의 자율구매를 확대하는 조치를 취한 바 있다. 그 결과 조달행정의 분권화가 단계적으로 확대되어 왔으며, 물품 · 용역 구매의 경우에는 2008년부터 지방자치단체(교육기관 포함)가 규모에 관계없이 모든 물품

〈그림 1〉 지방자치단체의 물품 · 용역 구매 자율화 과정

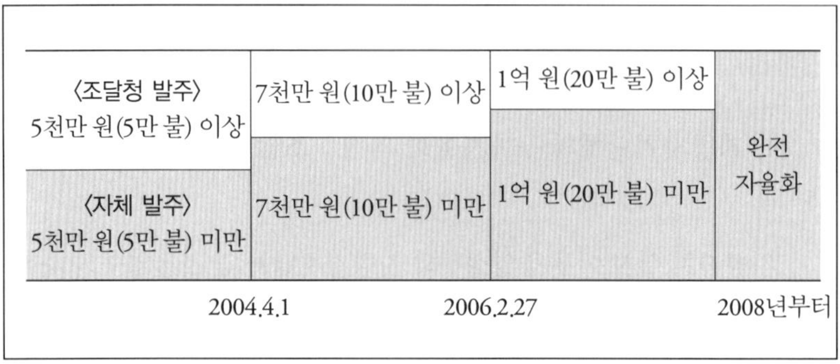

〈그림 2〉 지방자치단체의 시설공사 발주 자율화 과정

과 용역을 자율적으로 자체 구매할 수 있게 되었다. 그리고 2010년에는 시설공사의 경우에도 모두 지방자치단체(교육기관 포함)의 자체 집행이 가능해진다. 결국 2010년이 되면 완전한 "지방분권형 조달행정체제"가 구축될 것으로 예상된다.

2) "지방자치단체를 당사자로 하는 계약에 관한 법률"의 제정 및 시행

조달행정의 지방분권화에 따른 지방자치단체의 독자적이고 자율적인 조달행정을 뒷받침하기 위해서는 지방자치단체에서만 발생하는 계약의 유형 등 지방의 특성을 반영할 수 있는 지방계약제도를 마련하는 것이 필요하다. 또한 지방조달행정의 분권화에 따른 투명성과 책임성 확보 및 계약의 경제성과 효율성 제고, 그리고 지방조달행정의 전문성 제고 등을 위한 제도적 보완 장치를 마련하는 것이 필요하게 된다(최두선, 2005). "지방자치단체를 당사자로 하는 계약에 관한 법률(지방계약법)"은 바로 조달행정의 지방분권화 확대에 따른 이런 요구에 부응하기 위해 지방자치단체를 당사자로 하는 계약에 관한 기본적인 사항을 정하고, 지방자치단체의 특성을 반영한 계약제도를 마련해 지방자치단체가 체결하는 계약의 투명성과 효율성을 높이기 위해 2005년에 제정되어 2006년 1월 2일부터 시행되고 있다.

〈그림 3〉 지방예산운영 시스템

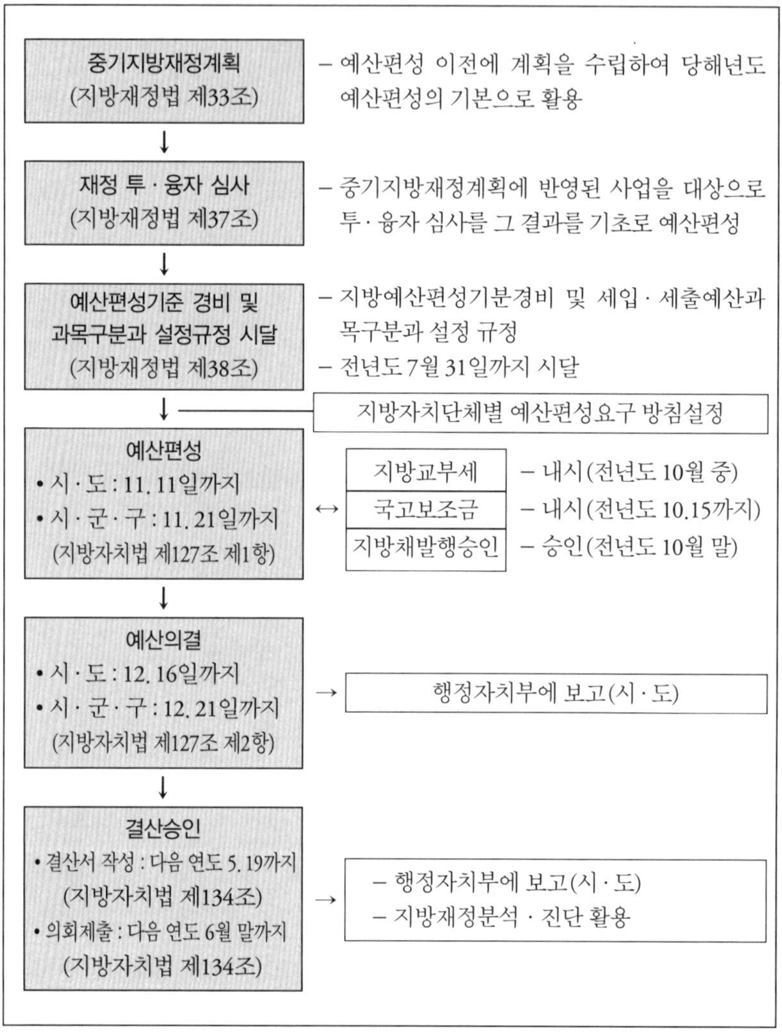

〈표 6〉 행정자치부가 운용하는 지방재정관리제도

	지방재정관리제도	법적 근거	도입시기
예산 편성	· 중기지방재정계획제도	지방재정법 제33조	1988
	· 지방재정투 · 융자심사제도	지방재정법 제37조	1994
	· 지방비부담협의제도	지방재정법 제22조, 제23조, 제26조	–
	· 지방채발행총액한도제	지방재정법 제11조	2006
	· 사업예산제도	지방재정법 제5조	2007
	· 예산편성과정에 주민참여	지방재정법 제39조	2006
예산 집행 및 결산	· 복식부기회계제도	지방재정법 제53조	2007
	· 지방재정분석 · 진단제도	지방재정법 제54조-57조	1996
	· 지방재정인센티브및교부세 감액제도	지방교부세법	2001
	· 지방재정상황 공시제도	지방재정법 제60조	2006

자료 : 행정자치부(2007)에 의거하여 작성.

Ⅲ. 지방자치단체의 예산권 확대에 따른 재정관리 활동의 성과와 예산제약의 연성화

1. 지방자치단체의 예산권 확대에 대응한 지방재정관리 활동의 강화

1) 지방재정운영시스템과 지방재정관리제도

현행 지방재정법의 관련 규정에 의한 우리나라 지방예산 운영 시스템은 앞의 〈그림 3〉과 같이 구성되어 있다.

이러한 지방예산운영 시스템을 바탕으로 해 설계되어 있는 지방재정관리제도는 지방자치단체가 재정을 건전하고 효율적으로 운영하는 것을 담보하기 위해 예산편성 및 집행과정에서 적용되고 있는 지방자치법과 지방재정법 등에 규정된 각종 제도를 말한다. 재정관리제도는 예산편성과 관련한 사전적 관리제도와 예산편성 후 집행결과와 관련된 사후적 관리제도로 구분해 운영하고 있다.

현재 운영되고 있는 지방재정관리제도는 〈표 6〉과 같이 구성되어 있다. 대부분의 제도들이 지방자치 실시 이후 도입되었으며, 특히 2005년 8월 전면 개정된 지방재정법을 통해 새로운 재정관리제도 또는 기존 재정관리제도를 개선한 다양한 형태의 제도들이 법제화되었음을 확인할 수 있다.

2) 중앙정부가 운영하는 재정관리제도의 운영성과[5]

중앙정부에서 지방자치단체의 재정을 관리하는 대부분의 수단들은 지방재정법에 근거를 두고 있다. 예산편성지침과 같은 일반적인 재정운영의 성격을 넘어 중앙정부 차원에서 재정"관리"의 시각이 본격적으로 제도화된 것은 1980년대 후반부터이다. 당시 내무부는 1988년 4월에 지방재정법을 개정하면서 중장기지방재정계획제도를 법제화하는 동시에 투자계획의 합리적 수립과 관련재원의 효율적 배분을 위해 1989년 중기지방재정계획을 수립할 때 투자심사를 수행하도록 유도했다(이상용, 1992). 이후 1991년 6월 "지방사업투자심사규정"(내무부훈령 제1026호)이 제정되면서 투자심사의 제도화 장치가 마련되었으며 다음해에 지방사업투자심사지침이 시달되었다. 1993년 8월에는 보다 체계화된 "지방재정 투·융자심사규칙"(내무부령 제570호)이 마련되었다.

또 다른 중요한 관리장치로서 지방재정분석 · 진단제도가 있다. 행정자치부에서는 1996년도의 시범 실시부터 시작해 매년 결산정보를 중심으로 재정분석을 실시하고 결과는 보고서를 통해 재정고(財政庫)에 공개하고 있다. 여기서 지향하는 가치는 지방재정에 대한 객관적 분석과 관련 정보의 공개, 그리고 지자체의 재정 건전성과 효율성 유도 등이다.

1990년대까지는 이상의 세 가지 재정관리제도가 핵심이었으며 통제 · 감독 성격이 강했다. 하지만 제도운영에서 발생했던 쟁점들은 세 가지 제도 모두에서 공통점이 있었다. 우선은 중앙정부의 표준적인 지침이 지자체의 현장 실정에 부합하는 경우가 많지 않았다. 이에 따라 지자체별로 전체 틀 속에서 다양한 관리방식들을 허용했지만 수직적으로 강요된 관리제도이기 때문에 지자체 중심의 의미 있는 유연한 대응은 확인되지 않았다.

둘째, 지자체 입장에서는 자율적인 내부 규율장치로 활용되어야할 재정관리제도들이 다분히 형식주의를 유발하는 경우가 많았다. 예를 들어 매년 국고보조 내시가 불규칙적인 상황에서 중기재정계획은 사실상 비현실적으로 운영할 수밖에 없는데, 투자심사와 연계해 두 제도를 강화하면서 제도 자체가 형식적으로 운영되고 있다. 다른 사례로 지방재정투자심사제도에서는 항상 전문성이 문제였다. 내부 공무원들은 주어진 사입을 관리할 뿐 정책을 분석 결정하는 데는 한계가 있었고, 외부 전문가는 사업내용 자체에 대한 이해가 깊지 않았다. 중기재정계획에서는 정확한 세수예측이 힘들기 때문에 세입과 세출내용의 현실 정확성을 높이지 못했다. 지방재정분석제도 역시 비슷한 문제를 안고 있다. 특히 기본 분석지표만으로는 재정여건을 정확하게 진단하는 데 한계가 있고 지역소득 및 소비통계와 같은 공신력 있는 연관 지표들은 생산되지 않고 있다. 재정분석 결과들이 지역의 내부 정치과정에 반영되면서 단체장들은 필요 이상의 정치적 쟁점에 시달리기도 했다.

셋째, 재정관리제도가 지자체 재정 통제기능을 수행하기에는 현실적으로 적지 않은 한계가 있다. 행정자치부의 일부 담당 직원만으로는 전문성이 요구되는 개별 제도들을 운영할 수는 없었으며, 외부 전문가 지원도 충분하지 못했다. 그리고 제도운영 결과에 따른 인센티브와 벌칙조치가 의미 있는 수준에서 적용되지 않았기 때문에 지자체 입장에서는 중앙정부(행정자치부)의 평가와 판정결과를 수용하지 않는 경향도 있었다. 지자체 사업은 결국 해당지역에서 책임지고 추진하기 때문에 행정자치부가 중간에서 관리 · 조정하는 강도 역시 애매한 수준에 머물 수밖에 없는 한계가 있다.

한편, 참여정부 출범 이후 재정분권의 확대와 병행해 지방재정관리제도도 더욱 확대 · 강화되었다. 특히, 예산편성 단계에서는 사업예산제도와 주민참여예산제도가 도입되었고, 예산집행 및 결산과 관련해서는 복식부기회계제도의 도입, 재정공시제도의 강화 등이 이루어졌다. 다만, 이들 제도가 혁신적인 조치였다는 점은 인정되지만 실제 지방자치단체 현장에서 당초 기대했던 만큼 성공적으로 작동하지 못하고 있는 한계를 드러내고 있다.

2. 지방예산권 확대와 재정관리제도의 효과성 제약에 따른 예산제약의 연성화

재정분권화를 추진하는 과정에서 지방자치단체의 예산운용에 관련된 권한과 자율성은 전반적으로 확대되었으나, 권한과 자율성 확대에 상응한 재정책임성 확보가 제대로 담보되지 않은 상황으로 인해 현재 우리나라에서는 지방자치단체 예산운용에 있어서 "예산제약의 연성화"로 인한 문제가 상당한 정도로 발생하고 있는 것으로 판단된다.

지방자치단체의 재정운용에 있어서 예산제약(budget constraint mechanism)은 공식적인 제도와 기대 및 행태 등에 의해 결정된다. 예산제약의 연성화(soft budget constraint)를 초래하는 요인으로는 정부 간 재정관계, 자본시장의 규율, 정치 시스템 등이 있다. 일반적으로 우리나라처럼 정부 간 재정관계에 있어서 세출분권화 수준은 높은 데 비해 세입분권화 수준이 낮거나 지방채 발행에 있어서 자본시장의 규율이 작동하지 않고, 지방선거에서 자치단체 재정운영의 성과가 주요 쟁점으로 부각되지 않는 지방정치 시스템이 작동하는 상황에서 예산제약의 연성화가 초래되는 것으로 알려지고 있다(Rodden, et al., 2003).

특히, 이전재원에 대한 의존성(transfer dependency)이 높은 지방자치단체는 지방재정 운용에 있어서 책임성을 확보하고자 하는 유인이 효과적으로 작동하지 않아 예산제약의 연성화를 초래하게 된다. 또한 이전재원에 대한 의존성으로 인해 수직적 재정불균형이 높아지게 되면 지방자치단체의 재정운용을 규율하는 시장 메커니즘(예 : 지방채발행에 대한 자본시장의 규율, 정치적 경쟁시장, 이동성이 높은 생산요소를 소유한 기업가의 지역 간 이동 등)이 잘 작동하지 않게 되어 예산제약의 연성화를 초래하게 된다.

지방자치 실시 이후 우리나라는 지방자치단체 간 균형 있는 재원 확보를 보장하기 위해 세입분권화보다는 세출분권화를 중심으로 분권화 노력이 전개되어 왔다. 그 결과 지방재정조정제도가 재정형평화 기능보다는 지방자치단체 재원보장 기능을 수행하는 장치로 부각됨에 따라 지방재정조정제도의 이상 비대화와 이전재원규모의 팽창를 초래했다. 이는 결과적으로 지방자치단체의 이전재원에 대한 의존성을 심화시켜

〈그림 4〉 지방자치단체 예산제약의 유형화

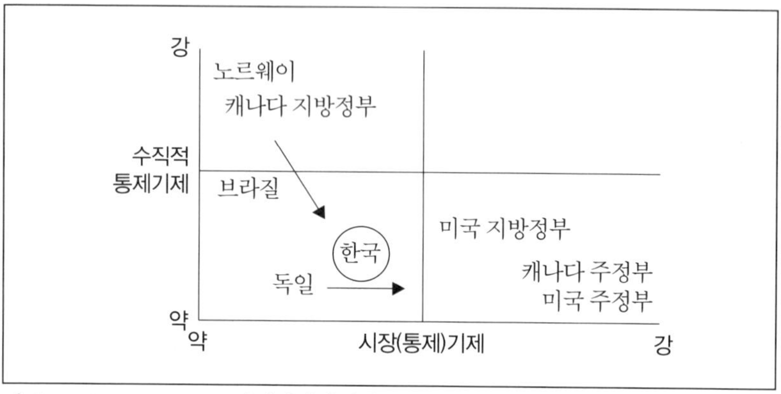

자료 : Rodden, et al.(2003)에 의거하여 작성.

왔다고 할 수 있다. 반면에 재정책임성 확보를 위한 제도적 장치로 중기재정계획제도, 지방재정투·융자사업심사제도, 지방재정분석·진단제도, 지방재정공개제도 등이 도입되기는 했지만, 이러한 제도들이 효과적으로 작동하지 못하고 있는 가운데 지방재정에 대한 자율성 보장이 강조되는 분위기 속에서 지방재정에 대한 중앙정부의 수직적 통제기제(hierarchical mechanism)는 점차 약화되는 과정을 거쳐왔다. 이전재원에 대한 의존성이 높은 가운데 수직적 통제기제가 약화되는 상황은 예산제약의 연성화를 초래할 수 있는 매우 위험스러운 조합으로 평가되고 있다.[6]

예산제약의 연성화 또는 경성화와 관련된 통제기제는 시장기제와 수직적 통제기제의 두 가지로 구분해 볼 수 있다. 이 두 가지 통제기제가 효과적으로 작동하느냐 여부를 기준으로 지방자치단체 예산제약의 유형은 위의 〈그림 4〉와 같이 네 가지로 구분할 수 있다. 지방자치 실시 이후 우리나라는 이전재정에 대한 의존성이 심화되고 중앙정부의 지방재정 운용에 대한 수직적 통제기제는 예전에 대해 약화되는 가운데 시장(통제)기제는 작동하지 않는 상황에 처하게 되었다고 할 수 있다.

지방자치단체가 지방재정을 운용함에 있어서 예산제약이 연성화되면 재정분권화를 통해 확보할 수 있는 효율성 개선효과를 기대할 수 없게 된다. 더 나아가 과도한 재정지출과 지방채 차입, 지방세 징수노력의 저하(undertax) 등과 같은 부정적 결과를 초래하게 된다.

Ⅵ. 맺음말 : '분권과 책임' 의 원칙에 따른 지방예산권 확대와 행사

자율과 경쟁 및 책임원리에 기초한 지방분권형 행 · 재정체제의 구축이야말로 앞으로 우리나라가 지속적으로 추구해 나가야 할 21세기 국가과제 중의 하나임을 부인할 수 없다. 이러한 국가과제를 성공적으로 추진해 나가기 위해서는 그 동안의 재정분권화 추진 과정에서 노정되고 있는 문제점들을 분석하고 환류하기 위한 노력들이 체계적으로 전개될 필요가 있다.

현재 우리나라의 지방자치단체는 예산운용과 관련해 행사할 수 있는 권한과 자율성이 과거에 비해 많이 신장되었다. 물론 현재에도 안전한 독자적인 예산권을 제도적으로 보장받고 있는 것은 아니다. 그럼에도 불구하고 권한과 자율성 확대에 상응한 책임성을 담보할 수 있는 제도적 장치가 효과적으로 운영되고 있지 못한 측면도 동시에 나타나고 있다. 따라서 앞으로 지방자치단체의 예산권 확대는 '분권과 책임' 원칙에 입각해 접근하는 것이 필요하다. 지방자치단체의 예산권을 앞으로도 지속적으로 확대해 나가야 하겠지만 권한 확대와 자율성 증대에 상응한 성과에 대한 자기책임의 명확화 노력이 균형있게 모색되어야 할 것이다.

이를 위해서는 중앙정부와 지방정부 간 재원배분체계를 전면적으로 개편해 이전재원 의존성(transfer dependency)을 완화하는 가운데 지방자치단체의 세입분권화를 확대하는 것이 필요하다. 또한 지방자치단체 예산제약의 연성화를 초래하는 이전재원 의존성을 해소하기 위해서는 지방세 확충, 재정책임성 확보를 위한 제도적 장치의 강화, 수직적 통제기제의 보강 등을 제시할 수 있다. 특히, 권한 확대와 병행해 확대된 권한을 효율적 · 효과적으로 행사할 수 있는 지방자치단체의 전문성과 인적역량 제고 노력의 중요성을 강조할 필요가 있다. 아울러 재정성과 관리도 중앙정부 주도의 수직적 · 계층적 통제활동보다는 지방자치단체의 자율적 활동과 함께 시민통제의 활성화를 통해 접근하는 노력도 더욱 강화되어야 할 것이다.

참고문헌

경기도. 2007.『경기도 재정운용정책 개선방안』.

배용수. 1997. "지방재정 운영의 자율과 통제."『한국사회와 행정연구』. 8(1). 관악행정학회.

배인명. 2003. "재정분권화와 현실과 개혁방안."『2003년도 춘계학술대회 발표 논문집』. 한국행정학회.

이재원. 2005. "참여정부의 지방재정 분권 2년의 성과 평가와 과제."『한국사회와 행정연구』. 서울행정학회.

이재원 외. 2007. "분권재정레짐과 지방재정관리의 새로운 모색 : 지역발전을 위한 지방재정의 역할." 한국지방재정학회 특별세미나 논문집.

정부혁신 지방분권위원회. 2005.『정부혁신 지방분권 추진 백서』.

최두선. 2005. "지방자치단체를 당사자로 하는 계약에 관한 법률 제정의 의미와 내용."『지방재정』. 2005. 제4호. 한국지방재정공제회.

최두선. 2006. "지방계약법 제정으로 국가계약제도와 달라지는 내용."『지방재정』. 2006 제2호. 한국지방재정공제회.

행정자치부 외. 2005. 민선 지방자치 10년 평가 I.

행정자치부. 2007a.『2008년도 지방자치단체 사업예산 운영규정』.

행정자치부. 2007b.『2008년도 지방자치단체 예산편성기준』.

Oates, Wallace E. 1999. Decentralization of the Public Sector. In Robert J. Bennett (ed.). *Decentralization Local Governments, and Markets*. Oxford : Clarendon Press : 43–58.

Rodden, J. A., et al. 2003. *Fiscal Decentralization and the Challenge of Hard Budget Constraints*. London : The MIT Press.

Shah, A. 2004. *Fiscal Decentralization in Developing and Transition Economies*. Washington, D. C. : World Bank Policy Research Working Paper 3282 : 1–47.

주

1 기채자주권과 관련된 지방채발행승인제도는 재원조달의 자율권의 대상인 동시에 사업추진과 관련된 자율권 행사의 대상으로 이해할 수도 있다. 여기서는 지방채발행 문제를 이러한 양면성을 가진 권한 행사의 대상으로 인식하고 있다.

2 2004년도 지방자치단체예산편성기본지침을 통해서는 건전재정운영원칙으로서 건전재정 운영을 위한 권고사항을 직접 제시하기도 했다.

3 2005년 당시 행정자치부는 '지방자치단체 세입 · 세출예산편성기준'을 제정해 현재의 지방자치단체 예산편성 운용에 관한 규칙과 지방자치단체 예산편성 기준경비에 관한 규정을 통합적으로 규정했다. 지방자치단체 예산편성 관련 규정이 현재와 같이 정비된 것은 2006년부터이다.

4 국고보조금제도에 따른 지방비 부담 의무뿐만 아니라 매칭펀드 형태의 국고보조금지원제도 운용방식도 지방자치단체의 자율적인 재정지출권 행사를 제약하는 요소라고 할 수 있다.

5 이 부분은 이재원 외(2007)에 의거해 작성되었다.

6 재정분권화 추진과정에서 재정위기를 노정하고 있는 브라질, 아르헨티나, 인도 등은 이러한 요인들이 겹쳐 예산제약의 연성화를 초래한 대표적인 사례 국가로 꼽히고 있다.

9 한국 지방정부의 재정자주권 현황과 과제

Ⅰ. 서론

1988년 지방자치법 개정으로 지방자치가 도입된 이후 한국의 중앙-지방 간 재정관계는 여러 측면에서 많은 변화를 경험하였다. 지방의 역할은 크게 확대되었으며 지방재정 규모도 지속적으로 증가하였다. 2008년 예산상 지방재정 규모(일반회계+특별회계 순계)는 125조 원(GDP 대비 13.0%)에 달하고 있다. 일반정부에서 차지하는 비중도 50% 수준으로 증가하였는데, 이는 다른 OECD 국가들에 비해서 높은 수준이다. 특히 참여정부 기간 중에는 정부혁신지방분권위원회(2003년)가 설치되고 이 위원회를 통해서 지방분권을 위한 여러 가지 제도 변화들이 시도되었다.

■ **심혜정**(국회예산정책처) · **원윤희**(한국조세연구원장, 서울시립대 세무대학원 교수)

* 본글은 2008년 4월 23일 한양대학교 지방자치연구소 세미나(38차)에 발표한 글을 수정보완한 것임.

그럼에도 불구하고 지방분권화에 따른 이익이 충분히 실현되고 있다고 보기 힘든 측면이 있다. 오랜 중앙집권적 체제의 경험으로 인해 지방행정의 제반 측면에서 중앙정부의 권한은 아직 큰 편이라고 할 수 있다. 지방정부의 세입은 상당 부분 중앙정부로부터의 이전재원에 의존하고 있으며, 지방재정 운영의 많은 측면에서 중앙정부의 역할은 오히려 강화되고 지방의 의존성은 심화되고 있는 실정이다.

최근 지방재정에 대한 몇 가지 굵직한 변화가 추진되고 있음에도 불구하고 지방의 재정자주권 신장 측면에서 괄목할 만한 개편조치는 이루어지지 않고 있다. 또한 지방정부의 재정책임성 강화 측면에서도 해결해야 할 과제들이 많이 있다.

본고에서는 1988년 지방자치가 다시 도입된 이후 우리나라 지방재정의 제도개편과 운영현황을 살펴봄으로써 한국 지방정부의 재정자주권 수준이 어디까지 와 있는지를 파악하고, 지방자치 원리를 실현하기 위한 향후 개선과제를 논의하고자 한다.

Ⅱ. 한국의 지방분권 현황

1. 중앙-지방 간 재원배분 현황

1) 중앙-지방 간 재원배분 개관

지방정부 세입규모는 지방분권 정책과 경제성장에 따른 재정수입

증대에 힘입어 1990년대 이후 크게 성장하였다. GDP 대비 지방정부 재정수입(일반 · 특별회계 순계)은 1990년 12.3%에서 2006년 16.5%로 4.2% 포인트 증가했다.

〈표 1〉은 2008년 당초 예산을 기준으로 중앙재정과 지방재정의 규모 및 그 재원의 이전관계 등을 보여주고 있는데, 국세와 지방세 등을 중심으로 하는 국가와 지방자치단체의 세입비중은 71.3% : 28.2%로 나타나고 있다. 그러나 지방교부세나 국고보조금 등 각종 재원조정 과정을 거친 이후 최종적인 지출기준으로 보면 국가와 지방자치단체, 그리고 교육자치단체의 비중은 40.3% : 45.1% : 14.6%로 나타나고 있어 한국 재정에서 이러한 재원조정의 역할이 상당히 크게 나타나고 있음을 알 수 있다.

〈표 1〉 중앙재정과 지방재정의 관계(2008년 당초예산 기준)

(단위 : 조 원, %)

<table>
<tr><th colspan="3">구 분</th><th>국가</th><th>일반자치단체</th><th>교육</th></tr>
<tr><td>자체 수입</td><td colspan="2">재정규모</td><td>195.1
(71.3)</td><td>77.1
(28.2)</td><td>1.4
(0.5)</td></tr>
<tr><td rowspan="5">이전 재원</td><td rowspan="4">국가재정에서 이전</td><td>지방교부세</td><td></td><td>28.8</td><td></td></tr>
<tr><td>국고보조금</td><td></td><td>17.8</td><td></td></tr>
<tr><td>균특회계</td><td></td><td>7.6</td><td></td></tr>
<tr><td>지방교육재정교부금 등</td><td></td><td></td><td>30.8</td></tr>
<tr><td colspan="2">지방재정에서 지방교육재정으로 이전</td><td></td><td></td><td>7.8</td></tr>
<tr><td colspan="3" rowspan="2">이전재원 고려 후 실질적 재정사용 규모</td><td>110.5</td><td>123.5</td><td>40.0</td></tr>
<tr><td>(40.3)</td><td>(45.1)</td><td>(14.6)</td></tr>
</table>

자료 : 기획예산처, 『2008년도 예산개요 참고자료』, 2008.
행정자치부, 『2008년도 자치단체 예산개요』, 2008.
원윤희 외(2008), p. 70.

〈표 2〉 한국 지방정부 세입구조[1)]

(단위 : 조 원, %)

	1990	1995	2000	2001	2002	2003	2004	2005	2006
합 계	22.9	52.4	77.2	94.0	110.5	122.7	125.8	128.4	139.8
지방세	6.4	15.3	20.4	26.6	31.6	33.1	34.2	36.0	41.3
(비중)	(27.8)	(29.2)	(26.4)	(28.3)	(28.6)	(26.9)	(27.1)	(28.0)	(29.5)
세외수입	9.3	20.7	31.5	36.0	42.3	53.1	56.4	51.9	51.8
(비중)	(40.6)	(39.5)	(40.8)	(38.3)	(38.3)	(43.3)	(44.8)	(40.4)	(37.1)
지방교부세	2.8	5.7	8.4	12.4	12.5	15.0	14.5	20.0	21.7
(비중)	(12.1)	(10.8)	(10.9)	(13.1)	(11.3)	(12.3)	(11.5)	(15.6)	(15.6)
지방양여금	–	1.9	3.7	4.6	4.2	4.4	3.8	–	–
(비중)	–	(3.6)	(4.8)	(4.9)	(3.8)	(3.6)	(3.1)	–	–
보조금	2.1	4.1	9.9	11.2	16.2	14.3	13.5	16.9[2)]	21.1
(비중)	(9.3)	(7.8)	(12.8)	(11.9)	(14.7)	(11.6)	(10.7)	(13.2)	(15.1)
지방채	2.3	4.5	3.2	3.2	3.8	2.8	3.5	3.6	3.9
(비중)	(10.0)	(8.6)	(4.1)	(3.4)	(3.4)	(2.3)	(2.8)	(2.8)	(2.8)

주 1) : 일반회계 + 특별회계 순계규모.
2) : 균형발전특별회계 포함.
자료 : 행정안전부, 『지방재정연감』 각호.

한국의 지방정부의 세입은 지방세 및 세외수입과 중앙정부로부터의 이전재원인 지방교부세, 지방양여금(2005년 폐지), 국고보조금, 그리고 지방채로 구성된다. 〈표 2〉에서 나타나고 있는 바와 같이 2006년 말 현재 지방세와 중앙정부로부터의 이전재원이 각각 총 지방재정 수입의 약 30%씩을 차지하고 있다. 1990년대 이후 현재까지 지방정부 세입에서 지방세 비중은 비교적 일정한 데 반해 이전재원의 비중은 꾸준히 증가하고 있는 추세이다. 세외수입의 비중은 세입항목 중 가장 큰 것으로 나타나고 있는데, 이 대부분은 세계잉여금 등 이월금으로 구성되고 있다. 지방자치단체의 지방채 발행을 통한 재원조달 비중은 매우 낮으며, 최근 몇 년간 꾸준히 줄어들어 있는 추세이다.

〈표 3〉은 지방자치단체의 주요 지출구조를 보여주고 있다. 전체적으로 볼 때 사회보장 · 복지, 보건 및 생활환경, 주택 · 지역사회 개발 등 사회개발 분야에 절반 이상(51.4%)의 재원을 사용하고 있으며, 경제개발(25.7%), 일반행정(16.3%) 등이다. 2000년 이후 사회개발 분야의 지출비중은 늘어나는 반면 경제개발 분야의 지출비중은 줄어들고 있다.

〈표 3〉 기능별 세출[1)]

(단위 : 십억 원, %)

	1990	1995	2000	2005	2006	2007
합 계	16,166	36,664	56,108	95,584	103,304	111,986
일반행정	2,671	7,219	9,480	16,571	17,863	18,236
(비중)	(16.5)	(19.7)	(16.9)	(17.3)	(17.3)	(16.3)
사회개발[2)]	8,075	11,715	25,347	46,864	51,227	57,532
(비중)	(49.9)	(32.0)	(45.2)	(49.0)	(49.6)	(51.4)
경제개발	4,506	16,622	19,343	28,729	30,923	28,830
(비중)	(27.9)	(45.3)	(34.5)	(30.1)	(29.9)	(25.7)
민방위	301	633	1,072	2,001	2,149	2,257
(비중)	(1.9)	(1.7)	(1.9)	(2.1)	(2.1)	(2.0)
기 타	613	476	866	1,419	1,142	5,131
(비중)	(3.8)	(1.3)	(1.5)	(1.5)	(1.1)	(4.6)

주 1) : 2006년까지는 결산액, 2007년은 예산.

2) : 사회보장 · 보건, 주택 및 지역사회 개발, 교육 및 문화(지방교육재정 제외)등으로 구성.

자료 : 행정안전부, 『지방재정연감』 각 연도, 『2007년도 지방자치단체 예산개요』.

2) 지방분권 관련 주요 제도변화

한국은 지방자치 역사가 그리 길지 않다. 1980년대 후반까지 중앙집권적 행정체제를 유지하였으며, 이 시기까지 지방자치단체는 기본적으로 중앙정부의 하부기관으로서의 역할을 수행하였다. 1988년 '지방자치법'이 전면 개정되면서 지방분권화를 위한 개혁이 시작되었다. 이후 1991년 지방의회 구성, 1995년 자치단체장 선거 등 일련의 개혁과정을 거치면서 지방재정은 규모 및 운영제도 측면에서 많은 변화를 보였다.

〈표 4〉는 주요 제도 변화를 간략히 요약하고 있다. 지방세 측면에서는 1989년 담배소비세가 도입되어 지방세가 크게 확충되는 계기가 되었다. 이후 지방세제는 비교적 일정하게 유지되다가 2000년 이후에 주행세와 지방교육세가 신설되고 참여정부 기간 중에는 재산세제의 전면적인 개편이 이루어졌다.

지방재정조정제도의 경우 비교적 많은 개편이 이루어졌다고 할 수 있다. 1983년 이후 13.27%로 유지되던 지방교부세 법정교부율은 2000년 15%, 그리고 2006년 이후에는 19.24%로 확대되었다. 1991년 지방양여금이 도입되어 도로 등 지방의 사회간접자본 투자에 투입되었으나 2005년 국가균형발전특별회계의 도입 등과 연계하여 폐지되었다. 2003년 국고보조금에 대한 대대적인 정비와 함께 지방으로 이관된 사업에 대한 재원이전 방식으로 분권교부세가 도입되었다. 전체적으로 볼 때 지방재정의 확충이 지속적으로 이루어지고 있지만 지방세보다는 지방교부세나 국고보조금 등 이전재원의 비중이 강화되는 방향으로 이루어졌다는 특징을 발견할 수 있다.

〈표 4〉 지방자치 실시 이후 지방재정제도 개편

연 도	세입규모 (조 원)[1]	지방세	지방교부세	지방양여금	국고보조금 기타
1988 −1990	22.9	– 담배소비세 도입('89) – 종합토지세 도입('89)	– '83년 이후 13.27%의 법정률 유지		– 재정투융자 특별회계설치 ('88) – 지역개발기금 설치('89)
1991	29.7			– 지방양여금 제도 도입 (주세15%, 전화세 100%, 토초세 50%)	– 지방자치복권 발행근거 마련
1992	34.7	– 지역개발세 도입		– 주세 양여율 확대(15%→ 60%)	
1994	44.4			– 주세 양여율 확대(60%→ 80%)	
1995	52.4			– 지방양여금 – 재원 확대(농특세의 19/ 150 신규로 계상)	– 지방자치복권 발행
1997	69.6			– 주세 양여율 확대(80%→ 100%)	
2000	77.2	– 주행세 도입 (교통세액의 3.2%)	– 법정률 상향 조정(13.27% →15%)		
2001	94.0	– 지방교육세 신설 – 주행세율 인상(3.2→ 11.5%)		– 지방양여금 재원 확대(전화세 폐지 및 교통세의 14. 2%)	

2001	94.0	– 담배소비세 세율 인상			
2002	110.5			– 농특세 양여율 확대 (19/150→ 23/150)	
2004	125.8	– 주행세율 인상(11.5%→ 17.5%)			
2005	128.4	– 부동산세제 개편 · 종부세(국세)신설 및 전액 지방배분 – 주행세율 인상(17.5%→ 21.5%)	– 법정률 상향 조정(15%→ 18→19.13%) – 증액교부금 폐지 – 분권교부세 신설	– 지방양여금 폐지	– 국고보조사업 정비 및 일부 지방이양 – 균형발전 특별회계 설치
2006	139.8		– 법정률 상향 조정(19.13→ 19.24%)		– 지방채발행 총액한도제 도입

주 1) : 일반회계+특별회계 세입 순계규모.
자료 : 행정안전부, 『지방자치단체 예산개요』 각호, 기획재정부 『조세개요』, 2007.

2. 한국 지방정부의 재정분권

한 나라의 재정자주권 수준을 어떻게 평가할 것인가는 다양한 기준이 있을 수 있다. OECD(2006a)는 각국 지방정부의 재정자주권을 지방세 비중, 과표나 세율 등에 대한 지방세 과세자주권, 이전재원의 규모와 그 변화, 이전재원 중 특정 재원의 비중, 그리고 적자예산 운영이나 기채권한 등 예산운영의 자주권 등 제반 지표들을 종합적으로 분석하고

〈그림 1〉 OECD 국가의 재정분권 비율(2005)

(단위 : %)

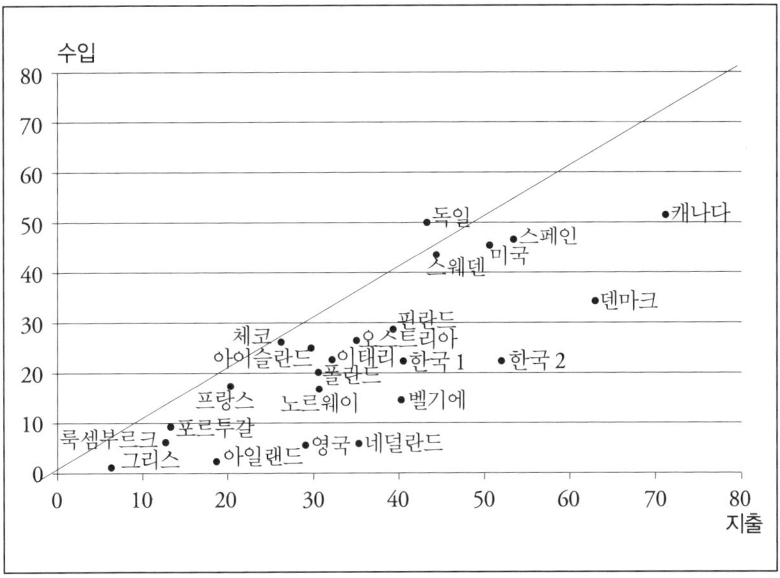

주 : 한국은 2006년 결산 기준,
(한국 1)은 지방교육재정 제외시 (한국 2)는 지방교육재정 포함시.
자료 : National Accounts of OECD countries, 2007.

있나. 이하에서는 세입관련 지표 등을 중심으로 우리나라의 재정자주권의 현황과 수준을 살펴본다.

1) 재정분권 비율(Decentralization ratios)

재정분권 비율(Decentralization ratios)이란 지방정부의 재정분권 수준을 양적으로 측정하는 가장 단순하면서도 일반적인 지표로서, 일반정부(중앙+지방정부) 재정지출에서 지방정부 지출이 차지하는 비중(세출분권 비율) 또는 일반정부 재정수입에서 지방 자체수입이 차지하는 비중(세입분권 비율)으로 산출한다.

〈표 5〉 재정분권 비율 추이

(단위 : %)

	1990	1995	2000	2001	2002	2003	2004	2005	2006
• 세출분권[1]									
지방교육재정 제외시(a)	35.7	38.0	34.4	38.3	41.4	41.1	41.3	40.8	40.6
지방교육재정 포함시	47.5	50.7	45.7	50.3	54.2	53.5	53.2	52.7	51.9
• 세입분권[2] (b)	26.0	29.3	19.5	22.4	23.0	22.3	22.1	22.0	22.4
• 차이(a-b)	9.7	8.7	14.9	15.9	18.4	18.8	19.2	18.8	18.2

주 : 1) 지방정부 세출(일반+특별회계순계)/일반정부 지출(통합재정 지출및순융자+지방정부세출).
2) 지방정부 자체수입(지방세+당해년도 세외수입)/일반정부 수입(통합재정 수입+지방정부 자체수입).

자료 : 기획재정부, 『한국통합재정수지』 각호, 행정안전부, 『지방재정연감』 각호.

2006년 말 현재 한국 지방정부의 세출분권은 52%(교육재정 제외시 41%), 세입분권은 22% 수준으로 측정된다. 2005년 말 현재 OECD 국가들 평균 세출분권 비율 30.4%, 세입분권 비율은 17.7%로서, 한국의 재정분권 비율은 상대적으로 높은 수준으로 평가된다.

세출분권 비율과 세입분권 비율의 추이를 살펴보면 〈표 5〉에서 나타나고 있는 바와 같이 지방자치 도입 이후 우리나라 지방정부의 세출분권 수준은 1990년 35.7%에서 2006년 40.6%로 높아진 반면 세입분권 수준은 같은 기간 26.0%에서 22.4%로 오히려 낮아지고 있음을 알 수 있다.

지난 15년간 지방정부의 세출분권 수준은 증가하는 반면 세입분권 수준은 낮아졌다는 것은 지방정부의 기능은 점차 확대되어온 반면 이에 대한 재원은 지방세 등 자주재원보다는 이전재원을 통해서 조달되었다는 것을 의미한다. 왜냐하면 세출분권과 세입분권의 괴리(gap)를 메우는

〈그림 2〉 OECD 국가들의 1995-2005년 중 세출분권 비율의 변화

(단위 : %p)

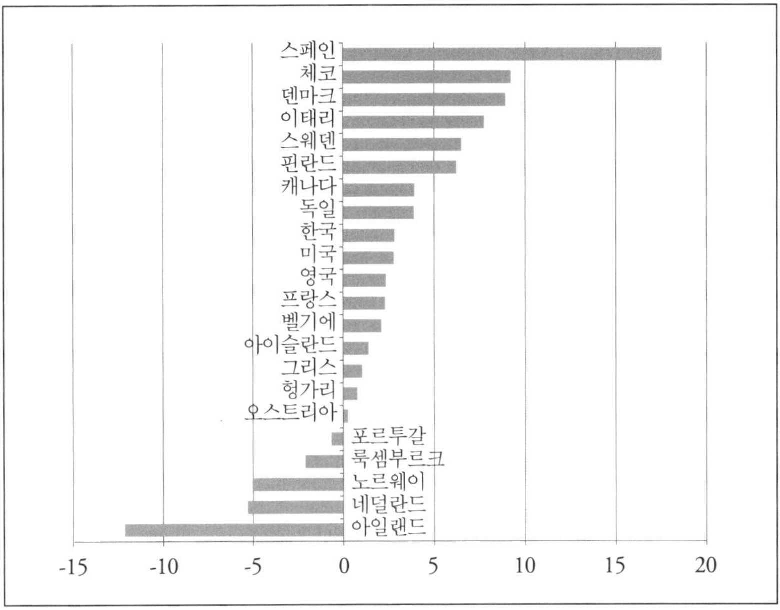

주 : 그리스 · 헝가리 · 아이슬란드 · 포르투갈은 2000-2005년 기간 중 재정분권 비율 변화.
자료 : OECD(2006a).

역할을 하는 것이 바로 이전재원이기 때문이다.

이러한 현상은 〈그림 2〉와 〈그림 3〉에서 보는 바와 같이 다른 OECD 국가에서도 관찰되고 있다. 다소 역설적이지만 캐나다, 덴마크 등 일반적으로 재정분권 수준이 높은 국가일수록 지방정부의 세출비중과 세입비중간의 차이도 커지는 경향을 보이고 있다. 이는 곧 재정분권 정책에 있어서 지방 이전재원의 중요성이 더욱 커지고 있는 것으로 해석될 수 있다.

〈그림 3〉 OECD 국가들의 1995-2005년 중 세입분권 비율의 변화

(단위 : %p)

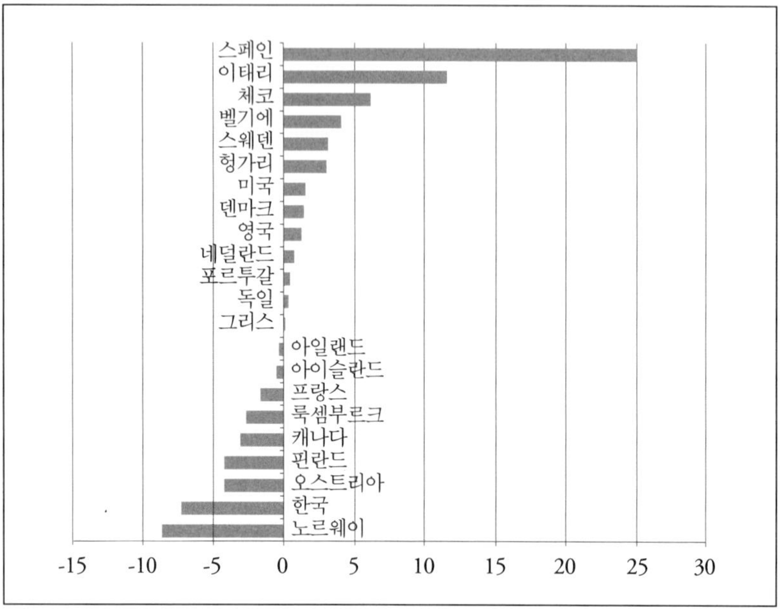

주 : 그리스 · 헝가리 · 아이슬란드 · 포르투갈은 2000-2005년 기간 중 재정분권 비율 변화.
자료 : OECD(2006a).

2) 지방정부 세입구조

재정분권 비율은 재정자주권 수준을 양적인 측면에서 평가하는 것으로서 진정한 재정자주권 수준을 평가하는 데는 한계가 있다. 지방재정에서 지방세가 차지하는 비율이 높다고 하더라도 지방세의 세율 및 과세표준을 설정하는 데 있어서 지방정부가 실질적인 권한을 갖지 못하는 경우 지방정부의 재정자주권 수준이 높다고 할 수 없기 때문이다. 또한 세출분권 비율이 높다고 하더라도 지방정부가 실질적인 권한과 책임을 갖지 못하고, 단순히 업무집행 창구 역할만을 수행한다면 실질적인 재정자주권이 실현되었다고 보기 어렵기 때문이다. 따라서 재정자주권 수준

〈표 6〉 한국 지방정부 세입구조의 변화추이

(단위 : 조 원, %)

	1990	1995	2000	2001	2002	2003	2004	2005	2006
자체재원 비중[1)]	78.4	77.4	71.4	70.0	70.2	72.5	74.7	71.2	69.3
이전재원 비중[2)]	21.4	22.2	28.6	29.9	29.8	27.5	25.3	28.8	30.7
특정재원 비중[3)]	9.3	11.4	17.6	16.8	18.5	15.2	13.8	13.2	15.1

주 1) : (지방세+세외수입+지방채)/지방정부 총 수입.
2) : (지방교부세+지방양여금+보조금)/지방정부 총 수입.
3) : (지방양여금+보조금)/지방정부 총 수입.
자료 : 행정안전부, 『지방재정연감』 각호.

을 정확히 평가하기 위해서는 지방정부의 세입구조를 보다 자세히 분석할 필요가 있다.

〈표 6〉은 지방자치 도입 이후 세입구조의 변화 추이를 보여주고 있는데, 지방재정 총 수입에서 자체재원이 차지하는 비중은 줄어드는 반면 이전재원은 증가하는 추세임을 알 수 있다. 특히 이전재원 중에서도 중앙의 통제 정도가 강하다고 할 수 있는 국고보조금 등 특정재원이 빠른 속도로 증가하고 있다는 점은 한국의 지방재정이 가지고 있는 또 다른 특징이라고 할 수 있다.

3) 지방정부의 과세자주권

지방정부의 과세자주권을 측정할 때 가장 간단한 지표는 총 조세에서 지방세 수입이 차지하는 비중이다. 한국의 지방세 비중은 1980–1988년 중 12% 대에서 1989년 지방자치가 본격적으로 실시되면서 19%로 급등하였다. 이후 20% 수준을 유지하다가 주행세 시행(2000) 및 지방교육세 시행(2001) 등으로 2001년 이후 22%대로 소폭 상승하였다.

〈그림 4〉 지방세/총 조세 추이

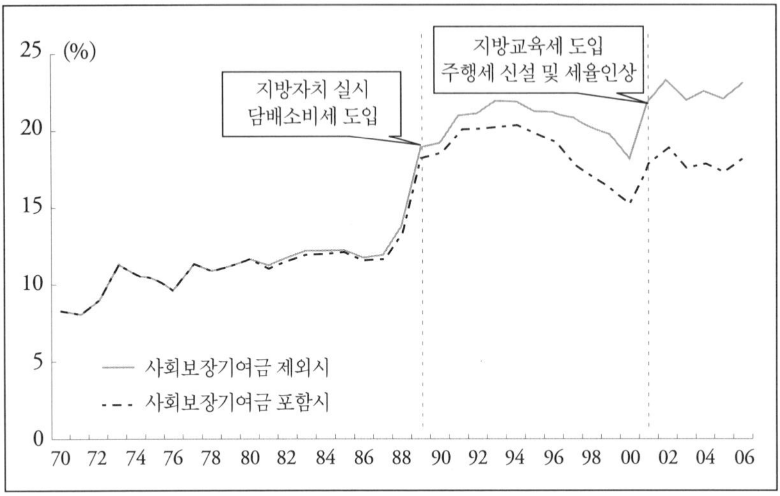

〈표 7〉 OECD 국가의 지방세 비중(2005)

(단위 : %)

	한국1)	비연방제 국가2)	연방제 국가2)	OECD 국가2)
사회보장기여금 제외시	23.1	20.1	38.3	19.4
사회보장기여금 포함시	18.2	15.0	29.1	25.7

주 1) : 한국은 2006년.
2) : 국가별 단순평균.

국제적으로 비교할 때 한국의 지방세 비중은 연방제 국가들에 비해서는 낮지만 한국처럼 비연방제를 채택하고 있는 국가들만을 대상으로 비교할 때는 약간 높은 수준이다.

그러나 지방세 규모를 국제적으로 단순하게 비교하는 방식으로 지방정부의 과세자주권을 제대로 평가하는 데는 한계가 있다. 지방세 수입 중에서 조세수출이 차지하는 비중이 높다거나 독일이나 오스트리아처럼 공동세 비중이 높은 경우에는 지방세 비중이 높다고 해서 지방정부

〈그림 5〉 지방세/총 조세 비중의 국제비교

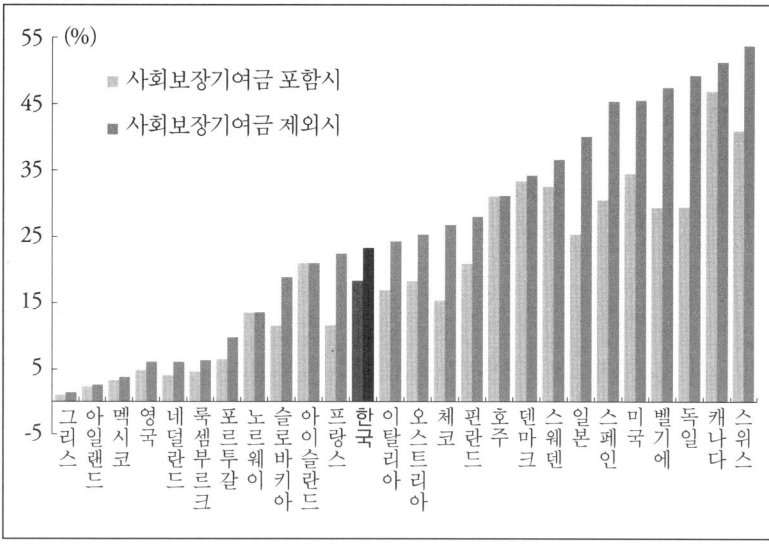

자료 : OECD, Revenue Statistics 1965–2006, 2007.

의 과세자주권이 높다고 하기는 어렵기 때문이다(김정훈 2002). 이러한 이유로 OECD(2006a)는 지방세에 대한 지방정부의 과세권한(taxing power)을 다음 〈표 8〉과 같이 크게 6가지 단계로 분류하고, 이 기준에 따라 각국의 지방정부 과세자주권을 평가하고 있다.

이러한 기준에 따라 한국의 지방세를 분류해 보면 전체 16개 지방세 세목 가운데 11개의 세목에 대해 지방정부가 일정한 범위 내에서 조례로써 지방정부가 세율을 가감조정할 수 있는데, 이는 (b2)로 구분할 수 있으며, 이 유형에 속하는 지방세수의 비중이 전체 지방세의 81%에 달하고 있다(〈표 9〉).

〈표 10〉은 OECD 국가들의 지방정부 과세자주권 수준을 보여주고 있다. 지방정부가 과표 및 세율결정권을 갖는 (a)의 경우는 대부분 연방제 국가에서 채택되고 있다. 비연방제 국가에서 지방정부가 (a)의 경우

〈표 8〉 지방세 과세권의 유형

유형	과세권
(a1) (a2)	지방정부가 상위정부와 협의없이 세율과 조세감면 결정 지방정부가 상위정부와 협의 후 세율과 조세감면 결정
(b1) (b2)	지방정부가 세율결정하며, 상위정부가 세율의 상하한을 설정하지 않음 지방정부가 세율결정권을 갖고 있으나, 상위정부가 세율상하한을 설정
(c1) (c2) (c3)	지방정부가 조세감면을 설정하되, 소득공제방식만 활용 지방정부가 조세감면을 설정하되, 세액공제방식만 활용 지방정부가 조세감면을 설정하는데, 소득공제와 세액공제를 다 활용
(d1) (d2) (d3) (d4)	지방정부들이 공동세 비율을 결정 중앙정부가 지방정부들의 동의를 얻어 공동세 비율을 결정 중앙정부가 공동세비율을 결정, 그 빈도는 일년에 한번 이하인 경우 중앙정부가 매년 공동세 비율 결정
(e)	중앙정부가 지방세 과표와 세율을 결정
(f)	이외의 경우

자료 : OECD, Revenue Statistics 1965-2007, 2008.

는 별로 없고, (b)의 권한을 갖고 있는 경우가 많다. 실제로 (b)의 권한만을 갖더라도 지방정부는 지방세 징수에 있어서 상당히 자율적인 권한을 갖고 있다고 할 수 있다.

국제적 기준에 비추어 볼 때 우리나라의 지방세 과세자주권은 외형적으로는 평균 이상의 수준이다. 그러나 이러한 지표가 지방정부 과세자주권을 액면 그대로 나타내고 있다고 보기는 어렵다. 실제로 16개 지방세 세목 중 11개의 세목에 대해 지방정부가 탄력세율을 적용할 수 있음에도 이러한 권한은 거의 활용되지 않고 있다. 지방정부가 탄력세율 활용에 소극적인 데는 중앙의존적인 지방재정구조, 정치적 이유 등 여러 가지 원인이 있다.

과세자주권은 지방정부의 자유로운 세율결정권 행사를 통해 지방

〈표 9〉 한국 지방세의 과세자주권(2006)

(단위 : 십억 원, %)

구분		세목	세수	비중	비고
(b)	32,408 십억 원 (81.1%)	등록세	6,393	16.0	
		취득세	7,667	19.2	
		주민세[2]	6,215	15.5	
		지방교육세	3,930	9.8	50% 범위 내에서 조례로 세율의 가감조정 가능
		재산세	3,109	7.8	
		자동차세	2,134	5.3	
		지역개발세	112	0.3	
		공동시설세	516	1.3	
		도시계획세	1,606	4.0	0.23% 한도 내에서 조례로 세율조정 가능
		사업소세	677	1.7	표준세율 이하로 조례로 세율조정 가능
		도축세	49	0.1	1% 이하로 조례로 세율조정 가능
(e)	7,574 십억 원 (18.9%)	주행세	2,710	6.7	30% 범위 내에서 대통령령으로 세율조정 가능
		담배소비세	2,073	6.7	
		등록세(부동산 외)	1,557	3.8	법률에 의해 정해진 세율을 적용하며, 지방자치단체의 세율 조정권을 허용하지 않음
		지역개발세(원전)	63	0.2	
		지방교육세(레저세분)	408	1.0	
		레저세	688	1.7	
		면허세	75	0.2	
		농업소득세	–	0.0	
	합 계		39,982	100.0	

주 1) : 세목별 징수액을 부과액 기준으로 배분함.

2) : 과년도 수입과 폐지된 종합토지세 세수 제외.

자료 : 기획재정부, 『조세개요』, 2006.

공공 서비스에 대한 주민부담을 결정하는 것을 의미한다. 이러한 의미에서 볼 때 현재 우리나라의 지방세 제도는 진정한 의미의 과세자주권이 실현되고 있다고 보기 힘들다.

〈표 10〉 OECD 국가의 지방정부 과세자주권

	지방세수/총조세(2005)		지방세 대비 비중(2002)						
	R1[1)]	R2[1)]	(a)	(b)	(c)	(d)	(e)	(f)	계
그리스	1.3	0.8		64.6		35.4			100.0
영국	5.9	4.8		100.0					100.0
네덜란드	6.0	3.9		99.2				0.8	100.0
포르투갈	9.6	6.4		44.0		18.5	37.3	0.2	100.0
노르웨이	13.3	13.3	3.3	96.7					100.0
아이슬란드	20.8	20.8	91.2					8.8	100.0
한국[2)]	23.1	18.2		81.1			18.9		100.0
프랑스	22.3	11.5	72.1	8.5	9.1		3.6	6.6	100.0
이태리	24.1	16.7	27.1	50.4		13.1	9.3		100.0
체코	26.6	15.1	5.5	4.1		88.8	1.5	0.1	100.0
핀란드	27.8	20.8		89.9		9.9		0.1	100.0
덴마크	33.9	33.2		90.7		2.9	6.4		100.0
스웨덴	36.4	32.4		100.0					100.0
일본	40.0	25.3	0.1	79.7			20.2		100.0
멕시코	3.7	3.2							
states	2.5	2.1	100.0						
local	1.3	1.1	100.0						
오스트리아	25.1	18.0							
states	11.9	8.6	7.0			82.7	9.6	0.8	100.0
local	13.2	9.5	2.7	5.4		66.5	20.0	5.5	100.0
호주	30.8	30.8							
states	27.8	27.9	54.4			45.6			100.0
local	3.0	3.0	100.0						100.0
벨기에	47.3	29.3							
states	39.2	24.2	63.8			36.2			100.0
local	8.1	5.0	10.0	86.4			3.6		100.0
독일	49.2	29.4							
states	36.1	21.6		2.4		86.3	11.2		100.0
local	13.1	7.8	17.6	33.6		47.6	1.1	0.2	100.0
캐나다	53.6	40.8							
provinces	41.9	38.4	98.4			1.6			100.0

local	9.2	8.4	1.8	95.6			2.3	0.3	100.0
스위스	53.6	40.8							
states	33.0	25.1	90.4			9.6			100.0
local	20.5	15.6	2.9	97.1					100.0
단순평균									
states 평균	27.4	21.0	52.5	6.8		38.4	2.3	0.1	100.0
local 평균	17.3	12.9	15.4	57.3	0.4	15.8	5.9	5.1	100.0

주 1) : R1(사회보장기여금 제외시) R2(사회보장기여금 포함시).
2) : 한국은 2006년 기준으로 재계산.
자료 : OECD(2006a).

Ⅲ. 결론 및 향후과제

우리나라의 지방재정은 지역균형발전을 촉진하고 지방자치단체의 역할을 강화하려는 일련의 노력으로 인해 재정규모가 지속적으로 성장하였고, 그 결과 지방재정의 양적 지표도 국제적으로도 낮지 않은 수준이다. 앞에서 살펴본 바와 같이 세입 측면의 제반 지표들을 중심으로 살펴본 한국 지방정부의 재정분권 수준은 OECD 국가 중 에서는 평균 또는 그 이상의 수준을 보이고 있는 것으로 평가된다. 물론 전체 지방정부를 종합적으로 고려한 수치들을 바탕으로 전체적인 재정분권의 수준을 판단하기는 어렵다고 할 수 있다. 자치단체 간 수평적 재정불균형이 심각한 한국 지방재정의 상황 하에서 평균적인 수치가 가지는 의미는 제한적이기 때문이다.

지방자치 실시 이후 지방재정 규모의 양적 성장에도 불구하고 질적으로는 지방정부의 재정분권이 크게 신장되었다고 보기는 어렵다. 경찰이나 교육 등 집행적이고 주민밀착형 사무 등에 대해서도 아직 중앙정부가 실질적인 통제권 행사하고 있는 등 사무권한도 중앙에 집중되어 있다.

지방재정의 증가는 지방세보다는 주로 지방교부세와 국고보조금 등 이전재원 중심으로 이루어졌다. 게다가 지방세 비율은 지방자치 실시 이후 1990년대 초반 이후에는 정체된 상태를 유지하고 있다. 또한 한국의 지방정부에 부여되고 있는 가장 중요한 과세자주권 중의 하나라고 할 수 있는 탄력세율 제도는 거의 활용되고 있지 않은 실정이다. 탄력세율 활용도가 낮은 데에는 여러 가지 이유가 있지만 기본적으로 선거를 의식하는 자치단체장의 입장에서는 이를 활용할 유인이 거의 없다. 또한 중앙에 의존적인 지방재정 구조와 함께 그 제도 운용에 있어서 중앙정부의 재량성이 높다는 점도 그 원인이 되고 있다. 우리나라에서 탄력세율이 제한적으로 활용되는 것은 재정분권화 원리나 일부 다른 OECD 국가들의 상황과는 대비되는 현상이다.

한국의 재정분권을 제약하는 요인으로는 여러 가지를 들 수 있다. 오랜 중앙집권적 체제의 경험으로 인해 중앙–지방 간 사무구분이 불명확하다는 점이 가장 큰 문제점으로 지적된다. 고착화된 중앙집권체제 하에서 중앙–지방 간 사무구분을 위한 법적, 제도적 정비는 매우 어려운 과제인 것이다. 중앙–지방 간 사무구분이 모호하여 중앙정부가 지방정부의 지출을 실질적으로 통제함에 따라 지방정부의 재정책임성은 약화되는 반면 중앙에 대한 의존도는 더욱 심화될 수밖에 없다.

한편 수도권에 인구와 경제력이 집중되어 있다는 점도 한국의 지방재정의 자율성을 제약하는 주요한 원인이 되고 있다. 지방 공공 서비스 제공에 있어서 나타나고 있는 규모의 경제 현상으로 인구가 집중되어 있는 수도권 등의 재정수요는 상대적으로 적게 된다. 반면 높은 지가 등으로 인하여 수도권의 지방세수는 상대적으로 높아 수도권과 비수도권 지역간 재정불균형 현상이 심각하게 나타나고 있다. 이처럼 수도권-비수도권 간 재정불균형이 심각한 상황에서는 지방세 등 자주재원보다는 지방교부세 등 이전재원이 지방세입의 중심적인 역할을 담당할 수밖에 없게 된 것이다. 재정불균형이 해소되지 않은 상황에서 국세의 지방세 이양 등 지방의 과세자주권을 강화할 경우 수도권으로 돈과 권한이 더욱 집중되어 자치단체 간 재정불균형이 더욱 심화된다는 문제가 제기되는 것이다.

지방자치시대에 걸맞는 재정분권을 실현하기 위해서는 무엇보다 법령정비를 통해 중앙-지방정부 간 책임과 권한 배분에 대한 명확한 기준을 마련하고 기능에 따른 지출책임(expenditure responsibility)을 분명히 설정할 필요가 있을 것이다. 중앙정부가 수행하고 있는 기능 중 지방정부가 해야 할 기능은 지방에 과감히 이양하여 지방자치단체의 독립성을 강화하는 일이 우선적으로 추진되어야 한다.

또한 지방세의 역할을 강화하여 지방세가 지방 공공 서비스 재원 조달의 중추적 역할을 담당할 수 있도록 하여야 한다. 지방세가 아닌 지방교부세나 국고보조금 등의 이전재원이 지방세출을 결정하는 주요 결정요인으로 작용함에 따라 지방세의 조세가격 역할이 실종되고 중앙정부에 대한 지방자치단체의 재정의존성이 심화되고 있기 때문이다. 이와 같은 지방재정의 문제점을 개선하기 위해서는 지방세와 지방교부세, 그리고 국고보조금 등 지방재정 체계는 물론 국세와 지방세 간 세원배분 등 재정 시스템 전반을 포괄하는 종합적인 시각에서 합리적인 개편방안을 모색할 필요가 있다. 물론 이 모든 개편방안의 기준은 자율과 책임의 메커니즘을 통해 자원배분의 효율성을 달성한다는 지방자치의 기본원리에 두어야 할 것이다.

참고문헌

기획재정부. 『한국통합재정수지』. 각호.

______. 2006. 『조세개요』.

김정훈. 2002. 『국세와 지방세의 조정방안』. 한국조세연구원.

서정섭. 2005. 「지방자치 실시 이후 지방재정평가 : 세입의 성장과 구조변호를 중심으로」. 한국지방행정연구원.

원윤희. 2007. 「지방재정의 수직적 · 수평적 불균형 완화를 위한 개편방안」. 국회 예산결산특별위원회.

______ 외. 2008. 『국세-지방세 합리적 조정방안 연구』. 전국시도지사협의회.

정부혁신지방분권위원회. 2005. 『참여정부의 재정세제개혁』.

행정안전부. 2007. 『2007년도 지방자치단체 예산개요』.

______. 『지방재정연감』. 각호.

OECD. 2007. *Revenue Statistics of OECD member countries*, 1965/2006.

______. 2006a. "Fiscal autonomy of sub-central governments." *Economics Department Working papers*.

______. 2006b. "Fiscal rules for sun-central governments : design and impact." *Economics Department Working papers*.

______. 2006c. *OECD Economic Surveys : Korea*.

______. 2006d. *National Accounts of OECD countries*, General Government Accounts Vol IV 1994-2005.

10 지역사회 수요와 지방재정의 변화

서울특별시

Ⅰ. 들어가는 말

최근 정부의 기능이 국방, 치안, 사유재산의 보호와 같은 소극적인 분야에서부터 사회문제 해결이나 개인의 생존권 보장 등을 위한 분야는 물론 수요자 중심의 다양한 사회복지 분야에 이르기까지 그 기능이 점차 복잡·다양해져 가고 있는 상황에서 주민으로부터 거두어들인 세금을 주민의 사회적 요구에 대하여 어떻게 편성하고 집행할 것인지에 대한 정부의 효율적이고 효과적인 재원배분 노력이 절실하다고 하겠다.

예산(budget)이 일정기간(회계년도 또는 회계기간) 정부가 달성하고자 하는 목표수행에 필요한 재원의 조달 및 집행계획을 포함한 배분 등 의사결정을 금액으로 표시한 것이라는 점에서 예산에는 정부가 추진하

■ **한태식**(서울특별시의회 행정자치전문위원)

고자 하는 정책이 당연히 반영되어 있다고 할 것이다.

그동안 국가 전체적인 측면에서의 사회요구와 중앙정부의 재정정책과의 관계 등에 대한 논의는 다소간 있어왔으나, 본격적인 지방자치제가 시행된 지 15년이 지난 지금까지도 지방자치단체의 재정정책이 사회요구를 얼마나 반영하고 있는지에 대한 논의는 그 중요성에 비하여 상대적으로 적었다고 할 것이다.

따라서 본 연구에서는 지방자치단체의 예산배분의 변화 추이를 통하여 지역주민들의 사회적 요구가 어떻게 변화하고 있는가에 대한 지방자치단체 예산정책의 의의를 재조명해 보고자 하였으며, 그 대상을 광역지방자치단체 중 성과주의 예산제도를 최초로 도입하여 시행해 오고 있는 서울특별시의 사례를 중심으로 하여 각 연대별 정부 및 서울특별시의 재정여건과 예산편성 기본방향 및 주요 부문별 재원배분 방향을 살펴본 후 부문별 투자비율의 변화 추이 등을 각 부문별 증가 · 감소 사유와 함께 살펴보았다.

Ⅱ. 재정여건과 예산의 부문별 재원배분 현황

서울특별시는 민선2기 출범과 동시에 정부의 공공지출을 억제하고 수준 높은 행정 서비스를 바라는 시민의 욕구에 부응하기 위하여 강도 높은 구조조정 등 시정개혁을 추진한 바 있으며, 이러한 과정에서 인사 · 예산 운용권을 실 · 국장에게 부여하고 그 결과에 대해 책임을 지도록 하는 실 · 국별 책임경영제와 간부직에 대해 행정목표를 스스로 정하고 그 달성도에 따라 인사 · 보수를 결정하는 목표관리제의 도입과 연계하여 각 실 · 국에서 달성코자 하는 시책목표와 목표달성을 위한 사업 및 예산운영의 전 과정을 제도적으로 통합하기 위하여 2001도부터 국내 최초로 기존 품목별 예산제도에서 사업단위의 성과주의 예산체제로 전면 개편하여 재정운영체계를 시행해 오고 있다.

이러한 서울특별시의 성과주의 예산제도는 예산을 항목별(Line item)이 아닌 각 실 · 국별(분야별)로 목표를 설정하고 그 목표를 달성하기 위한 기능 · 사업 · 활동별로 예산을 편성 · 집행하여 예산집행 결과 어떠한 산출물(Out-put)을 생산하고, 어떠한 성과(Outcome)를 거두었는지 성과 목표달성 여부를 측정하여 그 결과에 따라 실 · 국별, 개인별 인센티브를 결정하고 익년도 계획에 반영하는 성과(Performance) 중심의 예산체계를 갖추고자 하였으며, 최근 법령개정과 함께 시행되고 있는 지방자치단체 사업예산제도와 유사하기는 하나 다소간의 차이를 보이고 있다.

이러한 서울시의 성과주의 예산편성에 대하여 자치단체장의 집권 시대별로 구분하여 살펴보고자 한다.

1. 민선3기(2002년 하반기-2006년 상반기) 예산편성

서울특별시가 민선2기에서 민선3기로 넘어가는 시기인 2002년도부터 성과주의 예산제도를 도입하여 예산을 편성하였으나, 실질적인 민선3기의 의지가 담겨 있는 2003년도 예산편성 부분부터 2006년도까지 예산편성 방향에 대하여 재정여건 및 전망, 각 회계연도별 예산편성의 기본방향, 주요 부문별 재원배분 방향에 대하여 먼저 살펴보고자 한다.

1) 재정여건 및 전망

민선3기의 당초 예산편성시 정부의 국가 재정여건 및 전망과 서울특별시 예산편성 현황을 요약해 보면 다음과 같다.

〈표 1〉 민선3기 국가재정 및 서울특별시 예산편성 현황

구 분	국가재정		서울특별시	비고
	경제성장률 전망 (IMF 등)	예산편성(안) (추경, 당초예산 대비)	예산편성(안) (최종예산 대비)	
2003년도	6.0% (5.3%−6.0%)	111조 5,251억 원 (1.7%↑, 5.3%↑)	11조 5,745억 원 (2.0% 감)	
2004년도	5.5% (4.7%−5.5%)	117조 5,429억 원 (0.5%↑, 5.4%↑)	12조 8,657억 원 (3.2% 감)	
2005년도	5.0% (4.1%−5.0%)	131조 5,110억 원 (9.5%↑, 11.1%↑)	13조 259억 원 (9.2% 감)	
2006년도	5.0% (4.5%−5.0%)	145조 7,000억 원 (7.5%↑, 8.4%↑)	13조 3,033억 원 (10.8% 감)	

2) 예산편성 기본방향 및 주요 부문별 재원배분 방향

다음은 민선3기의 예산편성 기본방향 및 주요 부문별 재원배분 방향에 대하여 연도별로 살펴보고자 한다.

(1) 2003년도

먼저 2003년도의 서울특별시 예산편성 기본방향은 서울시정 4개년계획과 성과주의 예산을 연계하여 ① 재정운용의 건전성을 높이고, ②

재정운영의 자율성, 책임성을 강화하며, ③ 재원배분의 합리화로 지역균형발전을 도모하고, ④ 민간 경영기법 도입으로 재정 전문성을 높이고자 하였다.

(2) 2004년도

2004년도의 서울특별시 예산편성 기본방향 역시 서울시정 4개년 계획과 성과주의 예산을 연계하여 ① 재정운용의 건정성을 높이고, ② 재원배분의 합리화로 지역균형발전을 도모하며, ③ 민간 경영기법 도입으로 재정 전문성을 높이고, ④ 재정운영의 자율성, 책임성을 강화하고자 하였다.

(3) 2005년도

다음 2005년도의 서울특별시 예산편성 기본방향은 서울시정 4개년계획과 성과주의 예산 연계를 강화하여 ① 재정운용의 건정성을 제고하고, ② 재원배분의 합리화로 지역균형발전을 도모하며, ③ 경영기법 도입으로 재정운영의 전문성 제고하고, ④ 재정운영의 자율성, 책임성을 강화하고자 하였다.

(4) 2006년도

민선3기의 마무리 단계인 2006년도의 서울특별시 예산편성 기본방향은 한정된 재원의 선택과 집중을 통한 전략적 배분으로 민선3기 시정의 성공적 마무리를 위한 효율적인 재원배분을 기본 방향으로 하고 있으며, 재원배분 방향을 보면, ① 서민 생활안정과 더불어 삶의 질 향상, ② 미래지향 전략적 투자를 통한 도시경쟁력 제고, ③ 편리하고 쾌적한 도시환경 조성, ④ 재정구조의 안정성 확보 등에 주력하고자 하였다.

〈표 2〉 서울특별시 민선3기 연도별 재원배분 현황 및 주요 특징

<table>
<tr><th>연도</th><th colspan="2">재원배분 방향 및 주요 특징</th></tr>
<tr><td rowspan="4">2003</td><td>① 더불어 살아가는 따뜻한 서울 만들기</td><td>– 노약자, 장애인 등 수요자 중심의 시민복지
– 여성의 육아부담 줄이고 여성의 사회 활동 적극 지원</td></tr>
<tr><td>② 사람 중심의 쾌적하고 편리한 서울 만들기</td><td>– 서울의 녹지축 연결 등 녹지 100만평 늘리기, 천연가스 보급
– 수돗물 고도정수처리시설 추진, 대중교통 개선사업 촉진</td></tr>
<tr><td>③ 경제 활성화로 활기찬 서울 만들기</td><td>– 청계천 복원사업 추진, 친환경적 도시관리사업 투자
– 일상생활 문화 즐기도록 하고, 정보서비스 강화</td></tr>
<tr><td colspan="2">※ 민선3기 시책추진을 위한 준비단계의 예산으로 2002년도보다 긴축예산으로 예산절감 통한 시책추진, 재정운용의 건전성, 효율성에 중점
복지예산 및 공공임대주택 등 주거안정예산과 녹지 확대 등 환경예산 및 청계천 복원 등 역사문화예산 등에 중점</td></tr>
<tr><td rowspan="3">2004</td><td>① 더불어 살아가는 따뜻한 서울 만들기</td><td>– 노약자, 장애인 등 수요자 중심의 시민복지
– 여성의 육아부담 줄이고 여성의 사회 활동 적극 지원
– 임대주택 10만 호 건설, 서울의 균형발전 도모</td></tr>
<tr><td>② 사람 중심의 쾌적하고 편리한 서울 만들기</td><td>– 녹지 100만 평 늘리기, 서울 숲 조성
– 깨끗하고 맛있는 수돗물 공급, 시민이용공간 확충 조성
– 대중교통체계 개편, 주차난 해소</td></tr>
<tr><td>③ 경제 활성화로 활기찬 서울 만들기</td><td>– 청계천 복원사업 추진, 친환경적 도시관리사업 투자
– 4대문안 문화관광벨트 조성, 문화향수기회 확대
– 동북아 비즈니스 중심 도시 조성</td></tr>
</table>

2004	④ 지하철건설부채 획기적 감축－2006년까지 절반 감축	
	※ 민선3기 역점사업의 주요 사업 추진 시기. 전년대비 긴축예산으로 예산절감 통한 재정운용의 건전성, 효율성 중점 둔 시책추진 복지예산 및 공공임대주택 등 주거안정예산과 녹지 확대 등 환경예산 및 청계천 복원의 추진 등 역사문화예산 및 재정효율화 예산에 중점	
2005	① 더불어 살아가는 따뜻한 서울 만들기	－ 고령화 사회대비, 장애인 이동권 확보 등 수요 중심 － 여성의 사회활동 지원, 수해항구대책 마무리 － 임대주택 10만 호 건설, 서울의 균형발전 도모
	② 사람 중심의 쾌적하고 편리한 서울 만들기	－ 녹지 늘리기, 서울 숲 조성 등 친환경 도시공간 조성 － 깨끗하고 맛있는 수돗물 공급, 시민이용 공간 확충 · 정비 － 대중교통개편체계 정착, 주차난 해소
	③ 경제 활성화로 활기찬 서울 만들기	－ 동북아 비즈니스 중심 도시 육성 － 청계천 복원사업 마무리, 친환경적 도시관리사업 투자 확대 － 문화관광벨트 조성, 문화 · 체육시설 확충
	④ 지하철건설부채 획기적 감축－2006년까지 절반 감축	
	※ 2004년도와 비슷한 수준으로 예산절감을 통한 재정운용의 건전성, 효율성 중점 둔 시책추진, 대중교통체계 개편의 정착과 청계천 복원사업의 마무리 예산외에 복지, 경제, 문화, 균형발전 등 적정 재원배분에 중점	
2006	① 서민 생활안성과 삶의 질 향상	－ 시민기초생활보장 및 위약계층 자활 지원 － 공공보건 · 의료지원 확대 등 시민건강 수요 충족 － 일자리 창출로 고용확대 및 취업지원
	② 미래지향 전략적 투자를 통한 도시경쟁력 제고	－ 문화도시 서울을 위한 문화 인프라 확충 － 산 · 학 · 연 사업 등 지역기술 혁신 지원 － 지역 불균형 해소 위한 투자 확대
	③ 편리하고 쾌적한 도시환경 조성	－ 편리한 대중교통체계 정착 위한 재정지원 － 맑은 물, 생활녹지 조성, 대기질 개선 등 환경시책

2006	④ 재정구조의 안정적 확보	– 안정적인 세입원으로 건전예산 편성 – 지하철 건설부채 등 채무의 지속적 감축 추진
	※ 민선3기 시정의 성공적인 마무리를 위한 효율적인 재원배분에 역점을 둔 예산 편성	

이상 민선3기의 예산편성 기본방향을 연도별로 요약해 보면 다음과 같다.

2. 민선4기(2006년 하반기–현재) 예산편성

다음은 서울특별시 민선4기의 실질적인 의지가 담겨 있다고 볼 수 있는 2007년도부터 2008년도까지의 예산편성에 따른 재정여건 및 전망과 각 회계연도별 예산편성의 기본방향 및 주요 부문별 재원배분 방향에 대하여 살펴보고자 한다.

1) 재정여건 및 전망

민선4기의 당초 예산편성시 정부의 국가 재정여건 및 전망과 서울특별시 예산편성 현황을 요약해 보면 다음과 같다.

2) 예산편성 기본방향 및 주요 부문별 재원배분 방향

(1) 2006년도 추가경정예산

먼저 민선4기가 시작되어 실질적인 정책을 펴기 위한 준비단계라

〈표 3〉 민선4기 국가재정 및 서울특별시 예산편성 현황

구분	국가재정		서울특별시	비고
	경제성장률 전망 (각종 연구원 등)	예산편성(안) (전년 최종, 당초예산 대비)	예산편성(안) (전년 최종예산 대비)	
2006년도	5.0% (4.5%-5.0%)	145조 7천억 원 (7.5%↑, 8.4%↑)	13조 8,456억 원 (7.1% ↓)	(추경안)
2007년도	4.6% (4.2%-5.3%)	158조 원 (6.1%↑, 8.4%↑)	16조 9,700억 원 (7.2% ↑)	
2008년도	5.0% (4.8%-5.0%)	176조 1천억 원 (12.5%↑, 11.4%↑)	19조 4,343억 원 (2.8% ↑)	

할 수 있는 서울특별시 2006년도 추가경정예산편 성의 기본방향은 민선4기의 일부 새로운 정책방향에 따른 예산투자와 더불어 그 동안 추진되어오던 각 분야별 사업들의 보완 차원에서 예산편성이 이루어졌다고 볼 수 있겠다. ① 서민 생활안정과 사회적 약자에 대한 지속적인 지원을 통한 시민의 삶의 질을 향상시키고, 대기질 개선과 맑은 서울 만들기 위한 투자재원 확보와, ② 빠르고 편리한 대중교통체계 구축을 위한 사업비의 추가지원, 균형발전과 도시경쟁력 강화를 위한 기반 마련 및 열악한 자치구의 재정여건 개선을 위한 예산지원에 중점을 두었다.

(2) 2007년도

민선4기의 실질적인 예산투자의 원년이라 할 수 있는 2007년도의 서울특별시 예산편성 기본방향은 '도시경쟁력 강화를 통한 세계 일류도시 도약'이라는 민선4기 서울시정의 비전과 창의와 활력을 기본으로 한 '시정운영 4개년계획'(2006-2010)의 5대 핵심 프로젝트의 재정적 기반을 확고하게 구축하기 위한 것으로 치매노인, 장애인, 저소득층에 대한 지원 등 서민생활의 안정과 맞춤형 복지 서비스를 위한 복지분야 예산

을 11.5% 증액 책정하였으며, 서울의 대기질 수준을 OECD 선진국 수준으로 향상, 맑고 쾌적한 도시로 가꾸어 가기 위한 대기질 개선사업에 52% 증액 반영하였고, 서울시 전체 초등학교 주변 CCTV설치, 강북 낙후 학교 책걸상 교체 · 화장실 개선사업에 예산을 신규 투입하는 등 어린이 · 청소년 안전과 강북지역 교육환경 개선사업에도 상당규모의 예산을 투입하고자 하였으며, 강남 · 북의 지역격차 해소와 균형발전의 적극적 도모를 위하여 강북활성화를 위한 세운상가 남북녹지축 조성사업, 동대문운동장 공원화 사업과 한강을 세계적인 관광명소로 탈바꿈시키고자 하는 '한강 르네상스 사업' 등에 신규로 상당한 예산을 투자하고자 하였다.

(3) 2008년도

다음 2008년도의 서울특별시 예산편성 기본방향은 2008년도를 '문화시정의 해'로 설정하고 '문화'를 통한 미래 서울의 경제적 가치를 창출하여 도시 브랜드 가치와 도시 경쟁력 제고에 중점을 두고, 지역 · 계층 · 세대 간의 균형을 적극 도모함으로써 시민의 삶의 질을 지속적으로 향상시켜 궁극적으로 시민의 행복지수를 업그레이드하는 등 기본수요 충족을 위한 예산투자라 할 수 있겠다.

이상의 민선4기 예산편성 기본방향을 연도별로 요약해 보면 다음과 같다.

〈표 4〉 서울특별시 민선4기 연도별 재원배분 현황 및 주요 특징

<table>
<tr><th>연도</th><th colspan="2">재원배분 방향 및 주요 특징</th></tr>
<tr><td rowspan="4">2006
추경</td><td>① 서민생활 안정,
삶의 질 향상</td><td>– 서민기초생활 보장 및 사회 취약계층 지원
– 공공근로 확대 등 일자리 창출과 복지수혜 대상별 시설운영 지속 지원</td></tr>
<tr><td>② 맑은 서울 만들기</td><td>– CNG 시내버스 보급 확충 및 CNG 충전소 설치
– 클린로드 시범사업, 승용차요일제 발전 등</td></tr>
<tr><td>③ 빠르고 편리한
대중교통체계 구축</td><td>– 지하철 9호선 계획공정 완료
– 교통개선대책 수립 지원 및 대중교통 인프라 확충</td></tr>
<tr><td>④ 균형발전과
도시경쟁력 강화</td><td>– 세운상가 재정비, 도심부 활성화 및 도로표지 국제화
– 한강 랜드마크 조성, 수변공간 개선 및 이용접근성 개선 등 한강 활성화 촉진</td></tr>
<tr><td>2006
추경</td><td colspan="2">※ 2006년도 추경예산은 뚝섬부지 매각대금 수입과 전년도 순세계잉여금을 주재원으로 맑은 서울 만들기, 균형발전, 도시경쟁력 강화 등 민선 4기 시정 역점분야의 재정적 뒷받침과 2006년도 주요 시책사업에 대한 사업비 추가지원 및 국비 확보에 따른 시비 추가 부담분과 법정 · 의무적 경비의 정산 등을 감안하여 재원을 배분</td></tr>
<tr><td rowspan="4">2007</td><td>① 시민행복 업그레이드
– 대상별 맞춤형 사회안전망 가동</td><td>– 노인 · 장애인 · 저소득 가계 등 사회적 약자층 위한 상황별 맞춤형 복지 서비스 본격 시행</td></tr>
<tr><td>② 우리 자녀 안전귀가
– 쾌적한 교육환경 만들기</td><td>– 초등학교 주변 CCTV설치로 안전한 등 · 하교
– 강북 낙후 환경 학교 책걸상 교체 및 화장실 개선</td></tr>
<tr><td>③ 활력 넘치는 '세계도시 서울'
– 문화 · 관광 인프라, 신성장 산업에 투자</td><td>– 디지털 청계천, 남산 국제관광명소화
– 패션, 컨벤션, 만화, 애니, 지식기반산업 지원</td></tr>
<tr><td>④ 맑고 깨끗한 서울 만들기
– 선진국 수준의 대기질 개선</td><td>– 경유차 저공해화 투자 미세먼지 씻는 도로 물청소
– 교통수요관리를 위한 고품격 대중교통체계 확충</td></tr>
</table>

2007	⑤ 한강 르네상스 실현 – 세계인이 즐겨찾는 한강	– 자연성 회복과 접근성 높여 시민과 가까운 한강 – 문화와 테마가 살아숨쉬는 역동적인 한강 만들기
	⑥ 강북활성화 – 성숙한 도시 균형발전의 첫걸음	– 세운상가 정비, 동대문 일대 등 도심부 재창조 – 뉴타운 지역 내 자립형 사립고 설립 지원
	※ '도시경쟁력 강화를 통한 시계 일류도시 도약'이라는 민선4기 서울시정의 비전을 뒷받침하고 창의와 활력을 기본으로 한 '시정운영 4개년계획'(2006–2010)의 5대 핵심 프로젝트의 재정적 기반의 구축에 중점	
2008	① 문화가 흐르는 서울 – 문화가 미래 서울의 경쟁력	– 4계절 테마 축제 : 하이서울페스티벌, 공연작품 발굴 – 시가 흐르는 서울, 남산국악당 운영, 문화인프라 확충 – 관광마케팅, 글로벌 서울, 디자인서울사업 등
	② 가족이 행복한 서울 – 어린이부터 여성, 노인까지	– 재미있고 안전한 어린이 놀이터, 어린이 전용 화장실 확충 – 여성 전용 편의시설 확충 등 여성이 행복한 도시 산업 – 기초노령연금 및 노인장기요양보험제도 도입, 독거노인 안심구조폰 보급 – 장애인 이동편의시설 확충 등
	③ 자연과 사람이 숨쉬는 서울 – 건강하고 깨끗한 친환경도시	– 강북 대형공원 조성, 생태하천 복원, 기후변화 대책 – 자전거도로 확충 등 생활권 중심의 자전거 이용 활성화 – 시안(市安) 프로젝트 : 식품안전관리 강화 등
	④ 시민고객과 세계인이 사랑하는 서울 – 한강 르네상스 프로젝트	– 한강접근체계 개선, 한강 생태계 회복, 한강변 관광기반 조성 – 서해연결 한강 주운 기반, 테마가 있는 한강공원 조성 등
	⑤ 지역 균형발전이 이루어지는 서울 – 도심재창조 프로젝트	– 동대문 디자인파크 건립, 상징가로 광화문광장 조성 – 세운상가 녹지 조성, 열린 남산 만들기 등

2008	※ 서울시는 2008년도를 '문화시정의 해'로 설정하고, '문화'를 통한 미래 서울의 경제적 가치를 창출하여 도시 브랜드 가치와 도시 경쟁력을 제고하는 데 중점을 두고, 지역 · 계층 · 세대 간의 균형을 적극 도모함으로써 시민의 삶의 질을 지속적으로 향상시켜 궁극적으로 시민의 행복지수를 업그레이드하기 위한 기본수요 충족에도 역점

Ⅲ. 지방자치단체 예산배분의 변화 추이

다음은 광역지방자치단체 예산배분의 변화 추이를 보기 위하여 각 부문별 예산의 변화 추이를 살펴 본 후, 예산편성시 재원배분과 예산집행에 의한 실질 재원투자와의 차이를 비교해 보기 위하여 부문별 결산투자액도 함께 비교하여 보도록 하겠다.

1. 부문별 예산변화 추이

다음은 광역지방자치단체의 투자부눈별 예산현황의 번화 추이를 보기 위하여 1999년도부터 2008년도까지 일반회계 및 공기업특별회계와 기타특별회계를 포함한 서울특별시 예산을 각 부문별로 분류한 세출예산 부문별 변화 추이를 살펴보았다.

〈표 5〉과 〈표 6〉 및 〈그림 1〉의 서울특별시 부문별 세출예산배분 변화 추이를 보면, 일반행정 부문과 환경보전 부문 및 예비비의 경우는 전체 예산 대비 일정 비율을 유지하고 있으며, 도시안전관리 부문의 경

〈표 5〉 서울특별시 세출예산 부문별 변화 추이(순계기준)

(단위 : 십억 원)

부문	2008	2007	2006	2005	2004	2003	2002	2001	2000	1999
합계	17,624	15,223	13,303	13,026	12,863	11,491	10,642	11,012	9,241	8,892
사회복지	3,064	2,334	1,961	1,606	1,443	1,328	1,239	1,138	715	701
주택 · 도시관리	1,226	863	988	994	1,017	740	727	968	1,088	986
도시안전 관리	919	896	884	951	1,096	1,001	841	827	724	732
환경보전	2,808	2,265	2,097	2,058	2,139	1,691	1,563	1,541	1,440	1,365
도로 · 교통	2,230	2,258	2,319	2,116	2,022	1,949	2,118	2,050	2,393	2,419
산업경제	452	356	289	268	175	170	165	225	237	446
문화관광 진흥	570	379	356	347	287	240	343	392	245	158
일반행정	729	448	443	380	320	329	338	358	294	290
타기관 지원 등	5,504	5,286	3,669	4,204	4,254	3,918	3,175	3,157	1,936	1,730
예비비	122	139	296	102	109	125	134	355	170	65

※ 부문별 예산액은 실질적인 예산투자 현황을 파악하기 위하여 회계간 전출입 등을 제외한 순계예산 규모로 표기하였음.

우는 다소 감소하는 추세에 있고, 도로 · 교통 부문과 주택 · 도시관리 부문은 점차 감소하고 있는 추세인 데 반해, 산업경제 부문의 경우는 다소 감소하다가 다시 증가하는 추세를 보여주고 있으며, 문화관광 부문의 경우도 증가 후 감소하다가 최근에 지속적으로 증가하고 있고, 타기관 지원 부문과 사회복지 부문의 경우는 상당 규모 증가하고 있는 것으로 나타났다.

또한 당초 1999년도 예산의 부문별 투자비율이 가장 높은 부문은 도로 · 교통 부문(27.2%), 타기관 지원 부문(19.5%), 환경보전 부문(15.3%),

〈표 6〉 서울특별시 세출예산 부문별 변화 추이(백분율)

부 문	2008	2007	2006	2005	2004	2003	2002	2001	2000	1990
사회복지	17.4%	15.3%	14.7%	12.3%	11.2%	11.6%	11.6%	10.3%	7.7%	7.9%
주택 · 도시관리	7.0%	5.7%	7.4%	7.6%	7.9%	6.4%	6.8%	8.8%	11.8%	11.1%
도시안전 관리	5.2%	5.9%	6.6%	7.3%	8.5%	8.7%	7.9%	7.5%	7.8%	8.2%
환경보전	15.9%	14.9%	15.8%	15.8%	16.6%	14.7%	14.7%	14.0%	15.6%	15.3%
도로 · 교통	12.7%	14.8%	17.4%	16.2%	15.7%	17.0%	19.9%	18.6%	25.9%	27.2%
산업경제	2.6%	2.3%	2.2%	2.1%	1.4%	1.5%	1.5%	2.0%	2.6%	5.0%
문화관광 진흥	3.2%	2.5%	2.7%	2.7%	2.2%	2.1%	3.2%	3.6%	2.6%	1.8%
일반행정	4.1%	2.9%	3.3%	2.9%	2.5%	2.9%	3.2%	3.3%	3.2%	3.3%
타기관 지원 등	31.2%	34.7%	27.6%	32.3%	33.1%	34.1%	29.8%	28.7%	20.9%	19.5%
예비비	0.7%	0.9%	2.2%	0.8%	0.8%	1.1%	1.3%	3.2%	1.8%	0.7%

주택 · 도시관리 부문(11.1%)의 순이었으나, 2008년도 세출예산의 부문별 투자비율은 교육청 및 자치구 지원 등 타기관 지원 부문(31.2%), 사회복지 부문(17.4%), 환경보전 부문(15.9%), 도로 · 교통 부문(12.7%)의 순으로 나타났다.

이러한 현상은 서울특별시의 세출예산 편성시 부문별 투자배분 경향을 볼 때, 지방재정법 등 관련 법령의 개정과 세입재원구조의 변화 등에 따라 자치구 및 교육청에 대한 지원 등의 비중이 높아지고(19.5%→31.2%), 사회복지 예산에 대한 사회적 요구의 증가에 따라 사회복지 예산이 증가(7.9%→17.4%)하고 있는 반면에, 사회기반시설 확충을 위한 지하철 건설 등에 집중적으로 예산이 투자되던 도로 · 교통 부문의 경우

<그림 1> 서울특별시 세출예산 부문별 변화 추이(순계기준)

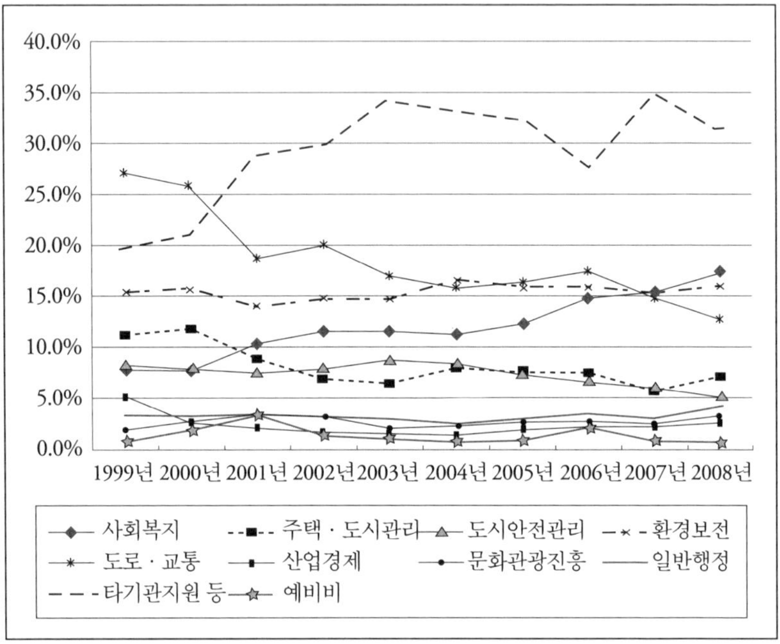

는 최근 버스 정책 등 다변화된 대중교통 정책시행 등에 따라 다소 투자 비율이 감소한 것으로 볼 수 있으며, 환경보전 부문의 경우는 전체 예산 대비 일정 수준(15.3%→15.9%) 유지되고 있어 지속적인 관심분야로 예산이 투자되고 있는 것을 주요 특징으로 볼 수 있겠다.

그러면 시대별로 부문별 재원배분 비율의 증가 · 감소 등 추세분류별로 어떠한 부문들이 증가 또는 감소하였고 그 사유는 어떠한 것들이 있을 수 있는지 살펴보도록 하겠다.

(1) 예산투자 감소 부문

• 도시안전관리 부문

우선 다소 감소추세에 있는 도시안전관리 분야의 경우는 1994년

성수대교 붕괴사고를 계기로 도로시설물 유지 · 강화를 위한 전담기구를[1] 설치하는 등 도시시설물 안전관리에 많은 예산이 투자되던 것이 최근 도시시설물 안전관리 분야의 안정화 등에 따라 전체예산 대비 비율은 다소 감소(8.2%→5.2%)하고 있으나 절대적인 투자금액상으로는 비슷한(7,321억→9,190억 원) 수준으로 나타났으며, 이러한 도시안전관리 부문의 2008년도 주요 투자내용을 보면, 소방장비유지관리 등 소방재난분야로 4,437억 원, 도로 및 도로시설물관리, 고가차도 및 지하차도와 터널 보수 및 유지관리 등 도로유지관리 분야로 3,176억 원 등을 배분하고 있다.

• 주택 · 도시관리 부문

다음 점차 감소추세에 있는 주택 · 도시관리분 야의 경우는 과거 IMF 외환위기 이후 1998년도의 주택경기 활성화 대책, 건설산업 활성화, 건설 및 부동산경기 활성화 대책 등 일련의 부동산 부양책 등과 더불어 재개발 · 재건축 등 주택 및 도시개발 관련 분야에 대한 투자비중이 높았던 것이 점차 안정화 단계에 접어들면서 점차 감소(11.1%→8.8%→6.8%→7.6%→5.7%)하는 추세에 있으나, 최근 강남북 균형발전 및 뉴타운 정책 등에 따라 다소 증가(5.7%→7.0%)하고 있는 것으로 나타났으며, 이러한 주택 · 도시관리 부문의 2008년도 주요 투자내용을 보면, 주거환경개선사업, 재개발 · 재건축 임대주택관리, 공공임대주택건설지원 및 택지개발사업 등 주거정비 분야에 5,749억 원, 지역개발 분야에 2,686억 원, 미래행정수요대비 공공용지확보 분야에 1,554억 원 등을 배분하고 있다.

• 도로 · 교통 부문

또한 점차 감소추세에 있는 도로 · 교통 부문의 경우는 당초 투자비중이 높았던 제2기 지하철 건설(1990년부터 2000년까지 건설) 관련 예산투자가 마무리되면서 점차 감소(27.2%→19.9%→16.2%→14.8%→12.7%)하는 추세에 있으며, 이로한 도로 · 교통 부문의 2008년도 주요 투자내용을 보면 강남순환도시고속도로건설, 도로개설 및 확장, 지하도 상가관리 등 도로관리 분야에 5,540억 원, 지하철 9호선 건설, 3호선 및 7호선 연장건설 등에 5,470억 원, 운수업계(택시, 화물) 유가보조금, 콜서비스 지원 등 운수물류 분야에 3,770억 원, 버스운송사업재정지원, 버스유가보조금 등 버스정책 분야에 2,308억 원, 광역전철건설비 부담, 지하철역 승강장 편의시설 설치, 버스 우선처리 시스템 확대, 교통안전시설물유지관리, 자전거 도로 설치 · 정비 등 광역교통시설 분야에 3,163억 원 등을 배분하고 있다.

(2) 예산투자 증가 부문

• 타기관 지원 및 기타 부문

다음 상당한 폭으로 증가하고 있는 타기관 지원 및 기타 분야의 경우는 2001년 지방교육세의 신설 등 관련 법령의 개정과 지방자치단체의 주요 세입 재원구조의 변화 등에 따른 교육청에 대한 지원규모의 증가와 지방세징수 증가에 따른 징수교부금과 조정교부금의 교부액 증가 등에 따라 점차 증가(19.5%→20.9%→29.8%→33.1%→27.6%→31.2%)하는 추세에 있으며, 2008년도 주요 투자내용을 보면 지방교육세 지원(1조 777억 원), 지방세 지원(8,030억 원), 담배소비세 지원(2,476억 원)과 학교용지 매입비 부담, 교육환경개선 지원 및 공공 도서관 운영 지원 등 교육청지원 분야에 2조 2,980억 원, 조정교부금(1조 6,559억 원), 각종 징수교부금(2,885억 원), 공동재산세교부금(6,039억 원), 재정보전금 등 자치구에 대한 재정지원이 2조 7,060억 원, 재정투융자기금예탁금 및 예비비 등 기타에 6,227억 원 등을 배분하고 있다.

• 사회복지 부문

다음 지속적으로 증가하고 있는 사회복지 부문의 경우는 최저생계 지원형 복지정책과 IMF 이후 불경기형 복지정책 등이 주류를 이루던 과거와는 달리 고령화 시대의 도래에 따른 노인복지정책과 출산율 저하에 따른 저출산대책 등 다양화된 사회복지 수요충족을 위한 예산배분과 사회복지 비중이 높아진 국가예산과의 매칭펀딩을 위한 예산투자 등에 따라 지속적으로 증가(7.9%→10.3%→11.2%→14.7%→17.4%)하는 추세에 있으며, 이러한 사회복지 부문의 2008년도 주요 투자내용을 보면 생계급여 · 주거급여 지원, 의료급여사업, 종합사회복지관 운영 등 사회복지 분야에 1조 1,855억 원, 기초노령연금지급, 노인생활시설 운영 등 노인복지 분야에 5,206억 원, 보육시설 운영 및 보육료 지원, 보육시설 기능보강 등 보육복지 분야에 3,555억 원, 장애수당 보조, 장애인 생활시설 · 복지관 운영 등 장애인 복지 분야에 2,958억 원, 아동급식 지원, 아동복지시설 운영 지원, 청소년수련관 운영 등 청소년 복지 분야에 1,177억 원, 노숙인 쉼터 운영, 자활근로사업 등 부랑인 · 노숙인 자활지원 분야에 819억 원, 희귀난치성 유전질환자 지원, 서북병원 운영(257억 원), 어린이병원 운영(203억 원), 은평병원 운영(177억 원) 및 보건환경 연구(319억 원) 등 보건의료 복지 분야에 1,582억 원, 영 · 유아 양육 지원 등 저출산대책 분야에 537억 원 등을 배분하고 있다.

• 환경보전 부문

다음 전체 예산 대비 상당 수준 지속적으로 투자비율을 유지하고 있으며 절대적인 투자액도 지속적으로 증가하고 있는 환경보전 부문의 경우는 근본적으로 지방자치단체가 지역주민에 지원하여야 하는 상 · 하수도 관리 및 집단에너지 공급 등에 따라 일정 재원의 지속적인 투자와 더불어 최근 환경보전의 중요성이 지속적으로 대두되고 있는 시대적 흐름[2]에 힘입어 지속적으로 재원이 투자(1조 3,649억 원→1조 6,911억 원→2조 8,080억 원)되고 있는 추세(15.3%→14.7%→15.9%)에 있으며, 2008년도 주요 투자내용을 보면 배급수관 개량, 고도정수처리시설 도입 등 상수도관리분야에 8,570억 원, 공원조성 및 재정비, 각종 녹지조성 등 공원·녹지분야에 6,813억 원, 물재생센터 운영 및 고도처리시설, 하수관거종합정비 등 하수관리 분야에 4,754억 원, 한강교량 보행로 확장, 권역별 한강공원 특화사업, 한강 접근로 정비 및 분뇨처리시설 개선, 상수원 퇴적물 준설 등 수질개선 및 한강관리(한강 르네상스) 분야에 2,516억 원, 천연가스자동차 보급, 기후변화기금조성 등 대기질개선분야에 2,105억 원, 열수송관 공사 및 집단에너지공급운영 등 집단 에너지 공급 분야에 2,040억 원, 자원회수시설 건설·보수보강 및 운영, 폐기물처리시설 등 폐기물관리 분야에 1,258억 원 등을 배분하고 있다.

• 산업경제 부문

다음 전체 예산 대비 투자비율이 다소 감소하다가 최근 지속적으로 증가하고 있는 산업경제 부문의 경우는 IMF 이후 공공근로사업 등 경제회생을 위한 예산투자가 경제안정에 따라 다소 감소(4,456억 원→2,373억 원→1,648억 원)하던 것이 민선3기에는 DMC 사업 등과 관련하여 다소 증가(1,648억 원→1,752억 원→2,888억 원)하다가 민선4기에 접어들면서 동대문운동장 개발관련 사업과 도시디자인 개선 및 해외투자유치 등과 관련된 예산들이 추가되면서 재원투자가 증가(2,888억 원→3,562억 원→4,516억 원)되고 있는 추세(2.2%→2.3%→2.6%)에 있으며, 2008년도 주요 투자내용을 보면, 산학연 협력지원, DMC 첨단산업센터 등 산업지원육성분야에 2,023억 원, 동대문운동장 월드디자인 파크사업에 925억 원, 청년실업대책, 직업전문학교지원, 공공근로사업 등 고용안정 분야에 659억 원, IT COMPLEX 건립, 각종 국제투자유치 지원, 도시경관개

〈표 7〉 문화관광 부문의 예산투자 증감 추이

(단위 : 억 원)

구 분	민선2기				민선3기				민선4기	
	1999	2000	2001	2002	2003	2004	2005	2006	2007	2008
투자비율	1.8%	2.6%	3.6%	3.2%	2.1%	2.2%	2.7%	2.7%	2.5%	3.2%
투자금액	1,582	2,446	3,916	3,430	2,402	2,874	3,472	3,561	3,785	5,697
(전년대비)	–	↑54.6%	↑60.1%	↑12.4%	↑19.7%	↑19.7	↑20.8%	↑2.6%	↑6.3%	↑50.5%

※ 정권교체(민선2기에서 민선3기, 3기에서 민선4기로) 직전 2년간 문화관광진흥 부문 예산 증가추세.

〈그림 2〉 서울특별시 세출예산 부문별 변화 추이(총계기준)

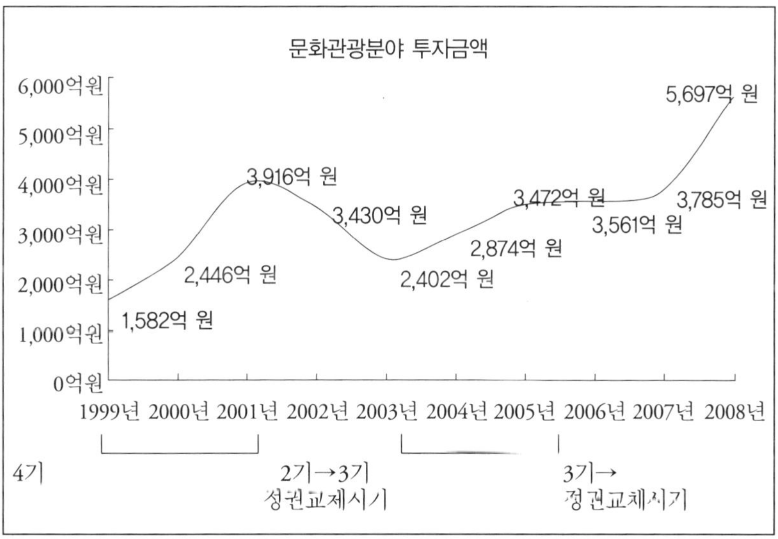

선 등 도시디자인개선 분야에 464억 원, 재래시장 현대화, 신용보증재단 운영, 중소기업육성지원 등 생활경제 관련 분야에 445억 원 등을 배분하고 있다.

• 문화관광진흥 부문

다음 문화관광진흥 부문의 경우는 전체 예산 대비 투자비율이 주

〈표 8〉 서울특별시 세출결산 부문별 변화 추이(순계기준)

부 문	세출결산 지출액					
	2006년	2005년	2004년	2003년	2002년	2001년
합 계	13,217	14,052	13,644	12,418	10,994	10,272
사회복지	2,063	1,723	1,493	1,275	1,174	1,099
주택 · 도시관리	878	1,528	792	947	591	817
도시안전관리	867	957	1,066	896	849	511
환경보전	1,881	1,912	1,995	1,447	1,556	1,433
도로 · 교통	2,412	2,859	2,824	2,639	2,596	2,433
산업경제	269	291	180	169	181	204
문화관광진흥	334	354	296	252	409	308
일반행정	443	379	323	312	324	326
타기관지원등	4,070	4,049	4,675	4,481	3,314	3,141
예비비	0	0	0	0	0	0

※ 예산현액 대비 지출액 기준임.

민 생활안정에 따른 문화수요의 증가에 따라 지속적으로 증가하고 있는 것으로 볼 수 있겠으며, 주요 증감주기를 보면 정권교체 시기 직전 2개년 간에 지속적으로 증가하는 추세(〈표 7〉 및 〈그림 2〉 참조)도 나타나고 있다. 이러한 문화관광진흥 부문의 2008년도 주요 투자내용을 보면 노들섬예술센터 건립기금 조성에 744억 원, ART FACTORY 조성에 245억 원, 세종문화회관 · 서울문화재단 등 운영에 548억 원, 야외공연장 건립, 전통국악공연장 운영, 각종 문화예술행사 개최 등에 355억 원, 세계적 예술단체 육성, 민간명품축제 개최, 무대공연작품 지원, 문화예술회관 건립 등 문화예술 분야에 469억 원, 풍납토성 복원 및 서울성곽 복원, 지정문화재 보수, 남산골 한옥마을 운영 등 문화재관리 분야에 589억 원,

〈표 9〉 서울특별시 세출결산 부문별 변화 추이(백분율)

부문	2001년	2002년	2003년	2004년	2005년	2006년
사회복지	10.7%	10.7%	10.3%	10.9%	12.3%	15.6%
주택 · 도시관리	8.0%	5.4%	7.6%	5.8%	10.9%	6.6%
도시안전관리	5.0%	7.7%	7.2%	7.8%	6.8%	6.6%
환경보전	14.0%	14.2%	11.7%	14.6%	13.6%	14.2%
도로 · 교통	23.7%	23.6%	21.3%	20.7%	20.3%	18.2%
산업경제	2.0%	1.6%	1.4%	1.3%	2.1%	2.0%
문화관광진흥	3.0%	3.7%	2.0%	2.2%	2.5%	2.5%
일반행정	3.2%	2.9%	2.5%	2.4%	2.7%	3.4%
타기관지원등	30.6%	30.1%	36.1%	34.3%	28.8%	30.8%
예비비	0.0%	0.0%	0.0%	0.0%	0.0%	0.0%

서울시 체육회 육성, 월드컵경기장 위탁운영 지원, 문화체육 컴플렉스 건립(745억 원), 동대문 대체 야구장 건립(142억 원), 체육시설관리(295억 원) 등 체육육성 분야에 1,182억 원, 간판정비, 디자인 서울거리 조성 등 서울 디자인 관련 분야에 433억 원, 한성백제박물관 건립, 서울역사박물관 운영(254억 원), 시립미술관 소장품 확보 및 운영(119억 원) 등 박물관 및 미술관 운영에 373억 원, 서울관광 해외광고, 서울 관광 마케팅 주식회사 설립 운영, 북경올림픽관광객유치사업 등 관광진흥 분야에 718억 원, 영어마을 조성에 40억 원 등을 배분하고 있다.

2. 부문별 세출결산액 변화 추이

한편, 앞에서 살펴본 예산부문별 재원투자 비율은 향후 예산을 어

〈그림 3〉 서울특별시 세출예산 부문별 변화 추이(순계기준)

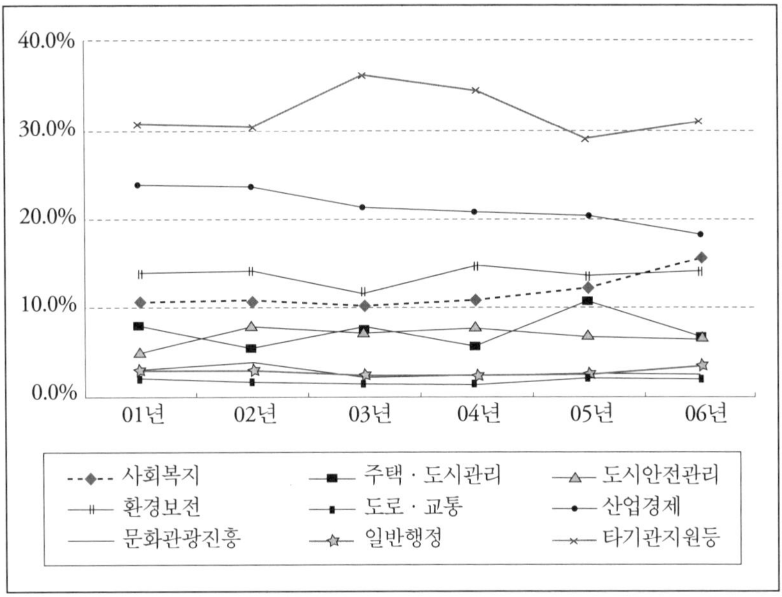

떻게 투자하겠다는 지방자치단체장의 의지가 담긴 투자예정액이라고 볼 수 있을 것이며, 예산의 편성 이후 예산의 집행과정에서 예산의 이 · 전용, 이체 및 예비비 사용 등 예산변동의 방향에 따라 부문별 실질 예산 투자액은 다소간 차이를 나타낼 수도 있다 하겠다. 따라서 부문별 예산 현액 대비 실질지출액과 당초 예산편성에 의한 부문별 구성내용과의 차이를 알아보기 위하여 부문별 실질 지출액(순계기준)을 비교해 보았다. 성과주의 결산서가 작성된 2001회계년도 결산자료부터 현재 결산절차가 진행 중인 2007회계년도 결산자료를 제외한 2006회계년도까지의 성과주의 결산자료를 중심으로 비교해 보았으며, 결산자료의 특성상 당초 예산편성 대비 결산자료가 아닌 전년도 이월사업비를 포함한 예산현액 대비 결산자료를 참고하였다.

〈표 8〉, 〈표 9〉과 〈표 10〉 및 〈그림 2〉의 서울특별시 세출결산 부문

〈표 10〉 부문별 예산 대비 부문별결 산비율 차이

부 문		2001	2002	2003	2004	2005	2006
사회복지	예산(A)	10.3%	11.6%	11.6%	11.2%	12.3%	14.7%
	결산(B)	10.7%	10.7%	10.3%	10.9%	12.3%	15.6%
	차이{(A−B)/A}	−3.5%	8.3%	11.2%	2.5%	0.6%	−5.9%
주택 · 도시관리	예산(A)	8.8%	6.8%	6.4%	7.9%	7.6%	7.4%
	결산(B)	8.0%	5.4%	7.6%	5.8%	10.9%	6.6%
	차이{(A−B)/A}	9.6%	21.3%	−18.5%	26.6%	−42.4%	10.5%
도시 안전관리	예산(A)	7.5%	7.9%	8.7%	8.5%	7.3%	6.6%
	결산(B)	5.0%	7.7%	7.2%	7.8%	6.8%	6.6%
	차이{(A−B)/A}	33.7%	2.3%	17.1%	8.3%	6.7%	1.3%
환경보전	예산(A)	14.0%	14.7%	14.7%	16.6%	15.8%	15.8%
	결산(B)	14.0%	14.2%	11.7%	14.6%	13.6%	14.2%
	차이{(A−B)/A}	0.3%	3.7%	20.8%	12.1%	13.9%	9.7%
도로 · 교통	예산(A)	18.6%	19.9%	17.0%	15.7%	16.2%	17.4%
	결산(B)	23.7%	23.6%	21.3%	20.7%	20.3%	18.2%
	차이{(A−B)/A}	−27.2%	−18.6%	−25.3%	−31.7%	−25.2%	−4.7%
산업경제	예산(A)	2.0%	1.5%	1.5%	1.4%	2.1%	2.2%
	결산(B)	2.0%	1.6%	1.4%	1.3%	2.1%	2.0%
	차이{(A−B)/A}	2.8%	-6.3%	7.9%	3.2%	−0.8%	6.2%
문화 관광진흥	예산(A)	3.6%	3.2%	2.1%	2.2%	2.7%	2.7%
	결산(B)	3.0%	3.7%	2.0%	2.2%	2.5%	2.5%
	차이{(A−B)/A}	15.7%	−15.4%	2.9%	2.9%	5.5%	5.6%
일반행정	예산(A)	3.3%	3.2%	2.9%	2.5%	2.9%	3.3%
	결산(B)	3.2%	2.9%	2.5%	2.4%	2.7%	3.4%
	차이{(A−B)/A}	2.5%	7.1%	12.2%	4.9%	7.6%	−0.5%
타기관 지원 등	예산(A)	28.7%	29.8%	34.1%	33.1%	32.3%	27.6%
	결산(B)	30.6%	30.1%	36.1%	34.3%	28.8%	30.8%
	차이{(A−B)/A}	−6.6%	−1.0%	−5.8%	−3.6%	10.7%	−11.7%
예비비	예산(A)	3.2%	1.3%	1.1%	0.8%	0.8%	2.2%
	결산(B)	0.0%	0.0%	0.0%	0.0%	0.0%	0.0%
	차이{(A−B)/A}	100.0%	100.0%	100.0%	100.0%	100.0%	100.0%

〈그림 4〉 부문별 예산 대비 부문별 결산비율 차이의 변화 추이

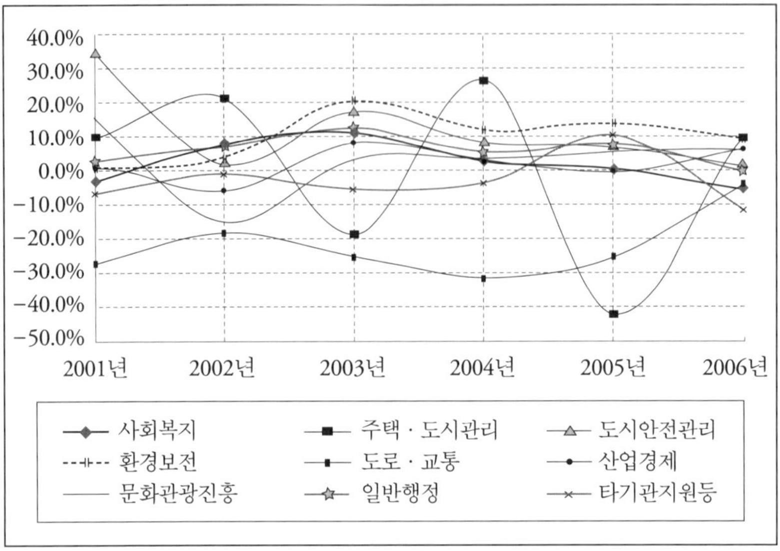

별 변화 추이를 보면, 당초 예산편성시 투자비율보다 결산투자 비율이 상당 수준(10%이상) 감소한 부문은 도시안전관리 부문[3]과 환경보전 부문[4]으로 나타났으나 반대로 결산투자 비율이 상당 수준(10% 이상) 증가한 부문은 도로 · 교통 부문[5]으로 나타났으며, 나머지 부문들의 경우[6]는 예산과의 괴리 정도가 심하게(평균 1.2%–5.6%) 나타나지는 않았다.

즉, 도시안전관리 문과 환경보전 부문의 경우와 같이 예산투자 비율 대비 집행투자비율이 감소한 경우는 당초 예산편성시 투자계획 당시보다 예산의 변동 등에 의하여 집행이 감소하였거나 예산편성 대비 집행률이 저조한 것으로 볼 수 있겠으며, 도로 · 교통 부문, 타기관 지원 부문 등의 경우와 같이 예산투자 비율 대비 집행투자 비율이 증가한 경우는 당초 예산편성시 투자계획 보다 예산의 이 · 전용, 이체 및 예비비 등 예산집행 단계에서 예산집행 투자비율이 증가되었거나, 당초 예산편성 대비 집행률이 높았다고도 볼 수 있겠다.

V. 맺는말

앞의 서울특별시 민선3기와 민선4기 자치단체장의 집권시대별 예산배분의 변화 추이에서 나타난 바와 같이 경기변동 상황 등에 따라 재원배분이 감소하고 있는 도시안전관리 부문과 주택 · 도시관리 부문의 경우를 제외하고는 대부분의 경우 각 부문별 투자비중이 확대되고 있으며, 특히 교육청 지원 및 자치구 지원예 산과 사회복지 부문의 경우는 재원배분 예산 증가세가 상당한 수준으로 나타났다.

지방자치단체의 예산편성은 지방자치단체의 정책방향에 따라 주민의 복지증진 등과 관련되는 분야별 투자분야를 설정하고 재원을 배분하는 등 예산을 편성하여 지방의회로 제출하게 되는데, 지방의회에서는 이렇게 편성된 예산을 심사하는 과정에서 각 지역주민의 대표인 지방의원들 간에 협의 · 조정 등을 거쳐 각 지역주민의 요구사항 등을 반영하는 심사과정을 거쳐 예산이 의결되게 된다. 이렇게 의결된 예산을 지방자치단체가 집행하게 되는 점을 볼 때, 어떠한 측면에서는 집행부인 지방자지단체에서 판단하는 사회의 요구사항과 각 지역주민의 대표인 지방의원을 통한 주민의 요구사항들이 다각도로 반영된다고 볼 수도 있을 것이다.

그러나 지방자치단체의 경우는 선거라는 것을 통하여 선출되는 자치단체장의 정책 마인드에도 좌우되기도 하나 대부분 다음 선거전략상 유리한 부문에 보다 많은 예산을 투자하려는 경향이 있으며, 경기악화 등에 따라 재원이 감소되는 상황에서도 당해 분야의 투자재원 확보를 위하여 부채나 채무부담 행위 또는 민간투자 방식의 개발 등 미래 또는 자치단체 외에서의 재원확보 방안 등 지방재정건전성에 위협이 되는 재정운용 행태가 나타날 뿐만 아니라, 각 지역별 대표인 지방의원을 통하여 지역주민의 의견을 반영하는 경우도 자치단체 전체의 효율적인 재원배분보다는 각 지역별 정치적인 역학관계나 해당지역의 지방의원의 로비능력 등에 의하여 재원이 배분될 소지도 있어, 지방자치단체의 재원이 실질적인 지역사회의 수요분야에 적정한 투자가 반드시 이루어지고 있다고 볼 수는 없을 것이다.

따라서 지방자치단체 재원투자의 변화가 거시적인 차원에서는 사회적 요구를 어느 정도 반영해 가고 있다고도 볼 수 있겠으나, 지방자치단체 예산투자의 변화 흐름이 진정한 지역사회의 요구에 따른 변화보다는 자치단체장의 선출직이라는 특성에 따른 선거공약이나 지역이기주의 또는 의회차원에서의 정치적 영향 등 일부 다른 요인들에 의하여 그 중심축이 변화하고 있다고 할 수도 있을 것이다.

물론 중기지방재정계획, 지방재정 투 · 융자심사, 지방재정분석 · 진단제도 및 지방재정공시제도의 개선과 최근 지방재정법령의 개정 등에 따른 주민참여형 예산편성제도 도입의 활성화 등 지역사회의 요구를 지방자치단체의 예산편성에 반영할 수 있는 법적 근거가 마련되었다고는 하나 편성된 예산에 대한 주민들의 이해가 어렵다는 점과 주민참여 실적이 저조한 점 등을 감안하면 향후 지역주민의 요구사항이 실질적으로 해당 지방자치단체의 재원 배분과정에 적절히 반영될 수 있도록 하는 제도적 뒷받침과 더불어 지역주민들의 관심 및 지역이기주의 내지는 다양한 계층의 이해관계와는 별도로 지방자치단체의 보다 중립적인 재원배분을 위한 적극적인 노력이 필요하다 할 것이다.

참고문헌

1. 국내문헌

지방재정법 및 지방재정법시행령.

지방공기업법 및 지방공기업법시행령.

서울특별시재무회계규칙.

서울특별시, 2001년도-2008년도 서울특별시 성과주의 예산(안) 보도자료 및 설명자료, 2000.12-2007.12.

서울특별시, 2001년도-2006년도 서울특별시 세입세출결산서, 2002-2007.

서울특별시, 2001년도-2006년도 서울특별시 성과주의결산서, 2002-2007.

서울특별시, 2008년도 성과주의 예산편성 실무매뉴얼, 2007. 7.

서울특별시, 2001년도-2006년도 서울특별시 결산작성지침, 2007. 4.

서울특별시, 제2기 지하철 건설계획.

행정자치부 재정정책팀, 2008년도 지방자치단체 예산편성기준, 2007. 7.

행정자치부 재정정책팀, 2008년도 지방자치단체 사업예산 운영규정, 2007. 7.

신해룡, 예산정책론-예산결산과 재정정책-, 세명서관, 2005. 9.

2. 인터넷 자료

http://lofin.mogaha.go.kr/, 재정고.

http://mybox.happycampus.com/hgm5658/413161, 지방자치의 실시와 환경정책의 변화에 관하여.

http://www.seoul.go.kr/v2007/publicinfo/, 서울특별시 홈페이지 내 주요시책, 행정정보공개, 재정운영공시, 성과주의 예산, 서울통계.

주

1 서울특별시 건설안전본부는 도로 및 도로시설물의 유지 · 관리, 안전진단, 보수계획 수립 및 집행과 각종 건설공사(지하철 · 상수도 관련 공사 제외)의 시공 등을 전담하도록 하는 기구로 본부가 관리하는 도로시설물은 한강 교량, 일반 교량, 고가차도, 인터체인지, 터널, 지하차도와 그 밖에 보도육교, 공동구, 하천복개구조물 등이 있다. 1998년 8월 12일의 직제개편으로 조직은 2국 7부로 구성되어 있으며, 도로관리사업소 6개소가 설치되어 있다.

2 최근 수도권의 지방자치단체장의 선거공약으로 '생수급 수돗물 공급'이나 '맑은 공기 관리' 등 환경보전 관련 공약들이 대두되고 있다.

3 도시안전관리 부문 평균 11.6% 감소.

4 환경보전 부문 평균 10.1% 감소.

5 도로 · 교통 부문 평균 22.1% 증가.

6 2001년도부터 2006년도까지의 예산투자 비율과 결산투자 비율과의 차이의 평균임.

사회복지 부문 평균 2.2% 감소, 주택 · 도시관리 부문 1.2% 감소(다만 연도간 격차가 심하게 나타난 것은 사업비 이월집행 비율이 높기 때문인 것으로 볼 수 있음), 산업경제 부문 2.2% 감소, 문화관광진흥 부문 2.9% 감소, 일반행정 부문 5.6% 감소, 타기관 지원 부문 3% 증가(결산결과 지방세의 예산액 대비 결산초과 징수분에 대한 정산 지출이 증가한 사유로 볼 수 있겠음) 한 것으로 나타났음.

제4편

대도시 거버넌스

11 다층제 시정부의 협력

Ⅰ. 머리말

세계화로 인해 정치 및 행정제도가 국경을 초월하게 되었다는 것은 이제 일반적인 통념이 되었다. 글로벌화의 영향은 행정적인 조정의 발전에 직접적으로, 그리고 효율적으로 미치고 있다는 점과 일반적이며 트렌드(경향)를 만들고 있다는 점에서 산업화와 도시화 같은 초기의 메가 트랜드들과는 차별된다. 하지만 논문의 목적을 위해 이 주류의 주장에 대한 학문적인 질문을 제기하면서 지난 세기 동안의 초기 메가 트랜드들의 영향과 강력한 국가적 · 행정적 전통들을 동시에 고려하는 좀 더 차별화된 시각을 받아들일 것을 제안한다. 이러한 배경을 토대로 이 논문은 집중화(중앙집권화)와 분산화의 힘 사이의 끊임없는 충돌을 본질적

■ **만프레드 뢰버**(Manfred Röber, 라이프찌히 대학교 공공행정과 교수)
에카하르트 쉬뢰터(Eckhard Schrötter, 체펠린 대학교 교수)

이며 고정화될 수 없는 대도시 관리 · 지배 · 정부의 주제(문제)로 드러냄으로써 다양한 메가 트랜드들과 독특한 국가적 · 지역적 전통들로 형성된 유럽 대도시들의 제도적 체제 안에서의 시대와 국가를 넘어 현재적으로 의미가 있는 변화들을 분석하고자 한다. 반대 이론도 있겠지만 대도시 내의 집중화와 분산화 경향은 국내 그리고 점차 국제적인 기능을 정치, 문화 및 경제의 중심지 역할을 담당하는 대도시 현상 자체만큼이나 오래되었다.

한편, 도시들의 지역은 관리할 수 있는 규모가 되어서 대부분 공공서비스와 역량(competencies)들이 어렵지 않게 집중화될 수 있었다. 다른 한편, 단순히 인구 규모와 특히 인구 밀집도만으로도 서비스 제공과 정치 · 행정적인 책임의 분산화가 요구된다(Barlow 1993 : 132). 유럽 대도시들 사이에 널리 일어나고 있는 현재의 변화들은 위계적이며 관료적인 정치적 통제가 그 한계에 다다르고 퇴출되고 있다는 것을 암시한다. 동시에 (특히 1986년과 2000년 사이의 런던에서) 최후의 수단(ultima ratio)으로서의 위계적인 의사결정 절차 아래에서 운영되지 않는 한 모든 수평적인 조정방식이 심한 불이익을 가져온다는 것이 명백해졌다. 대도시의 정치 · 행정적인 조정이 조정문제를 복합적으로 인식하며 집중화와 분산화의 통제 메커니즘 간의 잠재적인 갈등을 조정할 수 있는 2원체제로 향하고 있는 것으로 보인다(Barlow : 132-134).

유럽을 두고 얘기할 때 우리는 베를린, 런던, 파리가 보여주는 전형적인 2원체제의 모델을 발견할 수 있다. 3개 도시 모두 이들 국가의 정치 및 행정 모델과 개혁 개요를 만들어낸 중요하고 상당히 독특한 유럽의 행정상의 문화와 지방단체의 전통을 보여준다(Wollmann 1999 및 2000). 베를린, 런던, 파리는 제도의 다양한 측면에서 정치 및 행정구조의 추세에 대한 질문과 답변을 가능하게 하며, 그 성과를 전망할 수 있는 가장 서로 다른 사례로 보고자 한다.

3개 도시에 집중화 및 분산화의 지배 및 통제 메커니즘의 위험한 관계에 대한 논의가 집중적으로 진행되고 있다. 이 논쟁은 글로벌 경제의 도전들이 정책결정자들에게 제도적 조정도 비슷한 방향으로 만들도록(수렴화 논제) 엄청난 압력을 가하고 있다는 인상을 준다. 동시에 몇몇 학자들은 국가 특성에 주안점과 방향을 둘 것을 끊임없이 주장한다(지속적 분산화 논제).

Ⅱ. 대도시 정부운영 : 집중화 또는 지속적인 분산화로 향할 것인가?

글로벌 컨버전스(수렴화)에 대한 주장은 더 효율적 · 제도적인 조정이 시간이 지남에 따라 덜 효율적인 것은 대체할 것을 예측하는 신제도적인 경제의 공헌으로부터 이론적인 지지를 얻고 있다. 이 관점에서 보았을 경우 제도의 발생기원은 (경제적으로) 최적의 조정을 발견하는 문제이다. 즉 정치 · 행정적인 제도를 디자인하는 결정적 기준은 (합리성을 기초로 하는) 효율성이다. 컨버전스(수렴화) 논문은 또한 새로운 정치적인 경제의 대리인들과 고위 공무원과 정치인들이 비용 대비 이익의 계산으로 동기부여를 받은 관여자들로 보여주는 관료 정치의 경제이론의 기여로부터 지지를 받고 있다(Dunleavy 1991 참조). 나아가 행정개혁 모델의 넓은 확산을 설명하기 위해 확산과 국경을 초월한 배움의 중요성을 강조하는 신제도주의의 사회학적인 변형형태로부터도 지지를 받는다. 이러한 입장은 디마기오(DiMaggio)와 파웰(Powell 1983)의 제도적 동형화에 대한 연구로부터 많은 영향을 받았다.

수렴론이 다른 이론적인 관점으로부터 질문을 받은 것은 놀라운 일이 될 수 없다. 특히 역사적인 제도주의의 대변인들이 경제적인 조정의 표면적이며 사실상 자동적인 과정을 비판해 왔다. 뚜렷하게 대조를 드러내며 이들은 각각 사례 및 국가의 특성에 맞춘 형태와 (지속적인 다양화론이라 불릴 수 있는) 국가적 · 지역적인 행정 스타일 방식을 반영하는 제도의 중요성을 강조한다.

그들의 재고의 시발점은 제도가 갖추어질 때 앞으로의 발전이 (완벽하게는 아니더라도) 미리 예정되어 있고, 특정한 환경(결정적인 연결 또는 비판적인 제도적인 사건) 아래에서 그리고 (재정적 및 사회적인) 고비용만을 동반하고서만 변경하거나 재정의될 수 있다는 가정이다. 이러한 제도적인 이론의 형태에 따르면, 제도의 기능과 현재적인 개혁논쟁의 원인을 이해하도록 도와주는 제도적인 발상에서의 중추적인 전환점과 핵심적인 결정을 찾는 것은 매우 중요하다. 이러한 접근법의 대변인들은 경로의존에 대한 의견들의 힘을 강조한다(Krasner 1984, Hall 1986, Immergut 1992, Steinmo/Thelen/Longstreth 1992).

구조적인 특성과 함께 제도적인 조정에 대한 관념과 이미지들은 가능하며 용인될 수 있는 변화를 제한한다. 또한 특정 문제 분야에 대한 이해와 유기적인 구조의 청사진을 제공해 준다. 이 때문에 대안의 제도적인 선택안의 선택 기회는 보통 점진적인 변화만을 허용하는 "개혁 경로"로 제한된다(March/Olson 1983 and Tolbert/Zucker 1996 참조). 이러한 이론적인 고찰에 따르면 (목적에 맞춰 설계된 개혁 프로그램을 토대로) 국가 간 그리고 문화 간의 정치 · 행정적인 제도의 수렴은 불가피하게 예상할 수 없는 것이다. 하지만 서로 다른 별개의 정치 및 행정적인 문화의 형식으로 형성된 다수의 차별화된 모델을 예상할 수 있다.

Ⅲ. 제도적 다양성의 이해 : 글로벌 메가 트랜드의 관점에서 바라본 수렴화 경향과 지속적인 분산화

유럽 3대 수도의 제도적인 구조를 조사해 보면 각 도시가 1세기의 기간에 걸친 궤도를 지방분권화 · 중앙집중화 범위 위의 뚜렷한 위치에서부터 각 도시의 정치 · 행정적인 구조에 대한 뚜렷한 입장으로부터 시작되었다는 것을 보여준다.

그럼에도 불구하고 베를린, 런던, 파리에서 볼 수 있는 제도적인 발전의 뚜렷한 패턴은 동시에—일련의 수렴적인 제도 교체의 결과로 인해—유럽 내에서 널리 퍼진 대도시 정부의 모델이 시간이 지남에 따라 상위 레벨의 도시 정부에 기대는 튼튼한 2정부 제도로 가장 잘 묘사될 수 있는 위치가 되었다는 가설에 대해 추가적 설명이 필요하다. 사실 3개 도시의 제도적인 궤도는—현재 존재하고 있는 구소석인 레이아웃에서의 상당한 차이를 제외하고는—시간과 순서, 개혁바람의 주 내용을 기준으로 평가해 보았을 때 상대적으로 서로 협조관계에 있는 것으로 보인다.

1. 산업화와 도시화 시대에서 대도시 정부의 대두

19세기 말까지는 런던과 비록 훨씬 더 적은 범위이기는 하나 베를린의 대도시지역 지방자치제도의 특징이 정치 및 행정적인 단위가 주로 다수의 작은 규모의 공공기관 권한으로 나누어져 있었다. 많은 경우 지역적 그리고 기능적으로 관할구가 겹쳤다.

하지만 파리는 18세기 초부터 엄격하게 중앙집권적이며 위계적인 나폴레옹 국가의 지방자치 개혁법 아래에서 관리되었다(Glum 1920, Hauck Walsh 1968 Debofle et al. 1979). 파리는—프랑스 내 다른 나머지 지방자치정부들과는 달리—1975년에 개혁법이 시행되기 전까지는 1848년과 1870-1871년 사이의 대변혁 시대의 짧은 중간 시기를 빼고는 1795년부터 한 번도 스스로 관할하는 도시 자치정부를 가졌던 적이 없다. 대신에 파리는 센강-부(Seine Department) 지사의 완전한 통제 아래에 있었다. 센강-부는 국가의 대변인이자 행정부의 머리역할을 담당하며 동시에 파리의 '행정장관'으로서 모든 도시 사건들을 엄격하게 감시했다. 이러한 측면에서 국가에서 특별하게 지정한 안전과 질서를 지키는 지사의 관할권은 수도인 파리를 정치 및 행정적인 통제 아래에 두고자 하는 국가의 노력을 분명히 나타낸다. 파리는 국가 경제와 정치력의 중심인 동시에 정치·사회적 불안의 잠재적인 온실이다. 이미 존재하는 20개의 구 '현(縣)의 최대 행정구', (대도시의) 구(區, 선출된 의회를 제외한)는 시장과(Maires) 프랑스 중앙정부가 선출한 다수의 의원들(adjoints)이 관할한다. 런던과 베를린에서는 도시 정부의 개혁이 특히 지방당국의 행정적인 능력을 높이는 것에 중점을 두었다. 이를 통해 도지사 관리에 명백한 중앙집권화 또는 관료적인 풍미를 더하게 되었다. 부분적으로 이는 좀 더 조직적으로 묘사된 책임의 범위를 가진 더 큰 행정적인 단위를 설립함으로써 마침내 메트로폴리스 전체 지역을 관할할 다목적을 가진 당국을 세움으로써 성취되었다.

도시 정부 구조를 통합하는 중요한 일환으로 1855년 메트로폴리안 노동위원회가 런던의 첫 도시단위의 자치정부로서 설립되었다. 노동위원회는 약 39개의 지역 당국을 대변했고 소방시설, 건설단속과 의료서비스부터 주택공급, 빈민구제법과 하수도, 다리, 터널과 전차로 등의 기술적인 기반시설에 이르기까지 다수의 공공과제를 성공적으로 위임받았다. 이 새로운 조직적인 시도가 런던의 행정적인 역량을 강화하는 동안 빅토리아 여왕(시대)의 영국에서 급격하게 퍼진 산업화와 도시화는 좀 더 민주적으로 관리되는 영국의 지방자치를 향한 느리지만 지속적인 발전과 손을 맞잡고 런던의 지방자치 구조에 추가적인 정치 및 행정적인 통합을 요구했다. 그러나 흥미롭게도 이 개혁 압력은 베를린의 경우에서처럼 통합된 자치도시의 창립이 아닌 런던 주 의회(London County Council : LCC)로 귀결되었다. 이로써 1888년 전 도시를 관할하는 상위개념의 행정이 생겨나는 동시에 정치적으로 자치권이 있는 지위를 전면적으로 자치정부로서 보호하게 되었다(O'Leary 1987a ; Sharpe 1995 : 114). 1888년의 지방자치법은 교구민, 교구의원들과 런던 주 의회에서 직접 선출된 다른 부시의 그룹으로부터 새로운 행정상의 주를 창소하고 주요 의사결정 기구로서 정했다.

현재의 행정·정치적인 논쟁에도 교훈적인 광역 베를린(Greater Berlin) 지역을 관할하는 정부에 대한 질문들을 고려하는 논의는 19세기 말에 시작되었다. 이처럼 인구가 밀집된 광역도시권 내 구도시의 경계를 넘어서는 급격한 산업화와 도시화로 인해 일어나는 문제들에 대한 해결책을 향하여 단일목적의 연합체(Zweckverband)가 당시의 베를린 시와 이웃 지방자치단체의 협력 아래 1911년에 설립되었다. 설립목적은 대중교통을 통제하고, 구역계획을 결정하며, (숲, 공원, 삼림, 호수, 놀이터, 스포츠 시설 등) 대규모 미개발 지역의 획득 및 보존을 체계화하는 것이었다. 몇 개의 성공사례에도 불구하고 곧 효과적이며, 도시화 지역에 대한 지속가능한 행정구조를 찾고자 하는 야심찬 희망이 이루어지지 못했다는 것이 곧 분명해졌다(Engeli 1986 : 38).

제1차 세계대전 말에 광역도시의 수요를 고려하는 제도적인 구조에 대한 논의가 곧 다시 활발해졌다. 런던의 상황과는 다르게 베를린은 프러시아 입법부가 제정한 광역 베를린법(Greater Berlin Act)을 통해 1920년에 세워진 통합 도시정부의 관할 아래 있었다. 광역 베를린법(Greater Berlin Act)은 아직까지도 현재의 베를린 행정 모델의 토대로 볼 수 있다(역사적인 비교를 위해 Röber 2002, Zivier 1998 참조). 이 법령은 다양한 정치 진영 사이에서 합의된 타협안을 포함한다. 이 타협안은 통합된 기구에 사회민주적인 세력이 우세한 것에 대한 중산층의 불안과 노동정당들이 법인(Comprehensive incorporation)에 대해 가지는 희망을 모두 고려하였다. 동시에 그 결과로서 포괄적인 구역의 재조직이 농업 공동체의 엄청난 수에 영향을 미치고, 도시 정부의 제2층으로서 새로운 20개의 새로운 행정구를 도입하였다. 광역 베를린법(Greater Berlin Act)과 연계되었다.

대도시 정부 내의 이러한 보다 중앙집권적인 경향은 급속도로 진행되는 산업화와 도시화 시대에 점차 부적절한 것으로 입증되는 지방행정의 전통적인 형태가 맞닥뜨린 새로운 도전으로 인해 어쩔 수 없이 이루어졌다. 이러한 사회 및 경제적인 발전의 주요 단계는 영국에서는 19세기 초부터, 영국이 19세기 후반에 결국 독일과 프랑스를 침략하는 동안 이미 관찰되고 있었다. 사회 및 경제적인 발전의 주요 단계는 주로 시간근로제 세공자들과 장인제품 제조기술들을 대부분 진부하게 만든, 완전히 새로운 (테일러적인) 생산과정 체계 모델과 밀접하게 동반되었다. 노동과정과 생산기술의 표준화, 새로운, 자본집약적인 기술의 시스템적인 사용과 사적 및 공적 협회에 대규모의 관료적인 조직의 설립은 새로운 시대의 특징이 되었다. 이러한 특징들은 소비재의 대량생산과 표준화된 대중 공공 서비스의 제공을 가능하게 하였다. 또한 주식회사를 새로운 시장의 가장 중요한 행위자들로 출현하도록 하였다. 주식회사의 출현은 소기업, 오너가 경영하는 기업들에 부담을 가져다 주고 은행들이 주 금융업자들로서 이러한 산업발전 가운데 필요 불가결하고 강력한 권력을 가진 위치를 얻을 수 있도록 도와주었다.

산업화의 결과로서 시골지역의 인구는 도시 중심지로 몰려갔다. 도시 중심가는 극적인 성장수치를 경험했지만 새로 이주해 온 이들의 수요를 수용하기에는 준비가 부족했다. 도시화의 증가는 일과 주거장소의 분리로 이어졌고, 전통적인 가족형태의 해체와 더불어 이는 질적 · 양적 차원에서 보나 전례가 없는 규모의 새로운 사회적인 문제들로 이어졌다. 이 모든 것에 더하여 생산과정의 새로운 기술과 주요 도시의 급성장으로 일어난 기능 및 기본시설의 문제들은 위험물질, 식품안전, 보건 및 위생 서비스, 하수설비과 대중교통 수단에 대한 공적인 관리에 대한 수요를 증대시켰다. 동시에 대부분의 대량생산 과정과 생산시설에 대한 기술적 및 기능의 복잡성은 전문적인 기술과 지식 자격에 대한 수요를 일으켰고, 이는 또한 더 높은 수준의 교육에 대한 수요로 이어졌다. 이러한 추세는 특히 프랑스와 독일 같은 국가에서는 (주로 국가가 관리하는) 높은 기준과 공식시험을 갖춘 교육 및 직업훈련 시스템의 발전을 가져왔다.

이러한 배경으로 전통적으로 분할된 소규모의 지방단체들이 잠재적인 사회 · 경제적 변화로 인해 자연적으로 감당해야 하는 새로운 기능과 공공 과제에 압도당하게 되었다는 것은 너무도 분명하게 되었다. 더 넓은 대도시 지역을 관할하는 새롭게 설립된 단일목적의 단체들이 과도기에 특정 기반시설을 발전시키며 개선하는 데에는 효과적인 첫 단계가 되었지만, 장기적으로 보았을 때에는 정치적인 대변과 도시수준(city-wide level)에서의 행정능력의 증대에 대한 요구를 무시할 수는 없었다. 이러한 도시 전체 지역에 대한 통합행정을 향한 변화는 점점 강해지는 기업들을 견제하고 행정적인 과제를 체계화하는 기능적으로 동등한 방법들을 제정하기 위한 행동으로 볼 수도 있다.

테일러리즘이 기업경영에서 표준화된 생산과정에서의 효율성을 개발하고자 하는 것처럼 관료조직의 원리 또한—막스 베버(Marks Weber)가 이상적 · 전형적으로 묘사했듯이—조직성과를 높은 수준으로 측정하고 신뢰할 수 있는 것을 목표로 한다.

더 큰 광역에 대한 도시 전체에 대한 행정을 창설하는 동시에 하위지방단체를 유지하는 것은 또한 2원정부제도에 대한 찬반 양론의 득실에 대한 논쟁을 유발시켰다. 2원정부제도는 우리가 뽑은 표본 도시들—특히 런던과 베를린—의 행정개혁 의제에 오늘날까지도 지배적으로 나타난다. 요약해 보면 조정에 대한 증가한 수요는 더 큰 행정단위를 새로 만드는 것, 다목적 지방단체의 설립과 전문적이며 행정적인 표준의 도입과 중앙집권적인 통제와 규제로 충족되었다.

2. 자본과 그 범위 : 근교화와 '계획바람'

세기 교차기에 런던에서 그리고 약간의 시간차를 두고 베를린에서도 나타난 행정 및 정치적인 구조는 상당히 오랜 기간 동안 관할과 책임의 할당을 재배열하고자 하는 수차례의 시도에도 영향을 받지 않는 것으로 나타났다. 물론 이것은 파리에도 적용되는 사실이다. 그러나 여기에는 매우 다른 요인이 작용한 것으로 보인다. 무엇보다 파리 도시 정부의 형태는 프랑스의 단일국가의 중앙집권적 경향에 의해 실제적으로 지배되었다. 한편으로 이러한 정부에 대한 정치적 의존성은 도시 행정실에 중앙정부 공간을 축소하게 만들었다. 다른 한편으로 이는 또한 프랑스의 수도가 국가기관에 의존하고 지방단체들이 새로운 도시화로 인한 사회 및 경제적 도전들에 맞설 수 있도록 지원하고, 이 새로운 문제들을 해결하는 데 필요한 자원들을 공급할 수 있게 만들었다.

제2차 세계대전의 여파로 인해 경제적 · 사회적 변화는 주요 수도의 개혁활동이 다시 활발하게 되었다. 명백히 지역 정치적인 이유로 서쪽과 동쪽의 대치로 인해 어두운 그늘이 덮혀—당시 분단되었던 베를린은 샘플 도시들 중에 특별한 사례로 나타났다. 당시 베를린은 유럽의 대도시 정부들의 제도적 · 공간적 발전의 대세로부터 적어도 어느 정도는—일탈하였다.

그러나 런던과 파리에서는 행정개혁에 대한 1950년대와 1960년대 초의 논의가 더욱 주목을 받았고, 여전히 계속 성장하는 대도시 지역을 통합적으로 관할할 더욱 크고 효율적인 단체를 만드는 것이 고려되었다. 이러한 논의는 또한 지속적인 경제 및 사회발전을 통제하고 조성하기 위해 포괄적이며 추측건대 합리적인 계획 메커니즘을 매우 강조하는 폭넓은 개념적 및 정치적인 담론을 토대로 더욱 깊이 논의되고 영양을 공급받을 수 있었다. 물론 이러한 '계획 열정'은 다른 지방단체, 지방정부와 국가정부들에 의해서도 채택되었다. 이는 확실히 (서)베를린의 정책입안자들에게는 낯선 것이 아니었다.

이러한 앞을 내다보고 계획중심적인 정책 접근법은 이론적인 토대를 많은 부분 케인스(J. M. Keynes)의 경제 이론에 두고 있다. 케인스의 경제 이론은 정부들이 지속적인 경제성장뿐만 아니라, 완전한 복지국가 시스템이 가져다 주는 이익 또한 보호할 툴킷을 제공하는 것으로 보였다. 사실 전례가 없는 성장률은 지속적으로 상승하는 생활수준과 사회의 더 많은 계층을 위한 소비재의 공급 증가를 가능하게 했다. 특히 자가용의 급증은 도시확장을 가속화시켰고, 이는 1960년대 절정에 달했다. 근교화는 토지사용 입안자들에게 다수의 새로운 과제들을 안겨주었다. 이러한 근교화 추세는 대도시 지역의 핵심 도시들로부터 엄청난 수의 중산층 계급 인구의 이탈과 서비스 및 제조산업들이 밖으로 나가는 현상으로 귀결되었다(Lichtenberger 1976). 많은 핵심 도시들의 수입과 지출의 격차가 끝없이 벌어지면서 예산상황이 급속도로 악화되기 시작한 것은 이러한 원인에 있다. 기업과 고소득자들로부터의 세금수입 또는 재산세 납부계층은 줄어드는 반면, 핵심 도시들은 여전히 다양하고 많은 경우 비용이 많이 드는 서비스와 기반시설 조직을 주변지역까지, 그리고 그 경계 넘어로도 제공하는 공급자로서의 기능을 담당하였다. 당연히 정부 간의 협력과 거래과정을 위한 거래비용은 차츰 오르게 되었다. 동시에 도시지역의 중심지들은 추가적인 사회적 비용들은 점점 심해지는 사회적인 분리와 분극화로 인한 결과로 짊어져야 했다.

이러한 도시 중심지와 근교지 간의 불균형이 증대되는 것이 지방단체들의 문제인식과 정치적 대응형태에도 흔적을 남긴 것은 말할 것도 없다. 베를린, 런던, 파리의 개혁프로그램이 독특한 지역과 국가적인 성격을 지니기는 하였지만 각국의 정책입안자들은 이러한 도전들에 매우 유사한 방법으로 대응했다. 개념적으로 정치 · 행정 제도의 조정능력에 대한 높은 기대와 지속적인 '사회공학'(social engineering)의 실행가능성과 적합성에 대한 깊은(뒤늦게 깨달은 것이지만 대부분 근거가 없는) 신뢰를 널리 공유했던 정책입안자들은 지방단체의 계획능력과 문제해결 능력을 확장하고자 노력하였다. 기존의 도시정부 구조의 경계를 넘어서는 런던과 파리 지역의 도시지역의 지속적인 확장은 (정책)입안자들과 법률입안자들이 대규모의 단체 설립을 추진하도록 만들었다.

이러한 배경으로 20년 동안 존속된 광역 런던 의회(Greater London Council : GLC)의 시대가 1965년 국회의 결의로 시작되었다. 이러한 행정구성은 정치적인 타협안의 모든 징후들을 보여주었다. 그 경계가 [현재 '이너 런던' (inner London)으로 알려진] 런던 주 의회(London County Council)의 경계를 훌쩍 넘어서며 '아우터 런던' (outer London)도 포함하는 데 반해, 바깥 대도시 아우터 메트로폴리탄 지역(Outer Metropolitan Area : OMA)의 주요 지역은 여전히 관할지역 밖에 머무르게 되었다. 그 주요 원인은 지방단체의 새로운 런던 전체의 조정으로의 합병을 격렬하게 반대한 것이었다. 게다가 대도시 행정에 대한 정부의 계획은 왕실위원회(Herbert Commission)가 제안한 것처럼 규모가 거의 두 배가 되는 2개의 새로운 도시 내 자치구를 설립함으로써 본래의 종합계획에서 빗나갔다.

그 결과로 32개로 강화된 런던 자치구들[또한 런던 시(City of London)]에는 가장 크고 부유한 몇몇 지역들도 포함되어 있었다. 무엇보다 시내 자치구와 런던 변두리 간의 증가하는 불균형으로 인해 좀 더 균형적이었던 런던 주 의회(LCC) 시대에서는 볼 수 없었던 정치적인 긴장감과 사회분열이 광역 런던 의회(GLC) 내에 일어나게 되었다. 이 모든 것에 더하여 처음에 개혁주창자들이 직시하였던 것처럼 광역 런던 의회(Greater London Council)는 스스로 계획과 조종기능을 다하기에 전략적이며 행정능력이 다소 부족한 불편한 위치에 있음을 발견하게 되었다[1965년의 런던 지방법(London Government Act)은 사실상 왕실위원회(Herbert Council)가 본래 계획했던 것에 미치지 못했다]. 광역 런던 의회는 동시에 조직이 기형적으로 관료적이라는 비판을 받았다.

결국 광역 런던 의회는 제도적인 구조로 인한 고유의 긴장과 마가렛 대처의 보수적인 정부로부터의 공격을 견디기에 충분히 강하지 못했다(O'Leary1987b). 보수 다수당이 하원(House of Commons)에서 광역 런던 의회(GLC)를 1986년에 폐지하자(Young/Grayson1988) 14년 동안 31개의 (완전한 지방단체로서의) 자치구에 의존하는 1원 다중심주의의 행정구조와 몇 개의 직접 권한과 책임을 남겨둔 국가행정부가 남게 되었다.

다수의 거시적인 단일 목적의 단체와 임시 부서와 위원회가 런던 정부체제의 새로운 지평을 완성했다. 제도적인 발전(institutional development)의 일반적인 노선을 따르면 이 결정은 광범위한 지방 분산화 구조으로 돌아간 것이라고 평가할 수 있다. 그 결과로서 수도인 런던은 런던 자치구들 가운데에서 수평적인 대등관계의 (매우 제안된) 수용력을 가지게 되었다. 게다가 중앙정부는 도시 전체의 이익을 위해 중대한 지방정책 문제를 중재함으로써 빈 공간을 메웠다.

파리에서 국가의 정치 · 행정 시스템의 지방분산화 강화를 위한 거시적인 노력은 그 자체로 파리의 상황에 대한 재평가를 가져왔다. 이러한 발전은 그 결과로서 1964년에 처음으로 전통적인 센강-도[Seine Departments] (Seine, Seine et Marne, Seine et Oise)의 재구성을 가져왔고, 이를 통해 자치 도시의 법률적인 성격을 가졌지만 사실상 행정구에 불과했던 Ville de Paris는 도의 지위를 얻었다.

도(Departement)의 경계를 다시 그리는 과정에서 정당정치적인 관점이 적지 않은 역할을 했다. 왜냐하면 이를 통해 프랑스 수도의 중산계급이 보증을 받았다. 파리의 광역 도시권에 새롭게 만들어진(Ville de Paris를 포함한) 8개의 도(Departements)는 무엇보다 La Region Parisienne에서 통합되었고, 1971년에 도입된 Region lle de France에 대한 초점을 맞추었다. 이 지역은 차후에 새롭게 구성된 이 행정단위에서 21개 지역 중의 하나가 된다. (1,300개의 코뮌과 lle de France 지역의 8개의 도로 존재하는) 지방 및 지역 행정의 조직에서 현재 더욱 독립적이 되었고, (lle de France 전체 인구의 약 1/4에 해당하는) 210만 명의 주민이 거주하고 있는 파리 시(City of Paris)가 주변 행정단위와 지역에 대한 관계에서 주도권을 유지하고 있다. 파리 시의 높은 위치는 예를 들어 파리의 도(departement)의 지사(prefect)가 동시에 직무상으로 lle de France를 위한 지방 지사(regional prefect)를 장악하고 있다는 것에서도 볼 수 있다.

도시 그리고 지역계획의 관점에서 보았을 때 Ville de Paris에 직접 이웃하는 3개의 inner Department들은 작은 왕관(petite couronne)을 형성한다. 이 작은 왕관은 기능적으로 그리고 정착 위치상(settlement-wise) 런던 도시 자치구의 가장 바깥쪽 고리[18개의 바깥 자치구(outer boroughs)]와 동등하게 표시할 수 있다. 대조적으로 4개의 넓어지는 도(departement)들은 큰 왕관(grande couronne)을 형성하고, 런던의 Outer Metropolitan Area에 대응한다. 따라서 1960년대와 1970년대 초 사이에 있던 대도시 정부 구조의 실세직인 개조는 런던과 파리에서 광역 런던 의회와 lle de France를 도입한 것에서 개혁의 정신과 정치적인 실행에서 모두 눈에 띄는 유사점이 보여준다.

그럼에도 불구하고 좀 더 자세히 새로운 제도적 짜임새의 이론적 토대를 관찰해 보면 정책의 내용에 있어서 각 도시에 확립된 제도적인 발전과정을 반영하는 중요한 차이를 찾을 수 있다. 런던에서의 개혁정책은 런던 자치구의 독립적인 지방단체로서의 위치를 보호하는 것을 무척 고려하였다. 이를 위해 지방 분산화의 더 넓은 지역을 관할하는 대도시

정부의 2원정부체제의 깊이와 참호로 에워싸는 듯한 조직체계를 적용하였다. 반면 프랑스의 개혁자들은 (새로운 지역단위를 도입하는 것으로 인한) 국가 전체 계획 시스템의 변화와 이와 함께 국가, 지역 및 지방단체들 간의 위계적인 구조가 바뀌는 것에 대해 더욱 고심했다. 비슷한 맥락에서 '현대화 과정 따라잡기' (catch up modernization process)라고 가장 잘 묘사할 수 있는 국가 지방분산화 프로그램은 파리 광역 도시권의 민주적인 합리성과 지방 및 지역단체들의 책임을 끌어올렸다.

흥미롭게도 두 국가 내의 의사결정 과정이 정당의 정치적인 고려로부터 통치와 강한 영향을 받았다. 이때 주로 중도 우파 정치조직의 다수당을 수립하거나 유지하는 것이 고려되었다. 또 다시 파리와 런던 내의 정당 정치적인 전략과 게리맨더링(자기 당에 유리한 선거구 개정)은 다른 논리를 따르게 되었다. 드골파의 엘리트들은 보수적인 유권자들이 두드러지게 많이 거주하는 시내의 인근 지역을 요새로 삼아 국가 자본을 방어하고자 했다. 이에 반해 중앙정부의 입법 및 행정부 내의 영국 보수당은 새로운 광역 런던 위원회 내에 자기 당의 과반수를 안정적으로 구축하기 위해 전통적으로 사회당 성향이 강한 런던 시내(Inner London) 자치구에 부유한 거주 근교 자치구를(suburban boroughs) 추가적으로 도입하였다.

이 기간 동안 베를린의 제도적인 발전은 도시의 불확실한 지리 · 정치적인 위치를 고려하여 예외적인 사례로 다루어야 할 것이다. 하지만 그럼에도 불구하고 상당수의 중요한 경향과 추세가 위에서 말한 조사결과에 거의 딱 맞아 떨어지는 것을 관찰할 수 있다. 포괄적인 계획 접근법을 향한 국제적인 동향과 나란히 베를린 행정부(state administration)는 중대한 사회 및 경제적인 문제들을 처리하기 위해 자체적으로 부서 간 그리고 내부적인 계획단위와 체계를 갖춘 복합적인 시스템을 발전시켰다. 이러한 구상은 통합된 프로그램의 예산에 대한 개념에 토대를 두었고, 완전한 효과를 거두기 위해서는 더 큰 계획단위가 필요할 것이라는 가정 위에 발전되었다. 이러한 계획지향적인 정책이 하위 단체들의(lower-level authorities) 불이익을 가져왔을 뿐만 아니라, 다른 여러 원인들도 있었겠지만 여러 해 동안 불명예스러운 베를린 시의 팽창된 공공 부문에 대한 변명의 사유가 되기도 했다. 근교화와 복지국가로의 성장과정에서 광역 런던 의회(GLC)의 폐지로 인해 극도로 분리된 앞서 선택한 도시들의 정책입안자들은 조정에 대한 수요의 증가에 대응하는 데 규모의 경제와 포괄적이며 기술적인 계획체계를 이용할 것을 호소했다.

4. 국제시장에서의 자본 도시들 : 증대된 글로벌화

1980년대에 '신자유주의' 변혁의 지지자들은 모든 공공기관을 철저이 비효율적으로, 그들의 관점에서 보았을 때 절망적인 것 이상의 전혀 소망이 없는 것으로 의심하였다. 1960년대의 '계획 시대' (planning era)와는 매우 대조적으로, 포괄적이며, 계획지향적이며 잠재적으로 사회경제적인 간섭주의 정책의 모델과 노구들은 비판사들의 심한 입력을 받았다. 이 비판자들은 획일적이며 관료적인 기관과 이들이 제공하는 항상 똑같고 표준화된 서비스와 제공방식에 의존하는 것이 현명한지 의문을 제기했다. 대규모의 획일적인 관료절차에 의한 서비스 제공이 대부분 시대에 뒤떨어짐에 따라 정책결정자들은 점차 공공 서비스 제공의 대안으로 비영리 단체들과 상업적인 공급자도 공공기관과 함께 포함시켰다. 관료주의를 해결책보다는 문제로 인식하는 현저한 변화는 새로운 우익을 향한 정당 정치세력의 격심한 변동으로 인해서만 야기되었던 것이 아니라, 공공기관이 운영되는 정치 · 경제적인 환경의 실재적인 변화로 인해서도 강화되었다.

이러한 변화는 보통 글로벌화의 개념으로 요약된다. 이 개념이 자주 무차별적으로 사용됨에도 불구하고 정보의 전달과 처리 속도의 가속화, 제조업이 부담해야 하는 공공 서비스의 상승과 생산과정의 다국적 조직이 글로벌화의 현상의 주요 속성이라는 것에 대해 널리 퍼진 합의가 있다. 비교적 소수의 선택된 도시들이 많은 다국적 본부의 본거지가 되며(Friedman 1986 : 322, Sassen 2001 : 122), 이 '글로벌 도시들'이 지방과 지역경제에(local and regional) 중요한 영향(ramification)을 끼친다.

글로벌화는 지역 간 그리고 더더욱 대도시들 간의 경쟁을 강화하는 결정적인 요인이다(Lever/Turok 1999, Porter 2002). 글로벌화 아래 국가 및 도시들은 최고의 인재들, 높은 잠재능력을 갖춘 노동력, 관광객들, 국가 또는 국제조직으로부터 자금을 얻기 위해 경쟁하며, 기업 또는 대형 스포츠 행사들(예 : 올림픽 게임) 또는 인기 있는 문화행사를 유치하고자(또는 적어도 유지하고자) 노력한다.

공공 부문에도 글로벌화의 압력이 가해져서 특히 대기업과 같은 '선호되는 고객들'은 주요 수준에서(중심적인 수준에서) '한 가게'(one shop) 기관과 고객을 여러 단계와 부서 간의 의사결정 과정을 안내해 주는 프로젝트 매니저를 통해 거래비용을 낮추어 주는 '특별 대우'를 요구할 수 있게 되었다. 그러나 동시에 대도시 정부들은 또한 점차 퍼지는 불안정한 고용상황과 사화 · 경제 변화로 인한 '승리자'와 '패배자'의 벌어지는 격차와 이에 수반되는 복지국가 비용 지출의 제약과 결국 글로벌화와 직면하게 된다. 고용상황의 악화와 빈부격차는 모두 점차 양극화되는 도시 인구와 도시 주민들의 사회인구적인 분리상황에서 사회 그리고 정치적인 불안의 잠재적인 근원이다(Sassen 2001 : 199 ; King 1990 : 28 ; Simmie 1994 : 158). 도시 정부의 관점에서 이러한 발전은 도시내의 정책 조정을 위한 수용능력의 증대를 요구한다.

그러나 도시 정부가 맞닥뜨리는 또 하나의 도전은 사람들이 1970년대 말부터 포괄적인 정부 활동에 보여주는 회의론에서부터 드러난다. 이런 회의적인 감정은 유럽 사회의 중산층에서 탈물질주의(post-materialistic)로 사회문화적인 변화에 의해 자양분을 받았다. 이러한 문화적인 변화는 현대 도시에서의 대부분의 라이프 스타일을 증대시켰을 뿐만 아니라, 시민참여의 비옥한 토양을 제공해 주고 공공정책 결정에 참여적인 접근을 가능하게 해주었다. 당연히 지방정책의 복합성의 증대는 자치 단체의 조정기능에 더욱 높은 부담을 가하게 되었다.

이러한 배경으로 파리 행정을 위한 선택은 프랑스 수도의 대의 민주주의를 강화하는 것이었다. 제도 개혁의 요긴한 사항은 파리 시를 위해 1975년에 시장 관청을 설립하는 것이었다. 첫 행정시장은 파리 시 의회의 의원들을 통한 간접선기를 통헤 6개월 동안 선출되었다(Townshend 1984, Kuhlmann 2006). 동시에 지방분산화의 정책들을 마찬가지로 구의 시위를 변화시켰다. 1982년까지 구청장들은 내부부장관의 추천으로 공화국의 대통령에 의해 지명되었다. 게다가 그때까지는 직접 선출된 행정구 대표가 없었다. 개혁 이후로 구 구청장들은 직접선거로 보다 지역민주주의에 뿌리를 두고 있다. 이러한 변화를 보았을 때 파리 시는 보다 균형 잡힌 2원정부체제에 다가가는 것으로 보인다. 특히 이러한 일환으로 지방에 맞춘 공공 서비스와 이웃 시설(여기에는 이른바 les quipements de proximit의 일부로서 청년, 사회, 문화와 스포츠 시설이 포함된다)을 고려하여 구가 매우 신중하게 강화되었다.

또한 구단위로 자문기관(les conseils de quartiers)을 설립하여 구 내의 지역 민주주의를 촉진시키고자 하는 노력이 있었다. 모든 가능성을 살폈을 때 정부의 하위 단위(lower level)에 대한 부가적인 권한의 위임을 고려하는 프랑스의 헌법은 추가적인 지방분권화 조치를 위한 힘을 제공할 수 있다. 부가적인 권한의 위임에는 보충성원리에 대한 분명한 성명, 지역 민주주의와 지역 및 자치 단체의 재정적인 자치권의 강화에 대한 직접적인 언급이 포함되었다(Crevel/Wagner 2003 : 59).

파리에서는 도시 전체를 관할하는 제도(city-wide institutions)에 대한 조정 및 조종능력에 대한 의문이 제기되었던 적이 없었던 반면, 런던은 광역 런던 의회(GLC) 폐지의 여파 가운데 도시 전체를 위해서는 그 어느 지방단체도 부족하였다. 따라서 2000년에 런던 지방정부 개혁에서 광역 런던 시청(Greater London Authority : GLA)의 모습으로 도시전체를 관할할 행정부가 도입된 것은 놀랄 일이 아니었다. 런던 광역 시청은 직접 선출한 시장들과 25명의 의원들로 구성된 의회로 존재했다(HMSO 1998, Schrter 1998, Ross 2001, Pimlott/Rao 2002, Travers 2004).

대행회사의 구상과 함께 독립적인 민영화 회사로 발족된 행정단체가 이들 정치적인 기관에 붙어 있다. 이 정치기관은 자립적인 행정단위로 지방 대중교통, 경제발전, 지역발전, 사회 공공 안전과 '법질서'(경찰, 소방과 국방) 분야의 대부분의 행정적인, 그러나 일부는 계획 · 책임도 담당하며, 행정장관의 관청에 보고할 의무를 지녔다.

명백히 지주회사를 상기시키는, 그리고 준대통령 선거는 모델에 더욱 심하게 의존하는 이러한 변화는 런던을 위한 전략적인 리더십을 통해 도시의 경쟁력을 강화하는 것으로 인해 궤도에 오른다. 정치적인 리더십과 지역 민주주의의 강화는 새로운 노동(당)의 (직접적으로 런던의 자치구에 영향을 미친) 보다 일반적인 지역 정부개혁 아젠다의 초석이 되기도 하였다. 활기를 띤 행정관 리더십의 새로운 구조(시장직선)에서 지방 정책 의사결정 과정에서 시민 자문에 보다 많은 중점이 두어졌다. 이러한 새로운 제도적인 조정의 혼합은 앞서 말한 글로벌화의 변화에 대한 대응으로 해석할 수 있다.

마지막으로 베를린의 사례를 다시 살펴보면 극적인 정치적 · 경제적 · 재정적인 도전을 맞닥뜨린 베를린의 통일 분수령이 글로벌 경제에 적응해야 하는 압력과 혼합되어 색다른 개혁 요소를 가진 새로운 개혁과 현대화 과정의 시작을 알렸다. 헌법개정은 정치제도와 의사결정 과정의 변화를 도입하였고(정치-그리고 과정 개혁), 작은 도시 정부(lean city government)를 밀어주고 (시장에게 도시 정책 결정에 권한을 더 주거나 정부 부서와 의석의 숫자를 줄이는 등) 정치 리더십 능력을 증진시키고자 했다.

베를린 도시 정부의 상원과 하원에서 의안제출권과 국민투표를 통해 시민의 직접참여를 증진하고자 또 한 번의 헌법개정이 고려되었다. 독립적인 개혁 요소는 새로운 글로벌 경제의 도전을 수용하고자 도시 정부의 상원과 하원 간의 관계 균형을 (다시) 맞추는 데 기여했다.

이러한 주장과 같은 맥락에서 행정구 경계가 다시 그어졌고, (행정구의 수를 23개에서 12개로 줄이는 지역관할 개혁) 행정구의 지지에 따라 행정권한은 (administrative competencies) 축소되었다(기능적 개혁 ; Röber/Schrter 2002 비교). 행정상의 책임이 대폭 위임 되었음에도 불구하고 도시 전체(city wide) 당국들은 도시의 국가 및 국제적인 경쟁력을 위해 전략적으로 중요한 기능들을 효과적으로 유지했다. 초기 메가 트랜드들과 대조적으로 글로벌화로 인한 도전은 조정에 대응하는 메커니즘을 갖추고 지방으로 분산화시키는 서비스 제공 구조를 더욱 양산한 것으로 보인다. 처음의 발견과 별도로 우리가 관찰한 모든 도시에서 집중화 경향과 마찬가지로 주요 기능들은 도시 전체를 관할하는 당국의 통제를 받는 패턴이 뚜렷하게 나타난다.

Ⅳ. 맺음말

결론적으로 경험적인 조사결과들을 보면 지난 세기 동안 대도시 정부의 제도적 계보가 국경을 초월하여 현재의 모습으로 되었다는 우리의 가설이 일부 타당함을 볼 수 있다. 분명히 현재의 문화 및 경제에 걸친 글로벌화 바람이 국가와 지방의 제도를 설립하도록 한 개혁을 압박한 첫 파도는 아니다. 지난 세기 동안 대변화들은 분명히 유럽의 제도 구성에 온건한 수렴화에 작용을 하였다. 물론 파리, 런던, 베를린의 제도 초기의 형성과정에서 만들어진 자신들의 고유한 것들은 유지되어 오고 있다.

글로벌 경쟁이 대도시 정부에 초래할 미래의 명확하고 심각한 결과들이 어떠한가는 좀 기다려 봐야 할 것이다. 하지만 현재의 연구단계에서 우리는 정치 및 행정개혁은 집중화와 분권화 전략 간에 섬세한 균형을 맞추어야 한다고 본다. '분권화' 나 또는 '집중화' 중 어느 한쪽에 전적으로 의존하는 제도의 재설계를 위한 청사진은 현재와 미래의 도전들에 대응하기에는 불충분할 것이다. 이런 도전은 현재 글로벌화와 유럽화에서 보여준다.

광역행정을 가지며 동시에 하위 지방정부 기관을 유지하는 2층제도가 우리가 관찰한 유럽의 3개 도시뿐만 아니라, 모든 대도시에 일반적으로 광역 도시권을 위한 모델로서 유용할 수 있는 이유는 바로 이런 균형에 기인한다. 이 조직 모델이 앞에서 보여주었듯이 여러 변화된 형태로 도시화와 산업화의 초기부터 우리와 함께 하였지만, 국제 경제적 경쟁으로부터 오는 증대된 압력과 선진 복지국가의 역동성은 자치의 원리에 뚜렷한 특색을 더한 것으로 보인다.

행정개혁의 최근 경향으로 판단해 볼 때 서비스 제공 기능과 복지서비스는 하원 단체로 이동한 데 비해 정부의 상층은 전략계획의 기능을 자체적으로 유지하며, 국내 및 국제적으로 빈번하게 뉴스에 나오는 문화행사와 경제 프로젝트에 대해 직접 책임을 진다는 측면에서 축소(leaner)된 것으로 보인다.

참고문헌

Barlow, M. 1993. Large city reforms. In : Robert J. Bennett (ed.) : *Local Government in the New Europe. London und New York* : Bellhaven Press, pp. 130–145.

Barzel, Y. 1989. *The Economic Analysis of Property Rights*. Cambridge.

Coase, R. 1937. The Nature of the Firm. In : *Economica*, pp. 386–405.

Crevel, P./Wagner, N. 2003. : Dezentralisierung in Frankreich–ein groes Vorhaben der Regierung Raffarin. In : Konrad–Adenauer–Stiftung, *Auslandsinformationen*, Heft 2, pp. 58–78.

Debofle, P. et al. 1979. *LAdministration de Paris* (1789–1977). Genf/Paris.

DiMaggio, P. J./Powell, W. W. 1983. The Iron Cage Revisited : Institutional Isomorphism and Collective Rationality in Organizational Fields. In : *American Sociological Review*, Vol. 48, Issue 2, pp. 147–160.

Dunleavy, P. 1991. *Democracy, Bureaucracy and Public Choice*. Hemel Hempstead.

Engeli, C. 1986. *Landesplanung in Berlin–Brandenburg : Eine Untersuchung zur Geschichte des Landesplanungsverbandes Brandenburg–Mitte 1929–1936*. Stuttgart et. al. Kohlhammer–Verlag.

Friedmann, J. 1986. The world city hypothesis. In : *Development and Change*, Vol. 17, pp. 69–84.

Glum, F. 1920. *Die Organisation der Riesenstadt. Die Verfassungen von Paris, London, New York, Wien und Berlin*. Verlag von Julius Springer : Berlin.

Hall, P. 1986. *Governing the Economy : The Politics of State Intervention in Britain and France*. New York : Oxford University Press.

Hauck Walsh, A. 1968. *Urban Government for the Paris Region*. New York, Washington, London : Frederick A. Praeger.

HMSO 1998. *A Mayor and Assembly for London*. Cmnd 3897. London.

Horn, M. 1995. *The Political Economy of Public Administration*. Cambridge.

Immergut, E. M. 1992. *Health Care Politics : Ideas and Institutions in Western Europe*. Cambridge.

King, A. D. 1990. Global Cities : *Post–imperialism and the Internationalization of London*. London : Routledge.

Krasner, S. D. 1984. Approaches to the State : Alternative Conceptions and Historical Dynamics. In : *Comparative Politics*, pp. 223–46.

Kuhlmann, S. 2006. Local Government Reform Between 'Exogenous' and 'Endogenous' Driving Forces. Institution building in the city of Paris. In : *Public Management Review*, Vol. 8, Issue 1, pp. 67–86

Lever, W. F./Turok, I. 1999. Competitive Cities : Introduction to the Review. In : *Urban Studies*, Vol. 36, No. 5–6, pp. 791–793.

Lichtenberger, E. 1976. The Changing Nature of European Urbanization. In : Brian J. L. Berry (ed.). *Urbanization and Counterurbanization. Beverly Hills und London* : Sage Publications, pp. 81–107.

Mabileau, A. 1996. *Kommunalpolitik und –verwaltung in Frankreich*. Basel.

March, J. G./Olson, J. P. 1983. Organizing Political Life : What Administrative Reorganization Tells Us about Government. In : *The American Political Science Review*, Vol. 77, Issue 2, pp. 281–296.

O'Leary, B. 1987a. British Farce, French Drama and Tales of Two Cities. Reorganisations of Paris and London Governments 1957–1986. In : *Public Administration*, Vol. 65, pp. 369–389.

O'Leary, B. 1987b. Why Was the GLC Abolished. In : *International Journal of Urban and Regional Research*, pp. 193–216.

Park, E.–K. (ed.) 2002. *New Ideas for Good Governance in Global Cities*. Seoul.

Park, E.–K. (ed.) 2003. *The Role of Metropolitan Councils to Promote Citizens' Participation in Global Cities*. Seoul.

Pimlott, B./Rao, N. 2002. *Governing London*. Oxford : Oxford University Press.

Porter, M. E. 2002. Regions and the New Economics of Competition. In : Allen J. Scott (ed.). *Global City–Regions. Trends, Theory, Policy*. Oxford : Oxford University Press, pp. 139–157.

Röber, M. 2002. Vom Zweckverband zur dezentralisierten Einheitsgemeinde : die Entwicklung der Berliner Verwaltungsorganisation im 20. Jahrhundert. In : Röber, M./Schrter, E./Wollmann, H. (eds.) : Moderne Verwaltung fr moderne Metropolen : Berlin und London im Vergleich. *Stadtforschung aktuell*, Band 82.

Opladen, pp. 38–61.
Röber, M./Schrter, E. 2002. Berliner Politik–und Verwaltungsstrukturen : Neue Zeiten und alte Probleme. In : Röber, M./Schrter, E./Wollmann, H. (eds.) : Moderne Verwaltung fr moderne Metropolen : Berlin und London im Vergleich. *Stadtforschung aktuell*, Band 82. Opladen, pp. 159–168.
Ross, S. A. 1973. The Economic Theory of Agency : The Principals Problem. In : *American Economic Review*, pp. 134–139.
Ross, J. 2001. Management Philosophy of the Greater London Authority. In : Public *Money & Management*, pp. 35–41.
Sassen, S. 2001. *The Global City. New York, London, Tokyo*. Second Edition. Princeton University Press : Princeton and Oxford.
Schrter, E. 1998. Ein Brgermeister für London : Neue Plne und alte Probleme der Metropolenverwaltung. In : *Verwaltungsarchiv*, No. 4, pp. 505–525.
Sharpe, L. J. 1995. *The Government of World Cities : The Future of the Metro–Model*. Chichester.

Simmie, J. (ed.) 1994. *Planning London*. UCL Press : London.
Steinmo, S./Thelen, K./Longstreth, F. (ed.) 1992. *Structuring Politics : Historical Institutionalism in Comparative Analysis*. Cambridge.
Tolbert, P. S./Zucker, L. G. 1996. The Institutionalization of Institutional Theory. In : Clegg, S./Hardy, C./Nord, W.R. (ed.). *Handbook of Organization Studies*. London und Thousand Oaks : Sage Publications, pp. 175–190.
Townshend, J. V. 1984. A Mayor for Paris : An Early Example of Decentralisation. In : *Public Administration*, pp. 455–472.
Travers, T. 2004. *The Politics of London. Governing an Ungovernable City*. Houndmills : Palgrave Macmillan.
Williamson, O. E. 1981. The Economics of Organization : The Transaction Cost Approach. In : *American Journal of Sociology*, Vol. 87, Issue 3, pp. 548–577.
Williamson, O. E. 1985. The Economic Institutions of Capitalism. New York.
Wollmann, H. 1999. La dcentralisation en Angleterre, en France et en Allemagne. De la divergence historique la convergence? In : *Revue francaise d'administration public*, no 90, avril–juin, pp. 313–328
Wollmann, H. 2000. Local government systems : from historic divergence towards convergence? Great Britain, France and Germany as (comparative) cases in point. In : *Environment and Planning C : Government and Policy*, vol. 18, pp. 33–55.
Young, K./Grayson, L. 1988. Abolition : The Reform of Metropolitan Government in England 1983–1986. *A Review and Bibliography*. Birmingham/London.

Zivier, E. R. 1998. *Verfassung und Verwaltung von Berlin*. Berlin : Verlag Arno Spitz.

12 영국 런던 지방정부의 변화와 거버넌스

런던은 역사적으로 일찍부터 큰 도시로 발전되어 왔으며, 수백 년 동안 영국의 정치, 경제, 문화의 중심지였다. 17세기 초 제임스 1세가 "머지않아 런던은 전체 잉글랜드가 될 것"(Soon London will be all England)(Travers 2004 : 2)이라고 말한 데서 알 수 있듯이 런던은 특히 근대 사회의 등장 이후 빠르게 성장해 갔으며, 1840년경 이미 그 인구는 220만 명에 달했다. 그런 점에서 런던은 세계 최초의 거대도시(metropolis)라고 할 수 있다. 런던의 인구는 1939년 860만 명을 정점으로 해서 점차 감소해 갔지만 최근 늘어 그 수가 다시 늘어나고 있다. 1983년 680만 명으로까지 줄어들었던 광역 런던 시의 인구는 2002년 740만 명으로 늘어났으며, 2016년경에는 810만 명에 달할 것으로 예상하고 있다(Rao 2007 : 14). 오늘날 런던은 인구규모로 볼 때 유럽에서 가장 큰 도시이다.

자연스럽게 영국에서는 일찍부터 런던을 관리하고 통치하는 일에

■ **강원택**(숭실대학교 정치외교학과 교수)

관심을 가질 수밖에 없었다. 그러나 이 거대한 규모의 도시를 관리하고 통치할 자치정부의 출현은 국가 통치체제에 부담을 줄 수 있을 수 있다는 정치적 우려도 동시에 존재했다. 런던 전역을 관장하는 지방정부가 도시의 성장에 비해 비교적 늦은 19세기 후반에 들어서야 생겨난 것은 이런 사정과도 관련이 있다. 1889년 이후 비교적 큰 변화 없이 이어져 오던 런던 지방정부의 구조는 1960년대 이후 상당한 변화의 과정을 겪고 있다. 1980년대에 들어서 대처(M. Thatcher) 정부는 광역 런던 시의회정부(Greater London Council : GLC)를 폐지함으로써 런던은 광역 단위의 지방정부가 존재하지 않는 세계에서 유일한 거대도시가 되었다. 그러나 1997년 노동당이 권력을 잡으면서 런던의 지방정부가 부활했다. 광역 런던 정부(Greater London Authority : GLA)의 설립에는 기본적으로 정치적 고려가 중요하게 작용했지만, 동시에 영국의 경제사회적 상황이나 국제적 환경의 변화에도 상당한 영향을 받았다. 새로이 설립된 광역 런던 정부는 외형적인 구조뿐만 아니라 기능적 측면에서 이전의 런던 지방정부와 비교할 때 상당한 차이를 보이고 있다.

이 글에서는 영국 런던 지방정부의 역사적 변천과정을 살펴보고 이러한 변화를 이끌게 된 원인과 기능 · 조직의 재편과정에 대해 살펴보고자 한다. 특히 2000년 출범한 광역 런던 정부의 통치구조를 분석하고, 새로운 체제로 개편하게 된 원인과 운영의 메커니즘, 그리고 광역 런던 정부의 등장 이후 전개되고 있는 런던 시의 거버넌스적 특성에 대해서도 함께 논의할 것이다.

Ⅰ. 런던 지방정부의 변천과정

중세 시대에 런던은 '시티'(City of London)라고 불리는 협소한 지역만을 지칭하는 것이었다. 오늘날 각종 은행, 증권회사 등이 몰려 있는 런던의 산업과 금융 중심지인 시티의 크기는 중세 이래 오늘날까지 거의 변화하지 않은 채 1평방 마일의 면적을 그대로 유지하고 있다. 이 지역은 일찍부터 국왕으로부터 자치권을 인정받았는데, 경찰, 도로, 상하수도 등 주요 행정기능에 대해 지역 내에서 독자적인 권한을 행사해 왔다. 지금도 시티 지역의 도시 관리와 통치는 런던의 다른 하위 지방정부와 구분되는 별도의 자치정부(City of London Corporation)에 의해 운영되고 있다. 한편, 왕궁과 교회가 위치한 웨스트민스터 지역은 시티에 지리적으로 인접해 있었지만 서로 구분되는 별개의 지역이었다. 오늘날 런던 중심부에 해당하는 공간에는 사실상 이 두 개의 지역만이 존재했으며, 그 이외의 곳은 농토나 벌판이었으며 작은 마을이 곳곳에 산재해 있었다.

산업혁명과 근대 사회의 출현 이후 런던 지역에 인구가 늘어나고 상업적 활동이 활발해지면서 도시는 성장해 갔다. 그러나 시티 지역은 별개의 독자적 단위로 그대로 유지되었고, 도시 관리나 행정은 카운티(county)나 교구(parish) 등 하위 행정단위별로 이뤄졌다. 런던의 거주 인구가 늘고 산업활동이 활발해지면서 주택이나 도로, 상하수도 등 도시 생활 문제를 총체적으로 다뤄야 할 필요성이 점차 커지게 되었다. 런던 지역을 총괄하는 첫 기구는 1829년 의회의 결정으로 설립된 런던 경찰청(Metropolitan Police)이었다. 그러나 이 기구는 런던의 자치기구라기보다는 중앙정부 내무장관의 통제를 받았고, 시티 지역은 런던 경찰청의 관할구역에서 벗어나 있었다. 런던 경찰청의 설립에도 불구하고 런던 시 전역을 총괄하는 통치기구는 그 이후로도 한동안 설립되지 못하였는데, 시티 지역의 반대가 그 중요한 원인 중 하나였다. 1885년이 되어서야 의회는 런던 지역을 포괄하는 메트로폴리탄 업무위원회(Metropolitan Board of Works : MBW)의 설립을 결정했다. 흥미로운 사실은 이 기구의 설립 결정이 템즈(Thames) 강의 심각한 오염과 관련이 있었다는 점이다(Travers 2004 : 23-24). 런던 지역의 하수문제를 종합적으로 다룰 수 있는 기구가 없는 상황에서 템즈 강의 오염을 해결하기는 쉽지 않은 일이었다. 그런데 템즈 강변에 자리 잡은 의회는 오염된 강물에서 발생하는 악취로 인해 의원들이 정상적으로 업무를 볼 수 없는 지경에 이르렀다. 템즈 강 오염 문제를 해결하기 위해 런던 전역을 포괄하는 기구의 설립 필요성이 의회 내에서 제기되었다. MBW는 오늘날 도심 런던 지역(inner London)을 포괄적으로 관리하는 첫 기구로서, 시티를 포함한 하위 행정단위를 대표하는 인사들로 구성되었다. 이 기구의 설립과 함께 상하수도, 도로, 제방, 소방 등 런던의 도시 기반시설의 문제점이 크게 개선되었다.

그러나 메트로폴리탄 업무위원회는 런던 주민을 대표하는 기구도 아니었고, 항구적이라기보다는 일시적으로 런던 시의 문제를 해결하기 위한 기구였다. 더욱이 당시는 영국의 제국주의가 가장 번성하고 있었고, 이로 인해 런던과 인근 지역의 인구는 이미 400만 명을 훨씬 넘은 상황이었다. 이런 대규모 인구를 고려할 때 MBW 체제는 런던을 효과적으로 통치하기에 적합하지 않았다. 이에 따라 영국 중앙정부는 런던을 포함한 지방정부에 대한 개혁작업에 본격적으로 나섰다. 1888년 지방정부법(Local Government Act 1888)이 통과되면서 1889년 런던 카운티 의회정부(London County Council : LCC)가 설치되었다. 런던 카운티 의회정부는 이전의 메트로폴리탄 업무위원회(MBW)의 기능을 그대로 이어받았지만 그 구성은 민주적 선거에 의해서 이뤄졌다. 또한 교육, 도시계획, 주택 등의 사안에 대해서는 MBW보다 강한 권한이 부여되었고, 1904년에는 교육을 담당했던 런던교육위원회(London School Board)의 기능도 LCC로 이전되었다. 1899년에는 런던의 하위 지방행정구역을 27개의 메트로폴리탄 버로우(borough)와 웨스트민스터 구(City of Westminster)로 재조정하여 런던 카운티 의회정부 산하의 하위 단위를 구성하도록 했다. 이때도 시티 지역은 별개의 고유한 영역으로 남아 있었으며, 런던 카운티 의회정부 하의 자치지역으로 그 특성을 유지해 왔다. 전체적으로 볼 때 런던 카운티 의회정부는 런던 문제에 대해 상당한 권위와 영향력을 유지해 왔으며(Pimlott and Rao 2002 : 25) 어느 정도의 자율성도 지니고 있었다. LCC의 자율성을 살펴볼 수 있는 한 예가 워털루 브리지(Waterloo Bridge)의 건설이다. 워털루 브리지는 당시 LCC의 주도에 의해 건설된 것으로서 이 사업은 당시 중앙정부의 거센 반발을 무릅쓰고 이뤄진 것이었다(Travers 2004 : 26). 1888년 지방정부법에 의해 만들어진 런던의 통치체계는 1960년대까지 대략 80년간 커다란 변화 없이 유지되어 왔다.

런던 지방정부체계의 개편은 1963년이 되어서 이뤄졌다. 1963년 제정된 런던지방정부법(London Government Act 1963)에 따라 LCC는 폐지되고 광역 런던 의회정부(Greater London Council : GLC)가 설립되었다. '광역'이라는 명칭에서 알 수 있듯이 이때 처음으로 도심 런던 지역(inner London)의 경계를 넘어서 런던의 인근 외부 지역을 포함한 광의의 런던 생활권을 관장하는 기구가 처음으로 만들어졌다. 광역 런던 의회정부의 역할은 도시발전에 대한 전략과 계획의 수립, 주택, 소방, 간선도로와 교통, 쓰레기 처리, 앰뷸런스와 같은 긴급구호 등을 관장하는 책임을 맡았다. 그 하위 영역에는 과거 LCC 하에서 만들어진 하위 지방정부체계를 폐지하고 대신 평균 25만 명 정도의 인구를 포함하는 32개의 버로우로 재편하였다. 이때도 시티는 독자성을 인정받았다. 이러한 하위 행정 단위체계는 오늘날까지도 그대로 유지되고 있다. 이들 하위 지방정부는 사회보장, 아동 지원, 주택, 지역 도로, 도서관, 여가시설 및 공원 등의 사안을 관장하도록 하였다. 도심 런던 지역의 교육은 도심런던교육청(Inner London Education Authority)을 설립하여 담당하도록 했으며, 일상적인 교육업무는 버로우 의회정부(borough council)에서 담당하도록 했다.

그런데 광역 런던 시의회정부(GLC)는 1986년 보수당 대처 정부 시절 전격적으로 폐지되었다. 보수당은 1983년 총선에서 런던 광역 의회정부의 폐지를 당 공약으로 제시하였는데, 이는 사실상 매우 정치적인 결정이었다. 그동안 교통이나 도로관리 등 일부 정책적인 사안을 두고 중앙정부와 런던 지방정부가 종종 충돌을 빚기는 했지만 행정적이거나 절차적인 문제를 둘러싼 갈등이 GLC 폐지의 핵심적 원인은 아니었다. 광역 런던 시의회정부는 노동당이 계속해서 다수 의석을 차지하며 시정을 장악해 왔다. GLC의 노동당 지도자는 켄 리빙스턴(Ken Livingston)이었는데, 그는 매우 이념적이고 이상주의적인 강경 좌파였다. '적색주의자 켄' (Red Ken)으로까지 불렸던 켄 리빙스턴 등 '도시 사회주의자의 통치' (municipal socialists' administration)에 대한 거부감이 대처가 GLC를 폐지하기로 한 결정적 요인이었다(Wilson and Game 2006 : 73). 이처럼 GLC 폐지에는 정치적 판단이 크게 작용했다. 또 한편으로는 신자유주의적 이념에 따라 복지국가를 재편하고자 했던 대처로서는 복지 서비스의 최종 공급을 담당하는 지방정부의 기능과 권한에 대한 대폭적인 재조정이 필요했다. GLC의 폐지는 이처럼 지방정부 구조를 재편하려는 의도와도 맞물려 있었던 것이다(강원택 2003).

1986년 광역 런던 시의회정부가 폐지됨으로써 런던은 도시 전역을 관장하는 지방정부가 없는 상황을 맞이하게 되었다. GLC가 담당하던 기능은 대부분 하위 행정단위인 버로우의 지방정부로 이전되었지만, 교통이나 런던 전반에 대한 도시 발전전략 수립 기능은 중앙정부가 직접 담당하거나 정부가 계약을 맺은 기구가 맡도록 했다. 소방과 방재, 도시계획, 쓰레기 등 런던 전 지역 차원의 사안이나 여러 지역이 함께 참여해야 하는 기능은 각 하위 지방정부인 버로우의 대표자들로 구성된 위원회에서 다루도록 했다. 그러나 GLC의 폐지로 인해 런던의 문제에 대한 중앙정부의 개입이 전반적으로 강화된 것은 불가피한 일이었다. 런던의 시정은 대처 수상 시절에는 환경부(Department of Environment)에서 담당하다가 1994년부터는 런던국(Government Office for London)이라는 명칭의 내각기구가 담당해 왔다.

런던 전역을 총괄하는 지방정부의 폐지로 인해 여러 가지 문제가 생겨날 수밖에 없었다. 우선 런던의 장래에 대한 장기적인 전략이나 계획의 마련은 사실상 불가능해졌다. 또한 교통, 도시계획 등 개별 버로우의 수준을 넘어 런던 차원에서 공동의 협력이 필요한 사안은 아무래도 이전만큼 원활하게 이뤄지지 못했다. 이와 함께 런던 시민의 이해관계와 요구를 중앙정치나 국제사회에 전달하고 대변할 존재도 사라졌다. 런던 시민들의 입장에서는 자신들의 일상생활과 직결된 정책 결정이 자신들이 선출한 대표자에 의해 이뤄지는 것이 아니었기 때문에 정책결정 과정에서 의견 개진이나 영향력 행사를 제대로 행할 수 없었다. 즉 민주성의 결핍(democratic deficit)이 생겨났으며, 정책결정에 대한 정치적 책임성도 물을 수 없었다. 또한 런던 지방정부의 폐지는 분권화보다 중앙정부의 개입과 그로 인한 권력집중을 강화하는 결과를 가져왔다(Travers 2004 : 36-38). 사실 과거에 영국 지방정부는 상당히 다양한 기능을 수행해 왔다. 그 이유는 중앙정부가 그러한 기능과 권한을 지방정부에 부여했기 때문이라기보다 역사적으로 자연스러운 진화과정을 통해 지방공동체를 관리하고 통치하는 역할을 지방정부가 수행해 왔기 때문이다. 그러나 보수당 대처 하에서 이뤄진 광역 런던 시의회정부 폐지를 포함한 지방정부 개혁조치에 따라 역할과 권한은 크게 위축되었다. 중앙정부 보조금에 대한 지방정부의 의존도는 전반적으로 증대되었고 지출 역시 엄격하게 통제되었다. 또한 지방정부가 전통적으로 담당해 온 많은 기능은 중앙정부와 서비스 대행을 계약한 민간 위탁기구(quango)에 넘어갔다.

그러나 정치가 사라지면서 런던의 시정을 둘러싼 당파적 갈등은 자연히 약화되었다. 또한 런던의 문제를 다루는 데 참여하는 행위자도 늘어나게 되었다. 과거 주민의 투표로 선출된 대표자들이 해야 할 역할은 이제 기업이나 관련 단체, 버로우 지방의회, 중앙정부 등 다양한 참여자가 함께 해결해야만 했다. 이로 인해 전반적으로 거버넌스는 강화되었다. 이러한 특성을 보여주는 한 예가 런던 프라이드(London Pride) 프로젝트이다. 1994년 보수당 정부는 런던, 버밍험 그리고 맨체스터 등 세 개의 대도시를 대상으로 15-20년 뒤의 각 도시의 발전방향과 비전을 제시하는 시티 프라이드(City Pride) 프로그램에 참여하도록 했다. 버밍험과 맨체스터는 시의회정부가 그 역할을 담당했지만 런던은 런던 전역을 총괄하는 지방정부가 폐지된 관계로 이 작업은 재계가 중심이 되어 만들어진 런던 퍼스트(London First)란 조직에 의해 주도되었다. 런던 퍼스트는 런던의 하위 지방정부 협의체(Association of London Government)와 영국기업연합 런던지부(Confederation of British Industry London), 런던 시티 지역정부(the Corporation of London), 런던상공회의소(London Chamber of Commerce and Industry), 그리고 런던의 직업훈련기관 및 각종 사회단체 등과 함께 런던 프라이드 파트너십(London Pride Partnership)이라는 조직체를 구성했다. 참여자에서 알 수 있듯이 런던의 재계와 하위 지방정부, 그리고 사회조직 등 런던의 주요한 행위자를 모두 망라한 조직이었다. 이들은 1995년 런던 시의 발전방향을 담은 보고서를 발간했는데, 여기에는 경제적인 경쟁력 강화, 기업의 발전방향뿐만 아니라 사회적 통합과 환경 문제 등 다양한 발전방안을 제시했으며, 이를 위해 지향해야 할 목표와 행동강령을 담았다. 거버넌스의 차원에서 볼 때 주목할 만한 성과라고 할 수 있다.

그러나 이런 성과에도 불구하고 근본적인 한계가 있었다. 가장 취약했던 점은 아무리 좋은 계획이었다고 해도 이를 실행에 옮기고 그에 대한 책임을 져야 할 정치적 리더십이 결여되어 있었다는 사실이다. 실제로 집권한 이후 노동당은 자신들의 런던 발전 프로그램인 런던 개발 파트너십(London Development Partnership)을 발족시켰고, 이로 인해 런던 프라이드 파트너십은 점차 쇠퇴할 수밖에 없었다. 또한 재개를 중심으로 미래 전략과 계획이 이뤄지다 보니 런던 도심 지역의 개발계획에 관심이 집중된 반면, 대다수 런던 시민들이 거주하고 생활하는 도심권 외부의 주변 지역에 대한 개발이나 도시 디자인에 대한 관심은 상대적으로 소홀했다(Rao 2007 : 29). 런던 거버넌스의 네트워크가 잘 이뤄졌다고 해도 사안에 따른 각 지역과 참여자들의 관심과 이해관계가 서로 다를 수 있고, 경우에 따라서는 기여 없이 혜택만을 누리려는 '무임승차자'(free-rider)의 문제점도 근본적으로 해결할 수 없었다. 여러 개의 지역으로 분리된 행정단위와 개별적인 이해관계를 넘어 광역 런던 시 전체의 이익을 위해 전략을 세우고 이해관계를 조정하는 중개자와 전략가의 역할이 필요했다. 부유한 지역과 가난한 지역 간의 균형개발을 추진하는 등 개별 지역의 관심을 넘어서는 종합적인 계획의 수립도 요구되었다. 더욱이 국제화 시대에 보다 경쟁력 있는 도시를 건설하기 위한 장기적인 비전의 수립이나 과감한 개혁을 이끌어 나갈 수 있는 주도적인 리더십이 필요했으며, 또 한편으로는 런던 시민이라는 정체성을 확인하게 해주는 정치적 결집의 주체도 필요했다.

노동당은 1987년 총선부터 자신들이 집권한다면 런던 전역을 총괄하는 지방정부를 부활하겠다고 공약했다. 1992년과 1997년 총선에서도 노동당은 이 내용을 공약집에 포함시켰다. 블레어가 당권을 잡은 1994년에는 광역 런던 시의 지방정부의 설립뿐만 아니라 주민 직선을 통한 시장의 선출을 약속했다. 런던의 이익을 강력하게 대변할 지도자와 기구를 만들어야 한다는 것이다. 그리고 노동당이 1997년 총선에서 승리하면서 런던은 14년 동안의 시정부의 공백에서 벗어나 과거와는 다른 전혀 새로운 형태의 지방정부를 갖게 되었다.

Ⅱ. 광역 런던 정부의 구조와 특징

1. 광역 런던 정부의 설립과정

블레어(Tony Blair)가 이끄는 노동당 정부가 광역 런던 시의 지방정부를 부활하기로 결정했지만 당시 당내외의 일반적인 여론은 그것이 대처 정부가 폐지한 광역 런던 시의회정부(GLC)의 재판이 되어서는 안 된다는 것이었다. 즉 런던 전역을 총괄할 수 있는 지방정부의 필요성은 대다수가 인정했지만, 과거의 GLC와는 다른 보다 합리적이고 현대화된 모습을 기대하고 있었다. GLC는 노동당 내 강경 좌파들이 런던 시의회를 장악하고 런던 지방정부를 이끌면서 과다하고 비효율적인 예산집행과 이념지향적인 정책에 집착함으로써 사회적으로도 커다란 논란거리가 된 바 있다. '새로운 노동당' (New Labour)을 주창했던 블레어로서는 런던 지방정부의 설립이 과거 노동당이 범했던 잘못을 반복하는 것으로 비춰질 것을 경계했으며, 런던 지방정부의 부활이 현대화되고 변화를 추구하는 새로운 노동당의 모습을 보여주는 계기가 되기를 기대했다.

영국에서 전통적인 지방정부의 운영방식은 내각제 운영방식과 유사하다. 선거를 통해 광역 런던 시의회가 구성되면 시의회의 다수 의석을 차지한 정당의 지도자가(마치 중앙정부의 수상처럼) 그 지방 정부를 이끌어 가는 형태였다. 그러나 토니 블레어는 이러한 전통적인 방식에서 벗어나 미국 스타일이 적용된 지방정부 운영방식을 도입하고 싶어했다. 즉 주민들의 투표로 직선 시장을 선출하고 선출된 시장에게 강한 리더십을 보장함으로써 런던 지방정부의 개혁을 도모하고자 했다. 직선 시장제는 그동안 간헐적으로 정치인 개인 차원에서 의견이 개진된 적은 있지만 본격적인 논의는 이뤄진 바 없었다. 그러나 블레어는 이를 강력하게 추진했다. 노동당 당내 중진의원들, 특히 지방의회 경력을 거친 의원들은 직선 시장의 출현이 런던의 하위 지방정부의 자율성을 침해할 것을 우려하여 반대했지만 지방정부 개혁을 바라던 블레어로서는 바로 그 점도 매력적인 부분이었다.

1997년 7월 29일 런던 지방정부의 설치에 관한 노동당 정부의 녹서(green paper) 『런던을 위한 새로운 리더십』(*New Leadership for London*)이 발간되었다. 노동당이 권력을 잡은 것이 5월이었다는 사실을 감안하면 석 달이 채 되지 않는 기한 내에 녹서가 발간된 것은 이례적이라고 할 만큼 신속한 조치였다. 얼마 지나지 않아 백서가 발간되었고, 1998년 5월에는 새로운 광역 런던 정부(Greater London Authority : GLA)의 설립에 대한 런던 주민투표가 실시되었다. 그리고 2000년 5월 마침내 첫 직선 시장과 시의회 구성을 위한 선거가 실시되었다. 선출직 시장과 같이 영국 정치에서 유례가 없는 새로운 제도의 도입을 위해서는 당내와 내각에서 심도 있는 정치적 토론과 입장 정리가 선행되는 것이 일반적이었다. 그러나 그런 절차 없이 이처럼 신속하게 광역 런던 정부 설립이 추진될 수 있었던 것은 이 문제에 대해 당과 내각에서 상당한 공감대가 이미 형성되어 있었고, 수상인 토니 블레어의 강력한 의지가 반영된 때문이었다.

런던 주민들의 반응도 매우 우호적이었다. 1998년 5월 실시된 런던 주민투표에서는 투표율은 34%로 그다지 높지 않았지만 전 지역에서 압도적인 지지를 받고 통과되었다. 투표자의 72%가 광역 런던 정부의 설립에 찬성했다. 주요 정당 간 이 문제에 대한 입장의 차이도 거의 없었고 반대 캠페인도 사실상 거의 이뤄지지 않았다. 시티 지역에 대해서는 자율성과 제도적 독립성을 그대로 인정했다. 보수당이나 노동당 중 어느 정당도 시티의 개혁이나 폐지를 주장하지 않았다.

사실 광역 런던 지방정부의 부활은 노동당 정부가 추진한 스코틀랜드와 웨일즈에 대한 자치권 확대(devolution)와 같은 차원에서 이해할 수 있다. 노동당 정부는 스코틀랜드와 웨일즈에 각각 독자적인 지역의회를 설치하도록 허용했고, 스코틀랜드 의회에는 부분적인 과세권까지 부여했다. 이들 두 지역에서 자치권 확대를 위한 주민투표는 1997년 9월에 실시되었다. 노동당이 선거에서 승리한 것이 1997년 5월이었음을 고려할 때 이 사안의 우선순위가 매우 높았음을 알 수 있다. 웨일즈와 스코틀랜드의 자치권 확대 문제를 매듭지은 다음해 런던 개혁이 실시된 것이다. 런던은 정치적으로 볼 때 스코틀랜드나 웨일즈와 같이 인종적으로나 역사적으로 독자적인 특성을 갖는 지역(region)의 특성을 지니고 있다고 보기는 어렵지만, 런던이 지니는 커다란 정치적·경제적·문화적 영향력을 고려하여 이들 지역에 대한 정책과 같은 차원에서 지방정부 개혁을 추진한 것이다.

광역 런던 정부는 행정구조적으로 본다면 잉글랜드 지역(region)의 하위 지방정부적인 특성을 지니고 있다. 그러나 다른 도시와는 달리 런던에는 전략적인 기능을 수행할 수 있는 권한을 부여했으며, 광역 런던 정부법(Greater London Authority Act, 1999)이라는 별도의 법률로 런던 지방정부의 설립을 규정했다. 그런 점에서 런던은 잉글랜드 지방의 일반적인 지방정부(local government)적인 특성과 스코틀랜드나 웨일즈와 같은 자치권을 가진 지역정부(regional government)라는 두 가지 특성을 모두 지니고 있다고 할 수 있다.

새로이 설립된 광역 런던 정부는 이전의 GLC와는 달리 직선 시장과 시의회를 분리하였다. 광역 런던 정부는 내각제가 역사적으로 진화해 온 영국에서 한번도 경험해 보지 못한 새로운 형태의 통치구조이다. 이러한 광역 런던 정부의 구조적 특성은 매우 독특하고 새로운 것이며 일종의 혼합형(a form of hybridity. Wilson and Game 2006 : 73)이라고 할 수 있다. 그런데 이런 혼합형 구조는 정치적 고민의 결과로 볼 수도 있다. 대외적으로 런던을 대표하고 런던 시 전역의 이익과 전략을 추구하는 리더십의 필요성은 인정하면서도 직선으로 선출된 강한 권한을 지닌 시장의 출현은 중앙정부와의 대립을 초래할 수도 있고, 또 한편으로는 자칫 과거 노동당 좌파들이 주도했던 GLC의 실패를 반복할 수도 있다는 우려가 함께 반영된 것이기 때문이다(Wilson and Game 2006 : 73).

광역 런던 정부의 설립과 함께 32개의 버로우와 시티를 하위 단위로 둔 런던 전역을 관장하는 통치기구가 부활되었다. 시장과 시의회의원의 임기는 모두 4년이며, 연임의 제한은 두지 않았다. 시의회(London Assembly)의 의원 수는 25명인데, 1986년 폐지된 GLC의 의원 수가 84명이었다는 사실을 고려할 때 크게 줄어든 것임을 알 수 있다. 광역 런던 정부 직원의 수도 이전에 비해 크게 줄어들었다. 1986년 GLC가 폐지되었을 때 런던 시 직원의 수는 10,000 명 수준이었지만 광역 런던 정부 발족 이후 시청 직원의 규모는 500-600명 수준으로 크게 줄어들었다.

런던 시장의 선출방식은 호주에서 사용하고 있는 대안투표제(alternative vote : AV 혹은 선호투표제 preference vote)의 일종이라고 할 수 있다. 런던 시장 선거에서 유권자들은 출마한 후보자들 가운데 자신들이 좋아하는 두 후보를 골라 제1선호와 제2선호를 각각 표기해야 한다. 개표방식은 각 후보가 얻은 제1선호의 득표만을 계산하여 최다 득표한 두 후보를 골라내고 나머지 후보는 모두 탈락시킨 후, 탈락한 후보들의 제2선호를 조사하여 최다 득표 2인에게 각각 이양하여 1, 2선호를 합한 득표수가 가장 많은 후보를 최종 승자로 결정한다. 영국 의회 선거에서 사용되는 단순다수제 방식에 비해서 유권자 다수의 견해가 시장 당선에 반영되도록 고안된 선거방식으로, 그런 만큼 선출된 시장의 대표성과 권위는 높아지게 되었다.

한편, 런던 시의회 의원의 선출방식은 독일에서 실시하는 혼합형 선거제도와 유사하다. 런던 시민은 1인 2표를 행사한다. 25명의 런던 시의회 의원 중 14명은 1인 선거구에서 단순다수제 방식으로 선출한다. 그리고 11명의 의원은 런던 전 지역을 포함하는 선거구에서 정당 투표에 의해 선출된다. 각 정당의 의석배분 방식은 정당 득표율에 의해 결정되며, 지역구에서 얻은 의석 수를 제외한 의석 수만큼 비례의석으로 배분받는다. 예를 들어 어느 정당이 지역구에서 7석을 차지했고 40%의 정당 득표를 했다면 이 정당이 차지할 의석은 정당 득표에 의해 10석(25명×40%)으로 결정되고, 지역구에서 차지한 7석을 제외한 3석이 정당 명부로부터 비례의석으로 배정된다. 런던 시의회 선거에서는 독일에서와는 달리 의석배분을 위한 진입장벽(electoral threshold)은 설정하지 않았기 때문에 어느 정당이나 4% 이상만 득표하면 한 석의 의석을 차지할 수 있다. 정당 이외에도 무소속 후보도 독자적으로 명부에 이름을 올릴 수 있도록 했다.

런던 시의회 의원 선출에 혼합형 선거제도가 채택됨으로써 과거와는 달리 한 정당이 과반 의석의 확보를 통해 런던 시의회의 운영을 주도하는 일은 일어나기 어렵게 되었다. 이는 직선으로 선출된 시장이 별도로 존재하는 만큼 런던 시의회에서는 한 정당의 지배를 보장하기보다 다양한 정치집단과 의견이 시의회에 대표될 수 있도록 함으로써 과거 GLC 때처럼 보수당과 노동당 두 정당 간 정파적 대결의 장으로 변질되는 것을 막고자 하는 의도가 반영된 결과였다. 또한 자유민주당이나 녹색당처럼 비례대표제의 도입을 꾸준히 주장해 온 정당들의 지원도 이러한 선거제도가 채택되는 데 기여했다.

2000년 5월 4일 영국 정치에서 최초로 주민 직선에 의한 시장 선거와 시의회 의원 선출을 위한 선거가 실시되었다. 블레어 등 노동당 지도부는 과거 GLC 지도자로서 강경 좌파의 이미지를 가진 켄 리빙스턴이 당 후보로 나서는 것을 탐탁히지 않게 생각했다. 그 대신 런던의 캠든(Camden) 버로우 지방의회 출신인 모리스 돕슨(Morris Dobson)을 당 후보로 지원하여 관철시켰다. 그러나 여론조사에서는 켄 리빙스턴이 훨씬 우위에 있는 것으로 나타났으며, 결국 켄 리빙스턴은 노동당을 탈당하고 무소속 후보로 선거에 나섰다. 보수당에서는 스티븐 노리스(Steven Norris)가 당내 경선에서 후보로 선정되었고, 자유민주당에서는 수잔 크레이머(Susan Kramer)가 출마했다. 투표결과 1차 선호에서는 리빙스턴이 39%, 노리스가 27%, 돕슨이 13%, 크레이머가 12%를 득표했다. 리빙스턴과 노리스에 대한 2차 선호를 모두 계산한 결과 리빙스턴이 58%, 노리스가 42%로 나타나 리빙스턴이 첫 직선 시장이 되었다. 시의회 선거결과에서는 노동당과 보수당이 각각 9석, 자유민주당 4석, 녹색당 3석을 획득하며, 새로운 선거제도의 도입으로 과거와 같은 보수당-노동당 간의 양당적 경쟁에서 벗어나는 결과가 나타났다.

두 번째 런던 시장 선거는 2004년 6월 10일 실시되었는데, 이번에는 노동당 공천을 받은 리빙스턴이 보수당의 노리스를 다시 누르고 재선에 성공했다. 시의회 선거에서는 보수당이 9석, 노동당이 7석, 자유민주당이 5석, 녹색당이 2석, 영국독립당(UK Independence party)이 2석을 차지했다. 2008년 5월 1일 실시된 세 번째 런던 시장 선거에서는 3선을 노리던 켄 리빙스턴을 꺾고 보수당의 보리스 존슨(Boris Johnson)이 새로이 시장으로 당선되었다. 시의회 선거에서는 보수당이 11석, 노동당이 8석, 자유민주당이 3석, 녹색당이 2석, 그리고 영국국민당(British National Party)이 한 석을 얻었다.

2. 시장과 시의회의 권한과 기능

직선 시장은 선출방식이 보여주는 것처럼 강한 리더십을 의도한 것이었지만 2000년 광역 런던 정부 발족 당시 시장의 권한은 충분히 강한 것이라고 보기는 어려웠다. 의료보건, 고등교육, 평생교육, 직업훈련, 주택, 문화, 사회보장 등에 소요되는 예산은 모두 중앙정부가 직접 책정하도록 되어 있으며, 한편 학교, 복지 서비스 제공, 지역교통, 환경 관련 서비스, 공공 주택 분야의 업무는 버로우의 관할에 놓여 있었다. 시장은 재정적으로나 정치적으로 이들 두 기구 사이에 끼인 신세였다(Travers 2004 : 184). 그러나 2007년 광역 런던법개정으로 인해 시장의 권한은 이전에 비해 상대적으로 크게 강화되었고 관장하는 정책영역도 확대되었다.

광역 런던 정부(GLA)는 그 산하에 크게 네 분야의 주요한 기능적 기구를 두도록 했다(〈그림 1〉 참조). 과거 GLC 때는 만 명이 넘는 시 공무원들이 시청에서 직접 담당해 왔던 기능을 각 부서별로 분리하여 자율성을 갖도록 했다. 그 첫 번째는 교통 관련 부서이다. 런던 교통국(Transport for London : TfL)은 런던 내 주요 도로와 버스, 기차, 지하철 등에 대한 전반적인 운영과 관리, 교통신호체계의 관리, 그리고 택시와 미니캡에 대한 감독기능을 담당하도록 했다. 시장은 런던교통국의 운영위원회(board)의 위원 전원을 임명하고 자신이 직접 운영위원회 회의를 주재하는 등 교통정책과 관련하여 특히 강한 권한이 부여되었다. 과거에는 운영위원으로 정치적 대표자는 임명을 금지했으나 2007년 법개정으로 시의회 의원이나 버로우 의회 의원의 위원 임명이 가능해졌다. 또한 런던 외부에 거주하는 주민들의 대표도 위원으로 임명할 수 있도록 했다. 리빙스턴이 처음 직선 시장으로 취임한 이후 가장 의욕을 보였던 부분도 바로 런던 교통의 개선이었다. 시장에게는 교통유발 부담금이나 주차 관련 징수의 권한도 부여되어 있다. 그러나 고속도로, 주요 도로, 지하철, 철도 등의 관리는 중앙정부의 업무와 중복되며 예산은 중앙정부에 크게 의존하고 있다.

두 번째 기구는 도시개발국(London Development Agency : LDA)이다. LDA는 중앙정부로부터의 예산지원 등 기금을 만들어 광역 런던 시역의 도시재개발이나 경제발전정책, 런던의 경쟁력과 고용창출 관련 정책의 수립을 담당하는 기구이다. 잉글랜드의 다른 지역에서는 중앙정부에 별도로 마련된 내각 산하의 지역개발기구(Development Agency)가 이 기능을 담당하지만 런던에 대해서는 특별히 지방정부에 이 기능을 부여했다. 시장은 LDA의 운영위원회의 위원 전원을 임명할 수 있는 권한이 부여되어 있다.

〈그림 1〉 광역 런던 정부의 기능적 구조

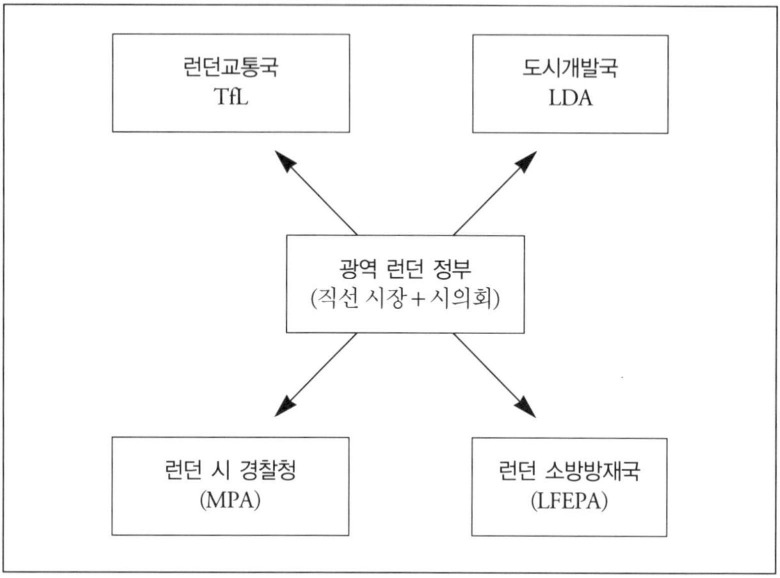

이 두 가지 기구는 권한이나 조직에 있어서 다소 차이가 있기는 하지만 과거에도 런던 지방정부가 지니고 있던 기능이었다. 광역 런던 정부의 설립과 함께 새로이 확대된 런던 지방정부의 정책영역은 시의 치안과 방재를 담당하는 권한이다. 런던 시 경찰청(Metropolitan Police Authority : MPA)과 런던 소방방재국(London Fire and Emergency Planning Authority : LFEPA)은 새롭게 광역 런던 정부에 관할 책임이 넘겨진 기구들이다. 런던 시장은 이 기구들에 대한 예산책정, 운영, 그리고 부분적인 인사의 권한을 부여받았다. 런던 시 경찰청은 1829년 처음 창설 이래 계속해서 내무부에 속해 있었다(Travers 2004 : 63). 그런 점에서 런던 시 경찰청의 편제를 런던 시장 산하로 재조정한 것은 파격적이라고 할 만한 결정이었다. 시장은 23명으로 구성된 런던 시 경찰운영위원회 위원 가운데 12명을 시의회 의원 가운데 지명할 권한이 부여되었다. 런던 소방방재국의 운영위원회 17명 전원 역시 시장이 임명하도록 했지만 이들 중 9명은 시의회 의원들 중에서, 그리고 8명은 하위 지방의회인 버로우 의회 의원들 가운데서 선정하도록 했다. 따라서 시장이 운영위원의 임명권을 갖는다고는 하지만 이들 부서의 운영은 시의회나 버로우의 영향을 보다 크게 받을 수밖에 없었다. 더욱이 런던 시 경찰청의 운영을 둘러싼 권한은 여러 곳에 나눠져 있다. 런던 시 경찰청의 예산을 결정할 권한은 시장에게 있지만, 운영위원회 위원장을 포함한 구성원의 절반 이상은 런던 시의회 의원들로 구성되도록 규정하였으며, 런던 시 경찰의 최고 책임자(Metropolitan Police Commissioner)에 대한 임명권은 여전히 내무장관이 지니고 있었다. 이런 점에서 볼 때 따라서 경찰과 소방방재 분야에 대해서 시장은 대체로 간접적인 통제의 권한만이 부여된 셈이다. 그러나 2006년 경찰치안법(Police and Justice Act 2006) 개정으로 시장은 런던 시 경찰 운영위원회의 의장직을 직접 맡거나 의장과 부의장을 임명할 수 있는 권한을 새로이 부여받았다. 또한 런던 소방방재국 운영위원 가운데 두 명을 시장은 시의회 의원이나 버로우 의원이 아닌 인물 가운데 지명할 수 있는 권한도 갖게 되었다. 이 정책분야에 대한 시장의 권한이 법개정으로 강화된 것이다.

이 외에도 2007년 광역 런던법 개정으로 런던 시장은 2000년 출범 당시 갖지 못했던 새로운 정책분야의 권한을 지니게 되었다. 시장은 의료보건, 주택, 문화 · 스포츠 정책, 쓰레기 처리, 취업 및 재교육, 도시계획뿐만 아니라 기후변화와 에너지 정책을 다룰 수 있게 되었다. 이들 정책분야에서 과거 중앙정부가 행사하던 권한은 광역 런던 정부로 이전되었고 관련 예산도 증액되었다. 그만큼 시장의 권한은 강화되었다. 예컨대 과거에 임대주택 등 공공주택정책은 버로우 지방정부가 주로 담당하던 것이었다. 그러나 이제 시장은 런던 시 전역을 대상으로 전략적 차원에서 주택정책을 펼 수 있게 되었으며, 이것이 버로우의 정책과 충돌하는 경우 시장의 뜻을 따르도록 강제할 수 있는 권한을 갖게 되었다. 이런 법개정에는 제도 개선을 위한 시장과 시의회의 계속된 요구도 있었지만, 2012년 런던 올림픽을 성공적으로 개최하기 위해서는 시장에게 보다 강화된 권한을 부여해야 한다는 의견이 반영된 것이었다.

시의회(London Assembly)의 역할은 기본적으로 시장의 업무 활동을 감시·감독하는 것이었다. 또한 런던의 각종 사안에 대해 폭넓게 논의하고, 정책을 개발하며, 시민들의 의견을 반영하는 역할이 주어졌다. 시장이 미국식 대통령제에서 대통령이라면 시의회는 미국 의회의 기능을 담당하도록 한 것이다. 시의회는 시장이 제출한 예산안을 검토하며, 시의원 재적 2/3의 반대로 시장의 예산안을 거부할 수 있도록 했다. 2007년 법개정에 의해서 시장은 시의회 예산과 기타 런던 광역청 행정부서 예산을 따로 구분하여 제출하도록 했고, 시의회는 자신들의 예산을 스스로 늘리지 못하도록 제한을 두었다. 또한 2007년 법개정으로 시의회의 인사 청문회 기능이 강화되었다. 런던 광역시 산하의 네 개 정책부서의 운영위원회 의장이나 부의장 등 시장이 임명한 주요 직책에 대해서 인사 청문회를 열 수 있도록 했다. 이런 점은 모두 시장을 견제하고 업무수행을 감독하는 시의회의 역할을 보여주는 것이지만, 사실 런던 시의회의 권한이나 운영은 미국 의회와는 크게 다르다.

무엇보다 시의회 의원들은 런던 광역청의 주요 행정부서의 운영위원회 위원으로 활동하도록 규정하고 있다. 즉 미국식 대통령제가 입법과 행정의 분리라면 광역 런던 정부의 시의회는 이 두 가지 기능이 결합되어 있는 내각제적인 특성을 지니고 있는 셈이다. 시의회의 지도급 인사들은 런던 시 경찰이나 소방방재국 운영위원회 의장이나 부의장으로, 다른 시의원들은 운영위원으로 임명되고 있다. 따라서 시장과 행정부서에 대한 감시·감독뿐만 아니라 집행의 기능에도 시 의원들이 간여하고 있는 셈이다. 런던 시 경찰의 경우를 예로 든다면, 운영위원회 정원 25명 가운데 12명을 이 시의회 의원으로 임명하도록 되어 있는 상황에서 시의회가 경찰의 업무활동에 대한 '견제'의 역할만을 행하기는 쉽지 않다. 즉 시의회 의원들은 참여하는 행정부서의 운영위원회에서 정책 개발이나 전략수립, 평가 등에 보다 큰 관심을 가질 수밖에 없으며, 그런 만큼 업무성과에 대한 추궁이나 질책 등 감독의 기능을 충실히 수행하기는 어렵다.

또 한편으로는 시의회의 구성이 혼합형 선거제도에 의해 이뤄지므로 어느 한 정당이 단독으로 과반의석을 차지하는 것이 매우 어렵게 되었다. 즉 한 정당의 지도자가 다수 의석을 기반으로 시의회를 장악하고 시장과 집행부를 효과적으로 견제하는 것이 쉽지 않은 구조가 만들어졌다. 시의회 의장은 다수당의 지도자라기보다 시의회를 대외적으로 대표하고 회의를 주재하는 수준의 권위와 영향력만을 지닐 뿐이다. 따라서 시의회 운영은 과거와는 달리 정당의 기율보다 의원 개인의 정치적 선호가 중요하게 반영되는 경향이 나타나고 있다. 또한 2007년 법개정으로 시장의 권한이 확대된 것만큼 시의회의 권한이 거기에 걸맞게 확대되었다고 보기도 어렵다. 다만 시장이 임명한 주요 직책에 대한 인사청문회 기능에 대한 규정의 신설이나 시의회가 자신의 활동에 대한 연례보고서를 작성하도록 한 규정 등은 시의회의 감시·감독의 역할을 보다 활성화하기 위한 조치라고 평가할 수 있다. 지금까지 논의한 광역 런던 정부의 각 기구가 지닌 권한과 기능, 감시감독의 권한 및 임명권 등의 내용을 정리하면 〈표 1〉과 같다.

〈표 1〉 광역 런던 정부 각 기구의 기능, 권한과 임명, 감독의 권한

	런던교통국	도시개발국	런던경찰청	런던소방방재국	광역 런던 정부
선출방식	시장 임명	시장 임명	시장 2명, 기타 11명	시장 17명 (버로우 8명 지명)	주민 선출
책임 평가	시장	시장	시장, 시의회, 내무장관	시장, 시의회, 버로우	유권자
운영위 의장의 지명	시장	시장	런던경찰청 운영위원회	시장	시 의회가 의장 선출
집행 부서장의 임명	시장	첫 임명은 시장, 이후에는 운영위원회	국왕 (내무장관)	런던소방 방재국 운영위원회	시의회
예산	시장	시장(대개 중앙정부 배정)	시장	시장	시장
정책결정	시장	시장	런던경찰청 운영위원회	런던소방 방재국 운영위원회	시장 (시 의회는 독자 활동 결정)
감독	시의회	시의회	없음. 일부 예산 감독만 가능	없음. 일부 예산 감독만 가능	시의회

자료 : Travers(2004 : 128).

Ⅲ. 광역 런던 정부와 런던 시의 거버넌스

광역 런던 시 지방정부의 부활과 직선 시장제의 도입, 그리고 2007년 법개정을 통한 시장의 권한 강화 등은 런던 시 지방정부의 자치권을 확대하려는 노력의 일환으로 볼 수 있다. 그러나 영국은 근본적으로 단

방제(unitary) 국가이다. 연방제 국가처럼 연방정부와 하위 주정부가 권한을 분리하여 통치하는 형태가 아니다. 스코틀랜드와 웨일즈에 제한적으로 권한 위임을 하기는 했지만 이 역시 웨스트민스터 의회의 결정에 의한 것이다. 의회가 결정한다면 적어도 이론적으로는 권한의 회수 역시 가능하다. 이는 광역 런던 정부에도 똑같이 적용된다. 보수당 대처 정부가 1986년 광역 런던 의회정부(GLC)를 폐지했던 것처럼 현행 광역 런던 정부 역시 의회 다수 의석을 차지한 집권당이 원한다면 폐지할 수 있다. 즉 런던광역청의 설립과 직선 시장제의 도입에도 불구하고 광역 런던 정부의 존폐를 결정할 수 있는 막강한 권한이 중앙정부에 놓여 있다. 실제 업무수행과 관련된 권한에 있어서도 중앙정부는 강한 권한을 갖고 있다. 특히 재정과 관련된 측면에서 광역 런던 정부의 권한은 매우 제한적이다. 런던 시장은 소득세나 거래세 등 독자적으로 세금을 부과할 수 있는 권한을 갖고 있지 않으며, 공채를 발행할 권한도 부여되지 않았다. 런던 시 예산의 70-80%는 중앙정부에 지원에 의존하고 있다. 예산 확보를 위해 시장은 매년 중앙정부와 협상을 벌여야 하는 입장인 것이다. 런던을 관장하는 중앙정부 내 부서도 그대로 유지되고 있다. 중앙정부 내 런던국(Government Office of London)은 중앙정부와 광역 런던 정부 간의 교량역할을 하고 시 예산책정이나 주요 사업에 소요되는 자금지원 등을 상호 협의하는 기능을 한다. 그러나 런던국은 중앙정부 차원의 계획 추진을 위해서 때로는 광역 런던 정부를 통하지 않고 직접 하위 지역정부(borough)와 협의하기도 한다. 또한 중앙정부의 지역개발정책과 마찰이 생기는 경우에는 내각의 담당 각료가 시장에게 지방정부의 계획을 재고하도록 요구할 수도 있다. 즉 광역 런던 정부의 원활한 업무수행을 위해서는 중앙정부와의 업무협조와 의견교환이 매우 중요한 전제 조건인 것이다 한편, 광역 런던 정부의 설립에도 불구하고 GLC 폐지 이후 운영되어 온 하위 버로우 지방의회 간의 연합체인 런던 지방정부 협의회(Association of London Governments : ALG)는 그대로 존속되었다. 광역 런던 정부의 설립에도 불구하고 버로우 단위의 하위 지방정부가 지닌 기능을 크게 위축시키지는 않았다. 따라서 버로우 지방정부는 생활지역 단위에서 각종 복지 서비스 및 지역관리의 기능을 그대로 유지할 수 있었다. 또한 1986년 이후 14년 동안 상위 통치기관이 없는 상태에서 런던을 운영해야 했던 경험은 하위 지방정부 간, 그리고 하위 지방정부와 재개 및 관련 단체들과의 네트워크를 발전시켰다. 상위 지방정부가 없었기 때문에 이들 하위 지방정부들은 네트워크를 형성하여 런던 시의 전략사업이나 장기적인 발전계획과 같은 문제에도 간여해 왔다. 이러한 역할은 광역 런던 정부의 출현 이후에도 대체로 그대로 유지되고 있다. 그러나 이는 동시에 광역 런던 정부와 버로우 간에 역할과 기능에 있어서 갈등이 생길 소지가 있음을 보여주는 것이도 하다. 2007년 법개정으로 시장은 주택정책 분야에서처럼 런던 시의 발전을 위한 자신의 전략과 해당 버로우의 발전계획과 상충될 때 자신의 뜻을 관철할 수 있는 권한이 부여되었지만, 버로우 지방정부의 의견을 무시한 채 시장이 일방적으로 자신의 뜻대로만 끌고 가기란 현실적으로 어려운 일이다. 광역 런던 정부와 버로우 지방의회 간의 관계가 시장이 직접 명령을 내리고 그에 따르도록 하는 위계적 관계가 아닌 만큼 시장이 어떻게 자신의 전략적 사업에 버로우 지방의회가 참여하도록 설득해내느냐 하는 것이 성공적인 시정운영을 위해 중요한 조건이 될 수밖에 없다.

또한 중앙정부와의 계약에 의해 행정업무를 위탁받은 특수행정기구(quango)와의 관계도 중요하다. 예컨대 교통정책을 두고 본다면 철도교통전략 수립(Strategic Rail Authority), 철도시설보수 유지(Network Rail),

고속도로(Highway Agency)의 분야에서 다양한 기구가 중앙정부의 통제하에 운영되고 있다. 런던 시장이 관장하는 런던교통국(TfL)은 교통정책을 관장하는 여러 기관 가운데 단지 하나에 불과하다. 따라서 이들 기관과의 협조나 원만한 네트워크의 형성은 광역 런던 정부의 원활한 업무추진을 위해 매우 중요하다(Travers 2004 : 147).

앞서 지적한 대로 GLC가 폐지되고 광역 런던 정부가 수립되기 이전에 런던 지역의 재계가 중심이 되어 런던 퍼스트(London First)나 런던 프라이드 파트너십(London Pride Partnership) 등의 프로젝트를 추진한 바 있다. 당시 재계는 런던을 대표하는 지방정부의 수립에는 대체로 찬성했지만, 이러한 기구의 설립이 세금 인상이나 거대 관료집단화로 이어질 가능성에 대해서는 우려를 나타내기도 했다. 광역 런던 정부 설립 이후 더 이상 과거처럼 주도적인 역할을 수행할 수는 없게 되었지만 거버넌스와 관련해서 볼 때 재계는 여전히 매우 중요한 파트너로 남아 있다.

한편, 런던의 지역적 영향력은 광역 런던 시의 경계를 넘어서 외곽으로 점차 확대되어 가는 추세를 보이고 있다. 런던 노동인구의 거주지의 확대뿐만 아니라 경제활동 자체도 인근 외곽 지역과 더욱 긴밀하게 연계되고 있다. 이런 경향을 두고 광역 런던(Greater London)이 아니라 광역 남동부(the Greater South East. Hall, 1989)로 부르는 것이 보다 적절하다는 주장도 제기되고 있다. 그런 만큼 광역 런던 정부의 거버넌스는 단지 행정적 경계에만 국한될 수 없는 특징을 갖는다. 실제로 런던이 포함되는 잉글랜드의 남동부 지역은 영국 인구의 40%를 차지할 뿐만 아니라, 경제적 활동이 가장 활발하며 영국의 총생산액 가운데 차지하는 비중도 매우 큰 지역이다. 런던에서 이뤄지는 경제·문화활동은 이 주변 지역과 긴밀한 관련을 갖고 있으며, 이 후방 지역과의 원만한 관계설정 역시 런던 시의 성공적인 거버넌스를 위해 매우 중요하다. 그러나 런던 시장이나 광역 런던 정부가 이 지역에 대해 행사할 수 있는 권한은 없다. 이 지역의 지역발전과 재개발은 1999년에 만들어진 남동부잉글랜드 지역개발기구(South East England Regional Development Agency : SEEDA)나 동부잉글랜드 지역개발 기구(East England Regional Development Agency : EEDA)가 담당하고 있다. 따라서 런던 시로서는 이들 주변 지역을 담당하는 기관과의 네트워크 형성이나 협조가 매우 중요한 일이 될 수밖에 없다. 이들 지역 역시 런던 거버넌스의 중요한 파트너가 되는 것이다. 이들 지역과의 관계를 보여주는 한 사례가 템즈 게이트웨이(Thames Gateway) 프로젝트이다. 이 프로젝트는 낙후된 런던 동쪽 지역을 재개발하겠다는 것으로 2016년까지 14만 호의 새로운 주택과 24만 개의 새로운 일자리를 창출한다는 야심찬 계획이다. 그런데 이 프로젝트는 런던뿐만 아니라 런던을 벗어난 지역을 동시에 포함할 수밖에 없는 것이어서 이들 지역을 담당하는 SEEDA나 EEDA와의 공조와 협력이 필요했다. 광역 런던 정부와 이들 기관들은 런던 게이트웨이 파트너십 운영위원회(London Gateway Partnership Board)를 공동으로 설립하여 이러한 문제를 해결하고 있다.

이상에서 볼 수 있듯이 런던 시의 정책결정 과정에 영향을 미칠 수 있는 다양한 행위자들이 존재하고 있음을 알 수 있다. 런던 시를 성공적으로 운영하기 위해서는 중앙정부와 버로우 지방의회, 재계와 시민사회, 그리고 인접 지역까지를 포함한 주요 행위자들과의 파트너십과 네트워크의 구축이 매우 중요한 조건이 되고 있다. 거버넌스의 중요성이 부각되고 있는 것이다. 사실 이런 거버넌스적인 특성은 GLC가 폐지된 이후 자연스럽게 형성된 것이기도 했다. 노동당 정부가 2000년 광역 런던의 지방정부를 부활시킨 이후에도 이러한 특성은 그대로 유지되고 있다. 과거에는 중심적 기구가 없는 네트워크형 거버넌스였다면 이제는 광역 런던 정부라는 중심 기구를 갖는 형태로 변모한 것이 차이라고 할 수 있다.

그런만큼 성공적인 런던 시의 운영을 위해서는 이제 런던 거버넌스 네트워크의 중심에 놓인 광역 런던 정부, 그 가운데 특히 시장의 역할과 리더십이 더욱 중요해진 것이다.

Ⅳ. 맺는말

런던은 역사적으로 매우 오랜 자치정부의 역사를 지녔지만 1986년 이후 14년 동안 런던 도시 전체를 관장하는 광역 지방정부가 존재하지 않는 시기를 겪었다. 또한 지방정부 구조에 있어서도 런던은 영국의 중앙정부처럼 지방의회를 장악한 다수당이 지방정부를 운영하는 전통적인 내각제적 형태로부터 미국의 대통령제처럼 직선에 의해 선출된 시장과 시장을 견제하는 시의회를 갖는 새로운 지방통치제도로 변모했다.

상위 지방정부가 없었던 14년 동안 중앙정부와 버로우 지방의회가 수행해 왔던 기능과 권한을 광역 런던 정부가 담당하는 것은 단순한 법률적인 기능 조정을 넘어서 새로운 통치의 관행과 네트워크를 이뤄내야 하는 일이다. 광역 런던 정부와 시장뿐만 아니라 버로우 지방의회, 중앙정부 모두가 새로운 변화와 제도에 익숙해져야 하기 때문이다. 또한 주민 직선을 통한 시장 선출은 영국 정치에서는 매우 낯선 제도인 만큼 이 제도가 애당초 의도했던 성과로 이어지기 위해서는 보다 많은 시간과 시행착오를 필요로 할 것으로 보인다. 과거 광역 런던의 지방정부가 부재했던 14년 동안 나름대로 구축되어 온 하위 지방정부와 재계 등 사회단체와의 거버넌스라는 틀과 직선제 시장이라는 새로운 통치제도가 조화롭게 운영되기에는 아직은 충분한 시간이 흐르지 않은 것 같아 보인다. 그런 만큼 2000년 출범한 광역 런던 정부는 아직까지 최종적으로 완성된 모습을 갖추었다고 보기는 어렵다. 2007년 법개정을 통해 시장의 권한을 강화하는 조치가 취해진 것 역시 새로이 만들어진 런던의 지방통치구조가 여전히 변화의 과정에 놓여 있음을 보여주는 것이다.

영국의 의회 정치가 성문화된 헌법의 제정 없이도 오랜 세월 동안 쌓여진 관행과 전통에 의해 규칙과 절차를 이뤄낸 것처럼 런던의 거버넌스 역시 기존의 역사적 조건과 토대 위에 시대적 요구와 환경의 변화를 수용하면서 점진적으로 진화해 갈 것으로 보인다. 런던 시의 거버넌스는 그런 점에서 여전히 변화가 진행 중이다.

참고문헌

강원택. 2003. "영국 신자유주의 개혁과 중앙-지방 관계의 변화." 『국제정치논총』 43(3) : 385-402.

Dowding, Keith. 1999. Regime Politics in London Local Government. *Urban Affairs Review* 34(4) : 515-45.

Hall, Peter. 1989. *London 2001*. London : Hyman.

John, Peter, Adam Tickell and Steven Musson. 2005. Governing the Mega-region : Governance and Networks across London and the South East of London. *New Political Economy* 10(1) : 91-106.

Morphet, Janice. 2008. *Modern Local Government*. London : Sage Publications.

Newman, Peter. 2007. "Back the Bid" : The 2012 Summer Olympics and the Governance of London. *Journal of Urban Affairs* 29(3) : 255-267.

Rao, Nirmala. 2007. *Cities in Transition : Growth, change and Governance in Six Metropolitan Areas*. Abingdon : Routledge.

Pimlott, Ben and Nirmala Rao. 2002. *Governing London*. Oxford : Oxford University Press.

Syrett, Stephen. 2006. Governing the Global City : Economic Challenge and London's New Institutional Arrangements. *Local Government Studies* 32(3) : 293-309.

Travers, Tony. 2004. *The Politics of London : Governing An Ungovernable City*. Basingstoke : Palgrave Macmillan.

Wilson, David and Chris Game. 2006. *Local Government in the United Kingdom*. Forth edition. Basingstoke : Palgrave Macmillan.

13 일본 동경 지방자치

Ⅰ. 동경도의 조직

동경도의 조직은 크게 나누어 의결기관으로서의 의회와 집행기관으로서의 지사로 구성되어 있다. 의회는 헌법 및 지방자치법의 규정에 의거하여 설치되어 있으며, 도민의 의사를 도 행정에 반영시키는 중요한 역할을 담당하고 있다. 지사로 대표되는 집행기관은 의회에서 결정된 단체의사를 근거로 하여 도정의 각종 사업을 실시하게 된다. 의회를 구성하는 의원 및 집행기관인 지사는 직접 주민에 의해 선출된다. 의회와 집행기관은 '자동차의 양 바퀴'로 비유할 수 있으며, 대등한 지위에서 상호 견제하며 발전을 도모하는 균형적인 관계에 있다.

■ **윤재선**(한림성심대학교 행정학과 교수)

1. 의회

1) 도의회의 조직

(1) 의원

도의회를 구성하는 의회의원은 도내의 42개 선거구에서 도민들이 직접선거로 선출한다. 정원은 127명이며 임기는 4년이다.

(2) 의장과 부의장

의장과 부의장은 의원 중에서 선거로 선출한다. 의장의 직무는 회의장의 질서를 유지하여 의사를 정리하고 의회의 사무를 정리하는 등 의회활동을 주재함과 동시에 외부에 대해서 도의회의 의사를 표명하는 데 있다. 부의장은 의장 유고시 의장의 직무를 대행한다.

(3) 회파

정치상의 주장이나 정책을 같이 하는 의원이 모여서 정치활동을 목적으로 의회 내에서 결성된 의원의 집단을 회파라고 하며 의회의 운영이나 활동에 많이 관련되어 있다.

(4) 사무국

의회활동을 보조하기 위해서 도의회의 경우는 의회국이 사무국으로서 설치되어 있다. 본회의나 위원회의 운영을 보좌하며 회의록의 조정 등 의회활동에 필요한 자료의 작성이나 조사 및 여러 가지 홍보활동을 실시하고 있다.

2) 도의회의 주된 권한

(1) 의결권

의회의 기본적 · 본질적 권한이며 고유권한이다. 의결사항으로는 조례의 제정 · 개폐, 예산의 의결, 결산의 인정, 지방세의 부과징수, 분담금, 사용료, 가입금, 수수료의 징수, 계약의 체결에 관한 사항 등이다.

(2) 선거권

의장, 부의장, 선거관리위원 등을 선거를 통해 선출한다.

(3) 행정사무의 검사 및 조사권

도 사무의 관리, 의결의 집행 및 출납에 관한 검사를 할 수 있다. 그리고 도의 사무에 관한 조사를 실시하며, 관계인의 출두 및 증언 등을 요구할 수가 있다.

(4) 의견서의 제출권

도의 공익에 관한 사건에 대해서 국회나 관계 행정청에 의견서를 제출할 수가 있다.

(5) 동의권

지사가 부지사, 감사 위원, 공안위원회 위원 등을 선임 및 임명할 때에는 의회의 동의가 필요하다.

(6) 불신임 의결권

의회와 지사의 사이에 의견대립이 생겼을 경우 의회는 지사에 대한 불신임 의결을 할 수가 있으며 지사에게는 의회의 해산권이 인정되고 있다.

3) 도의회의 운영

(1) 의회

도의회는 연 4회(2월, 6월, 9월, 12월) 정기적으로 열리는 정례회의와 필요에 따라서 열리는 임시회의가 있으며, 모두 지사가 소집한다. 의회는 개회로부터 폐회까지 일정한 기간에 한해서 활동능력을 가지고 있으며, 그 기간을 회기라고 하며 회기의 결정은 의회가 한다.

(2) 본회의

모든 의원이 출석하여 열리는 회의를 본회의라고 한다. 의회의 최종적인 의사결정으로서 의결은 이 회의에서 행해진다.

(3) 위원회

위원회는 본 회의에 앞서 의안의 심사 등을 실시하는 의회의 내부기관이다. 도 행정의 범위가 넓고 분야가 다양하기 때문에 효율성을 높이기 위하여 세분화 · 전문화하여 심의를 철저히 하고 능률적인 의사의 운영을 기하기 위해서 설치하고 있다. 도의회에서는 조례를 정해서 차기의 위원회를 설치하고 있다. 아울러 위원회에는 위원장, 부위원장, 이사 등의 직무가 있으며 위원 중에서 호선된다. 도의회에는 9개의 상임위원회가 있는데 의원은 어느 위원회이든 한 위원회의 위원이 되며 임기는 1년이다.

4) 도민과 의회

(1) 청원과 진정

주민의 대표로서 선택된 의원이라도 다양한 주민들의 의사를 모두 반영하여 대변하는 것은 현실적으로 매우 곤란한 일이다. 따라서 의회가 주민의 요구를 행정에 반영시키는 수단으로서 청원 · 진정이라고 하는 제도가 중요한 역할을 담당하고 있다.

제출된 청원 진정은 소관 상임위원회에서 조사하고 본회의에서 채택여부를 결정한다. 채택된 사안 가운데 집행기관이 조치하는 것이 적당하다고 인정되는 것은 지사에게 송부하고, 그 처리 경과 및 결과에 대한 보고를 요구함으로써 주민들의 다양한 요구 등을 동경도 행정에 반영하고 있다.

(2) 도의회 정보의 제공

도의회는 도민 전체의 의사를 대표하는 기관으로 도민과의 교류를 중요시한다. 본회의를 공개하는 것은 지방자치법으로 규정되고 있지만 도의회에서는 위원회도 공개하고 있다. 또한 각종 인쇄물, 텔레비전, 인터넷 등을 통해 도의회의 정보를 가능한 한 도민들이 알 수 있도록 홍보하고 있으며 회의록(본회의 · 위원회)도 공개 하고 있다. 특히 '열린 도의회' 를 실현하기 위해서 동경도의회 정보 공개 조례를 1999년 4월 1일부터 시행하고 있다. 의회 내에는 도서관이 설치되어 있어 의원의 조사 연구를 방해하지 않는 범위에서 일반 도민도 이용할 수 있다.

2. 집행기관

동경도는 일본의 헌법 및 지방자치법에 근거하는 지방공공단체로서 도민의 복지증진을 도모하기 위한 시책을 추진할 책임과 권한을 가진다. 이러한 목적을 실현하기 위하여 동경도의 행정의사를 결정하는 의결기관으로서 동경도의회가 설치되어 있다. 또한 결정된 의사를 실시하는 집행기관으로서 지사 외에 행정위원회 및 위원(행정 위원회 등)이 설치되어 있다. 이러한 집행기관은 지사의 통제 아래 각각 행정기능을 발휘하고 있다.

집행기관은 법률, 정령, 조례 등에 근거해서 업무를 추진하고 있지만 실제로 행정업무를 진행하기 위하여 지사를 보좌하는 부지사, 직원 및 행정위원회 등에는 사무국이 설치되어 있다. 도는 교통사업, 수도사업 및 하수도 사업을 경영하고 있으며, 이러한 사업을 담당하는 교통국 등 공영기업 각 국, 지사 아래에 설치되어져 있다. 하지만 각 사업의 관리자로서의 국장은 그 경영에 관해서 지사로부터 독립된 권한을 가지고 있다. 또한 집행기관에는 행정의 집행에 관한 조사 및 자문 역할을 담당하는 조사회, 심의회 등의 부속 기관이 설치되어 있다.

1) 지사

지사는 도민에 의해서 직접 선출 되고 도를 대표한다. 임기는 4년으로서 도 사무 전반을 통할하고 도정의 종합성, 일체성을 유지하는 권한과 책임을 갖는다.

2) 보조기관

지사의 권한으로 되어 있는 업무를 처리하기 위해서 지사의 보조기관으로서의 부지사와 그 밖의 직원이 있다.

(1) 부지사

부지사는 지사를 보좌하고 직원의 업무를 감독함과 동시에 지사 유고시 또는 부재 등의 경우에 지사의 직무를 대리한다. 부지사는 지사가 의회의 동의를 얻어 선임하며 임기는 4년이다.

(2) 직원

지사의 업무를 추진하기 위하여 국, 부, 과, 계 등의 계층적 조직이 설치되어 있으며. 조직 구성원으로서 직원이 있다. 직원은 주로 지사에 의해서 임면되며 지방공무원법의 적용을 받는 일반직 공무원이다. 아울러 회계 관리자는 지사의 보조기관의 하나이며 시사의 회세 감독권에 복종하지만 출납 및 그 밖의 회계 사무의 집행에 대해서는 독립적인 권한을 갖는다.

(3) 사무의 집행조직

지사에게 부여된 업무를 체계적 효율적으로 집행하기 위하여 필요한 조직을 설치하고 있으며두고 직원을 배치하고 있다. 지사 본국은 '중요 시책의 종합 조정' 및 '신규 시책의 기획 · 입안', '자치제도 개혁의 추진', '도시 외교', '아시아 대도시 네트워크 21의 전개', '미군기지 대책', '정부 · 근린 자치체 등과의 제휴' 등에 관한 사무를 소관하고 지사의 상위 관리자를 보좌하는 기능을 담당하고 있다.

Ⅱ. 동경도의 행정구조

1. 도와 특별구

1) 대도시 제도로서의 특별구

일본의 지방자치제도는 시정촌과 부현의 2계층제를 채용하고 있다. 그러나 교통, 공해, 주택 등, 도시 특유의 방대한 행정 수요를 안고 있는 대도시는 시정촌, 도도부현의 획일적인 사무 배분 하에서는 주민들의 요구에 신속 정확하게 대응하기가 매우 어렵다. 따라서 현재의 지방자치법은 대도시제도로서 지정도시 제도와 특별구 제도를 채용하고 있다.

지정도시제도는 시가 부현에서 실시하는 사무의 일부를 담당하고 있는 반면, 특별구제도는 동경 23구가 일반의 시정촌이 실시하는 사무를 실시하는 함과 동시에 도가 대도시 행정의 일체성 및 통일성을 확보하기 위해서 필요한 시 사무의 일부를 담당하고 있다.

2) 동경 특별구

(1) 특별구의 성격

특별구가 일반시와 다른 점은 다음과 같다.

첫째, 특별구 구역에서 시정촌이 처리하는 사무 가운데 대도시 지역의 행정의 일체성 · 통일성의 측면에서 일체적으로 처리할 필요가 있는 사무(상하수도의 설치 관리, 소방 등)는 도가 처리한다. 특별구는 기초지방공공단체로서 도가 처리하는 사무를 제외하고 일반적으로 시정촌이 처리하는 사무를 처리한다. 둘째, 도는 조례에 근거하여 도와 특별구 및 특별구 상호 간의 재정조정을 실시한다. 마지막으로 시정촌세의 일부가 도세로 되어 있다.

(2) 특별구의 사무

특별구는 원칙적으로 일반시의 사무를 처리한다. 또 법령상 동경지사의 권한에 속하는 사무의 일부를 사무 처리의 특례로서 조례가 정하는 것에 따라서 특별구장이 관리 · 집행한다.

(3) 특별구의 조직

특별구의 조직은 법령상 특별히 규정을 하는 것을 제외하고는 일반의 시의 경우와 같으며 의회, 장 및 그 보조 기관 그 밖에 행정위원회 및 위원으로 구성되어 있다.

(4) 일부 사무조합

일부 사무조합은 보통 지방공공단체 및 특별구 사무의 일부를 공동으로 처리하기 위해 설치되어 있다. 특별구 지역에 있어서 인사위원회에 관한 사무 등을 공동 처리하는 특별구 인사 · 후생 사무조합 외에 경마집행에 관한 사무 등을 공동 처리하는 특별구 경마조합이 설치되어 있다. 또 1999년 10월, 화장터 및 장의 식장의 설치 및 관리 운영에 관한 사무를 공동 처리하는 임해부 광역 장례식장 조합이 미나토구, 시나가와

구, 메구로구, 오타구, 세타가야구 등 5구에 의해 설립되었다. 2000년 4월에는 청소 사업이 이관되면서 불연 · 대형 폐기물의 처리 시설의 관리 · 운영 등에 관한 사무를 공동 처리하는 동경 23구 청소 일부 사무 조합이 설립되었다.

(5) 광역연합

광역 연합은 보통 지방공공단체 및 특별구의 사무 중 광역에 걸쳐 처리하는 것이 적당하다고 인정되어 설치된다. 2007년 3월 75세 이상의 고령자의 의료제도와 관련되는 사무를 처리하는 도내 첫 광역 연합 '동경도 후기 고령자 의료 광역 연합'이 도내 전구 및 시정촌을 구성단체로 하여 설립되었다.

3) 도 · 구(都 · 區)협의회

도와 특별구는 지방자치법에 의거하여 상호의 연락 조정을 도모하기 위하여 도구 협의회를 설치하고 있다. 도구 협의회는 구체적인 집행 권한을 가지는 것은 아니고 자문기관과 유사한 성격을 가지는 것이지만 동경지사는 도구 재정조정 조례를 제 · 개정하는 경우에는 미리 도구 협의회의 의견을 듣게 되어 있다.

4) 특별구의 재정제도

특별구는 시로서의 사무를 도와 분담해서 처리하는 특별한 대도시 제도로서 재정제도에 대해서도 다음과 같은 특례가 설치되고 있다.

(1) 특별구세

특별구가 부과하는 세목은 법정 보통세로서 특별구민세(시정촌민세 개인분), 경자동차세, 특별구 담배세와 광산물세이며, 법정 목적세로서 입탕세가 있다. 시정촌세 가운데 시정촌민세 법인분, 고정 자산세, 특별 토지보유세, 사업소세와 도시 계획세는 도의 특례로 도세로 되어 있다.

(2) 지방채

지방채는 학교, 공원 등의 건설사업 등에 필요로 하는 경비에 충당하기 위한 재원으로 당해 회계년도를 넘기는 장기의 차입금이다. 지방공공단체는 지방세 등 그해에 조달되는 수입에 의해 세출을 조달하는 것이 원칙이지만 대규모 건설사업으로 고액의 경비를 필요로 하는 경우 등은 지방채에 의해 조달한다. 2006년부터 허가제도가 폐지되어 협의제로 이행되었다. 특별구가 지방채를 발행하기 위해서는 동경지사의 동의가 필요하다.

(3) 지방 교부세

지방 교부세는 시정촌의 중요한 재원의 하나이지만 특례가 설치되어 있어 특별구는 교부 대상 단체가 되고 있지 않다.

(4) 도 · 구(都 · 區) 재정조정 제도

이 제도는 도와 특별구에 있어서 대도시 제도인 '특별구제도'를 전제로 한 것으로 특별구 재정제도의 최대의 특징이다. 이 제도는 도와 특별구 및 특별구 상호 간에 재원의 균형을 도모하여 특별구 행정이 자주적이고 계획적인 운영을 확보하기 위해서 설치된 것으로 도구 간의 재원 배분과 특별구 상호 간의 재원조정을 하는 중요한 기능을 갖고 있다.

기본적인 구조는 도가 과세-징수하는 시정촌세 가운데 고정자산세, 시정촌민세 법인분, 특별 토지보유세의 수입액의 일정 비율(2007년부터 55%)을 재원으로 해서 각 구에 '특별구 재정 조정 교부금'으로 교부하는 것이다.

교부금에는 보통 교부금과 특별 교부금의 2종류가 있으며, 교부금 총액의 95%가 보통 교부금, 5%가 특별 교부금이 된다. 보통 교부금은 도가 각 구의 기준 재정 수요액과 기준 재정 수입액을 산정해서 수요액수가 수입액을 초과하는 특별구에 한하여 그 재원의 부족액에 상당하는 금액을 교부하는 제도이다. 특별 교부금은 재해 등에 의해 특별한 재정 수요가 있는 등 특별한 사정이 있는 특별구에 교부한다.

2. 도와 시정촌

1) 법제관계

동경에는 특별 지방공공단체인 특별구와 보통 지방공공단체인 시정촌이 있다. 지방자치법에는 도도부현과 시정촌은 같은 수준의 보통 지방공공단체로서 일부의 예외를 제외하면 동일한 규정에 의해 규율되고 있으며, 각각 완전하게 독립된 지방공공단체로서 자리매김되어 있다.

도도부현(都道府縣)이 시정촌을 포괄 하는 2층 구조를 취하고 있지만 도와 시정촌은 상하관계에 있는 것이 아니라 상호 대등한 관계에 있다. 처리하는 사무를 포괄적으로 살펴보면 일반적으로 시정촌은 기초적인 지방공공단체로서 주민에게 가장 친밀한 일상생활과 직결되는 사무를 처리한다. 그리고 도도부현은 시정촌을 포괄하는 광역적인 지방공공단체로서 광역을 뛰어넘는 사무, 시정촌에 관한 연락 조정에 관한 사무, 그 규모와 성질에 있어서 시정촌이 처리하는 것이 적당하지 않다고 인정되는 사무 등을 처리한다.

2) 시정촌의 행정

(1) 시정촌의 사무

시정촌은 기초 지방자치체로서 주민의 복지증진을 위한 각종 사무를 처리하고 있다. 시정촌이 처리하는 사무는 자치사무와 법정수탁사무로 구분되어 있다. 자치사무는 지방공공단체가 처리하는 사무 중에서 법정수탁사무를 제외한 것으로 도시계획 결정, 음식점 영업의 허가 등이 있다. 법정수탁사무는 법률 등에 의해서 시정촌이 처리하는 사무 가운데 국가 또는 도도부현이 본래 완수해야 할 역할과 관련되는 사무로서 국가 또는 도도부현이 적정한 처리를 확보할 필요가 있는 사무로서 법률 등에 특별히 정하고 있는 사무로 국정 선거, 여권의 교부 등이 이에 해당한다.

(2) 시정촌의 조직과 그 기능

시정촌의 기관은 의결기관과 집행기관으로 대별되어 있으며, 의결기관으로서 의회와 집행기관으로서 장 및 각종의 행정위원회 및 위원이 있다. 의결기관인 의회는 주민의 직접 선거에 의해 임기 4년의 의원으로 구성되어 있다. 그 정수는 지방자치법으로 정하는 인구 구분에 상응한 상한 수 이내에서 조례로 정해진다. 집행기관인 장은 지방공공단체를 대표하며 지방공공단체의 사무 일반에 관해서 관리 집행한다. 또 각종 행정위원회 및 위원은 전문성, 중립성을 견지하며 선거, 교육, 감사 등의 특정 사무를 관리 집행한다.

의결기관과 집행기관은 그 기능을 분임하여 함께 주민에 대해 책임을 지고 있다. 예를 들면 시정촌장에 대한 의회의 불신임 의결권, 장의 의회 해산권에서 보여지는 바와 같이 권능의 상호 균형과 억제 위에서 시정촌 행정을 운영하는 구조로 되어 있다.

(3) 시정촌 행정의 현상과 과제

도지역의 시정촌 구역은 각각 독특한 지역적 특성을 가지고 있어 재무행정 운영상의 과제도 차이가 있다. 본격적인 지방분권의 시대를 맞이하여 새로운 행정수요나 광역적인 행정과제에 대응하기 위하여 시정촌은 재무행정 기반의 강화가 요구되고 있다. 시정촌 합병은 그 방책으로서 유효한 선택사항의 1개이며, 도는 시정촌이 자주적 · 주체적인 입장으로부터 합병을 검토할 수가 있도록 시정촌의 시책을 지원하고 있다. 최근 동경도의 시정촌 합병은 1995년의 아키루노시, 2001년의 니시동경시의 예가 있다.

각 시정촌은 각각의 행정수요에 대응하기 위하여 기본 구상이나 중 · 장기 계획을 책정하여 계획적 행정을 시행하고 있다. 그러나 시정촌의 재정상황은 세수입이 회복 경향에 있지만 아동복지나 생활보호 등의 의무적 경비의 증대로 여전히 어려운 상황에 놓여 있다. 또 향후는 대량퇴직과 동반하는 퇴직금의 증가등도 전망되어 한층 더 재정의 부족이 염려되고 있다. 따라서 각 시정촌 모두 재무행정 개혁에 몰입하여 수지의 개선에 노력하고 있다.

도는 각각의 지역이 안는 행정과제를 해결하는 시책을 추진함과 동시에 각 시정촌의 개별의 행정과제에 대응한 재정 지원, 기술적 조언 등을 실시하고 있다. 또 도는, 소방 사무의 시정촌으로부터 수탁, 상수도의 동경도 경영 일원화, 유역 하수도의 정비 촉진 등, 보완 행정, 광역 행정을 적극적으로 추진하고 있다.

그 밖에 도와 시정촌 간에 있어서 행정상 많은 과제를 종합적으로 원활하게 실시하기 위하여 각종 협의회 등이 설치되어 있다. 그 중에서도 도시정촌 협의회는 도와 시정촌의상위 관리층에 의한 협의기관으로서 다양한 행정과제에 대하여 도와 시정촌이 서로 충분한 의사소통을 하면서 상호 기능분담과 협력 관계를 유지하고 구체화하기 위한 기구로 설치되어 있다. 이와 같이 도와 시정촌은 서로 긴밀한 제휴 하에서 주민 복지향상을 꾀하고 있다.

Ⅲ. 동경도의 권력구조

1. 도지사의 권력

동경지사는 수상보다 강한 권력을 가지고 있다고 일컬어진다. 그 근거로서 첫째, 수상은 국회에서 소수자의 지지(의원)로 선출되지만 동경지사는 1,000여 만 유권자에 의하여 직접 선택되며, 둘째, 도의 예산규모 12조 원, 직원 수 17만여 명의 수장인 동경지사의 재량권이 매우 크다는 점, 셋째, 동경지사는 4년간 업무에 전력투구 할 수 있지만 의원내각제하의 수상은 여야당에 흔들려 소신껏 업무에 충실할 수 없다는 점, 넷째, 합의제 내각의 장(수상)보다 독임제의 동경지사가 상대적으로 강격한 리더십을 발휘를 할 수 있다는 점, 다섯째 당수나 장관과 같이 지사에게도 경호요인이 붙는다는 점 등을 들 수 있다.

또한 동경지사는 미국의 대통령과 비교해도 그 권력은 강하다고들 말한다. 미국 대통령은 의회의 소집권이나 해산권이 없으며 의회에 예산이나 법안의 제출권도 없다. 의회에 교서를 보내 예산이나 법률의 제정을 재촉할 수밖에 없다. 대통령으로 할 수 있는 것은 법률에 대한 거부권의 발동에 머무른다. 이에 반해 동경지사는 모든 권한을 가지고 있기 때문에 의회보다 강한 입장에 있다.

이러한 제 인식은 모두 동경지사의 위상을 정확하게 설명하고 있다는 점에서는 일면 타당하다고 볼 수 있다. 그러나 그것은 일방적이고 단편적인 시각일 수밖에 없다. 그것은 현재의 부현제도가 법률상 동경지사에게 특별한 권한을 주고 있는 것도 아니기 때문이다. 예컨대 동경지사만이 특별하게 주민에 의해서 선출되는 선출직이 아니라 일본의 46개 지사도 주민으로부터 직접 선택된다. 도의 재정규모는 부현의 규모에 비하여 확실히 매우 크지만 그 재정위기 또한 매우 심각하다. 또 동경지사가 국가의 대신(장관)을 겸하고 있는 것도 아니다. 하물며 동경지사에게는 차기 수상이 탄생한다고 하는 파리 시장과 프랑스 대통령을 닮은 것 같은 정치적 관계도 없다. 사실 전후 동경지사로부터 내각총리대신이 된 사람은 없다. 그런데도 동경지사는 왜 강대한 권력자라고 말해지는 것일까. 동경지사에게 얼마나 많은 재량권이 있는 것일까.

1) 보이지 않는 권력

동경지사라고 하는 지위는 실권으로서의 권력보다 영향력으로서의 보이지 않는 권력이 훨씬 크게 보인다. 그 권좌에 오르는 사람의 개성에 따라서는 보다 과대평가해 보인다. 동경지사의 권력을 보다 크게 보이게 하고 있는 요인은 다음의 점에 있을 것이다.

첫째, 동경도라고 하는 거대도시도 국제사회에 미치는 영향력이 크다는 점이다. 경제규모가 권력의 원천이라고 본다면 GDP(국내 총생산)에 있어서 동경도는 캐나다를 제치는 세계 제9위 정도의 국가에 해당된다(동경도 6,514억 달러, 캐나다 6,038억 달러, 98년). 미국, 일본, 독일, 프랑스, 영국, 이탈리아, 중국, 브라질의 다음이다.

둘째, 일본에 있어서의 수도 동경의 영향력이다. 수도 동경에는 정치, 행정, 경제, 정보, 문화 등의 고차원적인 중추기능이 집중되어 있다. 일본 GDP의 20%, 종업원 수의 15%를 점하고 있으며 주식 매상고 90%, 외국기업의 본사 · 본점수의 50%, 정보 서비스업(매상) 50%, 은행대출잔고 40%, 상업판매고 30%를 점유하고 있다.

셋째, 동경은 정보 전달 기능의 강점을 갖고 있다. 에도 시대 이래 일본의 수도가 된 동경은 기관차의 역할이 요구되어져 왔다. 그 과정에서 형성된 동경의 정보 전달 기능은 메스컴의 발달로 현재까지 그대로 굳어져 왔다. 이러한 제 요인들이 '동경 브랜드'가 가지는 강함이며, 동경지사의 역할과 권한이 상대적으로 커보이게 한다.

2) 실상으로서의 권력

그럼 실상으로서의 동경지사는 어떠할까. 동경지사는 도민의 직접선거로 선출되며, 자치단체장으로서 도를 총괄하고 대표한다. 집행기관의 장인지사는 정책입안, 정책집행 이외에도 예산안 · 조례안의 작성, 지방세의 부과징수, 부지사 · 출납장 · 교육장 등 특별직의 임명, 국장 이하

일반직원의 인사, 교육위원이나 공안 위원인과의 임면 및 지휘 감독의 권한을 가지고 있다.

동경도의 재정규모는 특별 회계를 포함하여 전체적으로 12조 엔. 경찰, 소방, 학교를 포함한 직원 수는 17만 5천 명으로 동경지사는 그 임면권의 대부분을 가진 거대한 관료기구의 수장이다. 국가의 부처기관과 비교하면, 예를 들어 문부과학성의 14만 명, 후생노동성의 10만 명, 국토교통성의 7만 명의 직원 수와 비추어 볼 때 국가의 각 대신보다 동경지사의 인사적인 영향력은 매우 크다.

수상은 내각을 대표하고 있다고 한다. 하지만 예산집행이나 개별의 정책결정에 관련되는 주무 대신과 같은 실제 권한이 없는 반면, 동경지사는 행정집행의 모든 분야에 관련되는 큰 권한을 가지고 있다. 그러나 예를 들어 동경지사의 정치적인 임용권이 미국 대통령과 비교했을 경우 상대적으로 매우 적다는 점에서 권력기반의 약함을 나타내는 일면도 있다. 미국의 대통령은 연방정부의 보좌관이나 각료, 국장 등 간부직 3,000석을 넘는 임용이 가능하다. 또 동경도와 직원 수가 같은 규모의 뉴욕시장은 조역이나 보좌관, 국장 등 100명을 넘는 간부 지위를 임용하고 있다. 그들 정치적 임용 참모는 확실히 대통령, 시장의 직속 비서진으로서 기능하고 있다고 본다.

이에 반해 동경지사는 직속 비서진으로 여겨지는 부지사, 출납장, 교육장, 특별 비서 외에 매우 적은 수의 특별직만을 임용하는 권한을 갖고 있다. 그 수는 겨우 5-6명 정도이다. 게다가 부지사, 출납장, 교육장은 의회의 동의를 구하는 인사로 임기의 보장도 없다.

동경지사는 또한 경찰에 대한 통제권도 거의 가지고 있지 않다. 반면 뉴욕 시장은 시경찰관의 총 지휘관이며, 치안판사로서 광범위한 경찰권을 갖고 있다. 대통령이나 주지사는 군의 최고 사령관이다. 한편, 동경지사는 최대 규모의 경시청을 산하에 두고 있으면서도 경시총감의 임명권은 원래 없으며, 경시정 이상의 간부 인사권도 없다. 경찰 간부는 국가공무원이며 경찰청 장관의 지휘 하에 놓여 있다. 동경지사는 도의 경찰예산의 편성을 포함 경찰권 전체를 장악하고 있지 못하며, 자위대에 관해서도 치안출동의 요청권밖에 없다. 도는 최근 20년간 철저한 행정개혁으로 직원 수를 3만 6,000여 명 삭감하고 있지만 경찰관은 반대로 증가하고 있다(1979년 4만 4,174명에서 2001년 4만 4,644명). 이와 같은 현상은 경찰관의 정수는 도의 조례가 아니고 국가의 정령으로 정해져 동경지사에게 그 재량권이 거의 없기 때문이다. 제도상으로 동경지사와 현지사와의 차이를 지적한다면 그것은 '도제'라고 하는 특수성에 있다. 동경부와 동경시에서 동경도가 태어났으며, 그후 도는 현과 시의 성격을 동시에 갖는 자치체가 되었다. 이러한 과정에서 동경도의 행정과 재정규모가 확대되어 왔다. 즉 동경지사는 동경의 현 지사이며 동경 시장이라고 할 수 있다. 여기에서 동경지사는 다른 현 지사보다 권력이 강하다고 하는 견해가 생겼다고 볼 수 있다.

3) 동경지사의 업무

(1) 바쁜 업무일정

동경지사는 매우 바쁜 일정을 소화한다. 평균적으로 하루 일과 중에 직접 면회하는 사람은 5분씩만 하더라도 약 30명, 국장으로부터의 보고가 5건, 기자회견이나 회의가 2회, 퇴청 후의 파티나 회합이 2건, 그 밖의 지사실에서의 수명의 면담인이 있다.

휴일이나 국내 출장, 해외출장을 제외한 약 280일을 계산하면 무려 면회자는 8,000여 명, 국무보고가 약 1,400여 건, 회의 출석이 560회, 파티 출석 560회, 거기에 해외출장이 3회(30일간)를 넘기 때문에 거기에서도 수많은 사람을 만난다. 해외로부터의 공식, 비공식의 방문객을 가세한다면 동경지사는 연간 10만 명에 가까운 사람과 직접 만나게 된다. 주말에는 원고 집필 등에 쫓기고 휴일도 여러 가지 행사에 얼굴을 내밀어야 하며 가두 캠페인에도 나선다. 일 년에 결정된 휴일은 8월의 일 주일 정도의 여름휴가 정도가 전부이다. 그 밖에 각종 단체의 회장 등 외부의 직함이 170여 건에 이른다.

(2) 지사는 4개의 얼굴

동경지사에게는 4개의 얼굴이 있다. 첫째는 정치가의 얼굴이다. 1,200만여 명의 도민으로부터 선출된 대표자로서 도민의 이익, 지역의 이익을 최대화하는 역할을 한다. 둘째는 사장의 얼굴이다. 재정규모 12조 엔, 직원 17만여 명을 인솔하는 거대 조직의 경영자로서 도민의 신탁에 응하지 않으면 안 된다. 셋째는 지방 대표의 얼굴이다. 동경지사는 전국 지사 회장의 당연직이다. 동경은 일본의 수도이지만 중앙(국가)과 지방이라고 하는 관계에서는 지방의 이익을 위해서 지방을 대표하는 입장이 전국 지사 회장의 지위이다. 특히 보조금 행정, 인허가 행정이 지방을 묶고 있는 만큼 그 개선을 요구하는 역할은 매우 중요하다. 넷째는 외교관의 얼굴이다. 수도에 소재하는 도청에는 국빈을 비롯하여 공식, 비공식적으로 많은 요인들이 예방한다. 이들을 대접하는 것도 소중한 업무이다. 또 국제교류 시대에 있어서 외국을 방문하여 회의나 도시 수뇌와의 교제를 늘리는 것 또한 중요한 역할이다.

2. 동경도의 부지사

1) 부지사의 업무

현재 동경지사를 보좌하는 도청 관료제 조직에는 3명의 부지사가 있다. 다른 현에서는 2인제가 많다. 원래는 1인제가 대부분이었지만 60년대 후반부터 2인제가 보편화되고 있다. 현의 행정과 업무가 증대해 왔다는 배경도 있지만, 내부 사정으로서 토박이 직원(지방공무원)과 국가로부터의 출향 직원(국가공무원)의 양 지위를 확보하여 거주지를 분리할 필요가 있었기 때문이다. 일본의 자치체에서는 수장 이외의 모든 직원은 법률상 '보조기관'으로 분류하고 있기 때문에 부지사는 실질상 이 보조기관의 정점으로 자리매김하고 있다. 도의 부지사는 각 부처의 사무차관과 많이 닮아 있지만 사무차관은 일 년 교대가 많고 대신(장관)인사와 연동하고 있지 않다. 원래 사무차관은 정치가인 대신을 보좌한다고 하는 의미에서는 '부'이지만, 그 부처 관료제 조직으로부터 보면 관료의 최상위에 위치하고 부처를 책임지는 제1인자이다.

내각의 정책결정에 영향력을 가진 사무차관 회의의 구성 멤버이며, 사무의 측면에서 내각 관방 부장관이 되면 각 부처 간의 정책의 조정자 역할로 정치와 행정의 접점에 위치하고 있다. 그 인선은 부처 관료 스스로의 경쟁과정에서 살아남은 엘리트가 충당되는 경우가 많다. 한때는 부처 대신이 선호하는 인사가 선발되어 인사가 화제가 되었지만 서열의 변경을 싫어하는 부처 관료의 저항이 크게 작용하고 있다. 도청 인사는 먼로주의(순혈주의)라고 일컬어지고 있으며, 그것은 부지사로부터 말단의 직원까지 관철하고 있다. 도청에서는 국가의 부처로부터 부장 클래스에의 낙하산 인사도 있지만 그 수는 많지 않으며, 국장이나 부지사로의 기용은 거의 없다.

도의 부지사는 4년의 지사 임기와 연동하고 있으며, 지사와 운명공동체의 색채가 강하다. 따라서 그 인선은 지사가 결정한다. 과거의 취임 예로 보면 업적이나 연령의 밸런스로부터 선택했던 결과론일지도 모르지만 부지사 종사에 필요한 경력에는 일정한 코스 같은 것이 있어 보인다. 또 인간이 운영하는 조직인 이상 내부에 엽관 운동도 있다.

2) 부지사의 선택

도청의 부지사는 많은 경우 내부로부터 선택되지만 원래 반드시 그렇지만은 않았으며, 3명의 부지사를 모두 외부로부터 기용한 예도 있지만 내부 기용이라고 하는 관행이 이어지고 있다. 부지사에게는 지사의 직무 대리를 미리 정해두는 것이 법정화되어 있다. 이 대리 순위에 의해 서열이 정해지기 때문에 도청에서는 3명의 부지사(Vice Governor)를 통칭 V1, V2, V3라고 부르는 관행이 있다. 원래 이것은 상하의 서열은 아니리 지사직무 대리자로서의 서열에 지나지 않으며, 부지사의 실력과 청내 영향력을 반드시 나타내는 것은 아니다. 통상 V1이 인사권을 가지지만 이시하라 동경도의 행정은 다른 것 같다. 지사 스스로 인사권과 정보를 장악하고 그 대행 역을 V3에게 맡기는 형태로 운영하고 있기도 한다. 내부로부터의 부지사 기용이 전통인 도청에서는 그 승격 인사에 대한 관심은 높다. 4년에 한 번 있는 인사이기 때문에 동경지사 선거가 끝나면 부지사 인사는 청내의 중요한 화제가 되고 있다. 그 지위에 누가 승격되느냐에 따라서 계속되는 국장 인사에 영향을 미치기 때문이다. 부지사는 특별직이므로 정년은 없지만 취임에는 의회의 동의를 필요로 한다. 국장

급은 일반직으로서 정년이 있다. 이러한 점들이 고려되어 예외적인 발탁 인사를 제외하면 부지사는 대개 주요 국장의 지위에 있는 정년 직전의 사람으로부터 선택되는 경우가 많다. 전후 부지사 38명의 취임시 평균 연령은 55.7세이다. 최근에는 조금 높아지는 경향에 있다.

3) 부지사 코스

부지사의 경력을 분석해 보면 전통적으로 3개의 경로가 있다. 총무, 재무, 기획의 관방계 3국의 국장으로부터, 또 하나의 지위는 청소나 항만 등 사업계국의 국장으로부터의 취임이다.

우선 첫 번째는 재무국장으로부터 부지사로 이어지는 코스다. 2009년 현재 14회의 부지사 인사를 단행해 왔지만 그 중 10회는 재무국장(재임 포함)이 부지사로 기용되어 왔다. 거액의 예산을 취급하는 재무국이 동경도의 행정에 매우 중시되고 있는지를 암시하는 인사다.

두 번째는 총무국장 또는 기획계 국장으로부터의 진입 코스다. 도청의 총무국장은 각 성 관방장에 해당되는 역할을 하며, 도청 인사나 구시정촌 행정에의 지도권한을 갖고 있다. 총무국장 출신 부지사는 여덟 명이 배출되었는데, 기획계 국장 출신은 두 명이 있으며, 최근 기획계 국장 출신이 출납장으로 이동하는 케이스도 있다.

세 번째는 시기에 따라 적절한 정책 테마를 다루는 사업계 국장이 선택되는 것이 많아지고 있다. 미노베 지사의 3기째에는 청소 국장이 스즈키 지사의 제1기부터 3기까지는 생활문화 국장이 스즈키 지사의 4기째, 아오시마 지사의 제2기에는 항만 국장이 이시하라 지사의 제1기에서는 청소 국장이 부지사로 선택되었다.

화제가 되면서도 실현되지 않는 코스가 기술계의 부지사이다. 토목계의 도시계획 국장이나 건설 국장의 기용은 많은 하마평이 있지만 아직도 실현되지 않고 있다. 도시재생을 슬로건으로 내세운 이시하라 동경도의 행정에서도 그 예가 아직 없다.

이와 같이 도청의 부지사의 선택되어지는 코스는 다른 현과 방법에 있어서 크게 차이가 난다. 무엇보다 이러한 도청 먼로주의(Monroe)를 계속하는 것이 좋은 것인지에 대한 논의는 계속되어지고 있으며, 인재선발에 대내외적으로 문호를 넓혀야 한다는 목소리가 높아지고 있다. 분권시대에 있어서 지방자치체의 경영은 자기 결정 · 자기 책임으로 행해야 한다. '경영' 에 관한 경력과 '정책' 이 뛰어난 인재의 기용이 필요하다는 목소리도 있다. 지금까지와 같이 내부 질서를 우선하는 인사를 향후도 계속한다면 도청관료제는 사회로부터의 유리될 수밖에 없다는 비판의 소리에도 귀 기울여야 할 것이다.

하지만 외부 인재의 등용도 그렇게 간단하지만은 않다. 자칫 잘못하면 측근정치로 연결된다. 측근의 기용이라고 하는 엽관제적인 인사는 권력기반을 굳히는 점에서는 유리하게 작용하겠지만, '군주에 충성을 다 한다' 라고 하는 행동양식을 낳기 쉽고 공무원의 중립성을 훼손할 우려가 있다. 대내외로부터의 기용하고자 하는 인사의 임용기준은 지사의 형편과 입장에서가 아닌 어디까지나 도민에게 봉사할 수 있는 체제인가 어떤가를 판단 기준으로 해야 할 것이다.

3. 특별직으로서의 출납장

지사가 의회의 동의를 얻어 임명하는 인사에는 부지사, 출납장, 교육장 등이 있으며 그 임기는 보통 지사와 임기가 같다. 이들 소수의 특별직은 지사의 한쪽 팔로서 동경도의 행정 전체에 관련되는 것이 많다. 교육장은 지금까지 일반직이었지만 99년의 법개정으로 도도부현의 모든 교육장이 특별직이 되었다. 이 조치는 교육행정의 중요함을 나타내고 있음을 보여준다.

그런데 이중에서도 출납장은 해당 지방자치체의 회계 사무의 총괄 책임자이며 금전 출납을 관리하고 결산서를 작성하는 요직이다. 시정촌에서도 회계담당자는 특별직으로서 다루어지고 있다. 지방자치법 169조는 수장 권력의 부패를 방지하기 위해 출납장, 부출납장직에 친족의 기용을 금지하고 있다. 이처럼 출납장은 일종의 권력 억제의 관점으로 임용된다.

동경도의 행정에서는 스즈키 동경도의 행정 3기째부터 출납장을 특별직으로 분류하고 있다. 그러나 그 무렵 출납장 인사는 부지사 인사와 얽혀 부지사 후보 중에서 출납장을 선택하는 분위기가 있어왔다. 지사에게 비서의 지위가 적은 가운데에서 출납장을 제4부지사라고 하는 견해도 있지만 바람직하지 못하다는 평가가 강하다.

문제는 두 가지 측면에서 살펴볼 수 있다. 첫째는 법률의 취지로부터 볼 때 출납장은 오히려 지사 권력으로부터 일정한 거리를 두도록 요구되고 있으며, 출납장은 지사의 정책 브레인도 아니며 지사 권력은 더더욱 아니다. 또 하나는 금전출납을 포함하여 회계 사무가 이만큼 컴퓨터화되고 있는 오늘날 금전 출납부를 하나하나 관리하는 업무의 총괄자가 특별직이라고 하는 부지사와 동격 지위일 필요가 있을지에 관한 의문을 갖고 있다.

오히려 지금 요구되는 출납장의 기능은 동경도의 행정 전체의 자금의 흐름, 즉 예산편성, 집행, 결산, 평가라고 하는 재정과정 전체를 컨트롤 하는 기능이 바람직하다는 주장도 있다. '출납장' 제도는 지방자치법이 제정된 전후 바로 시행되어 왔으며, 그후 거의 개혁되지 않았다. 집행관리는 아닌 '경영통제'가 강하게 요구되는 오늘날 출납장을 특별직에 두려고 한다면 '재무감'으로 명칭을 바꾸어 지사 권력에 대해 일정한 거리를 유지하는 재정관리 시스템이 필요하며 출납장의 인사는 오히려 금융의 전문가를 충당하는 편이 좋을 것이다. 제 역할을 제대로 하지 못하고 있는 '감사위원' 제도와 함께 동경도의 행정에 있어서 출납장 제도의 개혁을 주장하는 목소리가 높아가고 있다.

Ⅳ 동경도의 재정

1. 동경도의 재정규모

① 2008년도(헤세이 20년) 동경도의 일반회계 당초 예산은 6조 8,560억 엔이다.

② 일반회계에 특별회계와 공영기업 회계를 맞춘 토쿄도 전체의 재정규모는 13조 3, 855억 엔(단순 합계)이다.

③ 도의 일반회계의 재정규모는 다른 도부현과 비교해 두드러지게 크며, 국가의 재정규모(83조 613억 엔)의 약8%에 해당한다.

- 특별회계는 특정의 사업이나 자금 등에 대해서 그 수지를 명확하게 하기 위해서 일반회계와는 나누어 계상하기 위한 것이다. 일반 가정으로 말하면 광열수비나 전화요금, 장기주택 상환금 등을 다른 회계로 관리하는 것 같은 이미지다.

〈표 1〉 국가 · 지방 전체와의 비교

구분	2008년도
동경도	6조 8,560억 엔
국가	83조 613억 엔
지방 전체	83조 4,014억 엔

〈그림 1〉 동경도의 재정규모(2007년도 당초 예산)

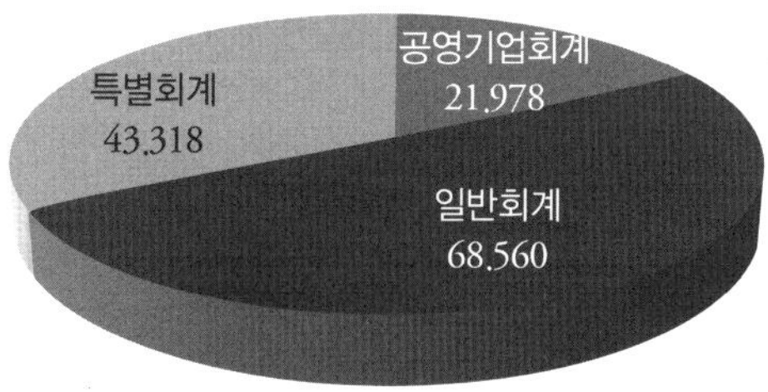

- 공영기업회계는 전기, 수도, 전철 등 독립채산제의 공영기업의 수지를 계상하기 위한 것이다.

2. 세입구조

① 도의 세입은 도세가 약 80%이다.

② 도의 세입의 중심인 도세수입은 법인2세(법인도민세 및 법인사업세)의 비율이 높고 경기동향에 따른 영향을 받기 쉬운 구조이다.

③ 지방전체와 비교할 때 다음과 같은 특징이 있다.

- 세율이 높다.

〈그림 2〉 다른 자치단체와의 비교(2005년도 보통회계 결산)

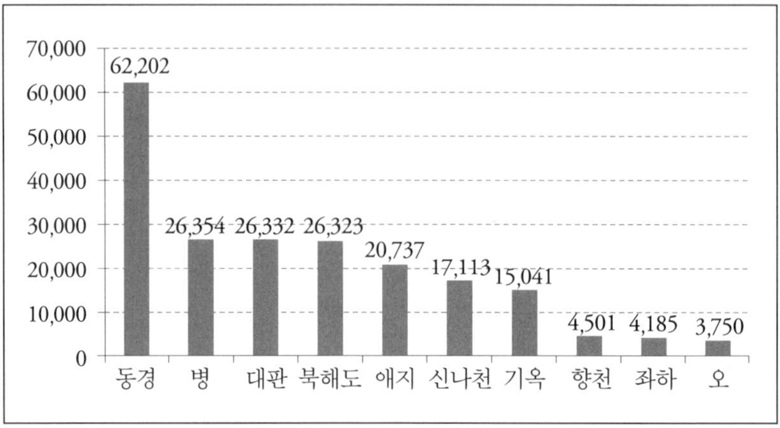

〈그림 3〉 동경도의 재정규모의 추이(일반회계 당초 예산)

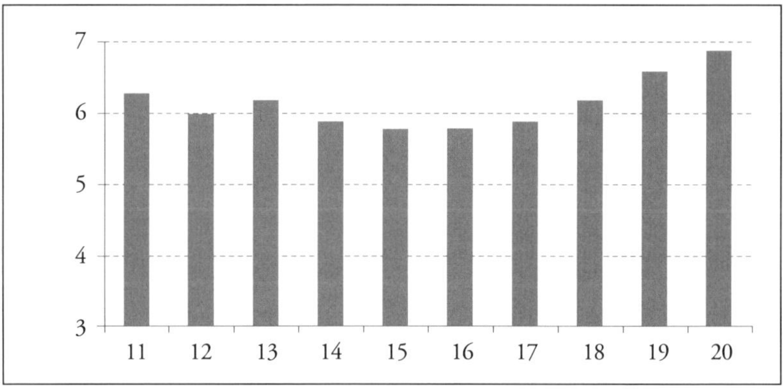

- 국가로부터의 이전재원의 비율이 낮으며 도는 지방교부세를 교부하지 않는 단체로서 국가지출금의 비율도 낮다.
- 지방채의 비율이 낮다. 장래 상환의 부담을 고려해서 도는 도채의 발행을 억제하고 있다.

〈그림 4〉 수입구조의 비교(2007년도 당초 예산)

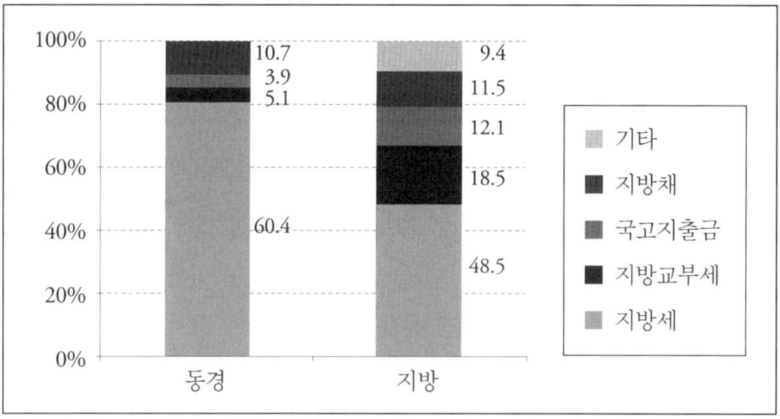

3. 세금의 사용

① 도 예산의 성질별 내역을 보면 직원의 급여와 관련된 경비가 약 4분의 1을 차지하고 있다. 그 대부분은 경찰 · 소방직원 또는 학교 교원 등 도민생활과 직접 관련 있는 직원의 급여이다.

② 부조비와 보조금은 의료비의 조성과 수당의 지급, 각종시설의 운영비 보조 등이다.

③ 투자적 경비는 도로 및 교량 등 사회자본의 정비, 교사, 사회복지시설 등의 시설정비를 위한 제 경비이다.

④ 그 밖에 도비의 상환을 위한 경비인 '공채비'와 세의 일정비율을 구시정촌에 교부하는 '세연동경비' 등이 있다.

〈그림 5〉 도세입의 추이

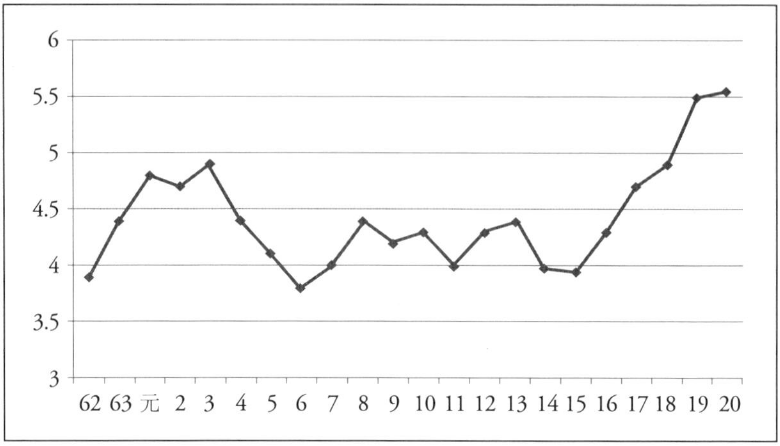

※ 18년도까지는 결산액, 19년도는 최종보정후 예산액, 20년도는 당초예산액.

Ⅴ. 미래의 동경

1. 수도 이전

일반적으로 수도는 '그 나라의 중앙정부가 있는 도시' 를 가리키고 있다. 이러한 관점에서 정부의 소재지가 수도지만 일본의 경우 황궁의 소재지를 수도로 하자는 의견도 있어서 법률상 명확하게 되어 있지는 않다. 이에 황궁을 포함하지 않는 입법, 사법, 행정의 주요 기관을 이전하는 것을 '수도기능 이전' 이라고 부르고 있다.

'수도기능 이전' 의 목적은 동경일극집중으로부터 벗어나자는 데에 있다. 수도를 이전해야만 하는 근거로는 ① 동경구부의 과밀 해소, ②

〈그림 6〉 성질별 내역(2007년도 당초 예산)

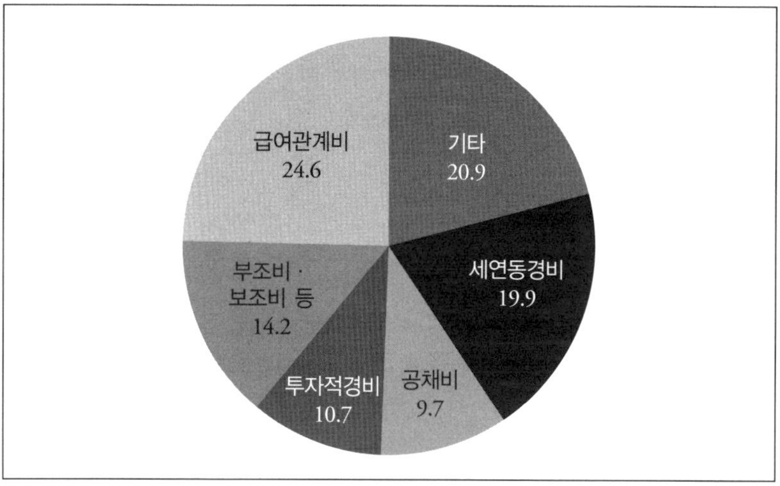

기능 분산에 의한 국토의 균형화, ③ 지진 재해 등에 대한 위기관리, ④ 민간기업의 이전 촉진, ⑤ 내수 확대에 의한 경기대책 등이 있다. 총 비용 12조 3,000억 엔(도의 추산은 20조 1,000억 엔)으로 추측해 향후 10년에 걸쳐서 인구 56만 명, 개발면적 8,500헥타르의 신수도를 제3지대에 건설하자고 하는 것이다.

이러한 계획에 대하여 도는 다음과 같이 반론하고 있다. 첫째, 인구 56만 명의 이전규모는 동경권 인구 전체 인구의 7%에 지나지 않으므로 통근혼잡이나 교통정체 등 한곳에 집중되는 폐해가 해소되지 않는다는 것이다. 막대한 비용을 투입하는 것에 비하여 그 이전 효과는 크지 않다는 것이다.

둘째, 정치 · 경제가 일치하지 않으면 수도로서의 기능을 발휘할 수 없음에도 불구하고 수도를 분리하는 것은 일본의 국제경쟁력을 더욱 더 저하시키게 되어 결국 일본에 있어서 심대한 손실이 예상된다는 것이다.

셋째, 반대로 수도 이전에 필요로 하는 경비를 동경권 재생에 투자한다면 80조 엔 규모의 경제효과와 도시환경의 개선에 기여할 수 있다는 것이다. 수도 이전에 관한 논쟁은 일본의 고도 성장기 무렵부터 시작되었으며, 동경도의 행정에 있어서 매우 민감한 과제로 남아있다.

2. 특별구의 장래 비전

동경의 23개구는 규모에 있어서 현재 인구 3만 5,000명의 치요다구로부터 80만 명의 세타가야구까지 그 격차는 매우 크다. 동경 23구를 '특별구' 라고 부르며, 일반의 시정촌과는 조금 다르며 요코하마시 등 정령지정도시에 있는 행정구와도 다르다. 요코하마시의 구는 시청의 일선기관이지만 동경의 특별구는 일반시와 같은 기능을 수행하며 주민선거의 의한 의회와 수장을 두는 기초지방자치단체이다.

그럼 '시' 와는 무엇이 다른 것인가. 특별구는 권한에 있어 상하수도나 소방 등 기초자치단체인 일반시의 업무를 하고 있지 않으며, 대신하여 도가 이것을 담당하고 있다. 지난 2000년 봄까지만 해도 청소에 관한 업무조차 광역자치단체인 도에서 담당해 왔다. 또한 본래 시의 세수입이 되는 고정 자산세 등이 특별구에 들어가지 않고 도의 세입이 되고 있다. 도는 이 수입을 기초로 도구재정조정제도에 의해 48%를 자체재원으로 사용하고 남는 52%를 각 구에 균등하게 배분하고 있다.

이 23구를 포괄하고 부현의 사무와 소방, 상하수도 등 시의 업무를 겸하여 시행하는 제도를 '도' 제라고 부르고 있다. 도도부현이라고 부르지만 실은 일반의 현에는 없는 이중의 성격을 가지는 제도이다. 이 제도는 제2차 세계대전이 한창이던 1943년 동경부와 동경시의 이중 행정을 해소할 목적으로부터 부시합체에 의해서 태어났다. 전후 수차례의 개정을 거쳐서 도도 거의 일반의 현에, 구도 거의 일반의 시 기능을 수행하고 있다. 그러나 제도상 구는 특별 지방공공단체라고 하는 지위에 머물러 있으며, 도구관계에 집권적인 구도가 남아 있다. 이러한 현상은 전후 개혁에서 해결하지 못한 부분이라는 견해도 있다. 그 이유는 다음과 같다.

첫째, 각각의 구는 독립되어 있지만 과거 '동경시'라고 하는 거대 도시를 구성해온 일부로서 역할을 수행한 역사적·기능적 배경이 있다는 것이다.

둘째, 23구역의 구민은 각 구의 재정력의 강약에 관계없이 동일한 부담과 동일한 행정 서비스를 받는 것이 바람직하다고 생각하고 있다는 것이다.

셋째, 도는 광역 자치체로서 각 구에 재원의 편재나 서비스의 격차가 생기지 않게 조정해야 한다는 것이다. 이것은 정부가 전국의 자치단체에 지방교부세 제도를 통해서 내셔널미니멈(national minimum)을 달성하기 위하여 조정하고 있는 제도와 같은 맥락이다. 도에 의한 도구 재정조정은 지방교부세 제도의 미니 동경판이라고 볼 수 있다.

그러나 이 제도가 생긴 지 50년 이상이 지났으며 2000년부터 새로운 지방분권의 시대에 돌입하고 있나. 대도시의 일체성도 중요하겠지만 지역의 특성과 현안이 각각 다르기 때문에 계속해서 통합적으로 관리조정해 나가는 것은 큰 의미가 없다는 지적도 있다.

3. 동경 23구의 재편

동경구민은 동경특별구가 보통 '시'가 되는 것을 바라지 않을 것이지만 각 구를 대도시 지역에 어울리는 새로운 유형의 기초자치단체로서 자립시키는 것이 구의 지방자치 측면에 있어서는 바람직할 것이다. 따라서 구의 재편도 불가피하다. 예컨대 현재의 23구를 8구 정도로 재편하고 각각 100만 정도의 정령 지정 도시로 하는 것도 한 방편이라는 것이다. 그렇게 한다면 현재의 동경도와 특별구 간에 있어서 상호 의존관계는 해소될 것으로 보고 있다. 문제는 구민이 합병, 재편에 찬성할 것인가의 여부에 달려 있다.

또 하나의 방편은 인구 30만 이상의 구를 정령시와 같은 수준으로 개편하여 새로운 시제도를 도입하자는 의견이다. 한편, 보다 적극적인 주장으로서 '동경시'의 부활에 관한 구상이다. 이같은 견해는 단순한 부활이 아니라 21세기를 맞이하여 수도에 소재하는 시에 어울리는 규모와 제도를 부여하자는 것이다. 즉 교통편 등 지역적 여건을 고려하여 기존의 구를 합병하고 인구 100만에서 200만 규모의 '신동경시'를 만들어서 선거에 의한 시장과 의회를 갖춘 특별시가 바람직하다는 주장이다. 동경의 구부(區部)는 1947년에 1구의 면적을 10평방 킬로미터, 인구 20만 명 정도를 목표로 하여 전전부터 당시의 35구를 현재의 23구로 합병한 역사가 있다. 그 당시의 판단으로서는 구부의 장래 인구를 400만 명 정도로 상정했지만 현재의 인구는 800만 명을 상회한다. 2배 이상의 인구가 증가했다. 현재 일본에서는 전국적으로 시정촌 합병이 진행 중인 상황에서 동경구부만이 재편에서 예외 되고 있다는 점에 대하여 납득하기 어렵다는 주장이 설득력을 얻고 있다.

4. '동경주'의 구상

구 · 부의 자립과 함께 덧붙여 부현으로서의 '도'(都)라고 하는 제도도 검토해 보아야 할 시기라는 주장도 제기되고 있다. 2009년 현재 이시하라 지사는 '수도권 메갈로폴리스 구상'을 제안하고 수도권의 1도 3현(1都 3縣)이 가능한 한 제휴하여 교통이나 산업, 환경정책에 공동으로 임해야한다고 주장하고 있다.

동경 수도권의 경제력은 영국이나 이탈리아에 필적하지만 거주환경이나 경제활동 환경은 그들 국가와는 비교가 되지 않을 정도 나쁘다는 평가를 받고 있다. 도로나 철도는 정비지역과 미정비지역으로 나누어져 있으며, 아직 네트워크화되어 있지 않다. 나리타 공항은 세계에서 가장 평판이 나쁜 공항 중의 하나이다. 하네다 공항도 초과 밀집지역으로서 만성적으로 지연되고 있는 것이 현실이다. 그 중요한 원인의 하나가 수도권의 자치단체가 각자 독자적인 행정활동하고 있다는 점을 들 수가 있다. 현재 일본의 수도권은 도시 정책상 '무정부상태'라는 지적도 있다.

이러한 위기감으로부터 '수도권 메갈로폴리스(megalopolis) 구상'이 구체화되고 있다. 각각의 지역이 그 특성을 잘 살리면서 상호 연대하여 철도, 도로, 공항 등 도시 인프라의 네트워크를 구축하자는 발상이다. 이 구상이 실현되면 도심부를 통과하는 교통량은 약 30%가 줄어들 것으로 예상하며, NOx나 $C0_2$의 발생도 약 10%로 정도 감소할 것으로 예상하고 있다. 이것을 돈으로 환산하면 연간 1조 7,000억 엔의 절감효과가 나타난다는 연구결과도 있다.

메갈로폴리스(megalopolis) 구상을 실현하기 위하여 가까운 장래에 '동경주'(東京州)를 만들어야 한다는 구상도 제기되고 있다. 예컨대 일본의 대도시권의 통치주체로서 ‘주’(州)를 구상한다면 도시문제가 상당 부분 해결될 수 있다는 주장이다. 동경권은 세계 유수한 대도시이며 경제력도 높기 때문에 ‘하나의 주’(州)가 될 수 있는 가능성이 매우 높다. 동경권을 비롯한 대도시권의 ‘주’(州)의 창조는 21세기에 있어서 일본 구조개혁의 중요한 테마임에 틀림없다.

참고문헌

石川信太郎. 1999.『國家なる幻影』. 東京：文芸春秋.
市川宏雄. 2002.『東京都を讀む辭書』. 東京：東洋経濟新保社.
上杉隆.『新阪・石原伸太郎』. 2001.『5人の參謨』. 東京：小學館.
佐々木信夫. 2000.『都廳：もう一つの政府』. 東京：岩波新書.
佐々木信夫. 2005.『東京都政』. 東京：岩波新書.
山崎正. 2002.『東京知事の研究』. 東京：明石書店.
日比野昇編. 1991.『東京都知事』. 東京：日本経濟評論社.
中邨草. 1993.『東京市政と都市計畫』. 東京：敬文堂.
東京都. 1995.『50年史 全10巻』. 東京：ぎょうせい.
______. 2001.『職員ハンドブック2001』. 東京：東京都.
______. 2002.『都政要覽・平成14』. 東京：東京都.
______. 2002.『都議會のはなし2003』. 東京：東京都議會.
______. 2008.『東京都社會指標』. 東京：東京都生活文化スポーツ局廣報聽部都民の聲課.
______. 2008.『都政』. 東京：東京都生活文化スポーツ局廣報聽部都民の聲課.

제5편

지방자치와 정책

14 지역정보화와 지역발전

Ⅰ. 지역정보화의 의의

1. 지역정보화의 개념

지역정보화란 중앙정부의 지원 하에 지방자치단체나 지역주민이 주체가 되어 지역의 문제해결이나 지역의 발전을 위해 단위지역 내 정보통신의 기반시설을 조성하고, 다양한 정보통신 네트워크를 구축 활용하는 것(행정정보화, 산업정보화, 주민생활정보화 포함)을 말한다.[1] 이러한 지역정보화는 정보사회로 이행되어 가는 시대적 상황에서 종래의 산업화 과정에서 나타난 지역 간 격차를 해소하고, 모든 국민이 언제 어디서나 보다 쉽게 각종 생활정보를 이용할 수 있도록 하기 위해 지방의 정보

■ **최근열**(경일대학교 행정학과 교수)

화를 중점 추진함으로써 지역 간 균형발전을 구현하고자 하는 주요 시책이다. 즉 정보화와 지방화의 두 물결이 동시에 도래하는 현 상황에서 지역주민의 정보화에 대한 능력을 높임으로써 지방의 자율적 역량 신장, 지방경제의 활성화, 생활 및 문화수준의 향상을 통해 지역의 복지사회를 앞당겨 실현하기 위한 사업이다.

2. 지역정보화의 추진여건

우리나라의 지역정보화는 지식정보사회의 도래에 따른 사이버 사회의 성숙, 지역정보화의 필요성에 대한 국민적 공감대 형성, 급속한 정보화 추진에 따른 지역 간 · 계층 간 정보격차 발생, 지방행정정보화의 기반조성에 따른 지속적인 고도화 추진 및 기반확충 필요, 지역별 특성에 맞는 정보화를 추진해 균형 있는 지역발전을 도모하고 21세기 지식정보사회에 효과적으로 대응 필요 등으로 추진여건이 갖추어졌다고 본다.

3. 지역정보화의 필요성

우리나라 지역정보화의 필요성은 다음과 같다. 즉 첫째 수준 높은 지역정보화 추진으로 지역주민 삶의 질 향상, 둘째 지방행정 정보화로 행정능률 제고 및 대민서비스의 획기적 개선, 셋째 지역 간 정보격차 해소로 지역 균형발전과 지역경쟁력 강화 등을 위해서이다.

4. 지역정보화의 추진목표와 방향

우리나라 지역정보화의 추진목표는 "세계 최고 수준의 전자지방정부 구현"에 있으며, 그 추진방향은 다음과 같다.

첫째, 주민에게 다가하는 전자지방정부 구현에 있다. 즉 행정 · 민원업무의 절차 및 정보흐름을 수요자 · 현장 중심으로 재편해 지방혁신과 전자지방정부 시스템 간의 조화로운 연계를 촉진하고 중앙-시 · 도-시 · 군 · 구를 수직 · 수평으로 연계해 전자정부 기반조성을 한다.

둘째, 정보격차 해소를 통한 지역 균형발전을 추구한다. 즉 정보화마을의 지속적 확대 조성을 통해 지역 간 · 계층 간 · 세대 간 차별 없는 정보생활화를 실현하고 수익 창출 중심의 컨텐츠 개발 · 보급을 통해 주민 소득 창출 및 지역경제 활성화를 촉진하며 지역주민 간 커뮤니티 콘텐츠의 활성화로 지역공동체 형성과 지역발전의 인프라 역할을 수행한다.

셋째, u-지역정보화 기반을 조성한다. 즉 정보화의 시너지 효과를 극대화해 주민의 생활 속에 정보화를 정착시키고 자치단체가 u-지역정보화를 원활하게 추진할 수 있는 기반을 조성한다.

5. 지역정보화 관련 근거

지역정보화 관련 근거로는 먼저 정보화촉진기본법 및 동법 시행령에 근거한 국가정보화기본계획인 정보화촉진기본계획 및 시행계획, 지역정보화촉진기본계획이 있다. 즉 정보화촉진기본계획은 정보통신부장

〈그림 1〉 지역정보화 추진목표 및 방향

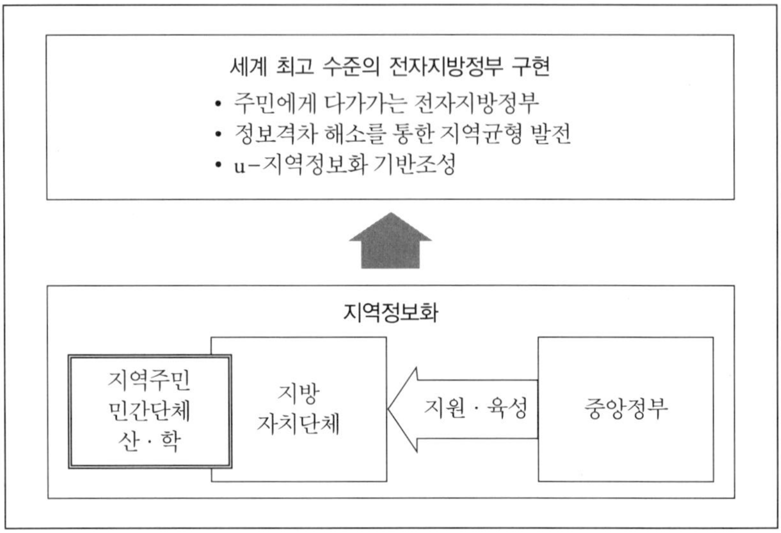

관이 5년마다 수립해 왔으나 2008년 2월 29일 정부 조직개편에 따라 행정안전부장관이 수립하도록 되어 있으며, 정보화촉진시행계획은 정보화촉진기본계획에 근거해 관계중앙행정기관의 장이 매년 분야별로 수립하되 지역정보화와 관련 있는 전자정부촉진시행계획은 행정안전부장관이 수립한다. 그리고 지역정보화촉진기본계획은 행정안전부가 5년마다 수립한다. 다음 각 자치단체는 자치단체별로 지역정보화촉진조례에 근거한 5년마다 수립하는 지역정보화기본계획과 매년마다 수립하는 지역정보화추진계획이 있다.

Ⅱ. 우리나라 지역정보화 정책

1. 지역정보화의 추진경과 및 성과

1) 지역정보화 추진경과

지역정보화사업에 직접 관련이 있는 정보화촉진기본계획, 지역정보화촉진기본계획, 전자정부촉진시행계획(전 지역정보화촉진시행계획) 등의 추진경과를 살펴보면 다음과 같다.

(1) 정보화촉진기본계획

정보화촉진기본계획은 5년마다 수립하는 지역정보화에 관한 국가정보화차원의 상위계획으로 '정보화촉진기본법'(1995년 8월 제정)에 근거해 1996년 6월 처음으로 수립한 이래 현재까지 국내·외적인 환경변화와 정보기술 변화추세에 맞추어 총 6차례에 걸쳐 수립 또는 수정보완되었으며,[2] 각 기본계획별 비전 및 주요 특징을 살펴보면 〈표 1〉과 같다. 이러한 정보화촉진기본계획은 정부통신부가 수립해 왔으나 2008년 2월 28일 정부조직법 개정으로 행정안전부에서 주관하고 있다.

(2) 지역정보화촉진기본계획

지역정보화촉진기본계획은 지방자치단체의 지역정보화촉진기본계획으로 5년마다 행정자치부(현 행정안전부)가 주관해 상위 정보화관련 계획과 연계해 수립해 시행하고 있다. 이러한 지역정보화촉진기본계획

〈표 1〉 정보화촉진기본계획별 비전과 주요 특징

구분	1996년 6월	1999년 3월	2002년 4월	2003년 12월	2006년 3월	2008년 12월
계획명칭	정보화촉진 기본계획	Cyber Korea 21	e-Korea Vision 2006	Broadband IT Korea Vision 2007	u-Korea 기본계획	국가정보화 기본계획
기간	1996-2000년	1999-2002년	2002-2006년	2003-2007년	2006-2010년	2008-2012년
비전	2010년까지 세계 최고 수준의 정보화 실현	창조적 지식기반 국가건설	글로벌 리더 e-Korea 건설	Broadband IT Korea 건설	세계 최고 수준의 유비쿼터스 인프라 위에 세계 최초의 유비쿼터스 사회실현을 통해 선진 한국 건설	창의와 신뢰의 선진 지식 정보화 사회를 구현하여 선진일류 국가 건설
특징	고도 정보화 사회의 기반 조성을 위해 핵심적이고 시급한 정보화 사업 중 파급효과 큰 10대 중점 과제를 선정하여 지원	IMF사태 극복을 위해 정보화를 통해 새로운 일자리를 창출하고 경기활성화에 기여	'Cyber Korea 21' 중점목표의 조기 완료에 따라 새로운 정보화 비전 및 목표설정	'전자정부 로드맵', 광대역통합망(BcN)구축 기본계획, 신성장동력 발전전략, 중장기 정보보호계획 등 각 분야별 핵심계획을 반영	Broadband IT Korea건설계획의 연동계획으로 수립되었으며, 유비쿼터스 사회 기반구축을 목표로 함	소프트파워, 융합인프라 2대 엔진을 기반으로 사회전반에 ICT 활용을 확산하고, 3대 분야(정부, 국민, 사회) 선진화 추진

자료 : 한국전산원, 『한국의 정보화 정책 발전사』(2005. 6) 및 『국가정보화백서』(2006. 7).
정보화추진위원회, 『국가정보화기본계획』(2008. 12).

은 1997년 2월 제1차 지역정보화촉진기본계획(1997-2000)수립에 이어 2002년 11월 제2차 지역정보화기본계획(2002-2006)을 수립했으며, 2007년 10월 제3차 지역정보화기본계획(2007-2011)을 수립했다.

(3) 전자정부촉진시행획(전 지역정보화촉진시행계획)

전자정부촉진시행계획은 정보화촉진기본계획에 근거한 분야별 정보화촉진시행계획의 일환으로 1998년부터 매년 지역정보화 기반확충과 자치행정의 전자화 구현 및 정보격차 해소에 중점을 두고 지역정보화촉진시행계획이라는 이름으로 수립해 오다가 정보화촉진기본법개정으로 전자정부촉진시행계획으로 바뀌었으며, 전자정부추진분과위원회 및 정보화추진위원회의 심의 · 의결받아 추진하고 있다. 이러한 전자정부촉진시행계획의 수립은 행정자치부(현 행정안전부)의 소관사항으로서 전자정부추진 관계 중앙행행정기관의 시행계획과 지방자치단체(시 · 도, 시 · 군 · 구)의 지역정보화 추진계획을 종합 · 조정해 함께 제출한다.

2) 지역정보화 추진성과와 반성

(1) 추진성과

우리나라 지역정보화의 주진성과들 개략석으로 살펴보면 나음과 같다(행정자치부, 2007a : 4).

첫째, 지역정보화 주진을 위한 법 · 제노석 기반이 마련되었나. 즉 정보화촉진기본법 제정('95.8), 자치단체 지역정보화촉진조례표준안 시달('97.4), 지역종합정보센터 설치 및 조직인력 확충 등 기반확충('98–'01), 정보화격차해소에 관한 법률 제정('01.1), 전자정부법 제정('01.3), 자치정보화조합 설립('03.2) 등을 추진해 왔다.

둘째, 지방행정 혁신을 통한 대국민 서비스 기반조성이 이루어졌다. 즉 시 · 도 및 시 · 군 · 구행정 표준정보시스템 개발 보급('98.7–), 민원처리공개시스템 구축을 통한 투명행정 실현, 주민생활지원을 위한 통합정보시스템 개발 보급('07.11) 등을 추진해 왔다.

셋째, 지역정보화 인프라 구축을 통한 지역 간 정보격차 해소를 추진해 왔다. 즉 중앙행정기관에서 읍면동까지 전자정부통합망, 전자결재 · 전자문서유통체계 구축('01), 시 · 도, 시 · 군 · 구행정정보화 공통시스템 구축('05-'07), '94년부터 11년간 158개 지역정보화 공모과제 지원(515억원), '01년부터 정보화마을 조성을 통해 도농 간 정보격차 해소 및 지역공동체 추진('07.9월 현재, 304개 정보화마을 조성), 지역주민 정보이용능력 향상을 위한 정보화교육 지속적 실시 등을 추진해 왔다. 이상과 같은 지역정보화 추진성과 외에도 지방자치단체 독자적으로 지역정보화 관련 다양한 사업을 추진해 왔다.

(2) 문제점

이상에서 살펴본 바와 같이 많은 지역정보화의 추진성과가 있었지만 다음과 같은 문제점도 존재한다(행정자치부, 2007a : 5).

첫째, 행정효율성 중심의 지역정보화 추진으로 공공서비스 개발이 미흡했다. 즉 그동안 구축한 지방자치단체 정보 시스템 중 약 70% 이상이 지방행정정보화 중심으로 구축되었으며 행정, 생활, 산업, 도시기반, 의료, 복지, 교통정보 등 지역주민의 삶의 질 향상과 밀접한 지역정보화 추진은 미흡했다.

둘째, 공급자 중심의 행정 서비스 개발로 고객 중심의 생활 서비스 개발제공은 미흡했다. 즉 공급자 중심의 민원 및 행정 서비스 개발로 지역주민의 일상생활과 관련된 서비스 제공이 미흡했으며, 또한 중앙 및 지방자치단체 중심의 지역정보화 추진으로 주민참여를 통한 고객 중심 서비스 개발도 부족했다.

셋째, 중앙부처 중심의 하향식 정보화 추진으로 통합 조정능력이 결여되어 있다. 즉 하양식 지역정보화 추진으로 중복투자 방지 및 정보 시스템 간 상호 운용성 확보가 곤란하고 지역적 특성에 대한 고려가 미흡했다. 그리고 중앙부처의 단위 업무별 정보화 추진으로 지역특성이 반영되고 통합적·체계적으로 조정된 지역정보화 추진이 곤란했다.

2. 지역정보화의 추진방향

향후 지역정보화의 추진방향은 다음과 같다(행정자치부, 2007a : 6).

첫째, 삶의 질 향상을 위한 양질의 지역정보 서비스가 지속적으로 개발 · 보급되어야 한다. 즉 다양한 지역정보 시스템 간 통합 · 연계로 최고 수준의 융 · 복합 서비스를 개발 · 보급해야 할 뿐만 아니라 지역주민 · 기업 · 자치단체가 주도적으로 지역적 특성에 맞는 특화된 서비스를 지속적으로 발굴 · 보급해야 한다.

둘째, 지역정보화가 지방행정 중심에서 주민생활 지원 서비스 중심으로 발전되어야 한다.

셋째, 중앙과 지방의 지역정보화 정책 간 연계 · 조정기능이 강화되어야 한다. 즉 중앙과 지방의 지역성보화사업의 중복투자 방지, 표준화를 통한 정보 시스템 간 상호 운용성 확보를 위한 통합 조정기능을 강화하고 자치단체별 u-City의 경쟁적 추진 등에 따른 지역간 정보화 격차 해소를 위한 조정장치가 마련되어야 한다.

넷째, 지역정보화 추진역량 강화를 위한 민 · 관 · 산 · 학 협력체계가 구축되어야 한다. 즉 각종 지역정보화 정책 및 사업에 대한 지역주민의 참여가 확대 추진되어야 하고 행정과 주민 간, 주민 간 정보공유를 통한 고객 중심 서비스의 개발역량을 제고시켜야 한다.

3. 지역정보화의 추진전략 및 미래 모습

행정자치부가 2007년 10월에 수립한 제3차 지역정보화촉진 기본계획(u-Life 기본계획)상의 지역정보화의 추진전략과 미래모습을 살펴보면 다음과 같다.

1) 개요

제3차 지역정보화촉진기본계획(u-Life 기본계획)은 지역 간 정보격차해소와 행정 서비스 수요의 능동적 대응을 위해 수립되었으며, 2006년 8월에 수립된 국가 미래의 최상위 전략계획인 'VISON 2030' 50대 핵심과제 중 43번 전자정부 구현과제의 추진계획, 2006년 3월 정보화촉진기본계획인 'u-Korea 기본계획('06-2010)' 중 행정자치부 · 지방자치단체가 주관해 추진해야 할 지역정보화 과제의 추진계획, 2007년 9월 수립된 '차세대 전자정부 추진계획('08-2012)'의 전자정부 실천과제 중 지역정보화기본계획 등과 연계되어 있다(한국정보사회진흥원, 2008 : 83).

u-Life 기본계획상의 지방정보화란 국가 및 지방자치단체가 지역정보 시스템의 구축 · 활용, 지역정보 서비스의 개발 · 제공, 정보화 기반의 조성 등 지역발전을 위해 행하는 정보화와 관련된 일련의 활동을 의미한다. 즉 단순히 지역 내 특정 시스템의 구축 및 행정 서비스의 질적 향상뿐만 아니라 지역발전을 위해 추진하는 정보화와 관련된 모든 활용을 포함하는 지역정보화사업의 포괄적 개념이라 할 수 있다(한국정보사회진흥원,2008 : 83).

u-Life 기본계획은 지방정부 혁신, 복지사회 구현, 지역경제 활성

화, 지역 균형발전의 4대 추진목표와 5대 추진전략(주민참여중심의 서비스 발굴, 수요자중심의 정책협력 강화, 생활정보중심의 접근성 향상, 지역경제중심의 정책지원강화, 세대 · 계층 · 지역 간 정보격차 해소)을 바탕으로 "주민이 행복한 지역사회구현"을 지역정보화의 비전으로 설정하고 있다.

2) 추진전략

u-Life 기본계획을 실천하기 위한 세부적인 추진전략을 살펴보면 다음과 같다.

첫째, 쾌적하고 풍요로운 주민생활을 영위할 수 있도록 하는 생활지향 지역정보 서비스를 제공하고, 이러한 서비스에 대한 지역주민의 다양한 참여를 유도할 수 있도록 한다.

둘째, 지역사회 고유의 특성과 자원 중심의 지역정보화사업 추진을 통해 지역발전의 기회요소로서의 정보화를 활용할 수 있도록 한다.

셋째, 생활 중심의 정보 접근 편의성을 향상하기 위해 다양한 서비스 전달체계를 구축한다. 또한 다양한 지역정보화 서비스에 대해 주민이 쉽게 접근하고 활용할 수 있도록 단일 표준 플랫폼을 개발 · 보급한다. 이와 함께 양질의 서비스 전달체계의 구축을 위한 지역정보 서비스 평가 및 인증제를 도입한다.

넷째, 지역정보센터 등 지역정보자원의 통합 · 연계 · 활용을 위한 통합관리기반을 구축해 효율적인 지역정보자원관리체계를 구축한다.

다섯째, 정보 이용자의 편의성을 극대화하기 위해 중앙부처 · 자치단체 · 유관기관 간 협의체계를 강화하고, 이와 관련된 법제도 정비를 통해 수요자 중심의 정책협력체계를 마련한다.

여섯째, 농 · 산 · 어촌 및 기존도시의 보편적 정보접근을 위한 인프라 기반을 구축한다. 또한 특정지역을 '정보화 시범지구'로 지정해 다른 분야에서 새롭게 제시되고 있는 신기술을 시범적으로 적용해 보고, 지역의 특화사업과 접목을 통해 IT를 지역경제 활성화 촉진의 거점으로 육성할 수 있도록 정책지원을 강화한다.

끝으로 세대 · 계층 · 지역 간 정보격차 해소를 위해 지역주민을 대상으로 정보화 교육을 실시하고, 정부의 지속적인 정책적 지원체계를 구축한다. 정보 소외지역 주민들을 위한 정보화 기기 보급 등 격차해소를 위한 정책을 추진하고, 지역 공통 서비스에 대해서는 중앙정부에서 개발 · 보급함으로써 해당 서비스의 보편적 활용을 보장할 수 있다.

3) 미래 모습

지역정보화의 미래 모습은 "주민이 행복한 지역사회 구현"을 하는 데 있다. 구체적인 지역정보화의 미래모습은 다음과 같다(행정안전부, 2007a : 37–40).

첫째, 주민에게 쾌적하고 즐거운 지역생활 환경을 제공할 것이다. 즉 교통행정, 지역환경, 주민생활, 지역문화관광 분야의 서비스 보급을 통해 지역주민에게 풍요롭고 쾌적한 지역생활 환경이 조성될 것이다.

둘째, 지역 균형발전을 위한 자생력과 활력 넘치는 지역경제 환경이 조성될 것이다. 즉 지역산업, 융 · 복합, 문화관광 분야의 지역정보 서비스를 개발 · 보급해 지역경제의 자립기반 확충 및 지역경제 활성화에 기여할 것이다.

셋째, 재난 · 재해 · 소외계층이 없는 안전하고 차별 없는 지역사회가 구현될 것이다. 이를 위해서 각종 재난 · 재해의 사전예방과 사후 효과적인 주민 서비스를 제공하고 장애인, 노약자 및 도서, 산간지역 등 소외지역주민을 위한 안전, 교통, 복지, 융 · 복합 분야 지역정보 서비스의 개발 · 보급을 추진한다.

넷째, 지역주민 중심의 편리하고 신뢰할 수 있는 지방행정이 구현될 것이다. 이를 위해서 지역주민의 관점에서의 편의성 및 주민 신뢰증진을 위한 내부행정, 기반시설, 지역환경, 융 · 복합분야의 지역정보 서비스의 개발 · 보급을 추진한다.

다섯째, 참여와 개방으로 민 · 관 · 산 · 학의 협력이 확대될 것이다. 이를 위해서 중앙정부, 지방자치단체, 공공기관, 지역산업체, 지역(전문가) 커뮤니티를 연계하는 네트워크 구축을 추진한다.

여섯째, 기초가 튼튼한 지역정보 인프라가 구축될 것이다. 이를 위해서 안심하고 사용할 수 있는 지역정보 서비스 제공을 위한 개인정보 보호 및 보안역량을 강화하고 지방자치단체 정보자원의 공동 활용 촉진을 위한 지역정보화 공통기반 구축, 인적역량 강화 등을 추진한다.

Ⅲ. 주요 외국의 정보화정책

미국, 유럽(EU), 일본 등 주요 외국의 정보화 정책을 살펴보면 다음과 같다.

1. 미국

1) 지역정보화의 연역

미국은 정부가 주도적으로 정보화 사업을 추진하고 있으나 실제 사업의 추진은 민간이 주도하고 정부는 방향조정 및 필요한 지원을 제공하는 방식으로 이루어진다. 미국의 지역정보화는 추진주체에 따라 다양한 방식으로 전개되며 추진주체를 기준으로 연방정부, 주 · 시정부 차원, 민간 차원으로 나누어 1970년대 태동기부터 1990년대 후반기까지의 지역정보화의 동향을 살펴보면 다음과 같다.

첫째, 민간 차원의 지역정보화는 1970년대 중반 버클리 캘리포니아에서 최초로 커뮤니티 네트워크인 Community Memory가 탄생함으로써 시작되었으나 실질적인 확산은 1980년대 후반에 들어오면서 인터넷의 공공 접속점인 Free-Net가 등장하면서 본격화되었다.

둘째, 주정부 차원에서 지역정보화는 노스캐롤라이나 정보고속도로(North Carolina Information Highway : NCIH), 캘리포니아 주 실리콘밸리의 스마트밸리 프로젝트(Smart Valley Project), 조지아 주의 원격의료사업 등이 대표적인 사례로서 자체적으로 또는 민간기업의 후원을 통해 정보통신망과 응용 서비스를 개발하는 사업을 추진했다.

셋째, 시정부 차원의 지역정보화는 서니벨 시의 전기통신정책, 블랙스버그 시의 전자마을이 대표적인 사례로서 지역주민의 행정 서비스에 대한 접근 증진, 각종 민원서류 온라인화, 원격학습, 교육 프로그램 제공 등 다양한 응용 서비스를 제공하고 있다.

넷째, 연방정부 차원의 지역정보화는 Kickstart Initiative와 TIIP(Telecommunication and Information Infrastructure Program)이 대표적인 사업으로 지역 커뮤니티의 정보고속도로에의 접속 향상, 지역주민의 커뮤니티, 지역, 정부에 참여할 수 있는 기회의 확대, 학교, 도서관, 커뮤니티 접속을 위한 최적 모델인지 등에 관련한 지침제시에 주력했다.

2) 최근 지역정보화 동향

2000년 부시 행정부 등장 이후 2001년부터 국민 · 성과 · 시장 중심의 전자정부(Expending e-Government) 구축이라는 원칙 하에 총 24개에 달하는 범정부 전자정부 사업을 선정해 집중적으로 추진해 오고 있고, 이 전략을 실질적으로 추진하기 위해 관리예산처(Office of Management Budget : OMB) 산하에 전자정부 태스크포스(e-Government Task Force)팀이 구성되었으며, 구체적인 전자정부 추진전략을 제시했다. 또한 전자정부 중점 추진계획(2003-2004)에서는 국내보안과 관련된 정보공유 등과 국민에게 직접 혜택이 갈 수 있도록 IT투자를 효율적으로 추진하며, 고급 정보화와 서비스를 제공하기 위해 범정부 아키텍처도입과 더불어 웹 기반의 전자정부 전략 등을 적극 추진하고 있다.

3) 지역정보화정책 사례

미국 지방정부의 지역정보화정책 사례는 〈표 2〉와 같다.

〈표 2〉 미국 지방정부의 지역정보화정책 사례

지방정부	정책목적 및 수단	대상집단	사업주체
노스캐롤라이나 NCIH	원격낙후지역의 학습기회 부여, 정보통신산업의 유치, 공공 의료의 증진	지역주민 행정기관 오지주민	주정부 지역통신회사
아이오와 통신망 ICN	종합적인 네트워크 구축 발전된 교육과 행정 서비스	지역주민 행정기관	아이오와 주정부
조지아 원격의료사업	원격주민에 대한 신속한 의료 서비스	오지주민	주정부 조지아 의대
하와이 FTI/HENS	원격학습 프로그램, 평생학습 기회, 문화적 통합 도모	지역주민 행정기관	주정부 하와이대
Sunnyvale City	민원서류의 온라인화 원격학습, 각종 민원서류	지역주민 행정기관	
Blacksberg Electronic Village	정보통신기반, 응용기술 개발, 보편적 접속, 지역주민 교육 프로그램	지역주민 행정기관 지역기업	Blacksberg시 지역기업 지역교육기관

2. 유럽(EU)

1) 지역정보화 연역

유럽에서는 1980년대 초반에 이미 정보통신기술 부문의 연구개발을 추진했으나 본격적으로 정보사회에 대한 논의가 이루어진 것은 1990년대 중반에 접어들면서 정보사회 구현을 위한 국가차원의 실행계획을 마련하기 시작했다. 그러나 국가 차원의 정보사회 논의에 비해 지역의 발전과 관련된 정보사회 논의는 상대적으로 미비한 실정이다. 유럽은 1990년대 중반 이후 정보사회의 도래에 따라 발생할 수 있는 지역 간 경제사회적 불균형에 대한 논의가 대두되면서 지역정보화에 대한 관심이 증대하고 있는데 그 연역을 살펴보면 다음과 같다.

첫째, 유럽지역 간 불균형을 해소하고 지역 차원의 정보사회를 구현하기 위해 지역정보사회전략(Regional Information Society Initiative : RISI)과 지역간정보사회전략(Inter-Regional Information Society Initiative : IRISI) 프로젝트 사업에 착수했다. 즉 RISI의 목적은 정보기술의 발달에 따른 사회경제적 변화를 지역정보화와 연계하기 위해 현재 유럽의 22개 지역(시)이 참여하고 있으며, IRISI는 현재 유럽의 North West(영국), Saxony(독일), Nord-Pas-de-Calais(프랑스), Piemonte(이탈리아), Central Macedonia(그리스), Valencia(스페인) 등 6개 지역이 참여해 장기적으로 지역정보화 구축에 상호 협력하고 있다.

둘째, 유럽의 지역정보화사업계획은 유럽집행위원회가 멀티미디어의 활용을 촉진하기 위해 19개 국가에 국가, 지역 등 차원의 홈페이지를 구축하고 있으며, 특히 EUN(http://www.eun.org)은 인터넷을 통한 학교 간 공동 협력 및 교육 정보 서비스를 제공하고 있다.

셋째, 유럽 각국들은 온라인 정보와 서비스를 통한 지역주민들에게 각종 서비스를 제공하고 있다.

넷째, 유럽회원국들은 지역정보화를 통한 혁신과 경쟁력 강화를 위해 중소기업이나 IT연구센터 및 지역촉진센터 등에 자금 및 첨단장비를 지원하고 있다.

다섯째, 정보 활용능력 제고를 위해 유럽컴퓨터자격증(European Computer Driving License : ECDL) 제도를 도입해 운영하고 있다.

2) 최근 정보화 정책 동향

유럽은 최근 정보산업 침체 등이 향후 지식기반경제의 구조적 장애요인이 될 것이라는 공감대가 형성되면서 EU차원에서 정보화 전략을 정책 부문과 연구개발 부문으로 나누어 추진하고 있으며, EU의 정보화의 핵심 추진주체는 유럽집행위원회(EU Commission)이다.

정책 부문은 1994년 6월 EU의 1차 정보사회행동계획(Action Plan)과 1996년 액션계획의 수정본(2차)이 제기되면서 정보사회 분야에 응집되고 포괄적인 정책이 제기되기 시작해 1999년 12월에 'eEurope-An information socity for all'의 타이틀로 현실정책이 제시되었다. 1999년에 제안된 1단계 사업으로 2002년 말까지 우선 추진과제를 담은 eEurope 2002를 2000년 6월 EU회의(리스본 회의)에서 채택했으며, 또한 2002년 5월 EU는 Sevila 정상회담에서 행동계획의 연장선상에서 2005년까지의 실천과제를 담은 eEurope 2005를 채택했다. 한편, eEurope 2005가 끝나감에 따라 EU집행위원회는 2005년 6월 디지털 경제를 위한 새로운 정보화 전략인 'i2010 European Information Society'를 채택했다. EU의 정보화 정책부문 행동계획의 구체적인 내역은 〈표 3〉과 같다.

연구개발 부문은 IST프로그램(Information Society Technology Programme)이라는 명칭으로 진행되어 왔으며, 이 IST프로그램은 정책 부문인 eEurope의 액션프랜에서 제시되고 있는 모든 영역에 걸쳐 기술과 어플리케이션의 사용자 친화적인 개발을 연구하기 위해 진행되어 왔다. 처음 제시된 IST 프로그램은 5차 FP(Framework Program, 1999-2002)로, 이는 개별적인 프로그램으로 흩어져 있던 정보·커뮤니케이션 기술을 모두 합쳐 단일 IST 프로그램으로 구성한 것이다. 그 뒤를 이어 6차 FP(2002-2006)가 제시되어 2002년 6월에 채택되었으며, 이 6차 FP에서는 유럽 정보화의 기본 비전으로서 환경적 지능(Ambiet Intelligence : AmI)이 제시되었다. 한편, 2006년 현재 6차 FP의 뒤를 이를 제7차 FP가 준비단계에 있으며, 제7차 FP에서 연구개발을 위한 100% Safe Car(교통사고

〈표 3〉 eEurope 2002, eEurope 2005, i2010의 비교

구분	의의	추진전략
eEurope 2002	• 인터넷 발전의 장애요인 점검과 지식기반 경제전환에 필요한 제반환경 조성조치의 구체화 및 시행 • 추진과제, 추진주체, 달성시기의 명확화를 통한 실천력 강조	• 안전한 인터넷, 인적자원 및 전문기술투자, 인터넷 활용 증진 등 3대 핵심목표와 11개 추진계획 제시 – 적절한 법적환경 구축 – 범유럽 차원의 새로운 인프라 및 서비스 지원 – 회원국 간 개방적인 상호협력방식 적용과 벤치마킹
eEurope 2005	• eEurope 2002를 계승하여 2010년까지 고용개선과 사회적 단결을 통해 역동적인 지식기반경제를 구축하려는 시도	• 생산성 증진, 공공서비스 현대화, 사회참여기회 확대, 고용창출 등에 적합한 환경 조성 – 수요측면 : e–Government, e–health, e–Learning, e–Business 등 사용자 중심의 새로운 수요창출 – 공급측면 : 광대역 사회기반시설 구축을 통해 안전한 서비스, 어플리게이션, 콘텐츠 촉진을 위한 Multi–Platform기반 마련
i2010	• EU의 모든 정책도구를 통해 디지털경제이 발달을 촉진시키려는 포괄적인 전략	• 디지털 통합의 흐름에 발맞추어 유렵의 디지털 경제에 시장지향적이고 유연하여 미래를 대비하는 일관적 규제의 틀, R&D투자, 혁신, 경제와 사회를 총괄하는 ICTs의 전략적 배치 – 단일유렵정보사회공간구축 – ICT연구개발 혁신 및 투자 강화 – 포괄적인 성숙한 정보사회구축을 통해 지속가능한 발전과 고용창출

자료 : 최호진 · 연승준 · 하원규(2006), 『한국행정학회의 하계공동학술대회 발표논문집』.

로부터 안전한 대처를 위해 IT를 활용한 100% 안전한 자동차 개발 프로젝트), The Service Robot Companion(인간이 편안하고 즐거운 삶을 누릴 수 있도록 도와주는 서비스 로봇 개발 프로젝트) 등 11개 대도전(Grand Challenge)을 먼저 제시한 상태이다(〈표 4〉 참조).

〈표 4〉 FP5, FP6, FP7의 비교

구분	FP5 (1998-2002)	FP6 (2002-2006)	FP7 (2007-2013)
핵심 쟁점	• 사회 · 경제적 과제에 대한 영향력 • 문제해결식 접근 • 각 분야와 섹터별 네트워크	• Europen Research Area (ERA) 체제구축 • 유럽 연구의 통합과 집중을 통한 영향력 증대 • 국가 간, 지역 간, 과제 간 연계 강화	• 경제적 · 사회적 · 환경적 과제에 대한 대응 • 유럽의 연구체계의 약점 해소를 위한 투자 증대 및 효과적 관리
구조	Matrix : • 종단적인 4개 프로그램 : 인프라까지 포함하는 주제별 프로그램 • 횡적인 3개 프로그램 – 국제적 역할 – 개혁과 SME – 인간 잠재력과 사회경제적 지식기반	3개 그룹형 실행방안 : • 연구 그룹의 통합과 집중 • EAR의 구조화(혁신, 인재, 인프라 활동 포함) • EAR의 기반 강화	3개 접근방법 : • 상향식 연구 설계 모형 • 당면과제에 대한 해결방안 개시 • 선택과 집중의 접근 4개 프로그램 : • 협력 • 아이디어 • 사람 • 수용력
전략	• 개별 프로젝트의 연구 노력을 연결하여 네트워크화하는 핵심 실행방안 • 주제별 네트워크	• 프로젝트의 통합화, 장기화 및 자율화 • 네트워크의 우수성 확보 – 장기화, 학제 간 연계, 자율화 • 연계 프로그램 – 국가 간 연계, 지역 간 연계 • 중소기업을 위한 협력 연구 프로젝트	• 연구방법보다 연구성과에 중점 • 산업계의 요구에 부합 • 공공 부문과 민간 부문의 연계 강화 • EU의 연구잠재력 극대화 • 예산 및 관리의 합리화, 간소화, 효율화
예산	• EU전체의 4%에 달하는 149.6억 유로(1999)	• EU전체의 3.9%에 달하는 175억 유로	• 727억 유로 예상 (EU 예산 미확정 상태)

자료 : 최호진 · 연승준 · 하원규(2006), 『한국행정학회의 하계공동학술대회 발표논문집』.

3. 일본

1) 지역정보화의 연역

일본의 지역정보화사업은 크게 중앙정부 차원에서의 사업과 지방자치단체가 주도하는 사업으로 나눌 수 있다. 중앙정부의 사업은 우정성, 통산성 등 여러 부처가 각각 지역정보화사업을 추진해 왔으나 최근에는 전자지자체를 실현하기 위해 전 국가적 차원에서 지자체 간 통합정보화 네트워크를 추진하고 있다.

(1) 중앙정부 차원에서 지역정보화사업

일본은 1980년대 초 INS(Information Network System) 구상을 시초로 각 성 · 청이 지역정보화정책을 추진하고 있다. 즉 중앙 성 · 청의 지역정보화사업은 모델 유형 제시→사업제안서 접수→지역지정→세제 · 재정지원에 의한 사업추진과정을 통해 다양한 정보 시스템을 전국적으로 보급하고 있다. 이러한 사업은 지역 간 균등한 정보접근성의 보장, 지역특성에 부합하는 정보 시스템의 구축과 뉴미디어 보급 촉신을 통해 지역경제의 활성화와 주민의 삶의 질 향상 등을 그 목적으로 한다. 그리고 중앙의 각 성 · 청에 의한 지원방식은 융자, 기술지원과 세제혜택 등의 지원방식에 따라 추진된 지역정보화사업은 추진과정에 각 기관별 사업에 대한 보완적 역할과 성 · 청 간의 경쟁을 통한 정책수행의 효율성 제고에는 기여했으나 중복사업에 따른 국가예산의 낭비와 정책 일관성의 문제점이 지적되었다.

(2) 지방자치단체가 주도하는 지역정보화사업

1990년 자치성이 '지방공공단체에 있어서 지역정보화 추진에 관한 지침'을 발표함에 따라 도·도·부·현(都·道·府·縣)과 시·정·촌(市·町·村)이 주민의 수요 중심으로 독자적인 지역정보화 기본계획을 수립했다. 또한 기존의 중앙청 중심의 정책수립과 추진에서 지자체 중심으로 전환되고 우정성과 통산성 등 복수성청의 난립구조를 방지하기 위해 우정성과 자치성의 2원구조로 전환했다.

2) 최근 전자 지자체 실현

일본은 2002년부터 전자정부추진계획을 수립해 세계 최첨단 IT국가를 목표로 정보통신기술 전략본부(IT전략회의)를 설치하고 「e-Japan 중점계획 2002」에서 행정의 정보화와 공공분야의 정보통신기술활용의 촉진을 위해 전자지자체를 구축해 행정업무 전산화를 위한 시스템을 도입했으나 상당수 지방자치단체가 재정·기술·인력 등의 측면에서 운영상 문제점이 발생해 각 지방자치단체가 개별적으로 어플리케이션을 개발하지 않고 어플리케이션의 상호활용을 촉진하기 위해 전자 지자체가 공통기술표준을 책정해 각 시·정·촌의 IT설비투자비용의 절감, 업무효율화·합리화, 중점시책에 지방자치단체 직원 배치 등의 이점과 각 시·정·촌의 IT격차 해소, 이용자 만족도 향상에 기여할 것으로 본다.

3) 지역정보화 사례

(1) 가나가와현(神奈川縣)의 사례

가나가와현은 지역정보화를 풍요로운 커뮤니케이션사회를 목표로 시민과 시민, 시민과 행정 사이에 자유로운 정보교류가 가능한 다층적 · 다면적 네트워크를 형성해 참여형 사회 시스템을 구축하고 있다. 또한 지역 간 불균형을 극복하기 위해 지역주민의 정보수요와 보편적이고 가치 있는 정보접근 가능성을 열어주고, 지역주민의 삶의 질 향상이라는 맥락에서 원격의료, 원격교육, 재택근무와 같은 지역 커뮤니케이션의 실현에 중점을 두고 있다.

(2) 오이타현(大分縣)의 사례

오이타현은 일촌일품(一村一品)운동을 통한 지역정보화와 지역개발을 결합한 것으로, 이 운동의 목적은 지역특성에 맞는 작물이나 농산물을 유통하는 전략과 지역의 정보통신기반이 연계해 지역발전을 도모하고 있다. 이러한 오이타현의 사례는 한국의 지역정보화 모델 정립에도 중요한 시사점을 주었으며, 이러한 개념에 근거한 지역정보화 모델은 필연적으로 각 지역의 산업적 특성에 기반을 둔 지역 시스템을 구축하고 있다.

4. 시사점

이상에서 살펴본 주요 선진외국의 정보화 추진 동향분석 결과 나타난 시사점은 다음과 같다.

첫째, 자국의 발전과 경쟁력 확보를 위해 향후 도래할 정보화(유비쿼터스 IT)시대를 대비한 체계적인 준비를 하고 있다는 점이다. 즉 변화하는 환경에 발맞추어 자국이 처한 여건과 현재까지의 노력을 통해 확립한 장점들을 적절히 반영해 고유한 특성을 살린 맞춤식 정보화 발전전략을 수립함은 물론 이를 지속적으로 발전시켜 나가고 있다는 점이다.

둘째, 정보화(유비쿼터스 IT) 사회 실현을 위한 정책을 수립하거나 필요한 기술을 연구 개발함에 있어서도 특정 부서나 기관이 아닌 범부처적인 추진체계를 구성해 관련 기관들 간에 유기적인 협력체계를 구축하고, 이를 바탕으로 보다 짜임새 있고 종합적인 시각에서 접근해 오고 있다는 점이다.

셋째, 정보화(유비쿼터스 IT)를 통한 바람직한 미래사회를 실현하기 위해서 기존의 공급자 기반의 기술적 접근을 취하는 것이 아니라, 정책의 신뢰성과 수용성을 제고하고 이를 통해 정책의 성공 확률을 보다 제고하기 위해 정보화(유비쿼터스 IT) 서비스를 직접 이용하는 국민중심적(수요자 중심적) 접근방법을 추진하고 있다는 점이다.

Ⅳ. 우리나라 지역정보화사업

1. 중앙부처의 지역정보화사업

지역정보화사업은 추진주체에 따라 중앙부처와 지방자치단체로

〈표 5〉 중앙정부 주도의 지역정보화 추진 조직 및 기능

구분	기능
정보화추진위원회 (국무총리)	• 정보화촉진기본계획 및 시행계획의 심의 · 의결 • 정보화촉진 등에 관한 정책이나 사업추진의 조정
정보화추진실무위원회 (국무총리실장, 행정안전부 제2차관)	• 정보화추진위원회에 제출된 안건과 위원회로부터 위임되거나 위원장으로부터 지시받은 사항 검토 · 심의
전자정부추진분과위원회 (행정안전부)	• 전자정부촉진시행계획 심의 · 의결 및 추진실적평가
자치단체(시 · 도, 시 · 군 · 구) 지역정보화 촉진협의회	• 지역정보화기본계획 심의 · 의결 • 주요 지역정보화사업의 심의, 조정
행정안전부	• 정보화촉진기본계획 수립(국가정보화계획 총괄조정) • 전자정부촉진시행계획 수립 및 시행 • 자치단체 정보화사업의 종합 · 조정 및 지원 • 유관 부처와 정보화 협의, 조정
시 · 도	• 시 · 도 지역정보화기본계획 및 추진계획 수립 및 사업시행 • 시 · 군 · 구 정보화사업의 조정
시 · 군 · 구	• 사 · 군 · 구 지역정보화기본계획 및 추진계획 수립 및 사업시행

구분할 수 있다. 중앙부처 주도의 지역정보화는 〈표 5〉에 제시된 바와 같이 정보화추진위원회, 정보화추진 실무위원회 및 전자정부추진분과위원회, 자치단체 지역정보화촉진협의회와 각 중앙부처, 각 자치단체 등의 여러 성격의 기관이 관련되어 있다. 이 중에서 행정안전부가 지역정보화사업을 주도적으로 추진하고, 그 외 각 부처별로도 지역정보화사업을 추진하고 있다.

1) 행정안전부 주관의 지역정보화사업

행정안전부는 정보화촉진기본계획에 근거한 분야별 정보화촉진 시행계획의 일환으로 1998년부터 매년 지역정보화 기반확충과 자치행정의 전자화 구현 및 정보격차 해소에 중점을 두고 전자정부촉진시행계획(전 지역정보화촉진시행계획)을 수립해 전자정부추진분과위원회 및 정보화추진위원회의 심의 · 의결을 받아 추진하고 있다.

행정안전부가 전자정부촉진시행계획에 따라 수행하는 지역정보화사업의 구체적 내역을 살펴보면 다음과 같다.

(1) 지방행정정보화사업

지방행정정보화사업은 광역 · 기초자치단체 행정업무 표준 시스템 개발 및 보급에 중점을 두고 있으며, 시스템의 안정적 유지관리를 통해 지역간 균형 있는 전자정부 구현의 토대를 마련하는 데 그 의의를 두고 있다. 본 사업은 행정업무의 현장 중심 온라인 처리를 활용해 타기관간 정보연계와 민원인의 관청방문 횟수를 줄임으로써 주민 편의를 증진시키고 행정업무 처리의 공개를 통해 보다 투명한 행정을 구현하기 위해 추진되고 있다. 대표적인 사업으로는 다음과 같다.

• 주민등록정보센터 및 전산망 운영

주민등록 자료의 효율적인 관리와 원활한 대국민 서비스 제공을 위해 주민등록법과 동법 시행령 및 시행규칙을 개정했으며, 아울러 주민등록 전산정보센터 및 백업센터를 운영하고, 현행 주민등록의 위 · 변조를 방지하고 개인정보보호를 강화하기 위한 차세대 주민등록발전모델을 연구개발하고 있다. 본 사업 추진에 따라 행정의 효율성 및 대국민 행정 서비스 만족도 향상, 주민등록 공동이용 확대로 민원서류 감축기반 마련, 위 · 변조된 주민등록의 유통방지 등의 성과를 거둘 수 있을 것으로 기대된다.

• 지방재정정보화 3단계 사업

지방재정정보화 사업은 지방재정의 건전화 유도, 성과관리와 재무관리 능력 강화, 지방재정정보화 수준 향상, 업무 효율성 극대화를 목표로 추진하고 있다. 행정안전부에서는 행정안전부와 전 지방자치단체를 포괄하는 재정정보시스템을 개발했다. 공기업예산회계시스템, 지방세시스템, 세외수입시스템, 재정업무시스템의 연계와 국가통합재정통계를 위한 디지털예산회계시스템과의 연계 등의 1, 2단계를 거쳐 현재 3단계 사업을 추진하고 있다. 이외에도 전자결재 연동을 위한 상호 연계방안을 강구하고 있다.

• 지방세통합정보 시스템 구축

지방세통합정보 시스템 구축사업은 자치단체별로 상이한 지방세 전산 시스템을 표준화함으로써 시 · 도와 시 · 군 · 구, 중앙간 수직 · 수평적인 시스템 연계를 목표로 추진하고 있다. 이를 통해 세원정보 공유, 정보시스템 운영 및 관리의 효율성 제고뿐만 아니라 정보화 시대에 맞는 대국민 지방세 인터넷 포털서비스 시스템을 구현해 고품질의 납세서비스를 제공하고 있다. 그 밖에도 전국 체납관리, 세정통계 등 자치단체 지원 서비스, 디지털예산회계 시스템 및 복식부기 회계제도 지원 등의 서비스를 통합적으로 구축하는 통합 지원 서비스 제공을 목표로 사업을 추진하고 있다.

2007년 10월까지 통합지방세정보 시스템을 구축했으며, 2008년에는 표준 지방세정보 시스템 유지보수와 운영지원, 통합 지방세정보 시스템 유지보수와 HW보강, 종합토지세 관리 시스템 운영, 그리고 표준 지방세 시스템의 서울시 보급을 위한 기능개선 등의 사업을 추진하고 있다.

• 부동산정보관리센터 운영

부동산정보관리센터 고도화와 관리센터 운영사업은 정확하고 투명한 부동산정보를 실시간으로 제공할 목적으로 추진하고 있다.

부동산정보관리센터 고도화 사업은 정부 부동산정보 대국민 인터넷서비스 실시, 종합부동산세 지원 시스템 개편 및 과세지원, 부동산정보관리 시스템 자원의 보강을 목적으로 추진했다. 부동산정보관리센터 운영 사업은 관련기관으로부터 부동산 기초 및 변동자료를 수집 · 구축해 종합부동산세 지원을 위한 세액계산 결과를 제공하고 부동산 관련 주요 통계를 정기적으로 생산해 국민에게 공개함으로써 대국민 부동산 서비스 강화를 목적으로 추진하고 있다.

사업 추진결과 구축된 부동산 정보를 활용한 부동산정책 수행과 종합부동산세 과세업무의 안정적 지원, 행정업무 담당자의 시간 및 비용 절감 등의 가시적인 성과를 거두었으나 서버의 이중화, 해킹 등 외부 침입에 대한 대비책 마련은 향우 보완해야 할 과제로 제시되었다.

• 표준 지방인사행정 시스템 운영

표준 지방인사정보 시스템은 자치단체 내부적으로는 통합 시스템을 운영해 인사, 급여 등 인사업무의 효율성을 제고하고, 외부적으로는 효율적인 인사시스템 관리를 목적으로 개발했다.

2007년에는 개발된 시스템을 전 지방자치단체를 대상으로 확산 · 보급했으며 표준 지방인사정보 시스템 유지보수 및 운영지원을 실시했다. 2008년 현재 자치단체 인사행정정보화 3단계 사업에 착수했고, 자치단체 표준 인사행정정보 시스템 확산을 추진하고 있으며 총액인건비제와 관련해 재정 영향 분석 프로그램을 개발했다.

〈표 6〉 시 · 도별, 연도별 정보화마을 조성 현황

시도	계	마을 운영현황							2008 조성중
		소계	2001	2002	2003	2004-5	2006	2007	
총계	367(93)	338(77)	24(5)	78(3)	87(11)	89(19)	26(15)	34(23)	29(16)
서울	1	1	1						
부산	4	4		1	2	1			
대구	2	2	1	1					
인천	1	1		1					
광주	4	4	1	1	2				
대전	2	2		1	1				
울산	4	4	1	2	1				
경기	65(36)	59(32)	4(3)	7	13(6)	23(15)	6(4)	6(4)	6(4)
강원	50(18)	46(15)	3(1)	10(1)	10(1)	8(1)	9(7)	6(4)	4(3)
충북	21(4)	19(3)	–	5	4	5	1	4(3)	2(1)
충남	39(4)	37(3)	1	11	10	10	2(1)	3(2)	2(1)
전북	38(8)	36(7)	2	6	9	13(3)	4(3)	2(1)	2(1)
전남	46(11)	40(7)	2	8	14(4)	11	1	4(3)	6(4)
경북	46(6)	45(6)	5(2)	15(2)	11	10	1	3(2)	1
경남	27(4)	24(2)	2	6	7	5	1	3(2)	3(2)
제주	17(2)	14(2)	1	3	3	3	1	3(2)	3

주 : ( )안의 숫자는 시 · 도 자체적으로 조성한 마을 수임.
자료 : 행정안전부 제공자료.

(2) 지역발전 및 주민편의 증진 사업

• 자치단체 사이버 교육 시스템 운영

사이버 교육 시스템은 다양한 교육 콘텐츠와 업무 관련 정보제공을 통해 자치단체공무원의 교육욕구 충족과 기 보급된 자치단체 행정정보시스템의 이용활성화를 도모하기 위해 구축되었다.

사이버 교육 시스템 구축에 따라 자치단체는 업무 처리절차에 대

〈표 7〉 연도별 · 부처별 지역정보화 사업추진 현황

연도	주관기관	업무명	예산(단위 : 백만원)
2007	과학기술부	지역기술혁신지원시스템 구축	자체 9,992*
	교육인적자원부	사이버 가정학습 안정화 및 고도화	국고 1,445*
	문화관광부	지역거점 e-클러스터 홈페이지 개발	국고 1,686*
	농림부	지역농업 경영 · 기술정보 DB구축	자체 1,122
		지역 한우 개량 종합컨설팅 정보화	자체 210
		농업인 e-비즈니스 활성화지원	자체 137
	보건복지부	지역보건 의료분야 정보화	국민건강증진기금 18,854
	건설교통부	국토지반정보 DB구축	자체 950
	중소기업청	정보화혁신 클러스터	자체 1,000
	소방방재청	지자체 재난종합상황관제시스템 구축	국비 2,000 지방비 2,000
		국가재난관리고도화 2단계사업	전자정부지원금 10,100
		시 · 도 긴급구조 표준시스템 구축	국비 5,505 지방비 4,012
	해양수산부	수산정책지원 정보구축	자체 752
		수산물 검사정보 구축	자체 300
		어업자원 정보 구축	자체 518
		어촌 디지털 구축	자체 712
	환경부	환경정책종합정보포탈 구축	자체 3,604
		수질보전 종합정보시스템 연계	자체 591
2008	기획재정부	지역특화 농업기술 정보화 인력지원	자체 1,166
		지역한우개량 정보화 지원	자체 245
		농업인 e-비즈니스 활성화지원	자체 168

2008	기획재정부	정보화 선도농업 기술센터 육성 (디지털 영농상담소 구축)	자체 274
	교육과학기술부	사이버 가정학습 및 가정교사 지원체제 구축	자체 400
	문화체육관광부	국문관광 홈페이지 운영	관광진흥개발기금 4,263*
		한국관광 외국어 온라인 홍보	
		U-Tourism 서비스 활성화 기반 구축	
	문화재청	지표조사 및 발굴조사	자체 4,580
	보건복지가족부	공공보건정보 시스템 운영	국민건강증진기금 15,994
		공공보건 정보시스템 재난복구	
		공공보건정책 마이닝	
	행정안전부	u-city 구축 기반조성	국고 9,000

주 : * 기재된 정보화 사업비용이 구분이 불명확하여 다른 사업이 포함된 전체 사업비용으로 기재함.
자료 : 2007-2008 각 분과 위원회별 정보화촉진시행계획의 재구성.

한 전자화된 종합적인 직무 습득체계를 구축해 언제 어디서나 접근할 수 있는 학습공간과 업무처리의 효율성과 연속성이 보장되있고 업무처리시 유사 업무 처리 사례를 검색할 수 있는 기능이 제공됨으로써 보다 효율적인 업무처리가 가능하게 되었다. 사이버 교육 수강자는 당초 목표 대비 132%, 콘텐츠 현행화 수준 지표는 100%를 달성했으나 과정별 커리큐럼 재구성을 통해 임시과정의 정규 과정화를 이루어야 하고, 사용자에게 친숙하고 흥미를 유발할 수 있는 콘텐츠를 구성해 활발한 참여를 유도하며 사업의 홍보강화 필요성 등이 향후 추진과제로 제시되었다.

• **통합정보관리체계 운영**

통합정보관리체계는 전자정부 주요 정보 시스템의 실시간 통합감시를 통해 안정적인 서비스를 제공해 주요 정보 시스템 장애에 대해 신속하게 대처하고 자치단체 대민 서비스 업무의 안정적인 운영기반을 제공하기 위해 구축되었다.

2007년 현재 시스템 1,299개, 네트워크 7,426개, KIOSK 1,100대 등을 관리하고 있으며, 주요 기능으로는 통합감시, 장애감시, 집중감시, 트래픽감시, 서버감시, DB감시 등이 있다. 전년 대비 장애대응 시간은 5분이 감소했으며, 장애발생률은 10%감소했다. 향후에는 주요 정보 시스템의 감시, 통보, 장애, 가술지원 등 고품질의 서비스 제공을 위해 운영절차를 개선할 계획이다.

• 정보화 마을 운영 내실화

정보화 마을(Information Network Village)이란 경쟁력 있는 선진국형 농어촌 구현에 중점을 두고 인터넷 이용환경을 조성하는 사업을 말한다(정하용, 2006 : 233). 즉 정보화 마을 사업은 주민의 정보생활화 촉진을 통해 정보습득을 용이하게 하고 지역, 계층, 도농 간 정보격차 해소 및 주민 소득증대를 위해 추진되고 있다. 이 정보화 마을은 2001년에 1차로 24개를 조성한 이후 2008년 8월 현재 338개 마을을 조성해 운영하고 있으며 29개는 조성중이다(〈표 6〉 참조).

2) 부처별 지역정보화사업

행정안전부를 제외한 각 중앙부처별 지역정보화 주요 사업(2007-2008년)을 살펴보면 〈표 7〉과 같다. 즉 각 중앙부처별로 지역특성을 반영한 특화 서비스와 전 지역에 공통으로 적용되는 공통서비스를 조화롭게 연계할 수 있는 사업을 추진하고 있으며, 특히 중앙 · 지방 · 민간과의 협업을 통해 지역의 새로운 서비스 가치를 창출해 지역발전 및 주민편의 증진을 위해 많은 노력을 하고 있다.

〈표 8〉 2008년 시 · 도별 주요 지역정보화사업계획 현황

시도	정보화 주제	주요 계획의 내용	예산(단위 : 백만원)
서울	유비쿼터스 기반의 국제 비즈니스 도시 (u-Seoul)	도로관리시스템 웹전환	지방비 600
		항공사진 이미지 데이터 구축	지방비 1,100
		해외도시정보창고	지방비 90
부산	유비쿼터스 기반조성으로 첨단정보도시 건설	정보기술아키텍처(ITA/EA) 도입 추진	지방비 1,500
		다차원 공간정보 고도화사업	지방비 1,570
		건축추택통계분석시스템	지방비 1,090
대구	u-Daegu 구현을 위한 지역정보화 기반확충으로 대구의 미래를 열어나갈 신성장동력 창출	홈페이지 유지보수, 공간정보종합정보시스템	각각 지방비 200, 500
		전산센터 정보시스템 통합유지 관리	지방비 250
		시 자가정보통신망 구축	지방비 2,500
인천	세계인류명품도시인천	통합데이터센터 구축, 정보기술아키텍처 도입	각각 지방비 300, 300
		전자정부 침해사고대응 체계(G-CERT)구축	지방비 1,813
광주	The Best Digital Leader 'U-광주' 실현	인터넷기반 도로굴착 · 복구관리체계 구축	지방비 300
		지역 SW산업진흥원지원	국비700, 지방비 420
		문화산업클러스터 조성	국비 2,000, 지방비 8,100, 민자 1,700
		BIT융합기술산업화 지원기반 구축	국비 3,000, 지방비 300, 민자 400
대전	유비쿼터스시대에 걸맞는 시민중심의 고품질 서비스와 행정업무의 고도화를 통한 행정의 효율화 추진	컴퓨터바이러스 방역체계의 강화	국비 3,000, 지방비 300, 민자 400
		근거리통신망 안정적 운영	지방비 120
울산	시민과 함께하는 U-Ulsan 구현	USN기반도로 관리시스템 구축	지방비 100
		웹 방화벽 및 DB보안도입	지방비 500
		교통카드를 이용한 행정수수료지불 시스템 구축	지방비 50

경기	쾌적한 삶을 추구하는 동북아 최고의 'U-경기'	PC통합보안관리	지방비 2,000
		전국단일망 교환기 교체	지방비 2,000
		u-Happy 프로젝트 3단계사업	지방비 1,040
강원	정보화 융합을 통한 '뉴 스타트강원→경제선진도, 삶의질 일등도' 구현	국가재난관리정보시스템 운영	국비 750, 지방비 750
		행정정보 재난대비시스템 운영	지방비 200
		산림자원 GIS시스템	국비 45, 지방비 105
충북	IT신기술의 획기적인 발전과 디지털 컨버전스 급진전에 대응한 유비쿼터스 기반 및 이용환경조성	행정업무 종합정보화	국비 905, 지방비 1,356
		전자지방정부 구현, u-City 구축	각각 지방비 775, 600
충남	언제어디서나 정보이용이 가능한 정보화 환경조성	행정↔공간정보 연계사업	국비 400, 지방비 600
		BRM시스템 구축	지방비 100
		농축산바이오 지식정보 DB 구축(2차)	국비 800
전북	정보화를 통한 도민의 삶의 질 향상	시도행정정보화 추진	국비 795, 지방비 1,192
		불법주차정차지능관리 서비스	국비 525
		유비쿼터스기반 교통정보 서비스	국비 450, 지방비 450
전남	지역정보화를 통한 정보격차 해소 및 농어촌경제 활성화	국가지식정보관리사업	국비 695
		IT특화연구소육성지원 (광양만권 U-제조/물류)	국비 1,400, 지방비 900 민자 100, 기타 400
		행정전화망 IPT고도화	국비 500, 지방비 500
경북	u-IT를 이용한 CHARM경북 실현	정보통신인프라 확충	국비 1,900, 지방비 1,900
		산업정보화 추진	국비 700, 지방비 1,900
		행정정보화 추진	지방비 662
경남	유비쿼터스 기반의 첨단 정보 경남 실현	농업기술원 네트워크 및 재해복구기반	국비 21, 지방비 50
		차세대정보통신망 구축	지방비 1,000
		보육시설통합관리시스템	지방비 350

제주	평화의 섬 'u-PEACE Jeju' 구축	제주넷 활성화 및 기능고도화	지방비 200
		산업정보망 확대 구축	지방비 100
		디지털전자 제주 특별자치도 구현	국비 265, 지방비 397
		정보통신망 운영 안정화	지방비 300

자료 : 행정자치부, 「2008년 전자정부촉진시행계획(안)」(2007. 12)의 재구성.

2. 지방자치단체의 지역정보화사업

1) 주요 지방정보화사업계획

지방자치단체의 지역정보화사업은 16개 시 · 도와 230개 시 · 군 · 구에서 각각 추진되고 있다. 여기서는 2008년 16개 광역자치단체의 주요 지역정보화사업 계획 현황을 살펴보면 〈표 8〉과 같다. 즉 대부분의 자치단체에서는 u-IT를 이용한 행정 서비스의 고도화와 주민 삶의 만족도 향상을 기본 전제로 사업 추진을 계획하고 있으며, 대구, 광주, 강원, 충북, 전남에서는 지역 특화를 위한 정보화사업을 중점적으로 추진하고 있다.

2) 주민편익 증진 정보화 사업

각 지방자치단체는 주민편의와 보다 질 좋은 행정 서비스 제공을 위해 다양한 정보화 사업을 진행하고 있지만 온라인 기반을 통한 행정 서비스 제공이라는 측면에서 그 맥을 같이 하고 있다. 2008년 주민편익을 위한 여러 가지 정보화 사업의 그 특징은 다음과 같다.

대부분 자치단체에서 주민정보화 교육과 웹사이트 콘텐츠의 질적 · 양적 향상을 통해 행정 서비스 강화가 진행되고 있으며, 특히 정보 소외계층에 대한 격차해소를 위해 초고속 인터넷망 설치, PC보급, 이동식 정보화 교육 등을 추진하고 있다. 모바일을 활용한 교통, 세정, 재난 등의 행정 서비스가 지원되고 디지털도서관 서비스, 디지털 문화센터 등의 평생학습 환경 조성을 추진하고 있다.

대구의 관광문화정보 시스템 구축, 강원도 평창의 u-2014 시스템 구축 등은 향후 국제대회를 성공적으로 수행하기 위한 지역발전 핵심 사업으로 진행되고 있다. 전라남도는 지역 특산물의 경쟁력 향상을 위해 u-이력추적 시스템을 도입해 전자태그(RFID)를 활용한 녹차, 농수산물 등 지역 특산물의 이력을 온라인상에서 확인가능토록 추진하고 있다. 자치단체별 주민편의 증진을 위한 정보화 사업의 주요 내용은 〈표 9〉와 같다.

〈표 9〉 2008년 시 · 도별 주요 주민편의정보화사업 현황

시도	사업명	예산(단위 : 백만 원)
서울	서울시관광지도 서비스	지방비 400
	안전도시 'U-Safe시범 서비스'	지방비 155
	구민 정보화 교육, 민원콜센터 구축	각각 지방비 562, 100
	CCTV 통합관제센터	지방비 312
부산	시청 홈페이지 통합사업	지방비 2,000
	정보화 교육	지방비 112
대구	관광문화정보 시스템 확대 구축	국비 500, 지방비 500
	고객만족을 위한 콜센터 구축	지방비 300
	지역 정보화 교육, 지역주민을 위한 참여형 IT행사 추진	각각 지방비 237, 8
인천	사이버시티센터 운영, 민원콜센터 구축	각각 지방비 200, 2,784
	시민참여형 웹사이트 보강사업	지방비 50
	모바일 세금납부 서비스, 지역주민 정보화 교육	각각 지방비 55, 38

광주	생활정보처리 시스템 구축	지방비 100
	도서관 디지털 자료실 환경 개선	지방비 321
	주민 정보화 교육	지방비 42
대전	정보화 교육	지방비 100
	전자문서 인터넷 공개 시스템 구축	지방비 60
	사이버 평생학습 종합정보망 구축	지방비 50
울산	태화강 u-City확대 사업	지방비 100
	교통카드를 이용한 행정수수료 지불 시스템 구축	지방비 50
	사이버 교육문화센터 구축, 지역주민 정보화 교육	각각 지방비 100, 149
경기	U-헬스케어 서비스	지방비 980
	무선 U-경기존 구축사업	지방비 300
	사이버 전자도서관 신설, 시민정보화 교육	각각 지방비 800, 1,220
	인허가관리 시스템, 모바일학원관리 시스템	각각 지방비 1,575, 297
강원	지역정보화 구축	국비 735, 지방비 734
	정보화 교육	국비 13, 기금 10, 지방비 1,004
	민원콜센터 운영, 버스정보안내 시스템 운영	각각 지방비 185, 150
	u-평창 2014 조성 (u-Government, u-Farm, u-Tour구축)	국비 1,100
충북	모바일 기반의 행정 서비스 활성화	지방비 56
	농, 특산물 전자상거래지원 시스템 운영활성화	지방비 350
	전자도서관 구축, 정보화 교육	각각 지방비 1,500, 385
충남	고향사랑 넷 구축	지방비 42
	버스정보 시스템 운영관리	지방비 110
	정보화 교육, 멀티미디어 도서관 고도화	각각 지방비 660, 300
전북	농어촌 지역 초고속망 구축	국비 250, 지방비 250, 민자 500
	맞춤형 주차관리 서비스	국비 525
	u-Learning구축	국비 562, 지방비 563
	행정종합정보화를 통한 전자정부 구현	국비 50, 지방비 450

전남	시민 정보화 교육	지방비 556, 기금 6
	무인민원발급기 설치	지방비 100
	u-이력관리 시스템	국비 400, 지방비 400
경북	u-payment 서비스	국비 250, 지방비 250
	정보화 교육	지방비 270
	휴대폰 불통지역 해소	민간보조사업
경남	u-travel city 고도화, 민원처리전산화 서비스 시스템 구축	각각 지방비 200, 50
	LBS망을 이용한 U-Health 시범사업	지방비 200
	농촌지역 초고속 전산화 구축	국비 85, 지방비 85, 민자 170
제주	노후 PC교체	지방비 383
	민원행정 문자메시지 서비스(SMS) 구축	지방비 50

자료 : 행정자치부, 「2008년 전자정부촉진시행계획(안)」(2007. 12)의 재구성.

참고문헌

권기현. 2007. 『전자정부론』. 서울 : 박영사.
김진태 · 양순애. 2007. "지역정보화 동향 및 향후 연구주제에 관한 연구." 『한국지역정보화학회지』. 10(1) : 193-212.
성주균. 2007. 『지역정보화 기본계획(2008-2012)』.
정병걸. 2006. "지역정보화의 딜레마 : 지방정부 역량의 한계와 지역 간 격차." 『한국지역정보화학회지』. 9(2) : 33-53.
정보화추진위원회. 2008. 국가정보화 기본계획(제4차 정보화촉진기본계획).
정철현. 2006. 『신행정정보체계론』. 서울 : 서울경제경영출판사.
정하용. 2006. 『새 지방자치론 : 이론과 실제』. 서울 : 백산출판사.
최근열 · 정우열. 2006. "지역정보화의 평가와 정책과제-대구광역시 남서구를 사례로-." 『대한정치학회보』. 14(1) : 207-224.
최근열 · 정우열. 2008. "지방자치단체의 u-서비스 유형과 도입방향." 『한국지방자치연구』. 10(3) : 167-191.
최용훈 외. 2006. 『전자정부론』. 서울 : 내양문화사.
최호진 · 연승준 · 하원규. 2006. "선진국의 유비쿼터스 IT R&D현황 연구 : 미국과 EU를 중심으로." 「한국행정학회외 하계공동학술대회」.
행정자치부. 2007a. 제3차 지역정보화촉진기본계획(u-Life기본계획).
행정자치부. 2007b. 2008년 전자정부촉진시행계획(안).
행정자치부. 2007c. 차세대 전자정부 추진계획(2008-2012).
한국전산원. 2005. 『한국의 정보화 정책발전사』.
한국전산원. 2006. 『국가정보화백서』.
한국정보사회진흥원. 2008. 『국가정보화백서』.

주

1 이러한 의미의 지역정보화는 지방자치단체의 정보화촉진조례에서 규정한 개념으로 지방분권 차원에서 지방자치단체가 주체가 되어 지역정보화를 추진하는 것이 바람직하다는 차원에서 정의한 개념이지만 지역정보화 사업의 추진 주체가 지방자치단체로만 한정할 경우 여러 가지 한계가 나타날 수 있다. 실제로 다양한 지역정보화사업을 중앙정부가 주체가 되어 추진하고 있다. 따라서 일반적으로 지역정보화란 중앙부처 또는 지방자치단체가 단일 또는 복수의 지역에 지역문제 해결과 지역발전을 위해 행정 · 생활 · 산업 · 도시 기반 분야별로 정보기반 및 정보 응용 서비스를 제공하는 일련의 정책적 활동을 말한다(한국정보사회진흥원, 2008 : 72).

2 정보화촉진기본계획은 정식으로 4차에 걸쳐 수립되었으며, 2003년 12월에 수립된 Broadband IT Korea Vision 2007과 2006년 3월에 수립된 u-Korea기본계획은 연동계획의 일환으로 수립되었다.

15 지방정부의 위기관리에 대한 대응방안

한국의 지방정부는 세계화와 세방화를 외치면서 무한의 경쟁시대로 몰입하고 있다. 한편, 최근 국가 도처에서 발생하는 국가재난은 지방정부 차원에서 대응하는 것보다 중앙정부 차원에서의 통합적인 재난관리가 필요하다는 논의가 계속되고 있다. 이미 선진 지방정부는 지방 재난극복에 대응하기 위한 방안으로 독자적인 전략을 주진하는 경향이 있다. 이것은 중앙정부의 차원에서 재난방재는 시간적 · 공간적 한계를 극복하는 데 여러 가지 문제점이 존재하기 때문이다. 그래서 지방위기관리는 지방정부의 차원에서 보다 적극적이고 체계적인 전략을 세워야 한다. 왜냐하면 지방정부의 재난관리는 지역실정에 맞는 위기관리 시스템을 체계화하고 독자적인 대응책을 높여가는 방향으로 개발하는 독창적인 모델이 필요하기 때문이다. 우리나라의 경우 대부분 지방정부는 위기관리에 대한 전략이 체계적이지 못하다. 물론 위기관리에 대한 학문적인

■ **한형서**(한양대학교 정부혁신연구소 연구교수)

논의는 이미 1990년 이후 꾸준히 증가하고 있으며, 이에 대한 연구도 다양화되고 있는 것이 사실이다. 최근 위기관리에 대한 연구가 진행되면서 모든 지방자치단체가 위기관리에 대한 다양한 모델과 정책적 변화를 시도하고 있다.

오늘날 재난상황은 크게 두 가지 유형으로 나타날 수 있다. 즉 하나는 자연재해와 관련된 지진, 홍수, 해일, 태풍, 폭우, 낙뢰, 가뭄 등의 유형이고, 또 다른 하나는 인위적인 재난으로 전쟁, 테러, 전염병, 화재, 원전방사능사고 등의 유형으로 분류할 수 있다. 이종열 외(2004)는 오늘날 정보화 시대와 함께 위험사회가 도래하고 있다고 판단하고 재난위험에 대한 영역을 다음과 같이 제시하고 있다. 그 대표적인 위기관리의 분류는 재정위기, 공공사업 위기, 서비스 전달 위기, 정책실패로부터의 위기, 국가 명성에 대한 위기, 경제불황, 테러공격, 정치사회적 위기, 환경재난, 다자협상 결렬 위기 등의 다양한 형태로 설명되고 있다. 그러나 지방정부는 위기관리에 대한 영역을 제한적으로 논의할 것이 아니라 보다 광범위한 영역으로 확대할 필요가 있다. 최근 우리나라는 국가재난관리는 주로 소방방재청을 중심으로 국가재난관리의 대응책을 논의하고 있으나 이것은 매우 미시적인 접근방법이라 할 수 있다. 하지만 지방정부의 재난예방과 재난정책은 다양한 영역에서 다변화되는 방향으로 논의되는 것이 바람직하다.

앞으로 지방정부는 중앙정부에서 벗어나 독자적으로 지방위기관리에 대한 새로운 정책 및 전략적 방안을 모색하는 것이 바람직하다. 특히 우리나라 지방정부는 중앙정부의 그늘에서 벗어나지 못하고 독자적인 위기관리 능력을 갖추지 못한다면 새로운 환경변화에 대응하는 정책적 변화를 추구하는 것이 쉽지 않다. 따라서 본 연구는 지방정부가 위기관리의 능력을 배양하고 미래지향적인 대응책과 예방적 정책을 수행하기 위해서 이제부터라도 지방정부의 독자적인 위기관리 모델과 전략적 방안을 추진하는 것이 필요하다고 본다. 또한 위기관리에 대한 다양한 정책과 전략을 중심으로 위기관리 대응력을 높이는 데 추점을 맞춰야 한다. 이러한 맥락에서 먼저, 본 연구는 이론적 배경에 대한 지방위기관리의 개념, 위기관리의 범위와 대상에 대해서 논의하고자 한다. 둘째로, 지방정부의 위기관리에 대한 선행연구의 검토와 이론적 재정립을 시도하고 있다. 셋째로, 지방정부의 위기관리에 대한 현황분석 및 문제점을 살펴보고, 지방정부의 재난발생시 재난극복을 위한 독창적인 모델과 전략 및 대응방안을 논의해 보고자 한다. 마지막으로 재난발생시 중앙정부와 지방정부 및 지방정부 간의 연계성 및 민간단체와 지역주민의 유기적인 관계 모델을 살펴보고자 한다.

Ⅰ. 지방정부의 위기관리에 대한 이론적 논의

1. 이론적 배경 및 개념

국가위기관리에 대한 개념은 아직까지 통일된 개념정의는 없으며, 학자에 따라 다양한 개념과 용어로 사용되고 있다. 이것은 국가위기에 대한 상황과 영역에 따라 다양성이 강하기 때문에 개념정의를 하기란 쉽지 않다. 그러나 국가재난에 대한 위기관리의 개념은 재난환경과 영역에 따라 여러 가지 뉘앙스가 존재할 수 있으나 위기관리에 대한 영역은 대체로 자연재해와 인위적 재난재해 등으로 분류하는 것이 일반적이다

(이종열 외 2004, 349-350). 물론 국가위기관리는 크게 공공부분과 민간부분으로 이원화시켜서 분류할 수도 있다. 전자의 경우, 공공부분의 위기관리의 개념은 대다수 국민에게 직접적인 영향을 주기 때문에 국민의 생명과 재산보호에 초점을 맞춰서 국민안전을 위한 적극적인 예방조치와 사후조치를 강조한다. 반면에 후자의 경우, 민간부분에서는 다수의 국민을 대상으로 하는 것이 아니라 특정 민간부분이나 제한된 범위에서 경제적 대상에 초점을 두는 제한적 의미의 위기관리라 할 수 있다(Bundesamt für Bevölkerungsschutz und Katastrophenhilfe 2005, 2-3). 여기에서 공공부문의 위기관리는 국민의 주거시설, 국방목적의 민간시설, 민간기업체의 시설, 주요 국가기관의 시설물, 그리고 문화재 보호시설, 기타 자연재해, 화재예방, 화생방 사고, 환경오염 사고, 테러 등의 포괄적인 개념으로 이해된다. 특히, 국가재난관리는 사전적 · 예방적 조치와 사후적 · 보상적 조치로 분류되고 있는데, 전자는 미래의 불확실한 상황과 예측에 초점을 맞춰서 재난에 대비하는 사전경고 시스템(Früherwarnssystem)이라할 수 있다. 반면에 후자는 국가재난이 발생한 이후 국민의 생명과 재산 및 안전을 신속히 보호하기 위한 사후적 조치와 사태수습을 체계적으로 관리하는 것이다.

따라서 국가위기관리는 국민의 생명과 재산에 직접 영향을 줄 수 있는 두 가지 측면을 심도 있게 고려해야 한다. 즉 하나는 인위적인 재난발생의 형태로 볼 수 있는데, 미국의 9 · 11 테러, 화재발생, 산업현장의 화학물질 폭발, 원전사고 방사능 유출, 국제분쟁 및 테러, 마약범죄 등이 여기에 포함될 수 있다. 또 다른 하나는 자연재해의 형태로 지진, 화산폭발, 폭우 · 폭설 · 폭염 등이 포함된다(한형서, 2008). 결국 지방정부에서 위기관리에 대한 개념은 국민의 생명과 안전을 적극적으로 보호하기 위한 정책방안과 미래의 불확실한 상황에 대비한 사전적 예방조치와 협력적 거버넌스의 유형에서 찾아봐야 한다. 이러한 맥락에서 지방정부의 위기관리는 어느 특정 분야에 한하여 제한적으로 논의할 것이 아니라 보다 포괄적이고 광범위한 개념으로 세분화되는 다양한 전략을 추구하는 방향으로 나아가야 한다. 그 밖에 지방정부가 효율적인 위기관리 대응력을 높이기 위하여 몇 가지 특징을 고려하여 다음과 같이 제시하는 경우도 있다(김보현 · 박동균 1995 : 129 참조).

첫째로, 위기관리는 정부가 일반적인 상황에서 해결할 수 없는 특수상황이기 때문에 이에 관련된 모든 사람들과의 노력과 조화가 신속히 이뤄져야 한다.

둘째로, 위기상황과 위기 대응방안은 시간적 제한과 공간적 한계로 긴급성이 요하기 때문에 공식적인 절차나 규칙보다는 고도의 정치적 결정 및 신속한 의사결정이 필요한 경우가 있다.

셋째로, 위기발생시에 항상 불확실성과 예측하기 어려운 상황을 고려해야 한다.

넷째로, 위기는 관련 대상 혹은 위기관리를 하는 관리자에 따라 항상 상대성을 지닐 수 있다. 즉 동일한 위기라 할지라도 지역적 환경과 관리자의 사고에 따라 긴급성을 느끼는 감도가 다르기 때문에 위기관리에 대한 대응력도 달라질 수 있다.

이와 같이 위기관리의 개념은 위기가 발생하는 영역과 대상에 따라 다양하게 정의될 수 있기 때문에 하나의 통일된 개념정의를 하기란 매우 어렵다.

〈표 1〉 1995-2004년 연도별 인명피해와 재산피해의 현황

구 분		'95	'96	'97	'98	'99	'00	'01	'02	'03	'04	평균
인명피해(명)	사망	753	72	102	51	23	65	33	38	59	33	123
	부상	1,732	261	412	455	299	378	279	243	250	156	447
재산피해(억)		3,282	184	63	142	438	730	46	116	15	63	508

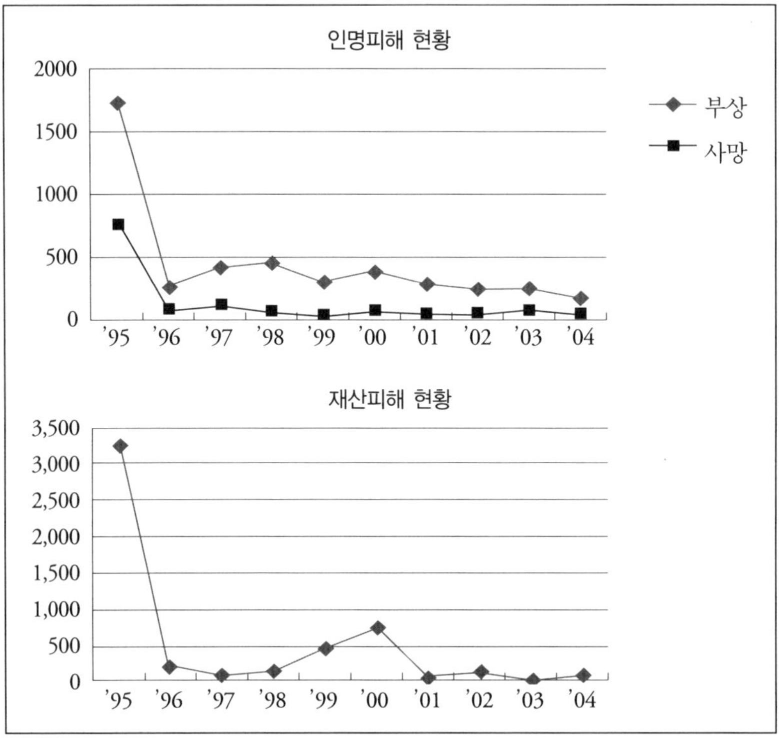

자료 : 소방방재청(2006), "2006년 재난관리업무 추친계획", p. 4.

2. 위기관리 대응의 필요성

지방정부는 지방화와 세계화를 추구하는 입장에서 중앙정부로부

터 추진되는 위기관리업무를 독창적인 대응과 전략으로 발전시키는 것이 중요하다. 그러나 이러한 위기관리의 대응은 지방정부의 예산지원이 따르지 않으면 정책추진을 실행하기란 쉽지 않다. 현재 지방정부의 위기관리대응은 미래에 지역주민이 직면할 수 있는 위기상황에서 지역주민의 생명과 재산을 적극적으로 보호한다는 취지에서 접근해야 한다. 지금까지 지역주민은 어느 위기상황에 직면하게 되면 중앙정부로부터 직접적인 재정적인 지원을 받아 왔기 때문에 지방정부가 관리하는 재난관리의 임무가 소홀히 되어왔다.

〈표 1〉에서 보듯이 소방방재청의 통계에 따르면 1995년 이후 인명피해와 재난피해는 계속되고 있다. 물론 1998년 이후 인명과 재산피해가 줄어들었다고는 볼 수 있지만, 연평균 사망이 123명과 부상이 447명이며, 연평균 재산피해는 508억원 등에서 볼 수 있듯이 위기관리에 대한 예방적 대응의 필요성이 강조되고 있다. 최근 10년간 시설물 붕괴, 폭발 등으로 총 8,277건의 인적재난이 발생하면서 5,694명의 인명피해와 5,079억 원의 재산피해가 발생한 것으로 나타났다. 이에 대한 예방적 대책으로 중앙정부는 국가전체적인 측면에서 통합적 위기관리를 강조할 수 있으나, 지방정부 또한 재난예방에 대한 새로운 패러다임을 찾는 것이 시급하다.

지금까지 위기관리에 대한 대응은 중앙정부의 차원에서 주로 조정되고 통제되어 왔지만, 시간적 · 공간적 긴급을 요하는 위기관리의 대응은 지방정부가 독자적으로 대응할 수 있는 위기관리 능력을 배양하는 것이 중요하다. 동시에 중앙정부는 지방정부에 필요한 인적 · 물적 자원을 지원하면서 독자적인 관리능력과 권한 및 책임성을 강화하는 것이 필요하다. 지방재난의 대응력에 있어서 중앙정부는 지역실정에 대하여 정확히 알 수 없을 뿐만 아니라, 설사 지방정부에 대하여 정확히 알고 있다하더라도 지방정부처럼 근거리에서 신속하고 효율적인 대응을 하기란 쉽지 않다. 그래서 중앙정부는 지방정부가 지역실정에 맞는 위기관리 대응력을 체계적으로 준비하도록 재정적인 지원을 해야 한다. 특히, 최근 지방정부의 위기관리와 재난상황은 특정 영역에서 국한되어 발생하는 것이 아니라, 다양한 영역에서 국지적으로 발생하는 경향이 강하기 때문에 시간적 · 공간적 괴리를 극복하는 데 지방정부의 역할이 필수적이다. 왜냐하면 지방위기는 주기적이고, 반복될 경우 상황에 따라 예측되는 준비와 실제적인 상황에 대응함으로써 예방적 가치를 높이고, 사회적 비용을 최소화할 수 있기 때문이다.

이처럼 지방정부는 위기발생 이전에 예방적인 대응과 정확한 진단 및 반복적 학습효과를 고려해야 한다. 이러한 맥락에서 지방정부의 위기관리대응의 필요성이 제기될 수 있다. 먼저 경제적인 측면에서 재난발생이 장기화되고 위기관리 능력의 부재로 지역경제의 침체와 지역발전에 영향을 줄 수 있다. 또한 지방정부가 위기대응에 대해서 신속한 정책결정과 대응력이 부족하다면 정치적 · 행정적 비난을 받을 수 있고, 이것은 바로 지역주민의 정치행정의 불신으로 연계될 수 있다. 결국 위기관리의 대응은 지방정부가 각종 위기관리에 효율적인 대응을 위한 제반 위기관리과정에서 인적 · 물적 자원을 보다 체계적이고 과학적으로 운영하기 위한 사전준비의 단계라 볼 수 있다.

3. 위기관리의 유형과 접근전략

1) 위기관리의 유형

지방정부의 위기관리의 유형은 아직까지 이론적 논의가 활발하게 이뤄지고 있지만 명확히 위기관리에 대한 유형이 정립되지 않아 연구자에 따라 다양한 유형을 제시하고 있다(안혜원 · 류상일 2007 : 187). 그래서 위기관리의 유형은 앞으로 지방정부가 지역에 발생하게 될 위기상황을 극복하기 위하여 보다 체계적인 접근방법이 필요하다. 물론 위기관리는 범국가 차원에서 다뤄져야 하지만 지방화 시대에 지역에 맞는 신속한 위기관리 극복을 위해 권한과 책임을 부여하여 지방정부에 투명성을 강화하여 분권화하는 것도 필요하다. 그러함과 동시에 중앙정부와 지방정부는 긴밀한 유기적인 위기관리체제를 구축하면서 총체적 국가위기관리 능력을 높이고 대외적인 국가신뢰도와 안보상황을 고려하는 경제적 · 안보적 관점도 중시해야 한다(이종열 외 2004 : 350). 따라서 지방정부의 위기관리의 유형은 미시적인 접근과 거시적인 접근 등으로 분류하여 사회전반에 나타날 현상에 대해서 다양한 유형으로 논의할 수 있다. 그러나 지방정부의 위기관리의 유형은 자연재해와 인위적 재난유형 등으로 분류해 설명하고자 한다.

(1) 자연재해의 유형

우리나라의 지방정부는 자연재해 관리유형을 자연재해대책법에 따라 태풍, 호우, 홍수, 해일, 폭설, 가뭄 혹은 지진 기타 등 이에 준하는 현상으로 자연재해발생의 피해를 의미하고 있다. 이에 대한 관리유형은 재해예방, 재해대비 및 응급대책, 재해복구 등으로 분류하고 있다(김찬오, 2008 : 52). 최근 자연재해의 유형은 천문학적인 재산피해와 인명피해를 동반하고 있기 때문에 국가적인 차원에서 재해대응을 광범위한 형태로 규정하고 있다. 우리나라도 2000년 이후 자연재해로 인한 피해가 태풍, 홍수, 호우, 강풍, 풍랑, 해일, 대설, 가뭄, 지진, 황사, 적조 등의 자연현상에서 발생하는 자연재해를 그 대표적인 유형으로 보고 있다.

(2) 인위적 재해유형

인위적인 재해유형은 최근 재난사고로 연계되는 인위적인 안전사고로, 즉 화재, 붕괴, 교통사고, 폭발사고, 환경오염, 산불 등에서 찾아볼 수 있으며, 또한 에너지, 전기정전, 통신, 금융, 의료, 수도, 전염병 확산 등 주요 국가 산업분야에서 포괄적인 형태로 보고 있다. 최근 일반국민을 대상으로 실시한 여론조사 결과는 안전사고에 대한 위험을 화재, 교통사고, 폭발 등에서 더 많은 위협을 느낀 것으로 분석되었다(최병학 2005 : 102). 이와 같이 국민들의 안전위험에 대한 의식변화는 자연재해의 유형에서 보다 인위적인 사고에서 더 많은 위험을 느낀 것으로 조사되었다. 특히, 2001년 미국의 9 · 11 테러사건 이후 인위적인 위험사고는 국가적인 차원에서 강조되고 있으며, 그 대표적인 사례로 테러사건, 건축물 붕괴, 화재 및 산불, 화학공장의 폭발, 도로교통, 환경오염, 식품안전 등을 들 수 있다.

2) 위기관리의 접근전략

위기관리에 대한 접근전략은 지방정부에 있어서 재난발생시 미시적 · 거시적 위기전략과 운영을 하는데 매우 중요하다. 그럼에도 불구하

〈표 2〉 재난관리 방식별 장단점 비교

유 형	분산관리 방식	통합관리 방식
관리부처 및 기관	다수부처 및 기관의 단순병렬	단일부터 조정하의 병렬적 다수부처 및 기관
책임범위와 부담	소관재난에 대한 관리책임, 부담 분산	모든 재난에 대한 관리책임, 과도한 부담가능성
관련 부처의 활동범위	특정재난에 대한 관리활동	모든 재난에 대한 종합적 관리활동과 독립적 활동의 병행
정보전달 체계	정보전달의 다원화	정보전달의 일원화
재원조달과 배분	복잡	단순
장점	– 한 재해 유형을 한 부처가 지속적으로 담당함으로 경험축적 및 전문성 제고가 용이 – 한 사안에 대한 업무의 과다방지	– 재난발생시 총괄적 자원 동원과 신속한 대응성 확보 – 자원봉사자 등 가용 자원을 효과적으로 활용
단점	– 복잡한 재난에 대한 대처능력의 한계 – 각 부처간 업무의 중복 및 연계 미흡 – 재원마련과 배분의 복잡성	– 종합관리체계를 구축하는데 많은 어려움이 따름 – 부처이기주의 및 기존 조직들의 반대가능성이 높고 업무와 책임이 과도하게 한 조직에 집중됨

자료 : 이종열 · 김기창(2007), "통합재난관리 체계의 성과에 관한 연구: 인천시를 중심으로", 『지역사회연구』, 제15권 제3호, p. 165.

고 위기관리에 대한 접근은 아직도 논리적으로 체계화되지 못하고 각 연구자에 따라 다양한 접근전략을 제시하고 있다. 물론 이것은 지방정부가 위기관리에 대한 접근을 하는데 다양한 영역과 환경적인 요인이 작용하기 때문에 많은 어려움이 있다. 최근 학자에 따라 위기관리에 대한 유형은 분산관리 방식, 통합관리 방식, 그리고 네트워크 거버넌스의 접근 등을 제시하고 있다. 여기서 이종열 · 김기창(2007)은 위기관리에 대한 접근으로 분산관리방식과 통합관리방식 등을 제시하고 있으며, 최근에는 네트워크 거버넌스 접근방법의 필요성을 강조하는 학자들도 있다(성기환 2005, 박석희 외 2004).

〈표 2〉에서 보듯이 분산관리 방식은 국가위기관리에 대한 모든 유형을 해당부처별 관리기능을 분산시키는 재난 시스템을 의미한다. 반면에 통합적 재난관리체제는 서로 다른 재난관리라도 유사하다고 판단되면 모든 재난사건을 하나의 단일체제로 보고 처리하는 것이다. 특히 통합관리체제는 재난관리에 대한 신속한 대응과 전략에 초점을 두고 단일체제로 위기관리 능력을 향상시키고 보다 효과적인 대응을 하기 위한 것이다. 그리고 네트워크 거버넌스의 접근은 재난관리에 대한 연계성과 통합성을 높이기 위하여 다양한 정부부처, 지방자치단체, 기업, 민간단체, 연구기관, 군부대 등이 거버넌스로 전환하는 것을 의미한다(박석희 · 노화준 · 안대승 2004, 105).

이와 같이 위기관리에 대한 이론적 접근은 국가적 상황이나 정책적 상황에 따라 달라질 수 있다. 그동안 국가재난관리에 대한 대응방안은 관리능력을 극대화하고 주어진 인적 · 물적 자원을 적절히 활용할 수 있는 통합적 위기관리를 지향해 왔다. 그러나 미래에는 국경을 초월하여 국제적 협력관계를 고려하는 동시에 새로운 상황변화에 적응하고 대응하는 네트워크의 연계성을 구축 · 활용하는 것이 더 중요하다는 인식이 확산되고 있다(Marzi 2004, 8-9). 따라서 우리나라의 경우에도 지방정부는 중앙정부를 중심으로 각 지방정부와 민간단체가 유기적으로 대처하는 협력적 거버넌스 체제를 구축하고, 이를 통해 국가재난의 위기대처 능력과 시너지 효과를 극대화하는 데 주안점을 두는 것이 필요하다. 특히 위기관리의 접근방법은 정부 간 협력체제 및 정보교류, 사전적 혹은 사후적 긴급 위기관리 능력 등이 중요한 변수로 작용한다. 따라서 중앙정부와 각 지방자치단체가 각각 독립된 운영체제로 운영될 경우 신속한 대응력을 높일 수 있으나 중앙정부의 절대적인 지원이 필요하다고 본다. 그래서 중앙정부는 지방정부에 권한과 책임을 강화시켜 일정한 기간동안 지방정부의 관리능력을 높일 수 있도록 제도적 · 재정적 지원을 아끼지 않아야 한다.

Ⅱ. 중앙정부와 지방정부의 위기관리조직체계

1. 중앙정부의 위기관리조직체계

우리나라의 위기관리조직체계는 1990년 이후 국가 대형재난으로부터 국민의 생명과 재산을 보호하기 위한 제도적 보완의 필요성을 인식하게 되었다. 따라서 2004년 3월 11일 재난 및 안전관리 기본법이 공포되면서 2006년 6월 1일 행정자치부 '민방위재난통제본부'를 전신으로 소방방재청이 설립되었다. 이것은 기존에 여러 부서로 나눠진 위기관리체계를 보다 효율적으로 운영하기 위하여 소방방재청에서 통합관리할 수 있도록 전략적 선택을 한 것이다. 〈그림 1〉에서 보는 것처럼 2008년 09월 30일 현재 소방방재청의 조직도는 소방방재청장과 차장 및 4개국을 두고 있다. 4개국은 기획조정국, 예방안정국, 소방정책국, 그리고 방재관국 등으로 구성되어 있다. 각 국 아래는 과로 편성되어 운영되고 있다. 이러한 조직변화와 함께 소방방재청의 목적과 기능이 실질적으로 국민의 재산과 생명을 보호하기 위한 방안으로 강화되었다(www.nema.go.kr).

〈그림 1〉 소방방재청 조직도(2008년 09월 30일 현재)

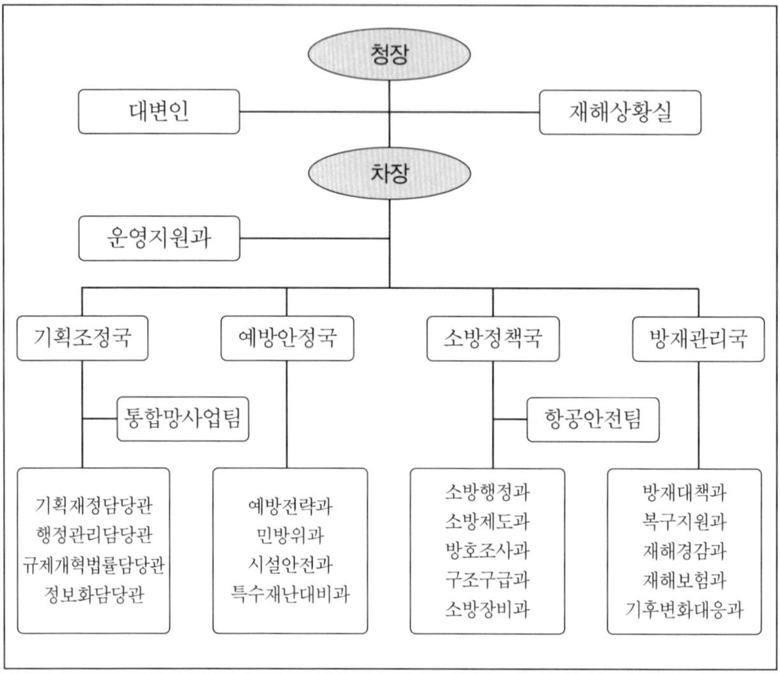

자료 : http://www.nema.go.kr/introduction/organization/team.jsp

첫째, 재난관련 업무체계의 일원화를 통한 정책심의 및 총괄조정 기능을 하는 것이다. 즉 국가와 지방자치단체는 각종 재난으로부터 국토를 보존하고 국민의 생명, 신체 및 재산을 보호하기 위하여 안전관리체계를 정립해야 한다.

둘째, 재난예방에 대한 의식제고 및 예방투자의 강화에 초점을 맞추고 있다. 이것은 장기적으로 볼 때 비용이 아닌 투자의 개념으로 전환하는 재난예방사업에 대한 투자를 확대하기 위한 것이다.

셋째, 구조, 구급 및 현장수습 등 현장대응체계를 강화하는 것이다. 즉 긴급구조통제단(소방방재청)의 신설을 통한 변화가 시도되었다.

넷째, 자치단체의 재난관리기능 및 민관협조체계를 연계하는 것이다. 즉 재난관련 지방자치단체와 민간협력을 통한 현장중심 대응체제를 강화하는 방향으로 추진되었다.

다섯째, 안전의식 제고를 위한 대국민홍보 등 예방활동체계를 확립하는 것이 그 목적이다. 이를 위하여 대국민 안전의식 강화를 위한 안전문화운동이 전개되어야 한다.

이와 같이 중앙정부의 위기관리는 소방방재청을 중심으로 매년 증가하는 재난사고는 보다 적극적인 재난관리 시스템에 초점을 두고 있다. 현재 국가재난에 대한 각종 업무가 중앙부처의 협력적 노력이 없이는 소방방재청이 전체적인 총괄업무를 실시하기엔 많은 문제점이 노출될 수 있다. 따라서 중앙정부는 국가재난관리를 위하여 부처간 유기적인 협력과 소방방재청에 대한 적극적인 지지와 제도적 장치를 강화해야 한다.

이러한 맥락에서 2006년 소방방재청의 재난관리업무 추진계획에 따르면 재난환경의 변화에 대응하기 위하여 재난관리 시스템의 변화에서 잘 보여주고 있다(〈그림 2 참조〉). 즉 중앙정부는 1980-1990년에 국가산업사회변화와 환경변화 및 기후변화에 대응하기 위하여 '재난관리법', '풍수해대책법'을 자연재해대책법으로 전면개편하고 중앙과 지방에 재난관리에 대한 전담부서 신설 등으로 재난관리기능을 대폭 · 강화하였다. 지금까지 중앙부처인 행자부 민방위본부에서 민방위재난통제본부로 개편하면서 그 기능을 확대하였다.

1990년대 후반에는 국가경제위기였던 IMF 외환위기 때 작은 정부를 통한 규제완화 및 자율적인 시장경제질서 확립을 위한 노력이 가속화 되면서 기존에 있었던 중앙 및 지방의 재난관리기능과 기구를 다시 축소 · 개편하게 되었다. 즉 행정자치부에서 운영하였던 재난관리국 및 지방전담부서를 폐지하게 되었다. 그러나 2000년 이후 자연재해인 태풍

〈그림 2〉 중앙정부의 재난환경과 재난관리 시스템의 변화 추이

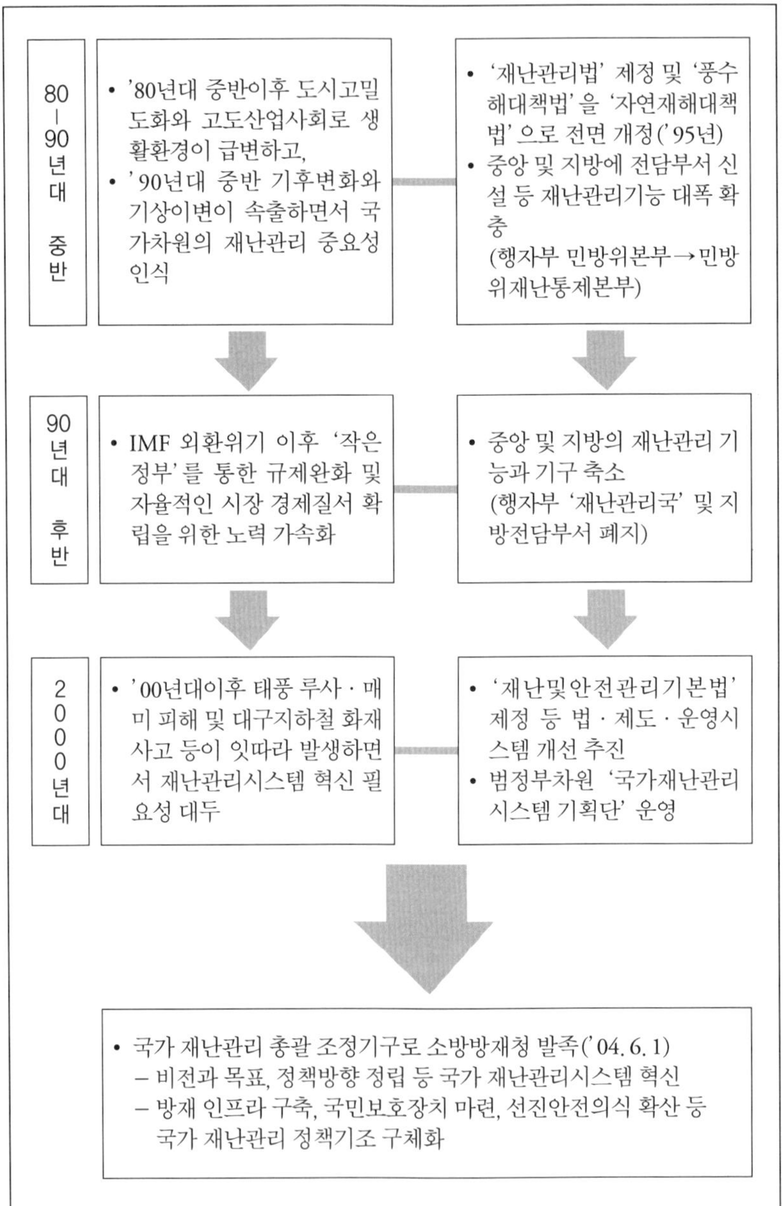

자료 : 소방방재청(2006), "2006년 재난관리업무 추친계획", p. 5.

루사, 매미 등으로 인한 많은 피해와 대구지하철 화재 등이 잇따라 발생하면서 재난관리 시스템의 재정립이 이뤄졌다. 그래서 중앙정부는 '재난및안전관리기본법' 제정 등 법 · 제도 · 운영 시스템 개선을 추진하였고, 또한 범정부차원에서 '국가재난관리 시스템 기획단'을 운영하게 되었다. 이처럼 재난관리 시스템의 변화추이는 재난상황의 변화에 따라 재난관리 시스템도 변화되고 있음을 보여주고 있다(〈그림 2 참조〉). 그러나 재난발생시 대응단계에서는 중앙의 중앙안전관리위원회(국무총리실)가 최고의사결정기구가 되어 '중앙재난안전대책본부(행정안전부)'와 '중앙수습대책본부(중앙행정기관)' 및 '중앙긴급구조통제단(소방방재청)'을 신설하였다(김찬오 2008 : 54). 이와 같이 중앙정부의 시대적 변화와 운영 시스템의 변화는 장기적으로 정책 비전과 목표, 정책방향 정립 등 국가 재난관리 시스템 혁신, 방재 인프라 구축, 국민보호장치 마련, 선진안전의식 확산 등 국가 재난관리 정책기조 구체화의 방향으로 추진되고 있다.

2. 지방정부의 위기관리조직체계

일반적으로 지방정부의 위기관리체계는 중앙정부와 유사한 형태를 갖고 있지만, 그 조직의 규모와 예산규모에 있어서 상당한 차이가 있다. 따라서 지방정부는 위기관리에 대한 대응능력이 중앙정부에 비해서 현저히 떨어질 수밖에 없으며, 중앙정부의 위기관리 지침에 따라 소극적인 형태를 지향하는 경향이 강하다. 현재 지방자치단체의 재난관리 담당부서가 보유하고 있는 재난관리의 인적 · 물적 자원은 많은 한계가 있으며, 재난발생시 담당부서가 대응할 수 있는 역량은 매우 미흡한 실정으로 평가된다.

〈그림 3〉 서울시 소방재난본부 조직도(2008년 9월 현재)

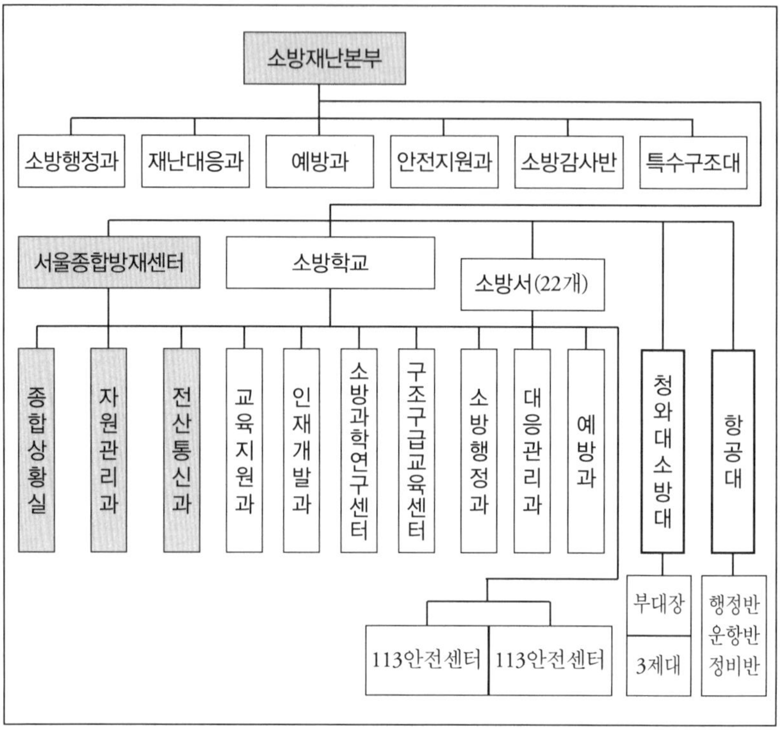

자료 : 서울특별시소방재난본부(2008), "주요 업무계획", p. 1.

1995년 12월 지방조직개편 이전까지 광역자치단체는 지방자치단체의 실정에 따라 위기관리업무를 기획담당관실, 민방위과, 비상대책과 등에서 담당하였고, 기초자치단체는 총무과와 민방위과 등에서 다른 업무와 병행해서 실시해 왔다(이재은, 1998). 그러나 최근 우리나라는 매년 태풍과 홍수 발생이 급격히 증가하면서 그 피해액도 꾸준히 증가하였다. 2000년 이후 지방정부는 광역자치단체와 기초자치단체에 따라 재난관리에 대한 안전대책을 마련하고 있다. 지방의 광역자치단체는 '광역재난안전대책본부(시, 도)' 와 '광역긴급구조통제단(광역소방본부)', 그리고 기초자치단체에서는 '기초재난안전대책본부(시, 군, 구)' 와 '기초긴급구조통제단(소방소)' 등을 설치 · 운영하며 긴급사항에 대처하도록 규정하고 있다. 따라서 지방자치단체의 재난관리부서는 직제상 최하위에 위치하고 있기 때문에 재난발생시 관련된 인적 · 물적 자원을 동원하고 업무를 신속하고 효율적인 대응을 하는데 한계가 있다. 게다가 지방자치단체의 공무원들은 재난관리업무를 기피하는 경향이 강하며, 또한 공무원들의 잦은 전보에 따른 전문성 결여와 정보부족 및 자치단체장의 재난관리에 대한 관심 부족 등이 중요한 문제로 지적되고 있다(김찬오, 2008 : 54).

서울특별시의 경우, 〈그림 3〉에서 보는 바와 같이 소방재난본부의 조직은 소방행정과, 재난대응과, 예방과, 안전지원과, 소방감사반, 특수구조대 등 총 6개과로 구성되어 있다. 부서별 주요기능을 보면 소방행정과에서는 조직 · 예산 · 인사와 제도의 연구 · 개선을 담당하고 있으며, 재난대응과는 화재진압 및 소방력 지원, 의용소방대 관리, 구조구급대의 운영 등 각종 재난대응과 수습을 담당하고 있다. 예방과에서는 화재예방을 위한 건축물의 소방시설, 위험물(가스, 유해 화약류 취급)제조소 등의 안전관리를 위한 검사 등 사전 예방조치를 위한 각종 위험요소를 사전에 제거할 수 있도록 하고 있으며, 안전지원과는 소방장비(차량, 전산통신정보화사업 등)의 수급관리와 연구개발, 시민안전교육 및 홍보, 시민안전체험관 운영에 관한 사항을 담당하고 있다. 소방감사반은 소방행정의 자체 내부 감찰 활동으로 공직기강에 관련된 업무를 하고 있으며, 특수구조대에서는 특수 재난현장의 구조 · 구난활동과 119구조대의 기술지도, 첨단장비를 이용한 인명구조, 화생방관련 오염물질의 제거, 테러 및 사고를 대비한 교육 · 훈련에 관한 사항을 담당한다. 그리고 본부산하 기관으로서 서울종합방재센터에서는 각종 재난, 구조구급 신고를 접수하여 처리할 수 있도록 종합적인 시스템을 갖추고 있으며, 소방학교와 22개 소방서가 있다. 앞으로 서울시는 한국의 거대 도시국가로서 방대한 규모와 예산을 가지고 서울시민의 생명과 안정을 보호하는데 최선을 다해야 할 것이며, 보다 체계적이고 예방적인 대응을 과학적인 정책과 IT 기술을 연계하는 방향으로 추진되어야 한다.

Ⅲ. 지방자치단체에서 재난관리의 과정 및 역할

지방자치단체에서 국가재난의 과정과 역할이 연구자에 따라 혹은 보는 시각에 따라 다양하게 논의되고 있다(Petak, 1985 ; 이종열, 2004 ; 남궁근, 1995 ; 이재은, 1997). 일반적으로 재난관리의 과정에 대한 기준을 4단계로 분류하여 위기완화단계, 준비계획단계, 대응단계, 복구단계 등으로 보고 있다. 그러나 이러한 과정은 독립적으로 운영되는 것이 아니라 각 단계마다 상호작용을 하는 과정에서 영향을 주고받을 수 있다. 〈표 3〉에서 보듯이 각 지방자치단체에서 재난발생시 신속한 재난관리의 대응을 위한 관련 담당과 및 담당 팀, 그리고 상황실이 운영되고 있다. 이와 같이 지방정부는 재난관리를 위한 독자적인 운영 시스템을 갖추는 방향으로 나아가고 있다. 따라서 대부분 지방자치단체는 방재기본계획과 방재집행계획을 토대로 대략 1년 주기로 재해예방, 주민대피 · 구조 · 구난 등에 따른 재해응급대책, 복구비지원 등을 중심으로 시 · 도 방재계획을 작성하고 있다. 반면에 시 · 군 · 구의 경우 시도방재계획에 따라 시 · 군 · 구에 적합한 재해예방, 응급 및 복구대책 등에 맞춰서 시 · 군 · 구 방재계획을 준비하고 있다.

첫째, 지방자치단체는 재난발생시에 재난종합상황실을 편성 · 운

〈표 3〉 지방정부(광역자치단체)의 재난관리 조직상황

부서명 시/도	재난관련국	재난관련과	재난업무 담당	사황실	점검 기동반
서울특별시	소방방재본부	방재기획과	방재(총괄, 예방, 관리, 수습, 기반보호팀)	서울종합 방재센터	7명
부산광역시	건설주택국	건설방재과	방재, 안전지도	재난종합상황실	
대구광역시	도시건설국	치수방재과	재난관리	재난재해 종합상황실	
인천광역시	소방방재본부	재난관리과	재난예방, 재난관리, 안전지도	종합상황실	
광주광역시	소방안전본부	재난관리과	재난대책, 안전관리	재난종합상황실	
대전광역시	도시건설 주택국	건설방재과	재난방재 및 안전관리담당	재난구조 종합상황실	
울산광역시	건설교통국	건설행정과	재난안전담당	재난종합상황실	5명
경기도	건설교통국	재난민방위과	재난총괄, 재난관리, 안전점검기동반	재난종합상황실	5명
강원도	건설도시국	방재치수과	재난관리담당, 안전관리담당	통합상황실	
충청북도	소방안전본부	재난관리과	자연재난 예방 · 대책 · 복구 · 지원	종합상황실	
충청남도	소방안전본부	민방위재난 관리과	재난관리, 기동점검	종합상황실	8명
전라북도	자치행정국	민방위재난 관리과	재난관리, 안전관리	소방본부, 소방재난상황실	
전라남도	건설교통국	재난민방위과	재난남낭, 시설안전담당	재난종합상황실	시설 안전
경상북도	건설도시국	치수방재과	재난안전담당	재난대책상황실	
경상남도	건설도시국	민방위재난 관리과	재난관리	재난종합상황실	6명
제주도	소방재난 관리본부	119재난 관리과	재난관리담당	119재난상황담당	

출처 : 양기근 · 정원희 · 강창민(2006), "지방정부 재난관리조직의 개선—통합형 재난관리 조직설계방안", 『한국거버넌스학회 2006년 하계공동학술대회 발표논문집』(1-24), p. 555.

영하면서 재난유형에 따라 조직과 인원편성을 하고 있다. 특히, 재난종합상황실이 중심이 되어 관련기관과 대응전략을 세우고, 상호 간의 협조와 협력 및 조정을 하게 된다.

둘째, 재난발생시 재난복구를 신속히 하기 위하여 사고대책본부를 설치 · 운영하고 있다. 자치단체장이 사고대책본부 최고 책임자로서 권한과 책임을 갖는다.

셋째, 재난관련 현장지휘의 역할을 원활히 수행하기 위하여 긴급구조본부를 설치 · 운영하고 있다. 보건소장이 현장지휘소와 사고대책본부를 지원하는 현장응급의료소를 설치 · 운영하는 것이 그 사례이다.

그리고 지방정부에서 위기관리의 역할은 주민의 생명과 재산 및 안전을 보호하는 데 있다. 따라서 지방정부는 위기관리를 보다 효과적으로 운영하기 위하여 중앙정부와 지방정부간 및 민간단체, 그리고 지역주민 등에 이르기까지 연계하고 있다. 이에 대한 과정은 〈그림 4〉와 같이 간략히 요약해 볼 수 있다.

지방정부에서 위기관리의 역할은 다음과 같이 다양하게 제시될 수 있다(이재은, 1998). 즉 ① 재난의 발생을 억제하고 방지, 완화시키는 예방노력을 기울이고, ② 지역 사고대책본부를 통하여 재난 수습을 위한 행정 · 재정상의 조치나 업무협조 및 ③ 재난현장에서의 긴급구조난 활동을 하며, ④ 재난발생의 우려가 있거나 발생시에 주민을 대피시키고 필요한 조치를 취하는 응급조치 기능을 수행해야 한다. 이러한 법적 역할 외에 지방자치단체는 ⑤ 재난발생 이전부터 효과적인 재난관리를 위해 지역주민과 민간지원단체나 자원봉사단체와 연계구축, ⑥ 신속한 재난대응 및 복구지원을 위하여 인적 · 물적 자원을 기관 간 · 기능 간 조정 및 협력이 필요, ⑦ 언론에 대한 협조와 통제를 통해 주민 재난교육과 피해 최소화를 위한 대응노력에 심혈을 기울여야 한다. 그리고 ⑧ 인접

〈그림 4〉 지방자치단체의 재난관리 역할

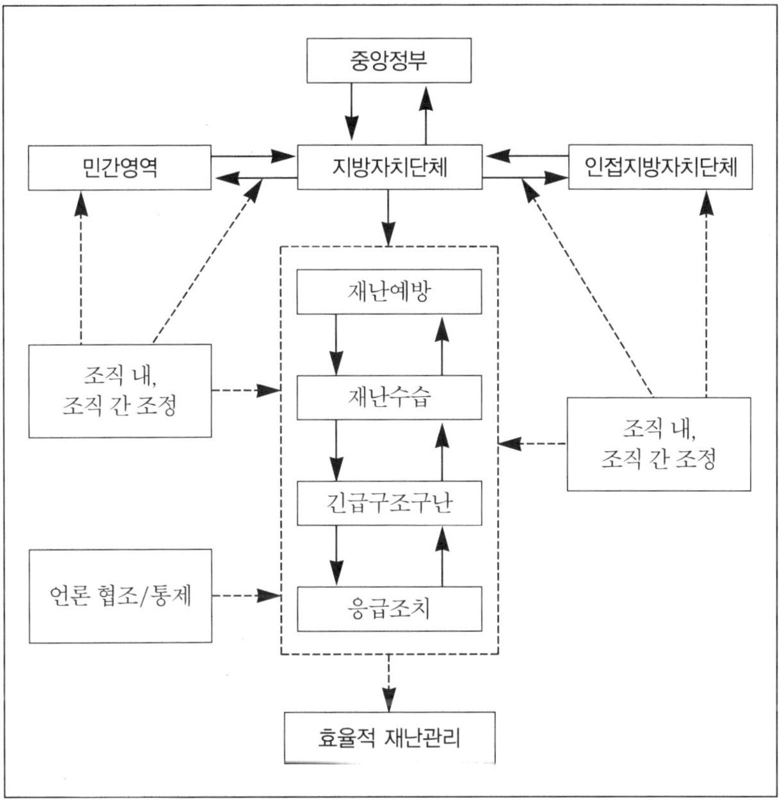

자료 : 이재은(1998), "지방자치단체의 재난관리 : 법적 기능적 역할과 책임", 『한국행정학회 1997년도 하계학술대회 논문집』, p. 585.

지방자치단체와 정보교환 및 인적 · 물적 자원이 원활히 지원될 수 있도록 협조체계를 갖는 것이다.

이와 같이 지방정부에서 위기관리의 역할은 위기발생시 신속히 대처함으로써 주민의 재산과 생명을 보호하기 위한 적극적인 행위이며, 불확실한 미래에 대한 예방적 대응력을 높이는 데 있다.

Ⅳ. 지방정부 위기관리의 문제점 및 개선방안

1. 위기관리의 문제점

지방정부에 있어서 위기관리에 대한 문제점은 주로 행정적 · 과정적 · 재정적 · 대응적 과제로 분류할 수 있다. 먼저 행정적인 영역은 재난관리에 있어 조직구조의 분산과 재난관련 기구의 권한이 없다는 것이다. 동시에 지방정부는 단일체제 안에서 운영되고 있으나 광역자치단체와 기초자치단체의 협력체제의 결여로 신속한 대응력과 협조체제가 어렵다는 것이다. 그리고 재난관리에 있어서 고도의 전문성이 필요하나 전문인력의 부족과 관련 장비의 부족으로 예방단계에서부터 복구단계까지 체계적인 관리체계가 어렵고, 위기관리 능력을 높이는 데 한계가 있다. 이에 대한 대표적인 사례로 소방인력을 제외한 일반 공무원과 일반국민의 경우 위기관리에 대한 체계적인 교육이 전혀 이뤄지고 있지 않으며, 또한 전문교육이 이뤄진다 할지라도 전문지식을 제공하는 데 시간적 · 공간적 한계를 안고 있다.

한편, 과정적 측면에 있어서 지방정부의 경우, 재난이 발생하면 복구 중심의 재난관리를 하는 것이 보편화되어 있다. 이것은 재난에 대한 예방적 관리보다는 사후적 관리중심에서 막대한 사후비용을 지출하는 것이다. 앞으로 이에 대한 위기관리의 대응이 전략적 변화와 전향적인 정책변화를 추진해야 한다. 그리고 중앙정부와 지방정부의 경우 재난정보에 대한 부족과 분석능력 약화 등으로 상호 간 정보교환과 전략적 협력이 필요하다. 왜냐하면 이러한 과정에서 재난방지에 대한 정확성 및 미래 예측 및 정책집행을 하는 데 어려움이 있기 때문이다.

재정적 영역에서는 지방정부의 예산부족으로 충분한 재난관련 예산을 확보하지 못하거나, 확보하더라도 장기적인 예산정책이라기보다는 사후적 복구예산정책으로 체계적인 교육 및 훈련, 인력확충, 그리고 연구기능 등을 할 수 없다는 것이다. 한편, 재정적 문제로 지방정부가 예산확보를 위한 정치적 지원이 부족하다는 것이다. 이것은 지방의회가 관련 조례를 통하여 재난예방에 필요한 제도적 장치를 구비하여 재정적 지원과 체계적인 교육과 첨단장비 구입 및 소방인원의 방재능력 강화 등을 높이는 데 필수적이기 때문이다.

이와 같이 지방정부의 위기관리는 재난정보전달체계 및 정보교환, 현장지휘체계 및 공조체계 강화, 과학적이고 체계적인 안전 및 홍보정책, 충분한 예산지원, 예방적 대응책 및 사후적 재난관리, 지방자치단체 간 및 민간영역의 협력 등이 중요한 이슈화로 간주될 수 있다.

2. 위기관리의 개선방안

지방정부는 기본적으로 재난관리에 대한 시스템을 예방적 관리에서부터 사후적 관리에 이르기까지 재정비하는 것이 필요하다. 즉 급변하는 환경변화에 적응할 수 있는 전문인력 확보와 첨단장비구입 및 고품질의 구급 서비스를 제공하기 위한 인적 · 물적 지원에 제도적 변화가 있어야 한다.

첫째, 지방정부에서 위기관리 능력 제고는 소방조직 · 인력의 유연성과 불필요한 행정업무 축소 등을 통하여 소방인력을 현장 중심으로 재배치하고 인구 · 면적 · 건물유형 등 도시구조 특성을 고려한 위기관리시스템 재설계가 필요하다.

둘째, 건축물 · 화공 분야 등 전문가 확보를 위하여 현장활동에 필요한 건축물 구조 · 화공 · 가스 등 전문가 충원방안 마련과 인력 운영의 효율성 제고를 위하여 현재 세분화되어 있는 직급 정원을 통합 · 관리하는 방안을 찾아야 한다.

셋째, 소방공무원 3교대 근무 전면 실시 추진을 위해 조직 · 인력 재설계를 통한 자체 조정방안을 통한 3교대 근무를 확대하고, 총액인건비 단가 인상을 통한 소방인력 증원 확대와 지역 특성에 맞는 소방행정, 현장에 필요한 적정 소방조직 모형 개발을 검토할 필요가 있다.

넷째, 우수 인력양성을 위한 각종 교육프로그램의 확대와 복지시스템의 개발로 소방조직의 사기와 탄력성을 높여주어야 한다.

다섯째, 중앙정부로부터 지휘체계의 신속성을 위한 권한 위임과 책임성을 강화해야 하며, 지방자치단체에서 재난관련 조례제정을 서둘러 안정되고 체계적인 위기관리 시스템이 운영될 수 있도록 제도적 · 정치적 지원이 있어야 한다.

여섯째, 지방정부는 필요한 재원을 장기적인 확보와 예산배정에 우선순위를 두어 재난관리에 투입할 수 있도록 해야 하며, 위기관리의 통합관리시스템과 지방자치단체간 및 민간기업 등의 연계성을 갖도록 협력적 체계를 구축하는 것이 바람직하다.

이와 같이 지방정부는 위기관리의 개선을 위하여 다양한 제도적 · 행정적 · 과정적 보완이 선행되어야 하며, 이러한 과정속에서 위기관리 능력을 높이는 것이 중요하다.

Ⅴ. 맺는말

국가재난관리는 중앙정부가 핵심적인 역할을 해야 하겠지만, 최근 재난사고는 중앙정부가 관리하는 데 시간적 여유가 없는 긴급한 경우가 국지적으로 발생하고 있다. 따라서 재난관리의 핵심은 중앙정부와 지방정부가 유기적인 관계를 유지하면서 지방정부에서 발생한 일반적인 위기관리는 지방정부에 책임과 권한을 강화하여 스스로 해결할 수 있는 자율권을 주어야 한다. 그럼에도 불구하고 오늘날 지방자치단체는 중앙정부로부터 권한을 받지 못하고 책임만 추궁하는 데 많은 문제점이 있다.

따라서 지방화 시대에 있어서 위기관리에 대한 대응이 국가 차원에서 뿐만이 아니라 각 지방자치단체가 독자적이고 자율적인 자치권의 행사에 따른 위기관리 대응력을 높이고 주민안전을 책임지는 장직적인 정책을 추진해야 한다. 지금까지 중앙정부의 그늘에서 위기관리 능력을 배양하지 못했지만, 앞으로 지방정부는 지역에 맞는 위기관리 시스템을 구축하여 위기관리를 분권화하는 것이 시급하다.

물론 중앙정부와 지방정부는 국가차원에서 위기관리에 한계를 극복하여 위하여 상호 간에 유기적인 관계와 필요한 정보공유를 하는 것이 중요하다. 여기에 지방자치단체 간의 협력과 민간기업이 참여하는 '거버넌스 협력방안'을 구축함으로써 미래에 발생하게 될 위기대응력을 극대화시킬 수 있다. 결국 위기관리에 대한 대응은 지방정부의 지속적인 발전과 안정 및 지역민의 삶의 질에 밀접한 관계가 있다. 따라서 지방정부에서도 중앙정부로부터 지원받은 위기관리체계에서 벗어나 독자적이고 자율적인 위기관리체계를 구축하기 위한 인적 · 물적 자원관리를 하는 것이 바람직하다.

참고문헌

김찬오. 2008. "도시안전을 위한 중앙과 지방정부의 역할." 『도시문제』. 제43권 제475호. pp. 51-62.

김보현 · 박동균. 1995. "위기관리행정에 관한 지방공무원의 인식분석." 『한국도시행정학보』. 제8집, pp. 127-148.

김영수. 1998. "지방자치단체의 재난통합관리체제 구축에 관한 연구." 『지방정부연구』. 제2권 제2호. pp. 59-78.

박석희 · 노화준 · 안대승. 2004. "재난관리 행정에 대한 네트워크적 분석." 『행정논총』. 제42권 제1호(2004). pp. 103-132.

소방방재청. 2006, 2006년 재난관리업무 추친계획

안혜원 · 류상일. 2007. "행정학에서 재난관리분야의 학문적 연구경향." 『한국콘텐츠학회논문지』. 2007 Vol 7, No. 10, pp. 183-190.

양기근 · 정원희 · 강창민. 2006. "지방정부 재난관리조직의 개선-통합형 재난관리 조직설계방안." 『한국 거버넌스 학회 2006년 하계공동학술대회 발표논문집』(1-24).

윤세달, 『지방행정과 위기관리』. pp. 70-76.

이재은. 1998. "우리나라 위기관리 대응기능 개선방향에 관한 연구 : 위기관리 조직과 법규분석을 통해." 『한국정책학회보』. 제7권 제2호, pp. 229-252.

이재은. 1997. "지방자치단체의 재난관리 : 법적 · 기능적 역할과 책임." 『한국행정학회 1997년도 하계학술대회 논문집』. pp. 569-588.

이종열 외. 2004. "국가위기관리 통합적 체제구축에 관한 연구." 『한국 사회와 행정연구』. 제15권 제2호, pp. 347-367.

이종열 · 김기창. 2007. "통합 재난관리체계의 성과에 관한 연구. 인천시를 중심으로." 『지역사회연구』. 제15권 제3호, pp. 159-180.

최병학. 2005. "우리나라 재난재해관리 시스템의 문제와 관제." 『공공행정연구』. 제7권 제1호, pp. 101-124.

한형서. 2008. "독일 정부의 위기관리 대응에 대한 운영실태 : 연방정부와 바이에른(Bayern)주를 중심으로." 『유럽연구』. 2008 여름호, 제26권 제2호, 267-291.

Bundesamt für Bevölkerungsschutz und Katastrophenhilfe (ed.). 2005. Problemstudie : Risiken für Deutschland, Teil 1. Bad Neuenahr-Ahrweiler.

Petak, William J. 1985. Emergency Management : A Challenge for Public Administration, Public Administration Review, Vol. 45.

http://www.nema.go.kr/introduction/organization/team.jsp

16 지방자치단체 남북교류협력사업

현재 전국의 많은 지방자치단체들은 지역 특성을 살린 다양한 방안을 수립해 남북교류협력사업을 추진하고 있다. 2007년 한해만 보더라도 서울특별시를 포함한 12개의 광역자치단체와 1개의 기초자치단체(충북 제천시)가 총 169억 원을 투자해 23건의 남북교류협력사업을 추진했다(『통일백서』, 2008 : 195).

남북교류협력사업을 추진하는 대부분의 지방자치단체들은 조례를 제정하기도 하고, 자체적으로 남북교류협력기금을 마련하기도 하며, 사업을 추진하는 과정에서 대북사업을 하는 민간단체와 연합하기도 한다. 또한 주민들의 의견을 수렴하고 지방의 역량을 결집하기 위해 지방 차원의 '남북교류협력협의회' 또는 '남북교류협력추진위원회' 등의 기구를 구성 · 운영하기도 한다. 정부(통일부)도 지방자치단체의 남북교류협력사업이 북한의 개방과 민족 동질성 회복에 기여할 것이라는 판단

■ **양현모**(한국행정연구원 선임연구위원)

하에 이를 지원하고 있으며, 지방과의 정보공유와 협력을 위해 기구를 구성하기도 했다. 2006년 정부가 16개 광역자치단체 및 민간전문가가 참여하는 '지자체남북교류실무협의회'를 구성한 것이 대표적인 예라고 할 수 있다.

그러나 그동안의 지방자치단체 남북교류협력사업 추진과정을 보면 성과 못지않게 많은 문제점이 제기되었다는 것을 알 수 있다. 우선 남한 지방자치단체의 과도한 사업의욕과는 달리 북한은 남한 지방자치단체의 제의에 소극적인 반응을 보이고 있기 때문에 사업의 성공률은 기대치에 미치고 못하고 있는 편이다. 이런 상황에도 불구하고 남한의 지방자치단체들이 사업을 성사시키려는 의욕만 앞세워 사업의 선정, 추진과정, 성과에 대한 세밀한 대책 없이 사업을 추진하는 과정에서 예산의 낭비 등 많은 문제점이 제기되기도 했다. 또한 일부 지방자치단체에서는 자치단체장의 정치력을 과시하기 위해 남북교류협력사업을 추진하면서 북한에 과도한 지원을 약속하는 등의 문제도 발생한 바 있다. 이 밖에도 지방자치단체 남북교류협력사업은 그 성격상 지방자치단체와 중앙정부가 긴밀히 협조해 추진해야 할 사업임에도 불구하고 중앙정부가 지방에 대한 지원업무를 만족할 수준만큼 수행하지 못하고 있다는 비판도 제기되고 있다.

이 글의 목적은 2000년 이후 추진되고 있는 지방자치단체 남북교류협력사업의 체계와 실태를 파악 · 평가하고 향후 사업의 활성화를 위한 방안을 제시하는 것이다.

I. 지방자치단체 남북교류협력사업의 추진배경 및 과정

지방 차원에서 남북 교류협력이 본격적으로 추진될 수 있었던 직접적인 계기는 2000년 6월에 있었던 남북정상회담 및 6 · 15 남북공동선언이었다. 6 · 15 남북공동선언 제4항에서 남북한 정상은 남북 간의 경제, 사회, 문화, 체육, 보건, 환경 등 제반 분야의 협력과 교류를 활성화해 서로의 신뢰를 다져나가기로 합의했다. 즉 남북교류에 있어 사업분야와 채널의 다양화에 남북 정상이 합의한 것이다. 이후 정부는 남북공동선언의 정신에 따라 중앙정부 차원만이 아닌 지방자치단체 차원의 남북교류협력도 대북사업의 한 분야로 포함시켰으며, 전국의 지방자치단체들도 민족적 사안인 통일문제에 지방자치단체가 어떤 형태 또는 어떤 방식으로든 참여해야 한다고 생각하고 이를 추진하게 된 것이다.

지방자치단체 남북교류협력사업이 추진된 초기에는 이에 대한 심의 및 조정업무를 행정자치부에서 관장했다. 남북정상회담 이후 지방자치단체의 남북교류협력사업이 증가될 것으로 예상한 통일부가 사업의 체계적 추진을 위해 행정자치부에게 사업심의 및 승인에 관한 업무를 위임했기 때문이다.[1] 행정자치부는 심의의 전문성과 공정성을 확보하는 한편, 사업의 체계적이고 효율적인 지원을 위해 '지방자치단체 남북교류협력사업 심사위원회(심사위원회)'를 구성했다. 행정자치부 자치행정국장을 위원장으로 하고 관계 전문가 6-7명으로 구성된 심사위원회는 지방자치단체가 상정한 남북교류협력사업의 사업계획서를 심사해 그 승인여부를 결정할 뿐만 아니라, 지방자치단체 남북교류협력사업의 성과 및 문제점을 분석하고 기타 사업의 전반적인 개선 및 추진방향을 논

의해 정부에 건의하기도 했다.[2]

2000년 8월 24일 1차 심사위원회가 개최된 이래 2001년 8월 23일까지 총 6회의 심사위원회가 개최되어 30건의 신청사업 중 20건을 승인하고 10건은 부결되었다. 그러나 행정자치부에서 승인된 사업 20건 중 실제로 성사된 사업은 강원도에서 추진했던 '남북공동 어린연어 방류사업'과 '금강-설악권 솔잎혹파리 공동예방사업', 부산시의 '전국체전 금강산 성화채화사업'과 전남 목포시에서 추진했던 '신의주시에 대한 인도적 지원사업' 등 4건에 불과했으며, 나머지 16건은 무산되었다(양현모, 2001 : 64-69).

2000년 정상회담으로 급진전되는 듯이 보였던 남북관계는 2001년 하반기 이후 다시 경색되었다. 2001년 출범한 부시 행정부는 출범과 함께 대북정책에 대한 재검토에 착수하면서 북한과의 대화를 전면 중단했고, 북한은 미국의 대북강경 태도에 대해 맹비난하는 한편, 남북관계 또한 동결시켰다. 남북관계의 경색은 지방자치단체 남북교류협력사업에도 영향을 미쳐 이 기간 동안 남북교류협력사업은 다소 침체되었다. 2001년 당시 일부 지방자치단체에서 사업을 추진하기는 했으나 그 성사율은 크지 못했으며, 행정자치부 심사위원회도 개최되지 않았다. 그러나 지방자치단체들의 사업의욕은 줄지 않았으며, 오히려 좀 더 적극적인 교류협력사업의 방법을 택했다. 지방자치단체가 직접 추진하는 것이 아닌 민간단체를 통한 우회적인 방법, 즉 북한을 이전부터 꾸준히 지원하고 있는 대북지원 민간단체를 후원하는 형식으로 사업을 추진한 것이다. 예를 들어 2002년 경기도가 '우리민족서로돕기운동본부'를 통해 경운기 200대, 지붕개량제 180,000m^2, 축구공 2002개를 지원했으며, 제주도는 '남북협력제주도민운동본부'를 통해 1999년부터 해마다 해오던 감귤 지원을 계속했다.

2003년 이후 지방자치단체 남북교류협력사업은 다시 활성화되었다. 특히 대북지원 민간단체를 통한 간접적 사업 추진이 확대되었다. 경기도는 '우리민족서로돕기운동본부'를 통해 농업, 보건, 식품 등을 지원했다. 그 지원액은 2004년에 13억 4천만 원, 2005년 19억 3,600만 원이었으며, 2006년에는 43억 8,500만 원으로 급증했다. 인천광역시는 2005년 '우리겨레하나되기운동본부'를 통해 페인트 124톤 등(31억 3천만 원)을 지원했으며, 경상남도는 2006년 '우리민족서로돕기운동본부'를 통해 벼육묘공장 건립과 남새 비닐온실설치(7억 1,700만 원)를 지원했다. 전라북도 또한 2005년 '우리민족서로돕기운동본부'를 통해 농기계 수리공장(17억 8,600만 원)을 지원했고, 2006년에는 1,400만 원 상당의 농기계 및 축산시설을 지원했다. 전라남도는 2003년부터 '우리민족서로돕기운동본부'와 '전남도민남북교류협의회'를 통해 평남 대동군에 농기계수리공장 건설지원과 수리부품 및 장비를 지원했다(통일부, 2008).

그동안 지방자치단체 남북교류협력사업의 심의 · 승인체제에도 변화가 있었다. 2003년 5월부터 지방자치단체의 남북교류협력사업에 한해서 이루어지던 행정자치부의 심의 · 승인과정이 폐지되고 대신 통일부가 심의 · 승인하게 되었다. 사업승인 중복의 문제점이 제기되었기 때문이다. 또한 정부의 협력사업자 승인체계에도 변화가 있었다. 2003년 이전까지만 해도 지방자치단체가 정부로부터 협력사업자로 승인을 받아 직접 사업을 추진했다. 즉 남북교류협력사업을 추진하려는 지방자치단체는 정부로부터 협력사업자로 승인을 받아 독자적으로 북한과 사업을 논의하고 추진할 수 있었다. 그러나 2003년 이후 정부는 지방자치단체를 협력사업자로 승인하지 않고 있다. 즉 지방자치단체가 독자적으로 남북교류협력사업을 추진하지 못하도록 한 것이다. 지방자치단체가 사업주체가 되어 독자적으로 북한과 사업을 추진하는 것이 남북관계 등 여러 면에서 긍정적이지 않다는 취지이다. 대신 정부는 지방자치단체가 북한과 교류가 많은 민간단체를 후원하는 형식으로 남북교류협력사업을 추진하는 것에 대해서는 반대하지 않고 있다. 따라서 현재 남북교류협력사업을 추진하려는 대부분의 지방자치단체는 이 분야에서 경험이 많은 민간단체를 후원하는 형식으로 사업을 추진하고 있는데, 실질적으로 지방자치단체가 직접 사업을 추진하는 것과 큰 차이가 없다. 실질적으로 사업을 구상하는 주체도 지방자치단체이며, 사업에 필요한 비용 등도 모두 지방자치단체에서 담당하고 있기 때문이다.

지방자치단체에 대한 협력사업자 승인 불허 조치는 지방자치단체의 입장에서 보면 남북교류협력사업을 독자적으로 추진하지 못하는 결과는 낳았지만, 한편 남북교류협력기금을 지원받을 수 있는 긍정적 조치이기도 하다. 2000년 이후 많은 지방자치단체들이 남북교류협력사업을 추진했을 때 정부는 이들 자치단체들에 대한 남북교류협력기금의 지원을 불허했다. 남북교류협력사업을 추진하려는 지방자치단체는 각 지방의 재정 사정에 맞게 사업을 추진해야 하며 중앙정부는 재정 지원을 할 수 없다는 입장을 견지했다. 그런데 지방자치단체에 대한 정부의 협력사업자 승인 불허 조치로 지방자치단체는 형식상 민간단체를 사업의 주체로 내세울 수밖에 없었으며, 이 결과 민간단체의 이름으로 중앙정부의 재정적 지원을 받을 수 있게 되었다.

Ⅱ. 지방자치단체 남북교류협력사업의 추진절차 및 체계

현행 '남북교류협력에관한법률'에 의하면 교류협력사업을 하고자 하는 자는 대통령령이 정하는 바에 의해 통일부장관으로부터 협력사업자 승인을 얻어야 한다(제16조). 또한 제16조 규정에 의해 교류협력사업의 승인을 얻은 자(협력사업자)가 교류협력사업을 시행하고자 할 때에는 매 사업마다 통일부장관의 승인을 얻어야 한다(제17조). 그리고 통일부장관은 대통령령이 정하는 바에 의해 협력사업자에게 교류협력사업의 시행결과를 보고하게 할 수 있다(제18조).

그런데 이미 언급한 바와 같이 현재 통일부는 정책상 지방자치단체에 대해 사업협력자 승인을 하지 않고 있어, 지방자치단체는 독자적으로 남북교류협력사업을 추진할 수 없다. 그러나 정부는 남북교류협력사업을 추진하고자 하는 지방자치단체가 협력사업자 승인을 받은 민간단체와 협력해서 사업을 추진하는 것은 반대하지 않고 있다. 따라서 지방자치단체는 협력사업자 승인을 받은 민간단체와 협력해 이 민간단체를 후원하는 형식으로 사업을 추진하고 있다.

종합하면 남북교류협력사업을 추진하고자 하는 지방자치단체는 먼저 협력사업자 승인을 받은 민간단체를 찾아 사업에 대해 협의하고, 이 민간단체를 통해 사업승인을 받은 후 사업을 추진해야 한다. 이후 시행결과도 민간단체가 보고해야 한다. 이상의 내용을 종합한 지방자치단체 남북교류협력사업의 추진절차는 다음과 같다.

제1단계 : 남북교류협력사업을 희망하는 지방자치단체는 사업의 목적, 내용, 북한의 교류희망 지역, 예산, 추진방법, 예상 성과 등 세부계획을 수립한다. 중요한 점은 사업의 추진 초기부터 협력사업자 승인을 받은 민간단체와 접촉해 사업에 대해 협의하고 이들 단체를 북측과의 협의체널로 이용해야 한다는 점이다. 따라서 지방자치단체로서는 무엇보다도 협력 민간단체와 파트너십이 중요한데, 민족화해협력범국민협의회 또는 우리민족서로돕기운동본부 등 잘 알려진 민간단체와 협력하는 지방자치단체가 있는가 하면, 남북교류협력사업을 추진하기 위해 별도로 민간단체를 구성하기도 한다. 강원도의 남북강원도협력협회 경상남도의 경남통일농업협력회 등이 이에 해당하는 대표적인 단체이다. 이 밖에 남북교류협력사업을 추진하려는 지방자치단체는 남북교류협력에 관한 조례를 제정하기도 하며, 재정적 뒷받침을 위해 기금을 설치하기도 한다. 또한 '남북교류협력위원회' 또는 '남북교류협력사업추진위원회' 등의 기구를 구성 · 운영하기도 하는데, 이 기구는 민-관 협력기구로서 통상 지방자치단체장을 위원장으로 하며, 사업의 심의 및 자문을 수행하는 역할과 지방 주민에 대한 홍보기능을 수행한다.

제2단계 : 지방자치단체와 협력한 민간단체는 최종 합의된 사업계획서를 기초로 통일부에 사업승인 신청을 한다. 2003년까지는 통일부 심사에 앞서 행정자치부의 사전 심사가 있었으나 2003년 이후 통일부 심사로 일원화 되었다. 사업승인 신청과 동시에 남북교류협력기금 지원 신청도 한다.

제3단계 : 통일부2는 민간단체가 신청한 사업에 대해 '남북교류협력에관한법률'에 의거해 심사하고 승인 여부를 최종 결정한다. 동시에 기금의 지원 여부도 결정한다.

제4단계 : 통일부로부터 남북교류협력사업을 최종 승인받은 해당 지방자치단체와 민간단체는 북한과 교류협력사업을 추진한다.

〈그림 1〉 지방자치단체 남북교류협력사업 추진체계

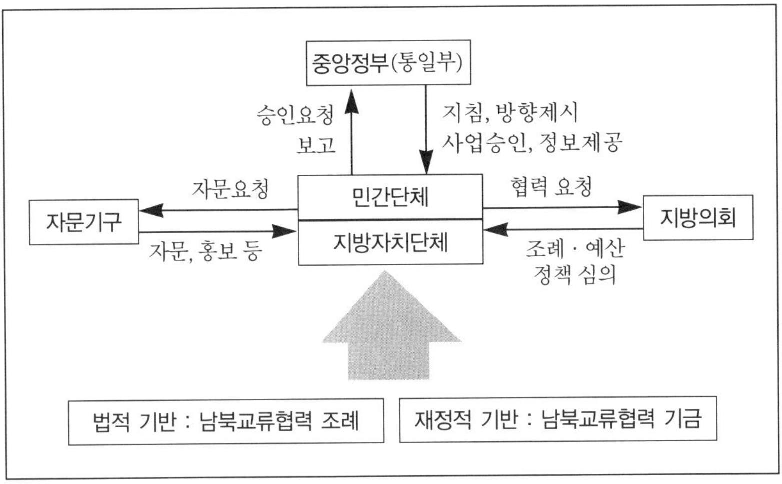

제5단계 : 교류협력사업 추진결과 및 성과를 통일부에 보고한다.

추진절차에 기초한 지방자치단체 남북교류협력사업의 추진체계를 도식화하면 다음과 같다.

Ⅲ. 지방자치단체 남북교류협력사업의 정책행위자

정책행위자란 정책결정 과정 또는 집행과정에서 중요한 역할을 수행하는 기관 또는 개인으로서 중앙정부, 지방자치단체 등 정부기관도 될 수 있지만 압력단체, 민간단체(NGO) 등도 가능하다. 지방자치단체 남북교류협력사업 정책결정 과정의 주요 정책행위자로는 전국의 지방자치단체, 중앙정부(통일부), 그리고 민간단체(NGO)를 들 수 있다. 이 외에도 기업, 지방의회, 남북교류협력위원회 등 지방 차원에서 만든 자문기구, 일부 관련 연구기관 등이 지방자치단체가 추진하는 남북교류협력사업 과정에서 참여하고 있다.

1. 지방자치단체

전국의 지방자치단체들은 남북교류협력사업의 정책행위자들이다. 지방자치단체는 사업계획을 세우며 사업추진에 필요한 예산을 확보하고 교류협력에 필요한 정보도 수집한다. 그러나 현재 통일부는 지방자치단체를 대북 협력사업자로 승인하지 않고 있기 때문에 단독으로 사업을 추진할 수 없으며 사업 추진을 위해 대북 협력사업자 승인을 받은 민간단체와 협력체제를 구축해야 한다.

대북교류협력을 추진하는 데 있어 지방자치단체의 종류에 대한 제한은 없다. 즉 광역자치단체는 물론 기초자치단체도 지역사정과 자치단체의 역량에 알맞은 사업을 선정해 사업을 추진할 수 있다. 그러나 사업추진에 필요한 재정적 뒷받침은 물론 정보수집 능력 등을 고려할 때 광역자치단체가 기초자치단체보다 교류협력사업을 추진하기에 더 유리하다. 실제로 지금까지의 사업 실적을 보더라도 기초자치단체보다 광역자치단체가 더 활발히 사업을 추진하고 있다. 반면 기초자치단체는 강원도의 철원군과 고성군처럼 분단지역으로서 주민들의 대북교류 관심이 유달리 크지 않고서는 독자적으로 교류협력사업을 추진하는 데 어려움이 있다. 그러나 이러한 주장은 어디까지나 최근까지 사업 실적의 분석 결과만을 기초로 한 것이며, 기초자치단체도 능력에 맞는 사업을 선택하고 이에 대한 의지를 보일 경우 성공할 가능성이 있다. 한 예로 2007년 충북 제천시에서 3억 원 이상의 예산을 들여 삼일포 과수원 조성 등의 사업을 추진했는데, 이 사례는 기초자치단체도 사업을 독자적으로 추진할 수 있다는 사실을 보여주고 있다.

이미 언급한 바와 같이 현재 지방 차원에서 추진되고 있는 남북교류협력사업의 실질적인 주체는 지방자치단체이다. 따라서 지방자치단체는 사업 추진과정에서 주도적인 역할을 수행한다. 그 구체적 역할을 보면 첫째, 지방자치단체는 사업의 내용과 방법, 대상 지역 등을 결정한다. 사업내용을 결정할 때 지방자치단체는 가능하면 그 지역의 특색 또는 장점 등을 고려해 결정하는 것이 일반적이다. 대표적인 예가 제주도가 지역의 특산품인 감귤을 북한에 지원한 것이다. 사업의 내용을 보면 크게 사회문화교류사업과 지원사업으로 구분할 수 있는데, 대부분은 북한에 대한 농업지원, 의료지원 등 지원에 관한 것이며, 인적 · 사회문화적 교류사업은 그리 많지 않은 편이다. 남측은 교류협력을 통해 북한의 개방을 유도하려는 목적을 가지고 있기 때문에 가능하면 많은 북한 인사와 접촉을 하는 사업을 추진하려고 하지만, 북한은 이런 사업에 대해 거부하고 있으며 대신 남측의 지원에 대해서만 긍정적인 반응을 보이고 있기 때문이다.

지방자치단체가 교류협력사업을 추진할 경우 북한의 특정 지방을 선택하기도 하는데, 이 경우 그 지방의 지리적 특색, 경제 · 사회적 여건 등을 고려한다. 예를 들어 강원도의 경우 강원도가 '분단된 도(道)'라는 점을 염두에 두고 전적으로 북한의 강원도(이하 북강원도)와 교류협력사업을 추진하고 있다. 또한 경기도는 주로 근거리에 있는 개성 지방을 상대로 사업을 추진하고 있다. 그러나 대부분의 경우 특별한 사유 없이 북한의 특정 지방을 선정해 사업을 추진하고 있다. 지금까지의 사업 실적을 분석한 결과 특이한 점은 많은 지방자치단체들이 평양 또는 인근 지역을 상대로 교류협력사업을 추진했는데, 이는 이들 지방자치단체들이 평양을 특별히 선호했다기보다는 오히려 북한이 이 지방에 대한 지원을 요구했기 때문이다.[3]

둘째, 지방자치단체는 사업을 추진하기 위해 다양한 행위자를 참여시키고, 이들 간의 역할과 행위를 조정한다. 지방자치단체는 다양한 행위자와의 관계에서 방향을 설정하고 목표를 구체화시키며, 이들 간의 연결고리가 되기도 한다. 교류협력사업을 추진하는 데 있어 지방과 긴밀한 관계를 유지하고 있는 제1차적 행위자는 대북교류 민간단체이다. 현재 지방자치단체는 정부로부터 협력사업자로 승인을 받지 못해 단독으로 사업을 추진할 수 없기 때문에 '우리민족서로돕기운동본부' 등 전국적 지명도를 가진 민간단체 또는 지방 차원에서 활동하는 민간단체와 공동으로 교류협력사업을 추진한다.[4]

민간단체 이외에 지방자치단체와 협력관계를 형성하는 또 다른 주요 정책행위자는 중앙정부이다. 중앙정부는 남북교류협력법에 따라 지방자치단체가 추진하고자 하는 사업을 심사 · 승인하는 역할을 담당하며 기타 사업추진에 관한 정보도 제공하고 있다. 또한 남북교류협력사업에 대한 재정적 지원 여부 및 지원액도 결정한다. 지방의회 또한 지방자치단체가 사업을 추진함에 있어 관심과 협조를 구해야 하는 대상이다. 이밖에 남북교류협력사업을 추진하는 대부분의 지방자치단체는 사업을 추진할 때 민 · 관 합동 자문기구인 '남북교류협력위원회' 등을 구성 · 운영하기도 한다.

셋째, 남북교류협력사업에 필요한 자원과 정보 확보의 역할이다. 남북교류협력사업은 북한에 대한 지원 위주로 추진되고 있기 때문에 이를 위해서는 기본적으로 재정적 기반이 요구된다. 재정확보는 주로 지방자치단체의 예산에서 충당되고 있으나 현재 지방자치단체의 재정적 상황을 고려해 볼 때 사업에 필요한 예산을 모두 지방자치단체 고유 예산으로 충당하기에는 어려움이 있다. 따라서 지방자치단체는 자원을 확보하기 위해 모금을 하기도 하며, 기금을 조성하기도 한다. 이밖에 중앙정부를 상대로 사업추진에 필요한 재정적 지원을 요구하기도 한다.

지방자치단체가 교류협력사업을 추진하는 과정에서 가장 핵심적인 역할을 수행하는 행위자는 자치단체장이다. 자치단체장은 교류협력사업을 추진하는 원동력이며 정책의 최고결정자이다. 지방자치단체장의 의지와 역량에 따라 지방의회에서 조례 제정, 기금의 설치 등도 결정되며 기업 등 다른 행위자로부터의 지원도 가능하게 된다. 또한 교류협력사업에 대한 지역 주민의 호응과 지지 여부도 자치단체장의 의지와 추진력에 따라 크게 달라진다. 자치단체장은 사업이 성사되면 직접 북한지역을 방문해 인민위원장 등과 회동하며, 기타 언론 홍보 등을 통해 자신의 정치적 위상도 높일 수 있는 기회를 만들 수 있다.

2. 민간단체(NGO)

최근 우리사회 전반에서 민간단체의 역할과 비중이 커지고 있는 것과 마찬가지로 통일 및 남북문제에 있어서도 많은 민간단체가 다양한 형태로 활동하고 있다. 2008년 현재 통일부에 등록되어 있는 통일 및 남북문제와 관련된 민간단체의 수만 해도 약 300개에 달한다는 사실이 이러한 주장을 뒷받침해 주고 있다.

일반적으로 통일 및 남북문제 관련 민간단체의 활동은 국민들에게 한반도 통일에 대한 관심을 일으키고 확산시키는 역할을 할 뿐만 아니라, 남북 간의 이질화를 극복하고 주민 상호간 이해의 폭을 넓히는 데 일정부분 기여하고 있다. 특히 심각한 경제난을 겪고 있는 북한에 대한 민간단체의 인도적 지원활동은 남북한 상호간의 적대감을 해소하고 주민간의 동질성을 증대시키며 한반도 통일은 물론 통일 후 남북 사회통합의 기초가 된다는 점에서 중요한 의미를 지닌다고 할 수 있다. 정부가 민간단체의 활동을 지원하고 후원하는 이유도 여기에 있다.

지방자치단체가 중심이 되어 추진하는 남북교류협력사업에서 민간단체의 역할 중 가장 중요한 것은 형식상 정부로부터 사업승인을 받아 사업 당사자가 되어 북한을 대상으로 사업을 추진한다는 점이다. 정부가 지방자치단체를 협력사업자로 승인하지 않고 있기 때문에 지방자치단체는 협력사업자의 승인을 받은 민간단체를 내세워 사업을 추진하고 있으며, 이를 통해 정부 지원도 받아내고 있다.현재 정부는 원칙적으로 지방자치단체가 주체가 되어 남북교류협력사업을 추진할 경우 남북교류협력기금의 지원을 불허하고 있다. 지방이 독자적으로 추진하고 있는 사업인 만큼 이에 필요한 자원도 자체적으로 해결하라는 취지이다. 그러나 특정 민간단체가 대북지원사업을 추진할 경우 법률에 따라 심사해 지원하고 있다. 따라서 일부 지방자치단체의 경우 교류협력사업을 추진할 때 남북교류협력기금으로부터 지원을 받기 위해 공식적으로 지방의 민간단체를 내세우는 경우도 있다. 즉 지방자치단체가 주체가 되어 사업을 추진한 것이 아니라 민간단체가 사업을 추진하고 대신 자치단체가 후원을 하는 형식으로 추진하는 것이다.

현재 대북지원사업자로 지정된 민간단체는 61개에 이르고 있으나, 이 중 지방자치단체와 협력해서 활동하고 있는 민간단체 중 전국적 단체로는 우리민족서로돕기운동본부, 우리겨레하나되기운동본부, 남북어린이어깨동무, 평화의 숲 등을 꼽을 수 있으며, 지방에서 활동하는 단체로는 남북강원도협력협회, 전남도민남북교류협의회, 경남통일농업협력회, 남북협력제주도민운동본부 등을 거론할 수 있다.

3. 중앙정부-통일부

지방자치단체 남북교류협력사업과 관련된 중앙행정기관은 통일부를 비롯해 행정자치부, 농림부, 문화체육관광부 등 다양하지만 무엇보다도 중심이 되는 기관은 통일부라고 할 수 있다. 지방자치단체의 남북교류협력사업 추진과정에서 중앙정부의 역할은 관련 법과 시행령 등에 규정되어 있다. 지방자치단체 남북교류협력을 규정하는 법과 규정으로는 '남북교류협력법'과 동법시행령 및 시행규칙 그리고 '남북협력기금법'과 동법시행령, 시행규칙 등을 들 수 있다. 그 외 법규형식은 아니지만, 대북교류협력사업이 보다 효율적이고 체계적으로 추진될 수 있도록 '남북자치단체간교류협력업무지침'이 마련되어 있다.

관련 법과 규정에 따르면 지방자치단체가 남북교류협력사업을 추진하기 위해서는 통일부로부터 '협력사업자' 승인을 받아야 하는데, 현재 지방자치단체에 대해서는 협력사업자 승인을 하지 않고 있다. 따라서 지방자치단체는 민간단체를 내세워 협력사업자 승인을 받고 사업을 추진하고 있다.[5] 협력사업자 승인절차가 완료된 후 북한 측 당사자와 사업에 대한 구체적인 사항을 협의하고 사업을 실제 시행하고자 할 경우 또 다시 사업의 승인을 받게 되어 있다. 이 경우 요구되는 서류는 협력사업 승인신청서, 사업계획서, 협력사업 상대자 소개서, 협력사업 상대자와의 협의서, 북한당국확인서, 기타 통일부 장관이 필요하다고 인정하는 자료 등이다.[6]

교류협력사업 승인은 다음과 같은 5가지 요건을 충족해야 한다. 즉 교류협력사업은 ① 민족의 동질성 회복과 ② 남북관계 개선에 기여해야 하며, ③ 이미 추진되고 있는 사업에 영향을 미치지 않아야 하는 동시에 ④ 영리목적 추구 및 과다한 대가지불이 없어야 한다. 마지막으로 ⑤ 사업의 실현가능성과 타당성이 있어야 한다.

이와 같이 통일부는 지방자치단체의 남북교류사업을 심사하고 승인하며, 전체적인 지방자치단체의 사업을 조정하는 역할을 담당한다. 또한 지방정부가 필요로 하는 정보를 제공하는 역할에서도 중요한 몫을 차지한다. 현재 지방자치단체 남북교류협력사업 업무를 담당하는 통일부 조직은 남북교류협력국 사회문화지원과이다.

4. 기타 행위자

기업의 경우 지방자치단체가 남북교류협력사업을 추진할 때 재정적으로 후원하거나 사업의 참여자로서 관여하기도 한다. 그러나 지금까지 남북교류협력사업의 내용을 보면 주로 문화 · 사회교류 또는 북한에 대한 지원이 주를 이루는 반면 남측 기업에 이익이 되는 경제적 교류는 없었기 때문에 기업이 남북교류협력사업에 직접 참여한 경우는 거의 없었다.[7]

지방의회의 경우 지방자치단체가 교류협력사업 추진을 뒷받침하기 위한 사업의 승인, 조례의 제정, 예산의 심의 · 의결 등 다양한 측면에서 밀접하게 관련된다. 그러나 지방의회는 교류협력사업 정책결정 과정에 직접 참여하기보다는 지방자치단체를 지원하고 협력하는 동반자의 입장에 있다. 즉 정책결정 과정에서 지방의회는 지방자치단체와 정책목표, 역할 등을 공유한다. 이 밖에 일부 지방자치단체는 '남북교류협력위원회' 또는 '남북교류협력사업추진위원회' 등의 기구를 구성 · 운영하기도 하는데, 이 기구는 주로 사업의 심의 및 자문을 수행하는 역할과 주민에 대한 홍보 기능을 수행한다. 이 기구 역시 지방의회와 더불어 지방자치단체를 지원하고 자문하는 동반자의 관계에 있기 때문에 자율성을 가진 정책행위자라고 보기 어렵다. 연구기관은 지방자치단체가 사업을 추진하는 과정에서 필요한 정보를 제공하거나 기능 자문에 응하는 등 일부 제한된 기능만을 담당하고 있다. 지금까지 언급한 지방자치단체 남북교류협력사업 주요 정책행위자의 역할을 종합하면 다음과 같다.

〈표 1〉 지방자치단체 남북교류협력사업의 주요 정책행위자의 역할

정책행위자	역 할
지방자치단체	남북교류협력사업의 주체로서 사업의 내용과 대상지역을 선정하고 사업을 추진하며, 지방의회와 민간단체 등의 협조를 이끌어 내고 중앙정부로부터 지원도 받아냄.
중앙정부	지방자치단체의 남북교류협력사업을 심사하고 승인하며, 전체적인 지방자치단체의 사업을 조정하는 역할을 담당함. 또한 지방정부가 필요로 하는 정보를 제공하는 역할을 함
민간단체	지방자치단체와 북한 간 협의채널, 지방자치단체에 대한 정보제공, 때에 따라 지방자치단체를 대신하여 북한을 지원
기업, 지방의회 등	지방자치단체 등을 후원 또는 지원하는 역할

Ⅳ. 최근 지방자치단체 남북교류협력사업의 실태

지방자치단체 남북교류협력사업이 추진되기 시작한 2000년 이후부터 현재까지 전국의 지방자치단체에서 추진한 남북교류협력사업의 수는 수십 건에 달한다. 이들 사업 중에서는 성공한 사업도 있으나, 추진 도중 중간에 무산된 사업, 그리고 계획되었으나 정부승인을 받지 못해 시작해 보지도 못하고 무산된 사업도 있다.

사업의 내용을 보면 크게 사회문화협력사업과 지원사업으로 구분할 수 있는데, 대부분은 북한에 대한 농업지원, 의료지원 등 지원에 관한 것이며, 인적 · 사회문화적 교류사업은 그리 많지 않은 편이다. 남측은 가능하면 교류협력을 통해 북한 인사와 접촉하고 이를 통해 북한의 개방을 유도하려는 목적을 가지고 있기 때문에 이러한 사업을 추진하려고 하지만, 북한은 이런 사업에 대해 거부반응을 보이고 있으며 대신 남측의 지원에 대해서만 긍정적인 반응을 보이고 있기 때문이다.

다음 〈표 2〉 2007년 지방자치단체 남북교류협력사업 사업내용을 보면 대부분 식량지원, 의료지원 등의 성격을 띠고 있으며, 남북이 공동으로 추진하는 사회 · 문화적 교류협력의 분야는 극히 적은 편이다. 북강원도 산림병충해 방제사업, 심지연 빙상장 보수자재 지원 등 사회문화교류협력 부분이라고 구분한 부분의 내용도 자세히 살펴보면 사실상 북한에 대한 지원이라고 할 수 있다.

〈표 2〉 2007년 지방자치단체 남북교류협력사업 추진실적

□ 사회문화협력사업

시도별	사업실적	사업비(백만 원)	협력단체
인천	• 평양시체육단 축구장 현대화 – 인조잔디 8,362m², 육상주로 8,206m², 포설장비 차량 1대, 관람석 페인트 1식	699	평화3000
강원	• 북강원도 산림병충해 방제 – 솔잎혹파리 방제(금강산지역) 1,500ha – 잣나무 넓적잎벌 방제(북강원도전역) 1,000ha	323	남북강원도 협력협회
	• 삼지연 빙상장 보수자재 지원 – 아이스링크 시스템 제공 및 설치	895	
	• 북한태권도시범단 초청행사 – 북한태권도시범단 48명 방문, 시범경기 (4.7 춘천)	2	
충북 제천	• 북고성군(삼일포)과수원 조성 – 비배관리 및 기술협력 : 6ha, 11회 65명 방북 – 금강산 제천사과축제 개최(9.6–15) – 삼일포 농장 태양광 전력시설 구축 등	303	제천시남북 협력협회

□ 지원사업

시도별	사업실적	사업비(백만 원)	비고
서울	• 평양「조선암센터」의료장비 지원 – 수술기구 및 인공호흡기 등	500	장미희
	• 수해 구호물자 지원 – 항생제, 방역품 등 45종 의료품 및 생수	300	장미희
부산	• 평양 항생제공장 건설 – 김일성종합대 생명공학센터내 1,200m² 규모 * 월 80만 캡슐 항생제 생산	750	우리겨레 하나되기 운동본부
	• 수해물자 지원 – 의약품, 식료품, 수해복구 자재 등	120	
광주	• 수해지역 주택복구 지원 – 시멘트 912톤, 강재 112톤	170	광주남북 교류협의회

울산	• 북녘 옥수수 국수공장 지원 – 옥수수 국수 기계설비 1식	470	우리겨레 하나되기 운동본부
	• 영유아 이유식 생산시설 건립 지원 – 공장건설, 생산설비, 원자재 지원 등 * 2007년 12월 현재 70%의 공정률	919	남북나눔 공동체
경기	• 개성 산림녹화사업 – 온실 양묘장 설치자재(3동 33m²), 종자, 트랙터 등 농기자재	360	우리민족 서로돕기 운동본부
	• 당곡리 농촌현대화사업 – 벼농사 협력사업 200ha – 농업기반조성 : 도정공장, 도로포장 등 – 생활환경조성사업 : 진료소 · 탁아소 신축 등	1,860	
	• 수해 구호물자지원 – 라면, 밀가루 등	100	
강원	• 안변 연어부화장 사료공장 건립 – 공장 250평 규모 건립, 생산기계 설치	741	남북강원도 협력협회
	• 북강원도 수해복구 물자지원 – 주택복구용 판유리 지원 1만m²	60	
전북	• 양돈장 지원사업(남포시 대대리) – 축사 5동(1,465m²), 종돈 264두, 사료 220톤	1,113	우리민족 서로돕기 운동본부
전남	• 평양 발표 콩 공장건립(1일 16,000명 공급규모) – 발표 콩 공장 건설자재 지원 및 기술공유	880	전남도민 남북교류 협의회
경북	• 개성지역 「경북 사과원」 조성 – 북한 파트너 선정(민경련 등) 사업 추진 준비		경북남북 농업교류 협의회
경남	• 농업교류협력사업(강남군 장교리 협동조합) – 공동 벼농사 200ha, 통일딸기 모종생산 25,000주 – 콤바인 등 9종 23대 등	1,100	경남통일 농업협력회
	• 평양 장교리 소학교 건립 – 2층 연면적 1,920m² 규모(교실 10실 등)	1,393	

출처 : 통일부(2008), 『통일백서』.

V. 지방자치단체 남북교류협력사업에 대한 평가

지방자치단체 간 남북교류협력사업의 활성화는 지금까지 중앙정부 또는 특정 기업 중심의 남북관계를 보다 유연하게 운영하고 복합적이며 다원화된 채널을 통해 북한사회의 폐쇄성과 경직성을 이완시킨다는 점에서 그 의의를 가진다. 또한 지방자치단체의 남북교류협력사업이 주로 비정치적·비군사적 분야에 제한된다는 점에서 중앙정부 차원의 교류보다 교류의 지속성을 유지할 수 있다는 장점을 가지고 있다. 즉 지방 차원의 남북교류는 중앙정부 차원의 교류가 가지는 한계를 극복하고 교류내용의 다양화를 실현할 수 있으며, 교류의 지속성을 유지할 수 있다는 것이다. 이 밖에 지방자치단체 남북교류협력사업은 주로 북한에 대한 인도적 지원의 성격을 띠고 있어 여러 어려움에 처한 북한 동포를 돕는다는 의의를 가진다.

그러나 지방자치단체 남북교류협력사업의 성공적이며 효과적인 추진을 위한 전제조건은 우선 사업의 주체가 되는 남한의 지방자치단체가 성사 가능한 사업을 선정하고, 합리적인 계획 하에 사업을 추진하는 경우이다. 또한 중앙정부도 이에 합당한 계획을 수립해 지방자치단체가 추진한 사업을 여러 방면에서 지원·조정했을 경우에만 가능하다. 이 밖에 사업을 추진하는 지방자치단체 간 활발한 정보교환과 의견조율, 그리고 지방자치단체와 대북사업 민간단체와의 긴밀한 협조 또한 남북교류협력사업을 효율적으로 추진하는데 중요한 조건이다.[8]

그러나 지금까지 추진되었던 지방자치단체 남북교류협력사업의 실태를 분석한 결과 사업의 성공적 추진을 위한 여러 조건이 충족되지 못하고 있는 상황이다. 남한의 지방자치단체들은 사업을 성사시키려는 의욕만 앞세워 사업의 선정, 추진과정, 성과에 대한 세밀한 대책 없이 사업을 추진하는 경향을 보이고 있다. 심지어 일부 지방자치단체에서는 자치단체장의 정치력 과시를 위해 남북교류협력사업을 추진하면서 북한에 과도한 지원을 약속해 사회적 물의를 일으키기도 했다.

또한 정부가 지방자치단체 남북교류협력사업에 대한 지원 · 조정 업무를 만족할 만한 수준만큼 수행하지 못하고 있다는 비판도 제기되고 있다. 지방자치단체 남북교류협력사업은 그 성격상 지방자치단체와 정부가 긴밀히 협조해 추진해야 할 사업이다. 구체적으로 정부는 지방자치단체가 필요로 하는 정보를 적기에 제공해야 하며, 대북 창구도 확보해야 한다. 또한 필요한 경우 재정적 지원도 뒤따라야 한다. 그러나 현재까지 정부는 주로 지방자치단체의 사업을 심의해 그 승인 여부를 결정하는 역할만을 담당했다고 볼 수 있다. 이 밖에 사업을 추진하는 지방자치단체 간에는 상호 정보교류 및 의견소통 체제가 구축되어 있지 않기 때문에 북한에 대한 중복지원의 문제, 평양 등 일부 지역에만 지원이 집중되는 문제 등도 발생하고 있다.

Ⅵ. 결론을 대신하여 : 지방자치단체 남북교류협력사업 활성화 방안

향후 지방자치단체 남북교류협력사업이 효율적으로 추진되기 위해서는 현재 정부와 지방자치단체가 가지고 있는 여러 문제점이 극복되어야 하며, 이를 위해서는 사업 주체인 지방자치단체의 노력도 중요하지만 중앙정부의 지원도 중요하다. 특히 중앙정부와 지방자치단체 간, 지방자치단체 상호 간, 지방자치단체와 민간단체 간의 원만한 의사소통 및 협력체제의 구축이 필수적이다. 지방자치단체 남북교류협력사업을 활성화시킬 수 있는 구체적 방안을 제시하면 다음과 같다.

첫째, 대북관련사업의 전문성을 제고해야 한다. 이를 위해서 (가칭) '지방자치단체 교류 · 협력사업 종합지원센터'를 설치해 사업의 계획단계부터 북한 정보 제공, 사업의 적정성 검토, 대북접촉 주선, 중앙정부와의 협력채널 확보, 대북 교류 · 협력사업의 성공사례 및 실패사례를 분석해 제공하도록 할 필요가 있다. 또한 지방자치단체의 담당조직을 정비해 남북교류협력사업을 추진하는 전담부서를 설치하고 전문성 있는 남북교류협력사업을 담당할 수 있도록 한다. 또한 전담부서에 배치된 인력은 다양한 전문교육을 받도록 하고, 전문성 확보를 위해 가급적 장기적으로 근무하도록 인력계획을 수립할 필요가 있다.

둘째, 개방적 참여를 확대시켜야 한다. 이를 위해서는 교류협력을 다각화해 그만큼 지방자치단체 남북교류협력사업에 다양한 행위자의 참여를 가능하게 할 수 있는 것이다. 따라서 지역사회 각계, 즉 문화, 예술, 체육뿐만 아니라 지역 민간기업의 참여까지 이끌어 낼 수 있다는 섬에 중요성이 있다.

셋째, 효과적 네트워크를 구축 · 운용해야 한다. 지방자치단체 남북교류협력사업이 바람직한 거버넌스(governance)로서 효과적인 구축 · 운용이 이루어지기 위해서는 네트워크상 각 행위자들의 역할체계의 상호작용이 원활하게 이루어져야 한다. 이를 위해서는 거버넌스 네트워크 체제의 방향을 설정하고 행위자 간 조정과 네트워크를 관리 할 수 있는 중심적 행위자로서 중앙정부와 지방자치단체의 역할이 필요하다. 먼저,

정부(통일부)가 거버넌스적 역할을 수립하기 위해서는 제도적 장치를 정비하고 북한측 접촉창구를 정비한다. 또한 심사제도의 효율적 운영과 교류·협력사업에 대한 종합적 지침을 수립·운영해야 한다. 지방자치단체 역시 조례를 정비하고 지방자치법을 탄력적으로 운영해 지방자치단체의 교류협력 활성화를 기할 수 있도록 해야 할 것이다.

넷째, 신뢰를 통한 사업의 효과·효율성의 제고를 기해야 한다. 이를 위해서는 지방자치단체가 민간단체를 선정할 때 그동안의 추진실적, 협상력, 정보력 등을 엄격히 심사해야 한다. 한편, 이러한 과정이 실효성을 가지려면 무엇보다도 남북교류협력사업에 참여하려는 민간단체가 다양한 분야에서 많은 참여를 보일 때 가능한 것이다. 이렇게 될 때 경쟁적으로 보다 더 역할 수행에 적절한 역량을 배양하게 되고 사업의 효율성과 효과성을 높일 수 있기 때문이다.

이명박 정부 출범 이후 남북관계가 이전에 비해 활발하지 못하다. 그러나 이는 일시적이며, 향후 남북 간 교류·협력이 다방면에서 확대될 것고, 이에 따라 지방 간 남북 교류협력의 영역이 더욱 넓어지고 깊어질 것으로 예상된다. 그러나 남북교류협력이 확대되더라도 대규모 경제지원과 같이 막대한 예산이 소요되는 사업은 지방자치단체 수준에서 한계가 있으며, 실질적으로 민족동질성 회복에 관한 사업이 지방자치단체로서는 가장 적합하고 절실한 과제라고 할 수 있다. 특히 남북통일이라는 국가적 과제를 중앙정부 차원에서만 다루는 것은 국제적 상황과 정치·군사적 환경, 교류협력 사안에 따라 한계를 가질 수 있기 때문에 지역수준에서의 남북교류협력은 의미 있는 보완적 역할을 할 수 있다는 것이다. 즉 지방수준에서의 남북교류협력사업은 지방행정 환경변화의 흐름에 따라 로컬 거버넌스적 접근에 입각하는 것이 바람직하다고 할 것이다. 그러나 지역 수준에서의 남북교류협력은 각 지역의 지방정부가 한정된 자원과 역량에 직면할 수밖에 없고, 이러한 이유에서 무엇보다도 지역 안팎의 다양한 행위자들과 제휴 · 협력관계, 즉 지방자치단체 남북교류협력사업의 형성이 요구되는 것이다.

마지막으로 강조할 것은 지방자치단체 남북교류협력사업에 대한 지역주민의 우호적 분위기 또는 여론 조성이 필요하다는 점이다. 따라서 지방자치단체 남북교류협력사업 체제가 활성화되고 목표를 달성하기 위해서는 각 주체들의 보다 적극적인 주민홍보를 통해 우호적인 지역여론을 조성하는 것이 무엇보다도 중요하다고 할 수 있다.

참고문헌

김영윤. 2005. "지방자치단체의 대북 교류협력 : 현황과 과제." 『통일정책연구』 14(1).

김정수. 2007. "지방자치단체 대북교류협력의 현황과 추진방향." 『통일문제협의회 강원권 학술회의 자료집』.

박우서. 2001. "지역발전과 민관협력형 지역거버넌스 구축." 『세계화와 지역발전』. 서울 : 아카데미.

박희봉. 2006. "시민참여와 로컬 거버넌스." 『한국정책과학학회보』. 10(2).

배유일. 2003. "지방 거버넌스와 제도주의적 시각." 『정부학연구』. 9(2).

배응환. 2003. "거버넌스의 실험 : 네트워크조직의 이론과 실제." 『한국행정학보』. 37(3).

______. 2005. "로컬 거버넌스 : 갈등에서 협력으로." 『지방행정연구』. 19(2).

심익섭. 2005. "세방화 시대의 지방외교 : 이론과 실제." 한국지방자치학회 특별기획세미나.

안성호 · 배응환. 2004. 『지방거버넌스의 지방정책 : 네트워크 관점에서 본 지방정책 사례』. 서울 : 다운샘.

양현모. 2006. 『남북관계 개선 및 활성화에 있어서의 NGO의 역할과 지원방안 모색 : NGO 대북 인도적 지원활동을 중심으로』. 한국행정연구원.

______. 2001. 『지방자치단체의 바람직한 남북교류협력사업 추진방안』. 서울 : 한국행정연구원.

염일열 · 설성현. 2003. "로컬 거버넌스 구현을 위한 마을 만들기 운동의 활성화 전략 : 광주광역시 북구사례를 중심으로." 『한국지방정부학회 2003년도 춘계학술대회 발표논문』.

이은구 외. 2003. 『로컬 거버넌스』. 서울 : 법문사.

임성학 · 서창록 · 민병원 · 전재성. 2007. "한반도 평화 거버넌스를 위한 이론적 논의와 개념적 틀." 『5월 협동연구 워크숍 자료집』.
전영평. 2003. "지방정부의 거버넌스 구축 모형구축 : 공익형 NGO의 형성 정도와 정책참여 수준을 중심으로." 『행정논총』. 41 (1).
제성호. 2001. "남북한 평화공존과 남북연합 추진을 위한 법제정비 방안 연구." 『통일연구원, 2001 협동연구 국내학술회의 발표논문집』.
주재현 · 김태진. 2001. "정부-기업간 파트너쉽과 환경정책." 『한국행정연구』. 10 (4).
최병대. 2003. "함께 다스림(governance)의 재조명 : Local governance의 의미와 서울시 시정참여사업을 중심으로." 『한국지방정부학회 2003년도 춘계학술대회 발표논문』.
최영출 외. 2006. 『지역경쟁력 강화와 로컬 거버넌스』. 서울 : 대영문화사.
최영출. 2006. "갈등유형별 협력적 로컬 거버넌스의 구축방안." 『한국지방행정연구원』.
최진욱. 1997. 『북한의 지방행정체계 : 중앙 · 지방관계 및 당 · 정관계를 중심으로』. 서울 : 통일연구원.
______. 2001. "경기도 대북교류협력의 방향 : 사업내용 및 추진전략." 『경기도의 남북교류협력사업 추진방안』. 경기도의회 개원 제45주년 기념(2001. 9. 4) 발표논문집. 서울 : 통일연구원.
통일부. 2008. 『통일백서』.
한부영. 1998. 『통일대비 지방행정 통합방안』. 서울 : 한국지방행정연구원.
학민사 편집실 엮음. 1994. 『남북한의 교류 · 협력 관련 법령』. 서울 : 학민사.
한국지방행정연구원. 2001. 『지방자치단체의 남북교류 활성화 방안』. 서울 : 지방행정행연구원.
행정자치부 자치행정국 자치행정과. 2000. 『남북자치단체 간 교류 · 협력 업무처리지침』.
______. 2000. 『남북 지방자치단체 간 교류협력 사업추진 추가지침』.
홍성만. 2006. 정책네트워크 분석 : 정책행위자간 동적 네트워크 분석을 통한 정책현상 규명하기. 『국토』. 297.
황병덕 외. 2006. 『한반도 평화 · 번영 거버넌스의 실태조사』. 서울 : 통일연구원.

주

1 행정자치부의 업무는 사실 심의에 그치는 것이며, 사업에 대한 최종 승인권은 통일부가 행사하도록 되어 있었다.

2 심사위원회의 심사기준은 사업의 실현가능성, 지방자치단체 간 사업의 중복추진 여부, 사업의 적정성 및 실효성, 지방자치단체의 추진능력, 공공복리와 국익에 부합 정도 등이다. 심사위원회는 교류가 용이하고 비정치적인 사업부터 점진적으로 추진해야 하며, 분쟁의 소지가 적은 사업부터 우선적으로 추진한다는 것을 심사원칙으로 세웠다. 이 밖에 남한의 기술과 자본을 바탕으로 북한에 실질적인 도움을 줄 수 있는 사업을 중심으로 추진해야 한다는 점을 강조하고 있다. 특히 심사위원회는 사업을 추진하려는 지방자치단체에게 전시성 · 일회성 사업의 추진을 지양하고 지역특성에 맞는 사업, 실현가능한 사업부터 선정해 추진할 것을 권고했다.

3 북한은 다른 지역보다는 평양 인근 지역에 대한 남측의 지원을 선호하고 있는데, 이는 이 지역이 비교적 잘 발달해 남측의 구호물자 등이 접근하기 좋다는 점도 작용하고 있는 반면, 다른 지역을 공개하지 않으려는 북한의 의도가 강하게 작용하기 때문이다.

4 지방차원에서 활동하는 대북사업 민간단체는 법적으로는 민간단체의 성격을 띠고 있으나 지방지차단체에서 남북교류협력사업을 추진하기 위해 인위적으로 설립한 단체이기 때문에 순수 민간단체라고는 볼 수 없다는 지적도 제기되고 있다.

5 지방자치단체의 남북교류 협력에 대한 심의 및 조정은 원래 행정자치부에서 관장해 왔으나 대북교류사업의 통합관리 방침에 따라 2003년 5월부터는 통일부가 이를 심의 · 승인하는 지위를 갖게 되었다.

6 승인신청시에는 협력사업자 승인신청서, 협력사업 개요설명서(사업내용, 목

적, 추진경위, 사업추진 방식, 사업 상대방, 소요경비 및 재원 조달에 관한 개략적 내용), 북한 측 당사자와의 사업의향서 사본(사업내용, 규모, 사업장소, 당사자, 추진방식, 추진일정, 경비부담을 명시한 합의서나 협의서 또는 계약서), 해당 분야 사업실적, 법인 또는 단체 정관 및 법인등기부 등을 제출해야 한다.

7 2001년 관내에 모조 장신구 특화지구(130여 개의 업체)가 있는 서울 강동구가 평양 강동군 외각에 모조 장신구 단지를 조성하려는 계획을 세우고 지역 기업체를 참여시킨 대북사업을 추진하려 했으나 성공하지 못했다.

8 물론 이들 사항 못지않게 중요한 사항은 남측의 추진의사에 대한 북한의 긍정적인 반응 및 태도이다. 남측에서 사업추진에 대한 강한 의지를 보이고 이를 적극적으로 추진하더라도 북측이 남측의 제의에 소극적인 태도를 보이거나 거부할 경우 사업의 성사가 어렵기 때문이다. 그러나 남측의 대북통일정책에 대한 북한의 태도변화는 정책적 사항이 아닌 정치적 사항으로서 단기적으로 기대할 사항이 아니기 때문에 본 논의에서 제외시켰다.

17 지방행정의 혁신과 효율성 제고

Ⅰ. 혁신과 지방행정 혁신

1. 혁신

1) 혁신의 개념

혁신(innovation)이란 바람직성의 지향을 위해 기존에 이용되거나 활용되지 않았던 새로운 것(newness)의 도입을 의미한다. 혁신이론의 최초 기원은 프랑스 사회학자인 가브리엘 타르드(Gabriel Tarde)로 볼 수 있으나 현대 이론을 이끌어간 학자는 조셉 슘페터(Joseph Schumpter)이다. 혁신의 주요 개념에 대해 학자들은 새로움을 지목하는 데에는 일관되나,

■ **김혜정**(선문대학교 행정학과 교수)

혁신의 특징으로서 새로움의 파급효과와 내용적 범위, 새로움의 수준 등에 대해서는 다소 상이한 관점들을 지니고 있다.

먼저 새로움이 미치는 파급효과와 관련된 혁신 개념에 대해 학자들은 새로운 것의 현실적 도입(adoption)만으로 혁신 개념이 충족된다는 관점과, 성공적 도입과 정착이라는 효과성까지 엄밀한 의미에서 충족시켜야 하는 것으로 보는 관점으로 나누어 볼 수 있다. 전자에 해당하는 경우는 개인 또는 체제에 의해서 새로운 것으로 인식되는 아이디어를 혁신으로 보는 접근방법(Rogers, 1992 ; Gray, 1973)으로서 정부혁신을 정부정책 및 행정 관련 문제를 인지하고 정보 또는 지식을 발굴 · 생산해 새로운 행정 프로그램이나 정책을 채택하는 것으로 본다(Berry and Berry, 1990 : 395).

한편, 혁신의 개념을 새로운 것의 현실적 도입에 더해 성공적 도입이라는 파급효과까지 엄밀히 갖출 것을 요구하는 관점도 있다. 아무리 새로운 아이디어라도 다른 사람들에게 인지되어 실행되거나 성공적으로 채택되지 못할 때는 혁신으로 간주할 수 없다고 해 성공적 채택 여부를 강조하거나(Swan, 1995), 혁신을 사회적 · 경제적 관점에서 하드웨어, 소프트웨어 및 조직과 제도적 조건의 성공적인 결합으로 보기도 한다(Smits, 2000). 모어(Mohr, 1969) 역시 혁신은 새롭게 할 무언가를 실제적으로 사용하게 함을 의미한다고 지적한다.

혁신의 요건이 새로움이라는 요소에 대해서는 대다수의 연구가 공통적으로 주목하고 있으나 새로운 것이 무엇인가에 관한 내용적 범주에 대해서는 견해 차이가 있다. 인지되는 대상과 조직에만 새로운 것이면 새로움의 요소를 충족시켜 혁신이 되고 다른 조직이 그것을 이미 채택했는지는 상관없다고 보는 관점(Mohr, 1969 ; Rogers, 1995 ; Walker, 1969)이 있는 반면, 유사한 목적을 가진 조직체 중 최초 혹은 초기에 아이디어를 도입한 경우만을 혁신으로 엄밀히 제한하는 입장도 있다(Becker and Whisler, 1967 ; Biemans, 1992 ; Mansfield, 1963 ; Pierce and Delbecq, 1977).

새로움의 수준에 대한 관점에서도 조직의 핵심 업무에 있어서 독창적이고, 파격적이며, 근본적인 변형을 혁신으로 보아 상당히 큰 변화를 의미하는 관점이 있다(Lynn, 1997). 한편, 이와는 달리 조직의 운영, 행정 또는 기본 임무에 있어서 비교적 의미 있는 변화(Moore, Sparrow and Spelman, 1997)로 과학적 발견과는 대조되는 조직 채택의 사회적 과정 정도로 보다 온건한 접근을 하기도 한다.

기존의 혁신에 대한 관점들을 종합해 볼 때, 혁신의 개념은 접근방법에 따라 내용적 범위나 초점이 다르긴 하지만 대체로 새로운 것의 도입을 의미한다는 점은 공통적이다. 하지만 혁신을 정의하는 데 핵심이 되는 새로움의 내용 범주에는 견해 차이가 존재하며, 이와 같은 개념적 다양성으로 인해 일반화에 상당한 문제가 발생하는 원인이 되기도 한다. 하지만 최근의 연구들은 혁신이 더 이상 새로운 발견의 과정이 아님을 지적하면서 학습의 비선형적 과정을 강조하는 방향으로 나아가고 있다[1] (Mytelka and Smith, 2002 ; Edquist and Hommen, 1999 ; Wonglimpiyarat and Yuberk, 2005). 새로움의 수준이 반드시 최초의 과학적 발견이나 조기 채택이어야 함을 의미하는 것은 아니며, 조직의 운영에 있어 비교적 의미 있는 변화를 가져오는 것에 초점을 맞추고 있다. 이러한 관점에서 혁신은 다른 조직에서 활용되는 도구들이나 서비스 공급방법을 활용하는 것 등의 벤치마킹과도 관련되고, 새로운 생산과정, 조직적 체계의 발견, 개발, 모방, 지식의 창출(Lundvall, 1992 ; 류지성 외, 2001 : 214 재인용) 등도 혁신에 해당하게 된다.

2) 혁신과 변화 및 개혁의 구분

일반적으로 혁신은 변화(change)나 개혁(reformation)과 유사하게 보이지만 이들과는 어느 정도의 차별성을 지닌 개념이다. 우선 변화는 여러 부문에 걸쳐 시간의 흐름에 따라 발생하는 것으로 비의도성이 전제되지만 혁신은 변화보다 관심 대상이나 목표, 범위가 구체적이며 인위적인 결과를 추구하는 강한 목적성과 의도성을 지닌다(이성진, 2001 : 26-27). 이에 더해 혁신은 새로움의 요소가 조직이나 구성원에게 인식된다는 점에서 변화와 구별된다. 하지만 혁신은 반드시 변화를 전제한다는 점에서 모든 혁신은 변화에 해당하지만, 변화가 발생한다 해도 구성원들에게 새로운 것으로 인식되는 의식변화를 수반하지 않으면 혁신이 되지 않는다는 점에서 변화는 혁신에 해당하지 않는다(Zaltman et al., 1973 : 158).

이에 비해 개혁과 혁신은 변화와의 구분만큼 명확한 것은 아니다. 가령 개혁과 혁신을 거의 유사한 개념으로 보는 연구들도 있다(박동서, 1979 ; 김수영, 1996 ; 조석준, 1997). 이들은 혁신과 개혁 모두 새로운 것이며 의도적이고 목적 지향적이라는 점, 그리고 개방체제 관점에서 동태적인 과정으로 인식한다는 점에서 유사하다고 본다. 반면, 혁신과 개혁을 구분하는 입장도 있다. 가령 오석홍(1995)은 혁신은 개혁사업의 일부로 전에 없던 공식적 제도를 창설하는 것을 의미하는 것으로 개혁이 사회적 · 정치적 환경의 기대, 가치, 소망에 어긋나게 된 행정구조 또는 절차를 바꾸는 정부 내의 과정이라는 점에서 둘은 구별된다고 본다(김현민, 2001 : 3, 재인용). 또한 혁신은 변화의 필요성이 내부로부터 인식되지만 개혁은 외부로부터 그 필요성이 촉발되고, 혁신은 주로 기능을 변화대상으로 하는 반면, 개혁은 구조와 기능 모두를 변화대상으로 하며, 개혁은 방향전환 폭이 크고 변화속도가 상당히 빠른 반면, 혁신은 방향전환 폭이 상대적으로 작고 변화속도도 상대적으로 완만한 것으로 구분하기도 한다(소진광, 2005 : 83-84). 이러한 점에서 혁신과 개혁은 어느 정도 구분되는 개념이며, 혁신은 특히 제도, 프로그램, 관리기법뿐 아니라 주로 행태적 변화를 대상으로 하고 있으며, 개혁보다는 하위권력적 차원이다(이종수, 2004 : 241).

오늘날 지방행정의 주요 변화 지향점은 지방자치와 관련된 제도를 물론 포함한다. 하지만 상대적으로 지방자치의 구조와 제도적 여건이 어느 정도 갖춰진 상태라는 점에서 현 시점에서 더 중요한 것은 주어진 제도적 틀 내에서 지방정부가 보다 나은 방향으로 개선하고자 하는 노력이다. 이러한 점에서 지방행정 내부 차원의 바람직한 방향의 지향성에 대한 논의는 개혁보다는 혁신이라는 관점과 용어를 쓰는 것이 보다 적합하다 할 수 있다.

2. 지방행정의 혁신

1) 지방행정 혁신의 개념

위의 혁신 개념에 비추어 볼 때 지방행정의 혁신은 지방정부에 적용되는 혁신으로 지방정부가 행정 서비스를 창출하는 데 있어 좀 더 효율적이고 효과적인 방법을 모색하고, 시민들의 요구에 반응하며, 책임있는 행정구현을 할 수 있는 전략이나 방법을 모색하는 것이다. 여기에 혁신의 주요 요소인 새로움이라는 개념을 첨가하면 해당 지방정부에서 기존에 없던 새로운 방식으로 지방정부의 과제를 해결하는 것을 의미한다. 지방정부의 성과를 향상시킬 수 있는 방법에 대한 일상적인 모색의 일환인 것이다(Zegans, 1997 : 109). 요컨대 지방행정 혁신은 지방정부의 궁극적 목적인 주민의 복리증진을 위한 유 · 무형의 서비스를 제공하기 위해 기존에 적용한 적이 없던 새로운 조직구조나 관리기술, 절차, 기법, 프로그램 등을 도입하는 것이다. 아울러 다른 지방정부가 이전에 적용했는지의 유무에 상관없이 해당 지방정부에서 새롭게 도입하는 것을 모두 포괄하는 개념이다. 이처럼 넓은 의미로 혁신을 접근하는 경우 지방정부 간의 혁신의 학습과 확산까지도 분석에 포함할 수 있는 이점까지 얻을 수 있다.

2) 지방행정 혁신의 지향성

위에서 지적하다시피 혁신은 바람직한 방향으로의 변화를 의도하는 것이므로 혁신의 내용 및 목적에 따라 주요 지향점은 달라진다. 지방행정 혁신의 지향성으로 론디스(Lowndes)는 능률지향성, 시장지향성, 공동체 지향성으로 분류한다(Lowndes, 1999 : 27). 능률지향성 혁신은 조직관리 개선을 통해 성과를 제고하고자 하는 것이고, 시장지향성 혁신은 시장기제의 활용을 확대하는 것이며, 공동체 지향성은 주민참여와 시민헌장 등을 통해 시민주권의 극대화 및 형평화를 추구하는 것이다. 이승종(2003 : 414-416)은 지방정부의 정책정향을 개발정향, 복지정향, 관료제적 의사결정으로 분류했는데, 개발정향은 지역의 경제성장에 초점을 두는 것을 말하며, 복지정향은 주민의 복지수준 증진에 주력하며, 관료제적 의사결정은 정책결정에서 관료제적 특징이 지배적인 유형을 의미하는 것으로 이 분류를 혁신의 지향점으로 분류하는 유형화도 가능할 것이다. 이종수(2004 : 245)는 혁신의 방향에 대해 민주성 증진, 효율성 제고, 유연성 확대, 형평성 증대로 분류했는데, 이러한 분류체계는 위의 분류들과 유사성을 지닌다. 즉 능률성 지향 혁신과 시장지향형 혁신은 행정 수행방식이나 서비스 공급방식에서 능률성을 증진하기 위해 시장지향적 기법을 활용하게 된다는 점에서 효율성 관점과 연계되고, 공동체지향 혁신은 소외 주민의 참여, 협의(deliberation) 관점이 중시된다는 점에서 민주성과 형평성 지향과 연계된다. 개발정향 역시 효율성 지향으로, 복지정향을 민주성이나 형평성 지향으로 볼 수 있다는 점에서 혁신의 지향성은 행정의 주요 가치 지향점인 민주성, 형평성, 효율성으로 크게 볼 수 있다.

이와 같이 혁신의 지향성은 행정가치 · 이념과 관련되는 것으로 그중 절대적 중요성이나 우선순위를 결정짓는 것은 어려운 일이다. 다만 정부 부문의 혁신은 공공 부문의 효율성 증대라는 목표를 내세우는 경우가 많으며, 민주성이나 형평성 지향 혁신은 시민참여 위주의 논점으로서 이전의 제2편에서 주로 다루는 시민사회의 논의에 관련되므로 본절에서는 효율성과 관련된 혁신 논의로만 제한하고자 한다. 하지만 혁신을 추진함에 있어 민주성과 형평성 지향 역시도 매우 중요함을 전제해 두고자 하는데, 그 이유는 효율성에만 치우친 혁신은 그 자체로 부작용을 야기하기 때문이다.

3) 지방행정 혁신의 전제

지방정부가 혁신을 성공적으로 달성하기 위해서는 지방정부의 환경을 포함한 시스템 전체의 포괄적 변화와 접근이 필요하다. 지방행정의 혁신을 이루기 위한 전제조건 혹은 중요 요인들을 제시하면 다음과 같다.

우선 많은 학자들은 리더의 핵심적 역할을 가장 중요한 요인으로 제시한다. 가령 혁신을 추구함에 있어 엘리트의 가치(Hage and Dewar, 1973)나 리더의 리더십, 지식, 노력, 정향성(Boltan, 1993 ; Boyatiz, 1982 ; 이승종 외, 1998 ; 박우성, 2002) 등이 제시된다. 가령 던포드(Dunford)는 최고지도자의 역량을 혁신의 가장 중요한 성공요인으로 보고 있다. 리더의 주요 역량으로는 비전, 용기와 확신, 개인과 사업 수준에서 모두 위험을 감수할 수 있는 능력, 혁신을 타인에게 단지 요구하는 것이 아닌 변화를 창출할 표현 능력 등이다.

리더의 핵심적 역할과 함께 조직적 특성도 중요한데 조직의 역량, 기술, 관료제적 특성 등이 제시된다. 최고지도자의 역량과 함께 잘 갖추어진 의사소통 시스템, 혁신 촉진자의 육성 및 훈련 등이 혁신을 추진하기 위한 전제조건으로 제시된다. 조직 문화와 함께 혁신을 추진하기 위한 자원의 크기 등도 강조된다(Rowe and Boise, 1974 ; Walker, 1969 ; Berry, 1994). 가령 구성원들의 혁신 동기와 함께 자원의 이용가능성, 장애물의 존재 여부 등을 기초적 요건으로 제시하거나(Mohr, 1969) 단체장의 의지, 지식자원과 함께 재정적 보상과 혁신에 대한 조직 분위기(이동기, 2000), 리더의 혁신 추진력과 재정자립도(이종수, 2004), 조직 규모, 행·재정적 능력, 조직문화(류지성, 2000)가 혁신에 중요하다는 것이다.

지방행정의 민주성, 효율성, 형평성의 가치를 실현하고 혁신의 효과성을 높이기 위해 지방정부의 환경적 측면도 중요하다. 특히 지방정부가 위치한 지역사회의 고유한 특성에 걸맞는 혁신이 중요하다(소진광, 2005). 혁신은 인근 지방정부의 변화를 모방하고 학습하지만 그에 대한 수용은 지역의 여건에 맞는 것이어야 하기 때문이다. 또한 지방정부가 혁신을 도모하려 할 때에는 무엇이 발전인지에 대한 지역사회 주민들의 공감대 형성이 전제되어야 한다. 혁신을 통해 얻고자 하는 것에만 편협한 시야를 갖거나 모두가 공감하지 않은 상태에서 일방적으로 혁신을 도모하려 한다면 그로 인해 잃게 되는 가치를 평가하지 못하거나 가치의 혼돈만 가져오게 된다. 아울러 지역의 특수성을 반영함과 동시에 지역사회의 운영은 지역의 주인인 주민이 만들어 가야 한다는 점에서 주민참여가 전제되어야 한다. 아무리 성공적인 혁신이라도 주민참여를 유도하지 못하고 그 필요성을 주민에게 이해받지 못한다면 그 의미를 상실하게 될 것이다. 때문에 지역시민사회가 지닌 역량이 충분히 구축되어야 함이 전제되는 것 또한 물론이다.

위에서 제시한 지도자의 인적 역량, 조직적 역량,[2] 지역사회의 환경적 요소들이 전체적으로 혁신에 부합하는 방향으로 발휘될 수 있도록 구비 및 작동해야 혁신의 전제로서 기초가 구축된 것으로 볼 수 있다. 위 요인들을 포괄한 시스템적 역량을 종합하면 다음과 같다.

첫째, 우선 최고 지도자가 혁신의 비전을 명확화하고, 적극적인 관심과 지원으로 조직을 선도해야 한다.

둘째, 조직 구성원들은 비전을 공유하고, 커뮤니케이션을 활성화하며 전략계획과 변화에 대한 역량을 갖추어 가야 한다. 조직 내 지식과 학습 체계의 구비는 필수적이다.

셋째, 혁신을 추진할 만한 조직규모와 재정적 여유, 변화수용적 조직문화가 구축되어야 하고혁신에 대한 인센티브 체제가 명확해야 한다.

넷째, 혁신은 정부의 독점적인 행정활동으로 이루어지는 것이 아니므로 여러 사회 구성단위인 개인, 비공식집단, 조직체 등의 상호 연계가 요구되며, 이에 대한 정부의 개방성이 구비되어야 한다. 또한 세계화와도 연계되어 보다 폭넓은 시각의 혁신을 추진해야 한다.

다섯째, 혁신의 창출, 모방, 수용과정에서 지역사회가 지닌 특성과의 적합성을 고려하고 평가해야 한다.

마지막으로 혁신의 지향가치가 효율성이건 민주성이나 형평성 이건 간에 주민을 우선시하고 주민의 참여를 통한 공감대를 형성하는 것이 혁신의 전제가 된다.

3. 지방행정 혁신의 특성 및 중요성

지방행정의 혁신이 지니는 특징을 로저스(Rogers, 1995 : 15-23)의 논의를 적용해 제시하면 다음과 같다.

첫째, 지방행정의 혁신은 지방정부의 업무활동 과정에서 일어나는 것으로 공직자들이 정형적인 업무방식이나 결과에 의문을 제기하고 개선점을 도출해 이를 실천에 옮기는 순환적인 과정에서 발생한다.

둘째, 혁신은 지식의 창출과 공유과정이다. 환경으로부터 얻은 정보 및 모방을 통해 새로운 지식을 창출하고, 이를 정보 인프라를 통해 조직 구성원 및 다른 지방정부가 공유하게 된다. 이러한 유통과정은 커뮤니케이션 구성단위를 통해 이루어진다. 즉 혁신은 시간의 흐름에 따라 다른 사람과의 의사소통을 통해 이루어지는 새로운 아이디어의 발굴과 실행인 것이다.

셋째, 혁신을 통해 지방정부는 환경적응력과 환경주도력을 확보하게 된다. 환경적응력은 지식을 창출하는 적응적 혁신을 통해 이루어지고, 환경주도력은 기존의 구조, 방식, 절차 등을 바꾸는 창조적 모방을 창출하는 창조적 혁신을 거쳐 확보하게 된다. 그러므로 혁신은 정부의 독점적 행정활동이라기보다는 여러 사회 구성단위인 개인, 비공식 집단, 조직체 등의 상호 연계가 무엇보다 중요하다.

넷째, 혁신은 지속성을 지닌다. 지속적으로 반복되는 과정으로서 완성된 상태를 이루는 것이 아니므로 시간적 간격을 두고 지속적으로 변화의 유입이 이루어지며, 장기적 시각에 입각한 과정적 · 동태적 · 순환적 활동이다.[3]

위에서 논의한 혁신의 특징으로 정보의 공유와 학습, 단위 간 흐름, 창조적 모방, 지속성, 지방정부의 개방성 등에 기인해 발생하게 되는 현상 중 하나가 바로 혁신의 확산(diffusion)이다.[4] 혁신의 확산에 관한 연구의 기원을 거슬러 올라가면 19세기 유럽의 사회학, 인류학으로 볼 수 있다. 확산 개념에 대한 세 가지 흐름이 있는데, 우선 타아드(Gabriel Tarde)는 혁신의 확산에 관한 일반화를 관찰하고 이를 모방의 법칙이라고 불렀다. 독일의 짐멜(Simmel)은 커뮤니케이션 네트워크를 연구하면서 어떻게 혁신이 시스템에서 확산되는가를 이해하려 했는데, 사회의 이방인에 해당하는 혁신자는 새로운 아이디어를 처음 채택함으로써 시스템 규범으로부터 쉽게 이탈한다고 보았다. 마지막으로 영국, 독일, 오스트리아의 확산 이론가들은 확산을 인류학적 관점에서 보고 사회의 변화는 발명에 의한 것이 아니라 혁신 도입의 결과임을 지적해 사회적 변화가 확산 하나로 모두 설명된다고 주장한다. 다소 극단적인 흐름으로 인해 오늘날의 혁신 연구로 이어지지는 못했으나 이후 혁신의 확산에 관한 연구는 도시정부 간 혁신의 확산이나 그 패턴, 공간성과 시간성, 학습과 채택 등에 대한 부문으로 확대된다.

지방정부에서 혁신의 확산은 전염확산과 계층확산의 형태를 띤다. 전염확산은 마치 전염병이 접촉에 의해 옮겨가는 모습과 같이 혁신도 거리적으로 인접하고, 교통수단이 잘 발달된 체계를 통해 혁신이 빠른 속도로 진행하게 됨을 의미한다. 계층확산은 정보 및 혁신의 전파가 도시계층이나 사회계층을 따라 상층에서 하위계층으로 연결되는 형태를 나타낸다.

지방정부는 분산된 정책결정권에 기초해 이루어진 혁신이 자연적인 확산과정을 통해 다른 지방정부에 전이될 수 있음을 전제로 하는 정치제도이다. 때문에 지방정부 단위에서 발생하는 혁신의 모방과 전파라는 특성은 지역발전을 좌우하게 된다는 점에서 중요한 요소이다. 이러한 점에서 혁신에 대한 개념정의는 발견과 창조만이 아닌 모방과 학습까지도 포함하는 개념이어야 하는 것이다.

Ⅱ. 지방행정의 효율성

앞에서 지적하다시피 혁신은 다양한 가치들을 추구한다. 그 중에서도 지방행정의 혁신정책은 많은 경우 효율성 제고를 지향한다. 혁신은 효율성을 제고하는 주요 수단으로서 그 기능이 기대되고 충분히 역할을 수행하고 있음은 물론이다. 혁신을 추구하는 자체만으로 효율성을 제고하는 충분조건이 될 수는 없지만, 적어도 효율성을 제고하기 위해 필요한 노력의 하나라는 차원에서 필요조건은 성립된다.

1. 지방행정과 효율성

1) 효율성의 개념과 이론적 배경

효율성은 정부 부문의 혁신적 흐름과 맞물려 새롭게 부각된 가치이자 개념으로서 개념적 측면에서 논쟁이 되고 있는 개념이다.[5] 특히 능률성, 효과성, 생산성 등의 개념과의 구별 혹은 유사성 측면에서 여러 가지 논란이 존재한다. 우선 능률성은 최소의 노력 또는 투입으로 최대한의 산출물 또는 성과를 달성하는 것을 의미한다(MacLean, et al., 1999 : 2029). 즉 능률성은 투입 대비 산출의 비율로서 투입요소를 최소화하거나 일정 투입으로 얻는 산출을 최대화하는 것을 추구하는데, 공공 부문에서는 산출의 불명확성과 질적 성과로 인해 실질적 평가가 쉽지 않다. 한편 효과성은 목표달성도를 의미하는 것으로 투입된 자원의 양을 고려하지 않고 단지 사업목표의 달성도만 측정하는 것이므로 자원의 투입 정도를 고려하지 않는다는 점에서 둘의 통합적 개념이 공공 부문에 보다 적합하다고 보기도 한다. 때문에 효율성은 능률성과 효과성을 합한 것으로 양적 · 질적 측면이 모두 포함된 개념이며, 투입된 자원 대비 성과의 달성 정도로 개념화할 수 있다.[6]

이러한 점에서 지방행정의 효율성은 지방정부의 기능 차원에서 파악하는 것이 보다 적합하다 할 것이다. 즉 지방정부가 자신의 역할을 얼마나 잘 수행하는가의 관점이다(안성민, 1997 : 163). 가령 지방정부의 관리체제 개편은 지역주민들에게 필요한 재화나 용역을 효과적으로 제공하는 능력을 향상시키는 데 초점을 맞추어야 한다고 본다(유병욱, 1994 : 525). 주민들의 자치의식이 높아지면서 지방정부의 일차적 과제는 지역

주민의 증대된 행정수요와 욕구를 적절히 충족시키는 것이 중요해지게 되었다는 차원에서 효율성의 충족은 민주성의 관점과 더불어 매우 중요한 하나의 축을 구성한다.

효율성의 가치는 행정학의 초기부터 주요 관심 사항이긴 하나 지방행정의 효율성이 부각된 것은 신공공관리론(New Public Management : NPM)의 등장을 본격적인 계기로 볼 수 있다. 신공공관리론은 1970년대 말부터 1980년대 초를 전후해 등장해 공공 분야가 어떻게 통치되는가에 관한 최근 패러다임의 변화를 설명하는 이론이다. 영국에서 처음 시작되어 점차 미국, 오스트레일리아, 뉴질랜드 및 스칸디나비아와 유럽대륙으로 확산되었다. 장기적 경제난을 겪고 있던 대처 영국 정부에서 가장 먼저 적용되었으며, 캘리포니아 지방정부에서 나타난 조세저항 운동도 미국의 공공관리론 맥락의 시초가 되었다.

영국의 신공공관리론은 작은 정부, 최소국가의 이념을 실현하고, 성과관리와 내부 경쟁의 도입을 현실화했다. 다원적 국가(plural state)의 개념으로 서비스 이용자들이 보다 많은 선택의 범위를 누릴 수 있게 하고, 이에 더해 서비스의 공급과 설계에 대한 선택까지도 가능하게 한 것이다. 이에 대한 대처의 실천 도구는 공공 서비스의 민영화와 시장화이다.[7] 미국에서의 신공공관리는 피터스와 워터만(Peters and Waterman, 1982)의 영향으로 민간 부문이 공공 서비스를 대체하는 것을 의미했고, 공공조직 내에 기업가적 · 고객지향적 문화를 창출하는 것과 관련되었다. 후에 오스본과 게블러(Osborne and Gaebler, 1992)에 의해 국가재창조(reinventing government)로 초점이 이동했다.

1990년대 이후 선후진국을 막론하고 지방정부의 개혁과정에서 신공공관리론이 다양한 방식으로 도입되면서 지방정부의 혁신은 주로 두 가지 가치를 중심으로 전개되었는데, 하나는 효율성과 경제성이고, 다른 하나는 지방민주주의를 더욱 공고히 하는 것이다(이달곤, 2004 : 400). 이에 따라 지방행정 부문에서 '경영행정', '주민만족', '기업가적 마인드' 등으로 불리는 효율화 혁신이 우리나라의 지방정부에도 적지 않게 확산되었다.

2) 지방자치와 효율성

지방행정을 효율적으로 혁신하고자 하는 논의에 앞서 지방자치제도의 도입에 따른 자치적 지방정부가 국가 차원에서 효율성을 제고하는가의 논점을 우선적으로 살펴보고자 한다. 이에 대해 크게 지방자치와 효율성의 관계를 정치 · 행정 · 경제 · 사회적 관점에서 긍정적 관계로 보는 입장과 부정적 입장으로 보는 관계로 구분할 수 있다.

부정적 관점에서 지방자치는 정치 · 행정적으로 지역 입장의 부분적 해결에 전념하고, 지역적 할거주의가 발생해 전국적 차원에서의 효율성이 저해되는 측면을 지적한다. 아울러 다수의 상반된 이해당사자들 간의 토론과 타협, 갈등 조정의 필요성으로 의사결정 과정의 지연과 집행상의 어려움이 발생한다는 점이다(Langrod, 1953). 경제적 측면에서는 경제단위가 소규모인 지방자치는 공공 서비스의 공급에 있어 규모의 불경제를 가져오고, 재분배정책이나 경제시책이 외부 누수현상의 발생으로 실패하게 될 우려가 있다고 보기도 한다. 사회적 측면에서는 지역주의와 배타성 및 지역이기주의로 인한 지역발전의 저해를 가져올 수 있다는 점에서 지방자치는 효율성의 관점과 배치된다고 본다.

한편, 지방자치가 효율성을 제고한다고 보는 긍정론은 지방자치가 강화될수록 기존의 중앙집권적 통치에서 벗어나 지역적 성격을 띤 행정수요에 더욱 민감하고 신속하게 반응할 수 있고, 지역의 특수성과 다원성을 이해함으로써 지역적 특성에 맞는 지방행정의 실현이라는 효율성 관점을 가장 잘 실현할 수 있다는 것이다. 특히 지방자치는 국가와 지방정부 사이에 행정기능의 분담을 통해 분업에 의한 행정효율의 증진을 기할 수 있게 한다(최창호, 2006 : 61). 또한 공공선택론의 관점이나 티부의 이론[8]은 다양한 지방정부는 개인의 선호에 따른 선택범위를 넓히는데, 이러한 선택적 다양성은 효율성과 시민의 선호라는 관점에서 가치적으로 정당화된다(안용식 외, 2006 : 64). 경제적으로는 지역적 범주가 명확한 혜택이 발생하는 공공재 또는 서비스는 무임승차자 문제를 줄여 자원배분의 효율성에 이바지하고, 주민들에게 원하는 만큼 제공된다는 관점에서 후생이 극대화된다. 사회적으로는 많은 지역들 간의 경쟁 속에서 창의성이 발휘되므로 경쟁성과 창의적 사고가 자리잡으며, 지역적 책임의식과 주인의식이 함양된다는 점도 효율성에 관계된 긍정적 측면이라 볼 수 있다.

이러한 관점에서 볼 때 지방자치가 효율성을 제고할 것인지 저해할 것인지의 논점 자체에 집중하기보다는 효율성이 제고되는 측면은 자치적 측면을 통해 더욱 강화하는 한편, 지방자치로 인해 효율성이 저해될 수 있는 부분에 대해서는 행정적으로 사전에 대처하고 효율성을 제고하기 위한 인위적인 혁신 노력이 이루어져야 할 부문으로 고려하는 것이 적합할 것이다. 향후 지방자치는 분권화가 강조되는 방향으로 나아갈 가능성이 크다는 점에서 지방행정의 자율적 기반 확립을 위한 효율성 강화 전략 및 혁신전략은 매우 중요할 것으로 여겨진다.[9]

2. 효율성 지향 지방정부 혁신전략

지방행정의 효율성은 전술하다시피 지역 주민이 필요로 하는 재화와 서비스를 보다 능률적이고 효과적으로 제공하는 것으로 이러한 노력은 20세기 전반의 행정개혁에서부터 끊임없이 이어져 온 것이다. 하지만 이를 본격화한 계기는 1970년대 후반 이후 신공공관리론의 영향으로 나타난 서비스 공급체계의 변화를 위한 혁신이라고 볼 수 있다. 지방행정의 효율성 제고를 위한 혁신전략은 크게 세 가지로 구분해 볼 수 있다.[10]

가장 보편적인 효율성 제고 혁신전략은 시장원리에 바탕을 둔 경쟁지향적 전략이다(윤영진, 김태룡 외, 2001 : 14). 가령 공공/민간 경쟁입찰제도, 민간위탁, 민영화 등이 대표적이다. 이는 지방정부 내부의 행정관리체계에 경쟁 원리를 도입해 미시적으로 효율성을 증진시키고자 하는 혁신전략인 것이다.

공공 부문을 보다 효율적으로 운영하도록 조직 운영방식을 변경하는 효율성 제고 전략이 있는데, 이는 다시 내부적 효율성 제고 전략과 외부적 효율성 제고 전략으로 다시 나누어 볼 수 있다. 내부적 효율성 제고 전략은 지방정부의 행정 내부의 기능을 조정해 보다 효율적인 업무 추진을 가능케 하고자 하는 것으로 조직구조나 행정기능 개편 등의 방식으로 나타난다. 가령 고객 중심 서비스 전달체계 개선이나 팀제, BSC, 총체적 품질관리제도, 업무 중심 지식관리 시스템과 최근 시범사업으로 추진 중인 기능분류(BRM) 등을 그 예로 들 수 있다. 한편, 외부적 효율성 제고 전략은 지방정부의 행정조직 범위를 넘어서 주민이나 시민사회, 다른 지방정부나 중앙정부와의 협력을 필요로 한다는 점에서 외부적 전략에 해당한다. 가령 행정구역 개편을 통해 규모의 경제나 효율성을 개선하는 행정구역 개편, 주민 참여를 통한 행정 서비스 개선, 행정 서비스 헌장, 주민평가제 등이 이에 해당한다.

여기에서 제시한 사례 외에도 지방정부들이 효율적인 행정운영을 위해 도입하고 있는 혁신전략들은 매우 다양하고 그 종류도 많다. 그 이유는 지방정부가 다른 가치지향적 혁신보다 효율성을 지향하는 정책들을 많이 택하고 있기 때문이기도 하다. 가령 이승종 외(2008)의 연구는 지방정부의 혁신을 가치지향성에 따라 구분하고 혁신정책들을 제시했는데, 분류체계 중 효율성 추구에 해당하는 지방정부 혁신정책 사례들이 민주성이나 형평성을 추구하는 혁신정책에 비해 압도적으로 많은 것으로 나타나고 있는점도 이러한 현상을 입증한다 하겠다. 다만 이하에서는 세 가지로 분류한 혁신전략을 중심으로 그에 해당하는 대표적인 사례만 간략히 제시하고자 한다.

1) 경쟁지향적 혁신전략–시장원리 도입

(1) 의무경쟁입찰제도[11]

영국의 의무경쟁입찰제도(Compulsory Competitive Tendering : CCT)는 공공 부문의 경쟁을 제도화한다는 점에서 지방행정의 경쟁지향적 혁신에 해당한다. 의무경쟁입찰제도는 영국의 보수당 정부에 의해 추진되어 1980년에 제정된 「지방정부의 계획 및 토지에 관한 법률」에 의해 도입되었고, 1988년의 「지방정부법」에 의해 적용범위가 건물청소, 공원관리, 차량관리, 급식, 쓰레기 수거, 거리청소, 스포츠 및 여가행정 등으로 확대되었다. 이어 제정된 1992년의 지방정부법 역시 적용대상을 전문 분야, 재정관리, 기술행정 분야로 대폭 확대할 것을 규정하고 있다(Carnaagahn and Bracewell-Milnes, 1993 : 22-104 ; Walsh, 1995 ; 김종순, 2000 : 193 재인용). 의무경쟁입찰제도를 통해 지방정부는 독점적 공급자로서의 지위는 상실되고, 민간기업 및 기타 자발적 조직과 경쟁해 이기는 경우에만 지방 공공 서비스의 공급권을 확보할 수 있다는 인식이 확산되는 계기를 마련했다.

의무경쟁입찰제도는 비효율적인 지방정부 조직을 경쟁과 이윤을 바탕으로 해 민간기업과의 경쟁은 물론 내부조직 상호 간의 경쟁을 제도화함으로써 지방정부 스스로 낭비적 요소를 제거하고, 효율성을 제고할 수 있는 방향으로의 변신을 유도했다는 점에서 중요한 의의를 지닌다. 물론 제도적 성과와 성공 여부에 대한 논란은 분분하지만[12] 지방정부 조직의 독점적 지위에서 벗어나 변혁을 추구했으며, 정부 조직 내에 시장원리를 정착시켰다는 의의를 지님은 부인하기 어렵다.

(2) 민간화(privatization)

민간화는 지방정부의 서비스 공급에 민간자원을 활용하는 것을 포괄적으로 의미한다.[13] 1980년대 초에 미국을 중심으로 확산되기 시작한 용어이다. 공공 서비스의 직접 공급에 대한 하나의 대안으로 사용되기 시작했으며, 작은 정부의 지향과 정부개입의 축소로 개념화할 수 있다(안용식, 2001 : 59). 존슨과 힐맨(Johnson and Heilman, 1987) 등은 민간화의 개념을 "공공 서비스의 생산이나 배분에 민간이 참여하는 것"으로 포괄적으로 규정하고, 사바스(Savas, 1987)는 공공 서비스의 공급방식을 정부의 직접공급, 정부의 판매, 정부 간 협의에 의한 공급, 민간과의 계약에 의한 공급, 지정 또는 허가에 의한 계약, 서비스 생산자에 대한 보조금의 지급, 자유경쟁시장, 자선단체에 의한 공급, 자급자족 등으로 정부 개입정도에 따라 분류하고, 정부 개입의 정도가 높은 장치에서 낮은 장치로의 이동을 민간화로 파악한다.

오늘날 민간화는 선진국이나 후진국을 막론하고 전세계에서 일어나는 보편적 현상으로 볼 수 있다. 하지만 대두배경은 선진국과 후진국 간에 다소의 차이를 보인다(김학로, 2000 : 407-408). 영미국가의 경우 1970년대 두 차례의 석유파동으로 경제위기를 맞이하면서 정부의 세입 증대가 곤란한데다가 시민들의 조세저항운동으로 재정의 위기까지 발생하면서 재정압박을 받게되자 여러 가지 효율성 향상 노력과 함께 정부의 서비스 공급 활동을 민간 부문으로 이전하는 노력들이 나타나기 시작했다. 개발도상국의 경우에는 정부 수입의 감소로 인한 재정압박과 선진제국의 민영화 추세에도 많은 영향을 받았지만 특히 민간 부문의 역량증대가 폭발적으로 나타나면서 활발히 이루어지기 시작했다. 특히 과도한 정부 개입을 막고 민간참여의 확대를 통해 민간 부문을 활성화하고자 하는 정치적 요인이 크게 작용한 것이다. 이처럼 정부팽창에 따른 사회적 효율성의 저하, 운영비효율(X-inefficiency)로 인한 비용 상승과 조세저항, 재정능력의 부족과 함께 민간 공급의 효율성의 결합은 민간화라는 새로운 혁신적 흐름을 낳게 한 것이다.

우리나라에서 보편적인 민간화 형태는 공기업의 민영화와 함께 지방정부의 민간위탁과 공동생산의 움직임 등을 들 수 있다. 행정사무 민간위탁에 관한 실정법적 근거를 제시하고 있는 「행정권한의위임및위탁에관한규정」은 "행정사무의 범위와 관련해 조사, 검사, 검정, 관리업무 등 국민의 권리, 의무와 직접 관계되지 아니하는 사무를 민간위탁할 수 있다"고 함으로써 민간위탁의 근거를 마련하고 있다. 한편 공동생산(co-production)은 공공서비스의 전달과정에서 시민들이 전문서비스 기관과 함께 서비스 설계나 전달과정에 직접 참여해 수준 높은 공공 서비스를 낮은 가격으로 소비할 수 있는 효율성 제고 방식이다. 공공 서비스의 직접적 수혜자이면서 소비자인 시민이 서비스의 생산에 직접 참여하는 소비자 공급의 개념이다.

민간화의 움직임은 국가마다 그 모습을 달리해 나타나고 있는데, 영국의 경우 민간화는 주로 중앙정부나 지방정부가 소유 · 운영하고 있는 기업이나 자산의 매각에 의한 경우나 공급자 선정을 경쟁입찰에 의한 계약 방식을 활용하는 형태(의무경쟁입찰제도 : CCT)로 나타나고 있다. 미국의 경우는 규제완화와 더불어 보조금의 삭감을 통한 정부 역할의 축소를 추구하며, 지방정부 수준에서는 민간 부문의 능률성 이용과 재정 부담의 축소를 위해 민간 부문과의 계약 공급, 바우처 지급, 프랜차이즈, 자원봉사 조직의 활용 등으로 적극 추진되고 있다. 일본의 경우는 민활(民活)이라는 개념 하에 민간자원의 활용을 도모하고 있으며, 특히 제3섹터를 통한 지방 서비스의 공급이 확대되고 있다.

2) 외부적 효율성 제고 혁신전략 – 행정구역 개편 (도농통합과 동통합)

행정구역의 통합은 인접한 행정구역을 공간적으로 결합시켜 행정의 효율성을 제고하고 주민들의 생활편의를 도모하기 위한 인위적인 방법이다(박기관, 2007 : 67). 우리나라는 1994년 3월 지방자치법을 개정해 도 · 농 통합 행정구역 개편을 단행해 40개의 도 · 농 통합(시 · 군통합) 행정시를 탄생시킴으로써 행정의 효율성을 높이고 지역 격차를 줄이고자 했다. 시 · 군 통합의 혁신전략이 거시적 형태의 효율성을 지지하는 이론적 논거는 다음과 같다.

첫째, 경제적으로는 규모의 경제를 가져올 수 있다는 것이다. 시와 군이 통합되면 면적뿐만 아니라 인구규모의 확대로 최소임계치가 높아져 적정규모에 도달하기까지 공공재 공급의 평균 비용이 낮아져 효율적인 서비스 배분이 가능함으로써 지방행정의 효율성을 높일 수 있다는 것이다. 둘째, 권역의 통합을 통해 통합 서비스 공급체계를 마련함으로써 작은 단위의 분리로 인한 중복 관리 비용 및 중복 투자 등의 가외비용을 줄일 수 있어 공공 서비스의 단위비용이 감소되고 개발투자의 효율성을 도모할 수 있다는 것이다(박기관, 2007 : 68).

한편, 도시정부를 중심으로는 최근 동통합이 활발히 이루어지고 있다. 동통합은 도시 행정체제의 효율성을 기하기 위해 소규모 동주민센터를 통폐합해 대동제를 지향하는 행정체계를 구축함으로써 지역의 규모의 경제를 실현하고, 효율적인 운영결과에 따른 잉여효과를 주민자체센터로 추가 활용함으로써 지역의 주민 복지 서비스 수요도 충족시키고자 하는 행정혁신이다. 이에 따라 예산절감 및 시설 활용(주민자치센터)을 통한 효율성 제고에 기여하고자 하는 것으로, 현재 동통합의 혁신 확산도 빠르게 진행되고 있다. 서울시에서는 2007년 1월 마포구는 25개 구청 중 가장 먼저 동통합을 실시해 2008년 4월 현재까지 15개구 52개동에서 조례개정을 실시했고, 이 가운데 총 8개구 28개 동에 대한 통합을 실행했으며, 나머지 지역에 대해서도 지속적으로 추진 중이다. 일본에서는 광역자치체인 부현(府懸)을 개편하려는 노력과 기초자치체인 시정촌(市町村)의 구역을 통합 개편하려는 움직임이 동시에 진행되고 있다.

이와 같은 구역조정과 규모 확대 방향의 혁신은 도시화와 산업화로 인해 변화된 생활권과 부합하지 않는 구역을 조정하거나 지방정부의 구역을 넓혀 효율성을 증진시키는 방향으로 전개되고 있다.

3) 내부적 효율성 제고 혁신전략 – 지방자치단체 기능분류 모델[14]

참여정부는 2003년 8월 전자정부 31대 로드맵 과제로 정부기능분류 모델(Business Reference Model : BRM) 개발이 선정되었으며, 2004년 8월 행정자치부의 주관 하에 업무관리시스템 개발사업과 기능분류 모델 사업을 시작했다. 기능분류 모델 구축은 중앙정부와 지방정부를 대상으로 추진하고 있는데, 우선 중앙부처의 경우 1단계 BPR/ISP[15] 사업의 추진으로 정부 업무관리시스템 구축방향의 설정과 함께 정부 기능분류 모델의 구성체계를 개발 및 검증하고, 50개 중앙부처의 기능조사를 통해 기능별 분류체계와 핵심영역을 도출하고 시스템 구축방안 등을 마련했다. 2단계는 중앙정부 기능분류 모델 구축 및 실제 업무에 적용하기 위한 전산정보시스템을 구축했고, 2006년 3월 6개 기관(행정자치부, 건설교통부, 과학기술부, 기획예산처, 대통령경호실)을 업무관리시스템 시범주체로 선정해 BRM 시스템을 보급했으며, 2007년 1월부터 55개 중앙행정기관에 확산 · 보급했다. 3단계 사업에서는 보완 및 추가로 분류체계 정비 및 인프라 확충이 이루어졌으며, 정부 BRM 이용활성화를 위한 고도화를 통한 기능개선 등이 이루어졌다(2007. 07–12).

지방정부의 경우는 3단계에 걸쳐 정부 BRM 고도화 사업을 추진하는 일환으로 지방정부 기능연계 모델이 개발되었다. 시범자치단체 10개(광역 3, 기초 7)[16]를 대상으로 2006년 7월부터 12월까지 기능조사를 통해 자치단체 기능분류 모델을 수립하고, 자치단체 BRM에 근거한 기능분류시스템을 구축했다. 현재(2008. 06) 기존 시범 지역 이외 13개 광역자치단체를 대상으로 추진하고 있다.

2007년부터 추진된 지방정부 기능분류 모델(BRM) 시스템 구축 사

〈그림 1〉 BRM 체계도

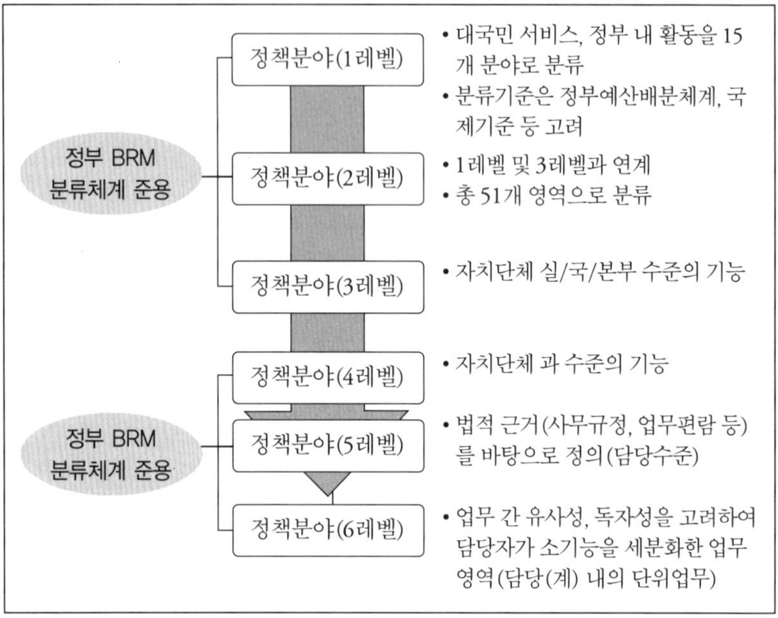

자료 : 신원부, 원구환(2008).

업은 전체적 · 연계적 성격을 가지고 국가적 단위에서 지방정부 담당자 중심의 현장을 반영 · 추진하는 것이다. 조직의 비전과 연계하고, 행정정보시스템 및 정부 기능분류 관련 시스템과 연계하는 목적을 지닌다. BRM을 통해 향후 지방정부가 수행하는 행정기능의 업무를 표준화하려는 것으로, 지방정부가 반드시 수행해야 하거나 공통적으로 수행해야 할 업무, 지방정부 간의 부서 간 공통업무, 지방정부 특수업무 등을 체계적으로 관리하고, 상위 중앙정부와의 연계와 타 지방정부와의 수평적 연계를 도모하고자 한 것으로 미래의 행정 서비스 향상을 위한 기준점을 제시하고자 하는 목적의 혁신이다.

BRM 구성체계는 아래의 그림과 같이 지방정부가 수행하는 업무를 6레벨로 분류하고 있다. 상위 1-2레벨은 정부 BRM의 분류체계이고,

3레벨은 일부를 준용하고, 하위레벨인 4-6은 지방정부의 업무특성을 반영하도록 했다.

BRM 개발사업은 지방정부의 주체적 노력으로 혁신이 확산되어 전파되어 가는 과정보다는 중앙정부에 의해 일관적으로 추진되는 국가 혁신과제라는 점에서 지방정부 혁신의 개념과는 다소 이질적이다. 다만 중앙정부와 지방정부가 기능을 분류해 수평적 · 수직적 연계를 추진하고, 미래의 행정기능을 보다 효율적으로 추진하고자 하는 관점에서 중앙정부뿐 아니라 지방정부의 자발적인 협력과 참여 및 노력이 중요하고 지방정부의 주체적 역할이 충분히 필요하다는 점에서 내부적 효율성 제고 혁신전략에 포함했다.[17]

이 외에도 지방정부의 정책품질관리 시스템, BPR(Business Process Reengineering)을 통한 핵심 업무 개선, 팀제, BSC(Balanced Score Card), 민원처리의 새로운 모델 개발, 지식관리 시스템의 구축, 기록관리 업무 개선 등도 내부적 효율성 제고 혁신전략의 사례로 분류할 수 있다.

3. 지방행정 효율성 추구의 한계

행정학 전반에서 행태주의와 논리실증주의의 연구경향이 보편화되면서 합리성, 효율성, 효과성 등이 바람직한 정책의 기준으로 설정되어 왔다. 시장 중심의 신자유주의가 국가와 사회의 운영철학으로 풍미함에 따라(이달곤, 2004 : 398) 정책과정은 효율성 중심의 가치편향적 흐름이 더욱 더 거세어지고 있다. 이러한 흐름은 정책과정에서 인간적 · 문화적 · 사회적 요소를 간과하는 경향으로 이어질 우려를 낳고 있다. 지방정부의 행정 운영에서 지역시민사회—시민, 시민단체, 주민조직의 성장이

가시적으로 나타나고 있는 오늘날 이들의 가치가 효율성에 밀려나 지역의 민주주의가 위협받을 가능성이 있으며, 더 나아가 지역사회의 대립과 갈등으로 이어질 수 있다.

효율성 추진의 혁신들은 개별적으로도 다양한 문제점들을 안고 있다. 가령 행정구역 개편과 광역화 추진의 혁신은 지역공동체 고유의 정체성과 관련 주체들의 이해관계가 걸려 있으므로 개혁과정에서 갈등과 저항이 따르기 마련이다. 또한 효율성 위주의 혁신전략이라 하더라도 조정과정에서 인근 정부와의 협력 확보, 기능의 수직적 재배분, 세제 및 재정조정 제도의 개선, 하위 정부의 계층조정과 특별지방행정기관의 기능조정(이달곤, 2004 : 198) 등이 동시에 이루어지지 않으면 여러 부작용들이 발생할 수 있다. 또한 어느 기관이 관료화되거나 과도하게 비대화되는 문제점도 야기할 수 있다. 아울러 지방정부 서비스의 민간위탁이나 경쟁입찰제도 등의 민간화 시도가 반드시 비용절감을 가져오는 것은 아니며, 계약비용과 감독비용의 거래비용 상승을 가져올 우려가 있음이 지적된다. 민간과 수탁업체 간의 관계가 장기화 · 독점화될 경우 여러 부작용이 발생할 수 있으며, 그에 따른 공공 서비스 질의 저하와 공급비용의 과다 등 부정적 측면이 오히려 나타날 수 있다는 것이다(Smith, 1996 ; 이철주, 강영철, 2007).

중앙정부가 제도적으로 추진한 혁신이거나 다른 지방정부에서 마련한 혁신안을 학습 모방한 경우 지방정부의 고유한 특성이나 행정적 수요를 고려하지 않는 획일적 혁신이 될 가능성을 지닌다. 특히 혁신에 대한 조직의 압박으로 혁신의 양적 성과에 치중할 경우 조직구성원의 소진(burn-out)을 가져와 조직 몰입을 낮게 할 뿐만 아니라, 혁신의 장기적 성공으로의 연계성은 더욱 미미해질 것이다. 또한 효율성의 관점에서 비용절감이 지나치게 중시되는 나머지 최종 수요자인 주민의 수요와 관점

〈표 1〉 시민-정부 간 관계에 대한 비교모형

	고객 모형 (customer model)	소유자 모형 (owner model)	가치 모형 (value model)
개념적 기원	• 총체적 품질관리 (TQM) • 정부 재창조 • 리엔지니어링	• 효율적 시민권	• 경제 이론 • 한계가치 이론
정부 역할	• 생산자, 제조자, 서비스 제공자	• 업무 중심의 계서적 조직	• 피신탁자, 자산 관리자, 시민의 점증적 가치 전달자
시민 역할	• 정부 서비스의 소비자 역할 : 도시 서비스에 대해 자기중심적 구매, 관리자에게 질과 만족에 대해 지속적 환류 제공	• 개인 소유자이며 정부 사업의 소유자 역할 : 정부가 효과적으로 책임을 다할 수 있도록 측정, 감독, 보고, 감시	• 공동투자자이자 평등한 주주 역할 : 정부와 시민이 공동투자, 집합적 목표에 영향을 미치고 공동체 사업의 방향과 공공 재산의 방향에 영향
암묵적 가정	• 정부주도적 시민-정부관계 • 낮은 시민참여, 수동적으로 반응하는 자기이익 추구적 고객	• 시민중심적 시민-정부 관계 • 내부적으로 유도된 과정, 내부 전문성, 전통, 현상유지, 변화에 대한 저항	• 정부와 시민 간 공동책임 • 분권화, 민주화, 수평적 조직과정으로 운영

등이 충분히 고려되지 않을 가능성이 크다.

지방정부가 주민[18]을 어떠한 관계로 인식하는지에 따라 행정운영 방식에서 차이를 가져올 수 있는데, 이들 간의 관계 모형은 위의 〈표 1〉과 같이 세 가지로 모형화할 수 있다(Smith and Huntsman, 1997). 일반적으로 효율성을 중심으로 지방정부를 운영하는 과정에서 보편적으로 나타나게 되는 주민과의 관계는 고객모형이다. 시민을 정부가 생산한 제품의 소비자로 인식하고, 고객을 만족시키기 위해 가격과 품질면에서의 효율성 제고 노력을 하되 정부 중심의 업무추진을 하게 된다. 이 과정에서 소비자인 시민은 수동적인 역할만을 하는 것으로 가정하며, 그에 따라 지방행정의 의사결정에 대한 시민참여는 큰 의미를 지니지 못한다. 하지만 소유자 모형이나 가치모형은 시민을 지방정부의 주인이자 더 나아가 정부가 피신탁자에 불과한 존재로 인식한다는 점에서 시민중심적 정책결정과 분권화, 민주화, 수평적 관계가 강조된다(Vigoda, 2002). 이와 같은 관계 전환의 방향성을 고려해 볼 때 시민에 대한 수동성 편향적인 관점의 지방행정 혁신은 지방정부의 민주적 · 발전적 방향으로의 진전을 저해할 우려가 있다. 효율성 제고를 위한 지방행정 혁신은 지방정부의 경쟁력을 강화하고 보다 역량 있는 정부를 구축하는 디딤돌이 된다는 점에서 매우 중요한 과제이다. 하지만 무엇보다 효율성 관점에만 지나치게 편향되지 않도록 민주성과 형평성의 균형을 갖추고자 하는 노력 역시 게을리해서는 안 될 것이다.

참고문헌

1. 국내문헌

김종순. 2000. “영국 지방정부 서비스공급방식의 개혁노력 : 의무경쟁입찰제도에서 Best Value 정책으로.” 『한국정책학회보』. 9(2) : 189-210.

김학로. 2000. 『지방행정의 이론과 실제』. 박영사.

류지성 · 고석찬 · 박경원 · 최유성 · 김재일. 2001. “지방정부혁신의 역동성 요인에 관한 연구.” 『한국행정연구』. 10(1) : 209-223.

박기관. 2007. “행정구역개편에 따른 도 · 농 통합의 성과와 결정요인 분석-DEA의 효율성 측정을 중심으로.” 『지방행정연구』. 21(2) : 65-93.

소진광. 2005. 『지방자치와 지역발전』. 박영사.

신원부, 원구환. 2008. “지방자치단체 기능분류모델 체계정립과 활용방안.” 한국지방자치학회 하계학술대회.

안성민. 1997. “지방행정구역의 적정규모에 관한 논의 : 행정의 민주성과 효율성의 문제.” 『정부학 연구』. 3 : 155-178.

안용식 · 강동식 · 원구환. 2006. 『지방행정론』. 대영문화사.

유병욱. 1994. “지방행정구역 개편의 기초적 논의-시 · 군 통합에 따른 주요 연구과제.” 『한국행정학보』. 28(2) : 525-542.

윤영진 · 김태룡 외. 『지방정부개혁』. 대영문화사.

이달곤. 2004. 『지방정부론』. 박영사.

이승종. 2003. 『지방자치론-정치와 정책』. 박영사.

이승종 외. 2008. 『지방정부의 역량과 정책혁신-이론과 실제』. 박영사.

이종수. 2004. “한국 지방정부의 혁신에 관한 실증분석 : 혁신패턴, 정책행위자 및 영향요인을 중심으로.” 『한국행정학보』. 38(5) : 241-258.

2. 외국문헌

Becker, S. W. and T. L. Whisler. 1967. "The Innovative Organization : A Selective View of Current Theory and Research." *The Journal of Business*, 40 : 462–469.

Evan, William A. and Guy Black. 1967. "Innovation in Business Organizations : Some Factors Associated with Success or Failure of Staff Proposals." *The Journal of Business*, 40 : 519–530.

Mohr, L. B. 1969. "Determinants of Innovation in Organizations." *American Political Science Review*, 63 : 111–126.

Pierce, Jon, L. and Andre L. Delbecq. 1977. "Organization Structure, Individual Attitudes and Innovation." *The Academy of Management Review* 12 (1) : 27–37.

Rogers, Everett M. 1992. "Diffusion of Innovations : The Challenge and the Promise." in Glen H. Cope ed., *Diffusion of Innovations in the Piblic Sector*, Austin. The University of Texas Press.

Savas, E. S. 1987. *Privatization : The Key to Better Government*. Chatham, NJ. : Chatham House Publishers, Inc.

Smith, Gerald E. and Carole A. Huntsman 1997. "Reframing the Metaphor of the Citizen–Government Relationship : A Value–Centered Perspective." *Public Administration Review* 57 (4) : 309–318.

Swan, J. A. 1995. "Exploring Knowledge and Cognitions in Decisions about Technological Innovation : Mapping Managerial Cognitions." *Human Relations* 48 (11) : 1241–1270.

Szeto, Elson. 2000. "Innovation Capacity : Working towards a Mechanism for Improving Innovation within an Inter–organizational Network." *The TQM Magazine* 12 (2) : 149–157.

Van de Ven. 1986. "Central Problems in the Management of Innovation." *Management Science* 32 (5) : 590–607.

Vigoda, Eran 2002. "From Responsiveness to Collaboration : Governance, Citizen and the Next Generation of Public Administration." *Public Administration Review* 62 (5) : 527–540.

Zegans, R. W. 1997. "Innovation in the Well–Functioning Public Agency." *Public Productivity and Management Review* 16 : 141–156.

주

1 혁신의 선형모형은 과학적 발견을 의미하는 것으로 과학적 발견이 기술 및 새로운 변화를 이끈다고 본다. 이는 제2차 세계대전 이래로 일반적으로 받아들여져 왔던 견해였으나 최근에는 비선형적 관계에 대한 논의로 이동하고 있는데, 이러한 관점은 학습을 강조한 개념이다. 혁신 경향의 변화는 Nelson and Winter(1982)의 진화이론에 영향을 받은 것이다.

2 조직의 문화적 특성이나 구성원의 자질, 조직의 재정적 여유 자원이나 기술 등을 포괄하는 개념은 조직 역량으로 명명할 수 있을 것이다.

3 물론 혁신의 단계에 대해 창시와 채택→실시와 보급→폐기로 보는 입장(Kimberly, 1981)도 있으나 발생→채택→이행→확산의 과정(Jorde and Teece, 1992 : 48)이나 창안→혁신→확산의 단계(Schumpeter, 1934)로 보는 등 혁신을 지속적이고 순환적인 과정으로 보는 경우가 대부분이다.

4 경우에 따라서는 새로운 기술 및 혁신을 수용하며 확산시키는 것을 쇄신(刷新)이라는 용어로 표현하기도 한다. 이성복(2004), p. 124.

5 효율성은 영어에는 없는 단어로 효과성인 effectiveness와 능률성인 efficiency의 복합어 정도로 볼 수 있다. 자세한 설명은 정정길(2003), p.242-243 참조.

6 일부 학자들의 경우는 능률성과 효과성을 통합한 개념을 효율성의 용어 보다는 생산성의 개념으로 사용하는 경우가 있다(Becker, 1994 ; Quinn, 1978 ; Sackton, 1989 ; Gilbert, 1990 ; 안용식 외 2006 재인용).

7 서비스 제공과정에서 의무적 경쟁입찰(Compulsive Competitive Tendering)을 제도화해 경쟁의 강화, 서비스의 질적 수준 제고와 서비스 제공기관과 직접 전달기관의 분리 등 경쟁관리를 체계화하는 노력을 했다. 영국의 경우 노동당 정부로 넘어오면서 의무경쟁입찰제도는 1997년부터 Best Value (최고가치제)로 대체되었으나 Best Value 역시 기업적 관점에서 행정성과의 지속적

개선과 보다 적은 비용으로 서비스의 개선을 가능하게 하는 효율성 증진을 추구한다.

8 티부(Tiebout)는 지방정부의 공공 서비스에 대해 불만족할 경우 주민의 대응방법으로 "voting with one's feet"의 관점에서 exit(이주)의 논점을 제시했다. 주민은 현 지방정부에 불만족할 경우 선호 표출 방법으로 이주를 선택할 수 있기 때문에 이들의 효용이 극대화될 지방정부를 선택 또는 만들어 갈 수 있게 되는 것이다.

9 지방행정의 효율성 제고를 위한 혁신의 필요성은 점차 지방정부의 자기책임성이 강화되는 현상과도 무관하지 않다. 가령 일본의 지방정부 개혁과정에서 삼위일체개혁의 결과로 지방정부의 자립적 기반이 중요시된 점에서도 시사점을 찾을 수 있다. 일본 북해도 유바리 시의 재정파탄은 향후 지방정부가 중앙정부에 대한 의존성에서 벗어나 효율적 관리에 주력해야 함을 나타내는 함의를 준다.

10 혁신 전략의 세 가지 구분은 논의의 편의를 위한 것으로, 세 가지 전략이 서로 배타적인 것은 아니다. 가령 외부적 효율성 제고 전략이나 내부적 효율성 제고 전략들이 경쟁을 지향하는 전략일 수도 있다. 또한 경쟁지향적 혁신들이 외부적 효율성 또는 내부적 효율성 제고 전략이 될 수 있다.

11 의무경쟁입찰제도는 이후에 논의할 영국의 민간화의 한 방식에 해당하지만 본서에서는 의무경쟁입찰제도의 내용을 부각하기 위해 별도의 혁신 제도로 다루고자 한다.

12 영국에서 의무경쟁입찰제도는 새로운 조직문화를 조성하는데 기여했지만 재정적 효과에 대한 논란이나 일부분에 있어서의 서비스의 질적 하락 현상 등에 대한 문제점을 지적하는 비판도 있다.

13 민영화라는 용어를 많이 사용하긴 하지만, 민간의 참여 요소를 포괄하는 총괄적 개념으로 사용하기에는 민영화를 포함한 민간화라는 용어가 보다 적확할 것이다.

14 본고에서 BRM 사례는 신원부, 원구환(2008)의 발표논문 중 일부 내용을 요약, 발췌 및 재편성한 것이다.

15 BPR/ISP는 Business Process Reengineering/Information Strategic Planning의 약자로 업무재설계와 정보화 전략계획으로 볼 수 있다. 정보화 사업의 효율적 추진을 위해 시스템 개발 이전에 개발 대상 업무를 재설계하고, 총괄적인 시스템 구축방안을 마련하는 것을 의미한다.

16 10개 시범 지방정부에는 광역으로 대구시, 인천시, 경기도, 기초지방정부로는 평택시, 용인시, 화성시, 달성군, 연천군, 대구 수성구, 인천 서구 등이다.

17 BRM체계 구축 혁신은 현재 시범사업으로서 추진 중이어서 그 성공 여부나 성과가 입증되지 않았으며, 여러 한계점도 안고 있다는 점에서 효율성을 제

고하고자 하는 혁신 노력에 포함할 뿐 가치판단이나 성패 여부에 대한 평가는 보류하고자 한다.

18 주민은 지방정부에 거주하는 당사자이고, 시민은 그러한 관점에 제한되지 않는 보다 큰 관점의 시민권을 가진 주체로 보는 입장도 있다. 하지만 지방정부와의 관계를 논의할 때에는 주민이 보다 적합한 용어라는 점에서 지방정부와 주민의 관계로 서술했으나 일반 시민과의 차별성을 두지 않고 본 서에서는 혼용했다.

지은이

박응격(한양대학교 행정학과 교수)
강원택(숭실대학교 정치외교학과 교수)
곽채기(동국대학교 행정학과 교수)
김혜정(선문대학교 행정학과 교수)
만프레드 뢰버(Manfred Röber, 라이프찌히 대학교 공공행정과 교수)
박희봉(중앙대학교 행정학과 교수)
발터 클리츠(Walter Klitz, 프리드리히 나우만 재단 한국사무소 대표)
버나드 로완(Bernard Rowan, 시카고 주립대학교 정치학과 교수)
심혜정(국회예산정책처)
양현모(한국행정연구원 선임연구위원)
에카하르트 쉬뢰터(Eckhard Schrötter, 체펠린 대학교 교수)
원윤희(한국조세연구원장, 서울시립대 세무대학원 교수)
윤재선(한림성심대학교 행정학과 교수)
정재각(한양대학교 지방자치연구소 연구부장)
최근열(경일대학교 행정학과 교수)
최진혁(충남대학교 자치행정학과 교수)
한태식(서울특별시의회 행정자치전문위원)
한형서(한양대학교 정부혁신연구소 연구교수)
홍성걸(국민대학교 행정학과 교수)

지방행정 거버넌스

초판1쇄 / 2009년 9월 7일

지은이 **박응격 외**
펴낸이 **여국동**
펴낸곳 **도서출판 인간사랑**
인 쇄 **백왕인쇄**
제 본 **은정제책사**

출판등록 1983. 1. 26. / 제일 3호

(411-815) 경기도 고양시 일산구 백석동 1178-1
TEL (031)901-8144, 907-2003
FAX (031)905-5815
e-mail/igsr@yahoo.co.kr / igsr@naver.com

정가 25,000원

ISBN 978-89-7418-289-2 93350

※ 잘못된 책은 교환해 드립니다.